Karsten Müller / Merijn van Delft

Teste und verbessere deine
Fähigkeiten in der Verteidigung

Karsten Müller – Verteidigung

Joachim Beyer Verlag

ISBN 978-3-95920-199-5

2. Auflage 2024

Ein Imprint des Schachverlag Ullrich, Zur Wallfahrtskirche 5,
97483 Eltmann

Originaltitel: *Chess Puzzle Book 3,* erschienen 2010 bei Russell Enterprises, Milford (USA)

Herausgeber: Robert Ullrich

Inhalt

Vorwort zur deutschen Ausgabe

Gute Verteidigungskunst ist nach wie vor ein sehr wichtiger Bestandteil der schachlichen Spielstärke, und es sind gar nicht so viele Bücher, welche das Thema behandeln, während es beispielsweise Taktikbücher wie Sand am Meer gibt. Daher freuen wir uns, dass das vorliegende Buch nun auch in Deutsch erhältlich ist. Wir haben einige wenige Fehler verbessert und ein neues Kapitel 13 mit aktuellen Beispielen zur Verteidigung im Endspiel sowie Aufgaben dazu neu hinzugefügt.

Wir möchten uns bei Georgios Souleidis für die Übersetzung ins Deutsche und bei Thomas Beyer für das gute Layout bedanken, sowie bei den Verlegern Robert Ullrich und Hanon W. Russell für Ihre freundliche Haltung gegenüber dem gesamten Projekt.

Karsten Müller und Merijn van Delft, Hamburg im Juli 2016

Einführung

Zwei Autoren bei dem vorliegenden Band? Das Buch *Karsten Müller - Schachtaktik schrieb* Karsten Müller alleine, aber Sie brauchen nicht besorgt sein: eigentlich hat sich nichts geändert – es handelt sich immer noch um ein gutes, altes Produkt aus Karsten Müllers Werkstatt, da er für gut 90% der Stellungen und das grundsätzliche Konzept verantwortlich zeichnet. Die Frage „Wer hat was gemacht?" ist einfach zu beantworten. Karsten konzentrierte sich auf die Varianten und Merijn auf den Text. Das sollte allerdings nicht zu wörtlich genommen werden. Wir prüften beide jedes Wort, jeden Zug im Buch und tauschten auch mal die Rollen, so dass es sich um eine Koproduktion handelt. Die grundlegende Idee war, dass Karstens mathematischer und Merijns psychologischer Hintergrund sich hervorragend ergänzen. Wir denken, dass das sehr gut funktioniert hat. Dass wir beide in Hamburg wohnen, war ob der modernen Kommunikationsmittel nicht entscheidend, aber es schadete auch nicht.

Worum geht es in diesem Buch? Wie Sie vielleicht wissen werden, behandelte der erste Band dieser kleinen Serie das Thema „Taktik" und dieser Band widmet sich nun dem Thema „Verteidigung". Es ist ein Bereich, in dem Karsten fühlte, dass er ein wenig Nachhilfe brauchen könnte. Einer der besten Gründe, um ein Buch zu schreiben, ist, dass man es am liebsten selber lesen würde.

Verteidigung ist ein besonderes Thema. Natürlich mögen wir angreifen und zu gewinnen. Wer möchte unter Druck stehen, verteidigen, leiden und am Ende verlieren? Natürlich niemand, aber man muss erst einmal realisieren, dass die Verteidigungskunst mehrere Gesichter hat. Falls Ihr Gegner z.B. ein verzweifeltes und inkorrektes Opfer spielte, müssen sie sich verteidigen. Und die Belohnung ist normalerweise groß: ein ganzer Punkt statt nur einem Remis. Die weltbesten Spieler – ohne Ausnahme – sind unglaublich gute Verteidiger und legendäre Kämpfer.

Das bringt uns zum nächsten Punkt: man muss immer die richtige Einstellung haben. Man muss lernen, sich gerne zu verteidigen; Freude zu empfinden, den größtmöglichen Widerstand zu leisten. Schach ist ein Spiel, in dem man Fehler macht. Machen Sie sich nicht zu viele Gedanken, falls etwas schief läuft, kämpfen Sie weiter. Eine positive Einstellung ist sehr wichtig. In diesem Buch werden Sie auf viele Aufgaben treffen, die sehr schwierig zu lösen sind, außer Sie gehen mit einer positiven Einstellung heran. Während einer Partie steigert sich die Schwierigkeit zu verteidigen enorm, und da steht niemand hinter Ihnen und klopft aufmunternd auf die Schulter, damit Sie einen tollen Verteidigungszug finden!

Es gibt zwei Arten von Verteidigung – (a) „Heroisch", z.B. wenn man verlorene Stellungen rettet; und (b) „alltäglich", z.B. grundsätzliche defensive Techniken. Beide sind von besonderer Bedeutung. Für die erste sollten Sie genug Energie und mentale Stärke besitzen, um es ihrem Gegner so schwierig wie möglich zu machen, seinen Vorteil zu verwerten – gleichzeitig sollten Sie Spaß dabei haben. Wir hoffen, dass wir Sie dafür mit diesem Band motivieren können, indem wir Ihnen zeigen, welche Belohnungen auf Sie warten, wenn Sie sich zäh verteidigen. Um die Kunst der Verteidigung voll und ganz zu beherrschen, muss man natürlich die grundsätzlichen Verteidigungstechniken kennen, und genau hier fangen wir an.

Prinzipien wie „Nicht in Panik geraten" oder „nicht erzwungenes Denken" (manchmal auch mit der Phrase „Schach ist nicht Dame" beschrieben) spielen eine signifikante Rolle. Wenn Sie sie nicht beachten, könnte Sie das teuer zu stehen kommen. Stattdessen sollte man einen klaren Kopf bewahren, versuchen, den Druck auf den Gegner zu übertragen und versuchen, die Verteidigungsaufgabe zu genießen. Das heißt natürlich nicht, dass man z.B. alles abtauscht, um ein Remis zu erzwingen. So funktioniert das Spiel nicht. Das hilft häufig nur dem Gegner und geht dementsprechend nach hinten los. Außerdem zeigt das dem Gegner, dass sie vielleicht einfach nur Angst haben. Die Kunst der Verteidigung ist mehr verbunden mit den folgenden Konzepten: Prophylaxe, ruhige Variantenberechnung, Selbstvertrauen, klarer Kopf, Ausschlussmethode, Gegenangriff im richtigen Moment, Tausch von Angriffs- oder Gewinnpotenzial.

Durch den starken Einfluss der Computer hat sich Schach zu einem viel konkreteren Spiel entwickelt und die Spieler sind gewillt, ein höheres Risiko einzugehen, wenn sie Material schlagen. Man sollte diesen Trend nutzen und seine Verteidigungsfähigkeiten trainieren, indem man passive Stellungen spielt. Natürlich wollen wir alle attraktive Angriffspartien gewinnen, aber wenn dieser Ansatz nicht funktioniert, oder gerade nicht möglich ist, dann müssen wir uns der Situation anpassen und auch mal verteidigen.

Der beste Weg, um seine Verteidigungsfähigkeiten zu trainieren, ist, schlechtere Stellungen gegen stärkere Gegner zu spielen und die Partien später zu analysieren. Der nächstbeste Weg ist wahrscheinlich, die Verteidigungskonzepte zu trainieren und viele Aufgaben zu lösen. Und genau darum geht es in diesem Buch. Ein letztes Wort über den Schwierigkeitsgrad der Aufgaben: unterschiedliche Leser werden die gleichen Aufgaben natürlich unterschiedlich wahrnehmen. Kein Grund zur Sorge: Seien Sie nicht beunruhigt, wenn Sie eine Aufgabe nicht lösen können, wenn Sie Fehler machen oder generell Probleme beim Lösen der Aufgaben haben. Nicht die Test-Resultate zählen, sondern der Trainingseinsatz, und der wird dafür sorgen, dass Sie ein besserer Spieler werden. Viel Glück!

Karsten Müller und Merijn van Delft

Zeichen und Symbole

+– Weiß steht auf Gewinn

± Weiß steht deutlich besser

⩲ Weiß steht etwas besser

= die Stellung ist ausgeglichen

⩱ Schwarz steht etwas besser

∓ Schwarz steht deutlich besser

–+ Schwarz steht auf Gewinn

∞ die Stellung ist unklar

=∞ mit Kompensation für das Material

→ mit gefährlichem Angriff (für die Seite, die den letzten Zug ausgeführt hat, z.B. 11.Sxf7→ bedeutet, dass Weiß einen gefährlichen Angriff hat)

↑ gefährliche Initiative (nicht „Kaffeehaus-Kompensation“, z.B. zwei Bauern und ein Schach für eine Figur) für die Seite, die den letzten Zug ausgeführt hat

!! ein starker und schöner Zug

! ein starker Zug

!? ein interessanter und evtl. starker Zug

?! ein zweifelhafter Zug

? ein Fehler

?? ein grober Fehler

[W] Weiß am Zug

[S] Schwarz am Zug

1. Kapitel

Prinzipien und Methoden des Verteidigens

1a) Schach ist nicht Dame

Das erste wichtige Prinzip des Verteidigens ist, dass man nicht gezwungen ist, wie beim Spiel „Dame“ Figuren abzutauschen. Schauen Sie immer mit einem frischen Blick auf die Stellung und betrachten Sie Ihre Optionen. Im kommenden Beispiel fand sich der legendäre Garry Kasparov, der für seinen unnachahmlichen Angriffsstil bekannt wurde, ausnahmsweise in der Rolle des Verteidigers wieder. Er hatte entweder etwas falsch berechnet, oder das Prinzip „Schach ist nicht Dame“ vergessen.

01.01
G. Kasparow (2775) –
W. Kramnik (2775)
Dos Hermanas 1996 **[S]**

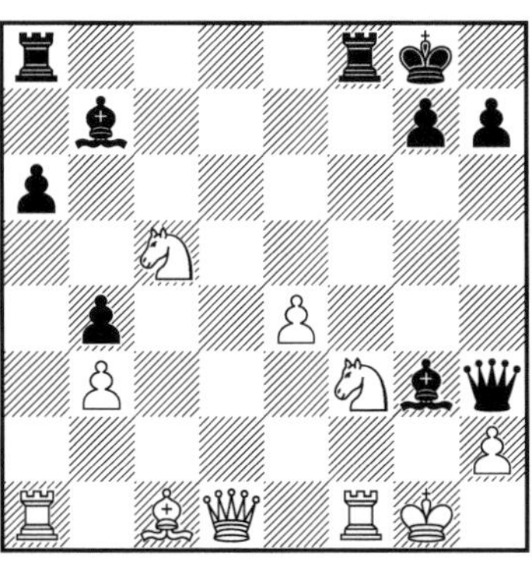

24...♖xf3! 25.♖xf3? Dieses automatische Zurückschlagen ist überraschenderweise ein Fehler.

Kasparow hätte sich vom schematischen Denken lösen müssen. Dann hätte er vielleicht den folgenden starken Zug gefunden: 25.♖a2!! hätte die zweite Reihe abgedeckt. Der Prototyp dieser Methode stellt der Zug ♕c7, womit die Dame die anfälligen Punkte g7 und h7 abdeckt, in der sizilianischen Verteidigung dar. Schwarz hat nichts Besseres als 25...♖xf1+ 26.♕xf1 ♕xf1+ 27.♔xf1 ♖c8 28.♗e3 ♗f4! und nach 29.♗xf4 ♖xc5 30.♖a4 a5 31.♗d6 ♖c3 32.♖xa5 entsteht eine Stellung mit ungleichfarbigen Läufern, die Weiß sehr gute Chancen auf Remis bietet.

25...♕xh2+ 26.♔f1 ♗c6! Der Läufer wechselt die Diagonale mit tödlichem Effekt.

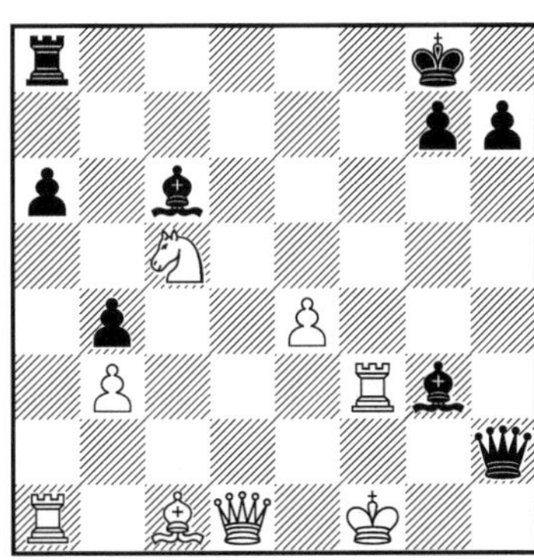

27.♗g5 Die zäheste Verteidigung wäre 27.♖a5! gewesen. Schwarz hätte 27...♗c7! finden müssen. **27...♗b5+ 28.♘d3 ♖e8!** Während Schwarz seine letzte Figur ins Spiel bringt, ist Weiß trotz des Mehrturms völlig hilflos.

29.Ta2 Dh1+ Es gab sogar ein forciertes Matt: 29...Lxd3+! 30.Txd3 (30.Dxd3 Dh1+ 31.Ke2 De1#) 30...Dh1+ 31.Ke2 Dg2+ 32.Ke3 Txe4#. **30.Ke2 Txe4+ 31.Kd2 Dg2+ 32.Kc1 Dxa2 33.Txg3 Da1+ 34.Kc2 Dc3+ 35.Kb1 Td4 0-1** Weiß gab auf wegen 36.Lf6 Lxd3+ 37.Ka2 Lb1+! nebst Matt.

In Zusammenhang mit dem „Schach ist nicht Dame"-Prinzip müssen Sie sich vom stereotypen Denken lösen. Im folgenden Beispiel befand sich Weiß in einem dogmatischen, positionellen Denkmodus, obwohl die Stellung nach einer dynamischen Lösung verlangte.

01.02
V. Schischkin (2463) –
A. Areschtschenko (2575)
73. UKR-Meisterschaft Charkow
2004 **[W]**

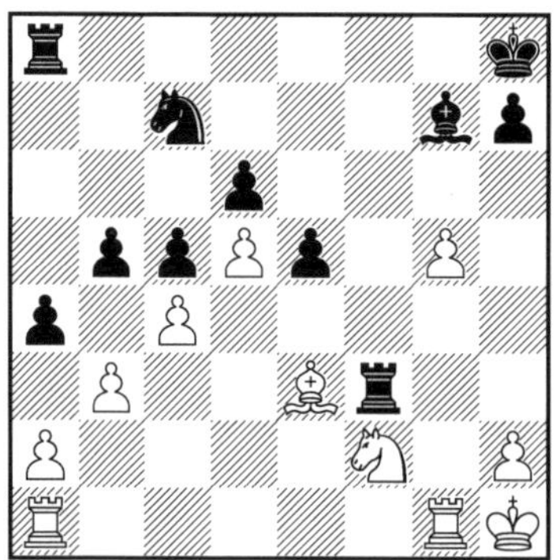

29.Tae1? Das ist zu langsam. Es sieht so aus, als ob der Springer auf das schöne Blockadefeld e4 musste. Aber solche forcierten Automatismen gibt es nicht im Schach. Stattdessen findet ein Kampf um die Initiative statt. 29.Sg4! Wäre stark gewesen und nur nach 29...e4 bleibt Zeit für 30.Tae1. Der ruhige Zug 30.Tab1 kommt allerdings auch infrage.

Nun kann Weiß nach neutralen Zügen mit dem störenden Sf6 fortsetzen. Falls Schwarz weiter am Damenflügel angreift, erwartet ihn eine unangenehme Überraschung: 30...axb3 31.axb3 bxc4 (31...Ta3 32.Lxc5!! dxc5 33.d6 verläuft ähnlich.) 32.bxc4 Ta4

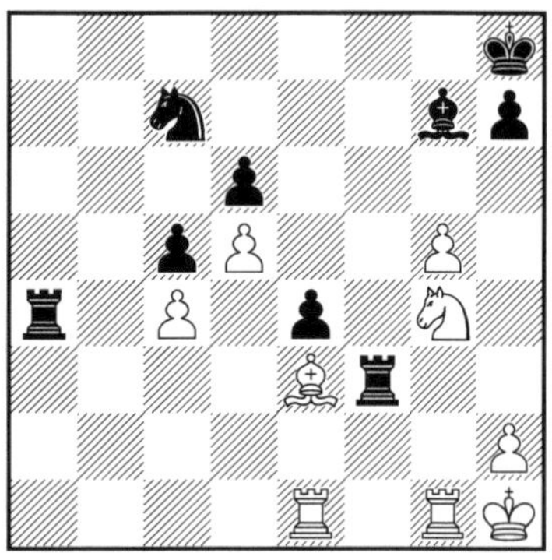

33.Lxc5!! dxc5 34.d6 und der starke d-Bauer, kombiniert mit Drohungen gegen den schwarzen König, gibt Weiß schöne Kompensation für die Figur, z.B.: 34...Se6 (34...Se8 35.d7 Ta8 36.Txe4! Sd6 37.Te6 Td3 38.Sf6) 35.Txe4 Sf8 36.Te8 Tf7 37.Sf6.

29...axb3 30.axb3 Ta3 31.Kg2

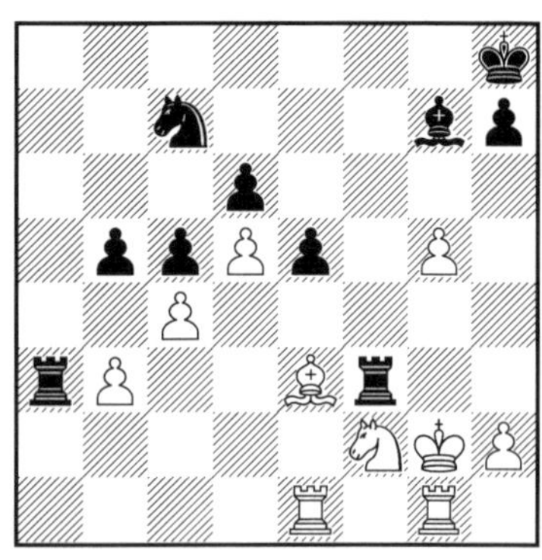

31...♖xe3! Nun führt Schwarz den ersten taktischen Schlag aus. **32.♖xe3 bxc4**

33.♖d1 cxb3 34.♘e4 ♘b5 Der Springer macht einen guten Job, indem er gleichzeitig die Punkte d6 und a3 verteidigt. **35.♘d2?** Die letzte Chance auf Gegenspiel bestand in 35.♘xc5! dxc5 36.d6 ♘xd6 37.♖xd6, da 37...b2?! 38.♖xa3 b1♕ 39.♖a8+ ♗f8 40.♖xf8+ ♔g7 41.♖ff6! nur zum Remis führt. **35...b2 36.♔f2** 36.♖xa3 ♘xa3 37.♘b1 ♘xb1 38.♖xb1 e4 und Schwarz gewinnt. **36...♘c3 37.♔e1 e4 38.♘b1 ♘xb1 0-1**

1b) Zwischenzüge

Dieses Prinzip folgt in der Logik dem vorangegangenen Prinzip: Immer nach Zwischenzügen schauen. Beide Seiten können eine anscheinend forcierte Zugfolge mit Zwischenzügen unterbrechen.

01.03
J. Speelman (2597) –
P. Ricardi (2474)
FIDE-Weltmeisterschaft –
Las Vegas 1999 **[S]**

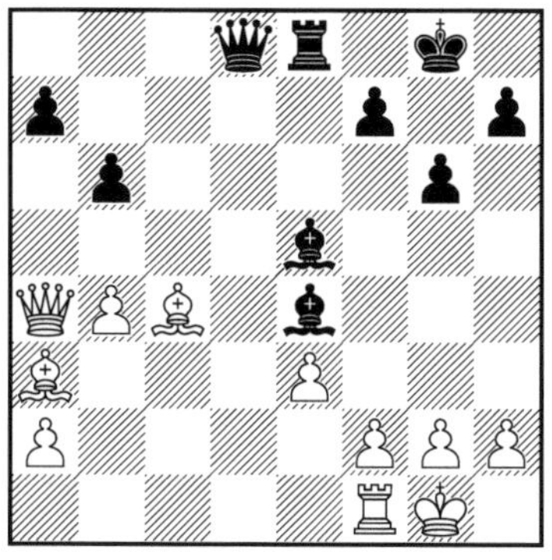

28...♗xh2+? Schwarz konnte der Versuchung nicht widerstehen, das klassische doppelte Läuferopfer auszuführen. Stattdessen hätte er ganz bescheiden zu 28...♕e7 greifen sollen. **29.♔xh2 ♗xg2** Die Standardfortsetzung. 29...♕h4+ 30.♔g1 ♗xg2 funktioniert nicht, weil der Turm hängt. **30.♖d1!** Ein starker *Zwischenzug*. Weiß verteidigt sich hervorragend gegen die schwarze Attacke.

30.♔xg2? führt nur zu einem Remis nach 30...♕g5+ 31.♔f3 ♕h5+ 32.♔g3, und Schwarz sollte nicht 32...♖e5? spielen, da Weiß mit 33.♗xf7+! gewinnt. **30...♕h4+ 31.♔xg2 ♕g4+ 32.♔f1 ♕xc4+ 33.♔e1 ♕c3+ 34.♖d2 b5** Vielleicht übersah Schwarz, dass 34...♖d8 an 35.♕c2! scheitert. **35.♕b3** Weiß hat jetzt einfach eine Figur mehr. **35...♕a1+ 36.♖d1 ♕e5 37.♗b2 ♕h2 38.♕d5 ♕g1+ 39.♔e2 ♕g4+ 40.♔f1 ♕h3+ 41.♕g2 ♕f5 42.♕c6 ♕h3+ 43.♔e1 1-0**

Im folgenden faszinierenden Beispiel stehen beiden Seiten tolle Zwischenzüge zur Verfügung.

01.04
S. Bromberger (2505) –
J. Timman (2565)
Bundesliga 2006 **[S]**

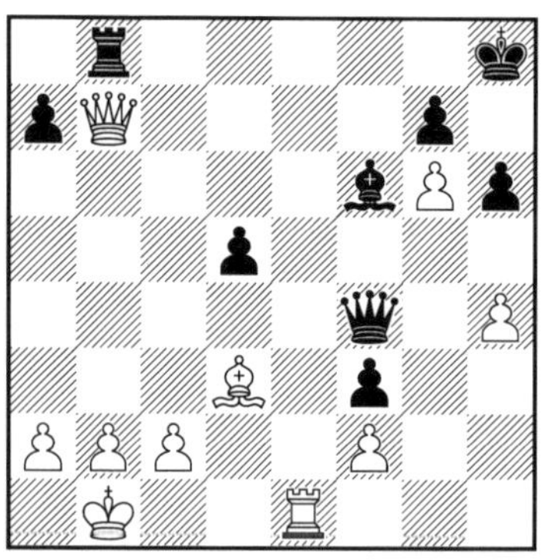

30...♗xb2!? Nach dem Zwischenzug 30...♗c3!? folgt 31.♖e7! und nach 31...♗xb2 kann Weiß mit dem König zurücknehmen: 32.♔xb2! (32.♗b5?? erlaubt 32...♕c1#.) 32...♖xb7+ 33.♖xb7 und wie Oliver Reeh ausführte, kann Schwarz wegen seines eingesperrten Königs nicht gewinnen. **31.♗b5!** Ein Zwischenzug in zeitlicher und räumlicher Sicht. Er unterbricht den taktischen Fluss des Schwarzen und blockt physisch die b-Linie.

31.♕xb2? verliert wegen 31...♖xb2+ 32.♔xb2 ♕b4+. **31...♗d4 32.♕xb8+!** Die Pointe des letzten weißen Zuges: ein Notfallausgang ins Endspiel. **32...♕xb8 33.♖e8+ ♕xe8 34.♗xe8 ♗xf2 35.h5** Das Endspiel ist wegen der ungleichfarbigen Läufer einfach remis.

35...♗e3 36.c3 f2 37.♗b5 ♔g8 38.♔c2 ♔f8 39.♔d1 ♔e7 40.♔e2 ♗c5 41.♗c6 ♔d6 42.♗b7 ♔e5 43.♗c6 a5 44.a4 ♗e3 45.♗b7 d4 46.cxd4+ ♗xd4 47.♔f1 ½-½

Eine spezielle Art von Zwischenzug ist der „Desperado": Eine Figur, die verloren geht, nimmt mit einem Zwischenzug noch so viel Material des Gegners mit wie möglich.

01.05
A. Miles –
Computer Deep Thought
Long Beach 1989 **[S]**

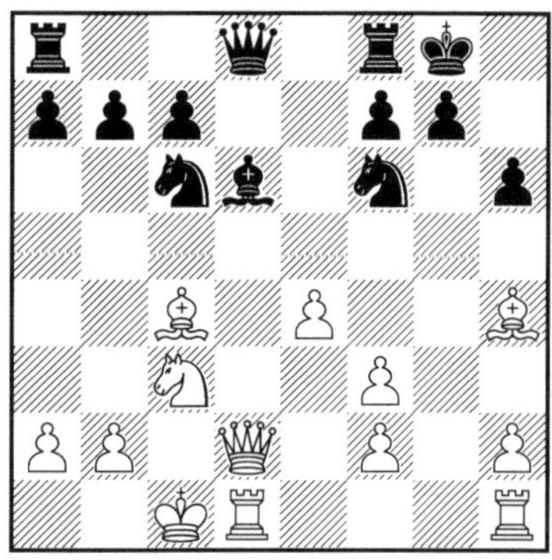

1...♘xe4 2.♗xd8?! Der tolle „Desperado" 2.♕xh6!? wäre deutlich zäher gewesen: 2...gxh6 3.♗xd8 ♘xf2

4.♖hg1+ ♔h7 5.♗f6 (5.♖xd6!? cxd6 6.♗h4 ist ein interessanter Versuch, Verwirrung zu stiften.), auch wenn 5...♖g8! (5...♗f4+? 6.♔c2 ♗g5 7.♘d5 ♘xd1 8.♗d3+ ♔g8 9.♗xg5 hxg5 10.♖xg5+ ♔h8 11.♖h5+ ♔g8 12.♖g5+=, Aagaard) 6.♖df1 ♖xg1 7.♖xg1 ♖g8 das weiße Angriffspotenzial reduziert. **2...♘xd2 3.♗xc7 ♗xh2**

4.♗xh2 ♘xc4 und Schwarz gewann letztendlich.

1c) Bis zum Ende rechnen

Eine sehr wichtige taktische Devise lautet, dass man bis zum Ende rechnen muss. Auch wenn es aussieht, als ob man nicht mehr weiterrechnen müsste, sollte man immer einen Schritt weitergehen. Das erfordert sehr viel Disziplin, kann sich aber lohnen. Dieses Prinzip ist universell, aber insbesondere in der Verteidigung gibt es kaum Spielraum für Fehler. Eine vermeintliche psychologische Falle besteht, wenn man unter Druck nach einem forcierten Remis schaut. In so einem Fall, geblendet von dem Wunsch, die Partie schnell zu beenden, vergisst man auch manchmal bis zum Ende zu rechnen.

01.06
F. Vallejo Pons (2686) –
G. Kasparow (2804)
Linares 2005 **[W]**

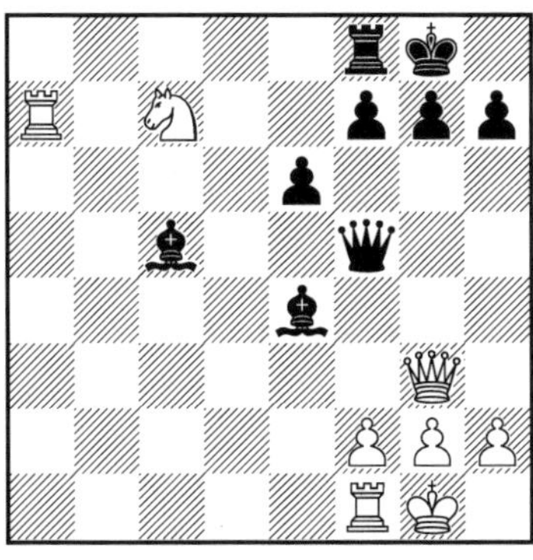

27.♖a5? Wenn man sich auf Komplikationen einlässt, sollte man genau rechnen, insbesondere wenn man sichere Alternativen hat, so wie 27.♖a4 ♖d8!? 28.h3 (aber nicht 28.♕h4?? g5 29.♕xe4 [29.♕g3 ♖d3 gewinnt] 29...♕xf2+! und Matt) und 27.♖a2. **27...♗xf2+ 28.♕xf2 ♕xa5 29.♘xe6**

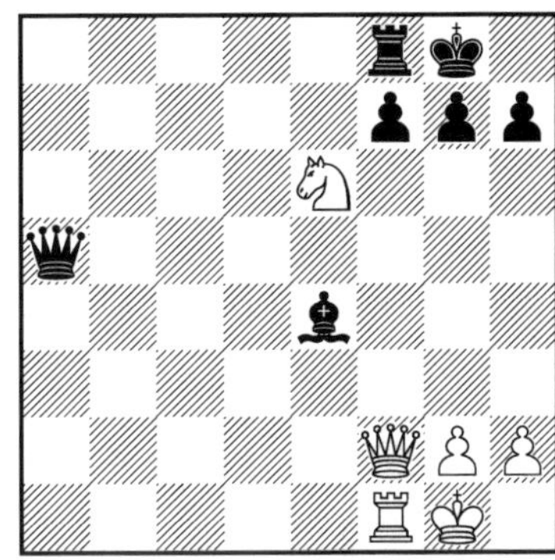

Vallejo stoppte wahrscheinlich seine Berechnungen an dieser Stelle und dachte, dass es remis ist. Aber Kasparow hatte einen Zug weiter gerechnet: **29...♗xg2! 0-1**

29...♗d3? 30.♘xf8 ♗xf1 31.♕xf1 ♔xf8 ist in der Tat remis, aber 29...♗xg2! 30.♘xf8 (30.♕xg2 ♕b6+; 30.♔xg2 ♕d5+) 30...♗xf1 31.♘xh7 ♗h3 gewinnt sofort.

Sogar die allerbesten Spieler rechnen manchmal nicht weit genug:

W. Kramnik (2772) –
V. Anand (2783)
Weltmeisterschaft Bonn 2008 **[W]**

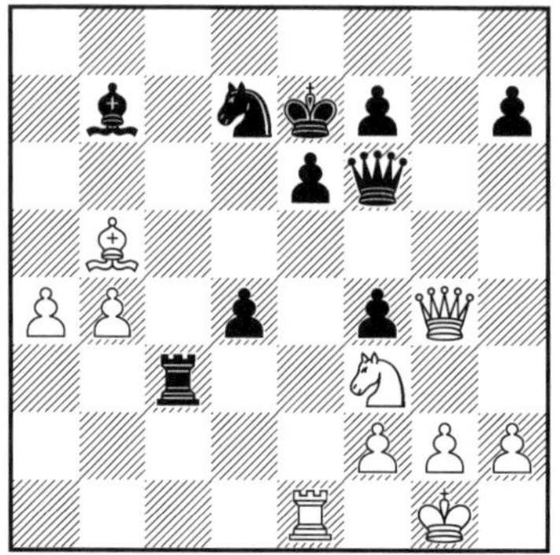

Kramnik startete eine forcierte Zugfolge mit **29.♘xd4?** (29.♕g8 war die beste Möglichkeit.) **29...♕xd4 30.♖d1 ♘f6 31.♖xd4 ♘xg4 32.♖d7+ ♔f6 33.♖xb7 ♖c1+ 34.♗f1**

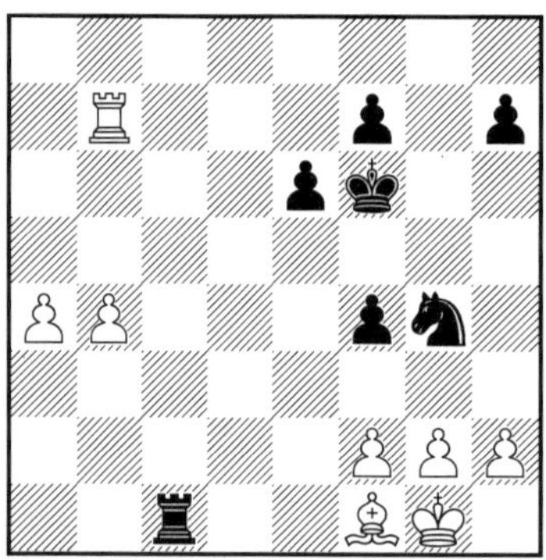

und hatte seine Berechnungen wahrscheinlich hier beendet. Anand dagegen hatte weiter gerechnet: **34...♘e3!! 35.fxe3 fxe3 0–1**

1d) Die Ausschlussmethode

Die einfachste Methode, um den besten Zug zu finden, besteht manchmal darin, die schlechten Züge auszuschließen. Um Sherlock Holmes zu zitieren: „Wenn man das Unmögliche ausschließt, muss das, was übrig bleibt, egal wie unwahrscheinlich, die Wahrheit sein." Seien Sie aber vorsichtig. Wenn alle Züge, die man ausgeschlossen hat, zum Remis führen, sollte man sicher sein, dass der gewählte Zug gewinnt und nicht verliert.

01.07
Das Ende einer Studie von Grigoriev [S]

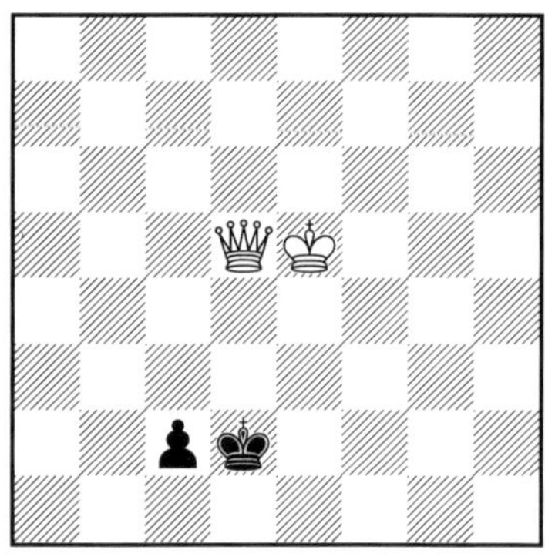

1...♔e1! Alle andere Züge verlieren forciert:

1...♔c3? 2.♕d4+ ♔b3 3.♕a1+–; 1...♔e3? 2.♕g2 c1♕ 3.♕g5++–; 1...♔e2? 2.♕a2 ♔d1 3.♔d4 c1♕ 4.♔d3+–; 1...♔c1? 2.♕a2 ♔d1 3.♔d4 c1♕ 4.♔d3+–.

2.♕a5+ ♔d1 3.♕a4 ♔d2 4.♕a2 ♔c3!!= Ein Bodycheck gegen den König und gleichzeitig gegen die Dame ist eine absolute Rarität.

Das folgende Beispiel wurde von Schachtrainer Claus Dieter Meyer analysiert:

01.08
Analyse von A. Schirow (2670) – J. Lautier (2635)
Müchen 1993 **[S]**

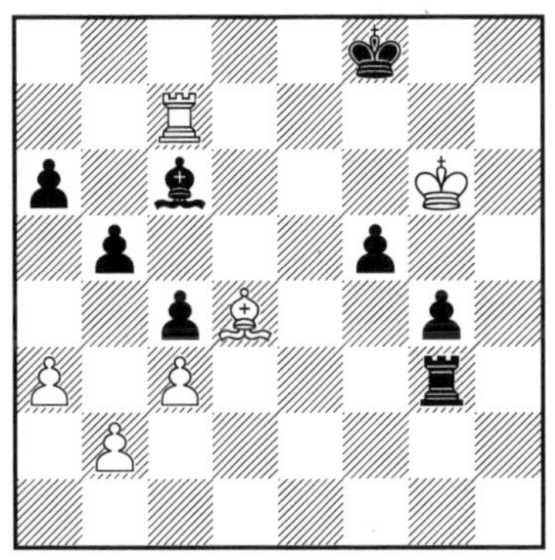

Der Läufer muss offensichtlich ziehen. Dementsprechend lauten die Kandidatenzüge 66...♗h1,

66...♗g2, 66...♗e4, 66...♗d5 und 66...♗e8+. Gemäß der Ausschlussmethode ist es eine gute Idee, die schlechten Züge schnell auszusortieren. Da 66...♗e8+? verdächtig aussieht, schlagen wir vor, folgendermaßen zu beginnen: 67.♔f6 ♖h3 68.♗c5+ ♔g8 69.♖c8 ♖h6+ 70.♔e7+− und zuerst geht der Läufer und dann die Partie verloren. Der nächste Zug auf der Liste ist 66...♗e4?, aber der Läufer steht hier im Weg. Also berechnen wir 66...♗e4? 67.♔f6 ♔e8 (67...♔g8 68.♖c8+ ♔h7 69.♔g5 ♖h3 70.♖h8#) 68.♔e6 ♔d8 69.♗b6+−. So weit, so gut. Jetzt ist es viel schwieriger, zwischen den verbliebenen Kandidatenzügen zu wählen. Da es darum geht, den schwarzen König in der Nähe der gefährlichen h8-Ecke zu halten, schauen wir uns jetzt 66...♗d5? an: 67.♖c5! ♗e6 68.♔f6 ♗d7 69.♖c7 ♔e8 70.♖a7 ♔d8 (70...♗c6 71.♖e7+ ♔d8 72.♗b6+ ♔c8 73.♖c7++− ; 70...♗c8 71.♖e7++−) 71.♗b6+ ♔c8 72.♖c7+ ♔d8 73.♖c5+ ♔e8 74.♖e5+ ♔f8 75.♗c5+ ♔g8 76.♖d5+−.

Durch die Ausschlussmethode kommen wir jetzt zur Hauptvariante: **66...♗g2!** (66...♗h1 funktioniert auch.) **67.♔f6 ♔e8 68.♔e6 ♔d8 69.♖c5 ♗b7 70.♗f6+ ♔e8 71.♖c7 ♖e3+ 72.♗e5 ♖xe5+ 73.♔xe5 ♗e4 74.♔f4 ♔d8 75.♖a7 ♔c8 76.♖xa6 ♔b7**

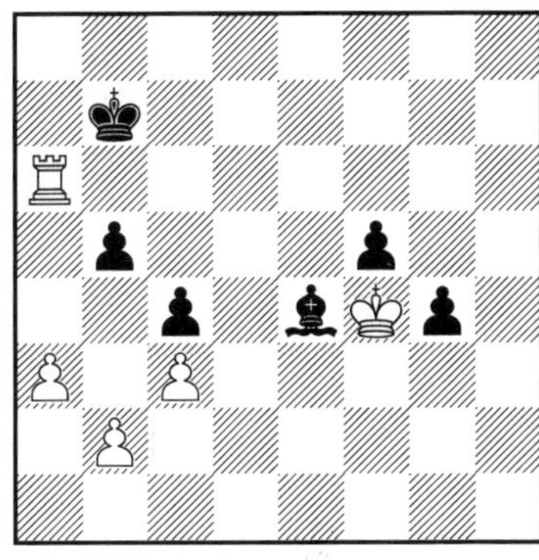

Meyer kam zum Ergebnis, dass Schwarz wegen seiner Freibauern wahrscheinlich überleben wird.

Wie auch immer, das war die beste Möglichkeit, den Kampf fortzusetzen.

1e) Prophylaxe

Eine verfeinerte Form der Verteidigung ist die Prophylaxe. Laut dem berühmten Schachtrainer Mark Dworezki beinhaltet ein prophylaktischer Zug sowohl ein defensives als auch ein offensives Element. Mit anderen Worten: er antizipiert die gegnerische Idee und verbessert gleichzeitig die eigene Stellung. Es gibt Spieler, die dieses Konzept verinnerlicht haben und konstant prophylaktisches – oder präventives – Denken anwenden. Anfänger tun sich mit diesem Konzept dagegen schwer. Zum einen weil sie lieber angreifen und zum anderen, weil man sich in die Situation des Gegners hineinversetzen muss, um sich z.B. zu fragen, was man an Stelle des Gegners spielen würde. Ein weiterer Aspekt von Prophylaxe beinhaltet, weit vorauszuschauen.

Über den 9. Schachweltmeister Tigran Petrosjan wurde gesagt, dass er die gegnerischen Angriffsideen verhinderte, lange bevor der Gegner überhaupt daran dachte.

01.09

N. Mitkov (2578) – S. Rublewski (2657)

Poikovsky 2001 **[S]**

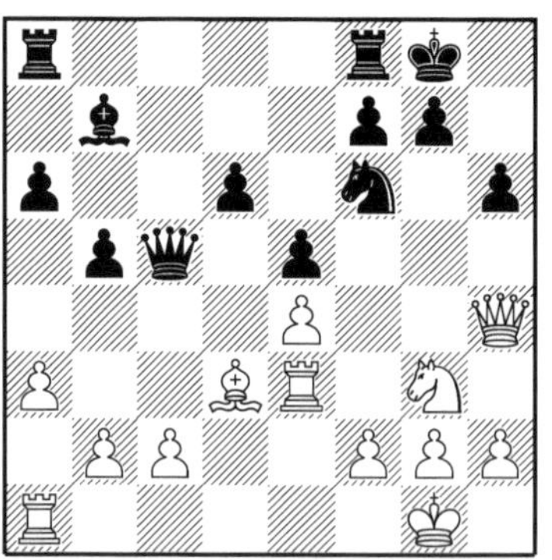

19...♗c8! Natürlich wollte Weiß den Springer nach f5 überführen. **20.♖f3 ♘h7!** Und natürlich musste das Qualitätsopfer auf f6 verhindert werden. **21...♘g5** 22.♘f6+ gxf6? (22...♔h8!=) 23.♖xf6? (23.♕h6 gibt Weiß Angriff (R.Korba))

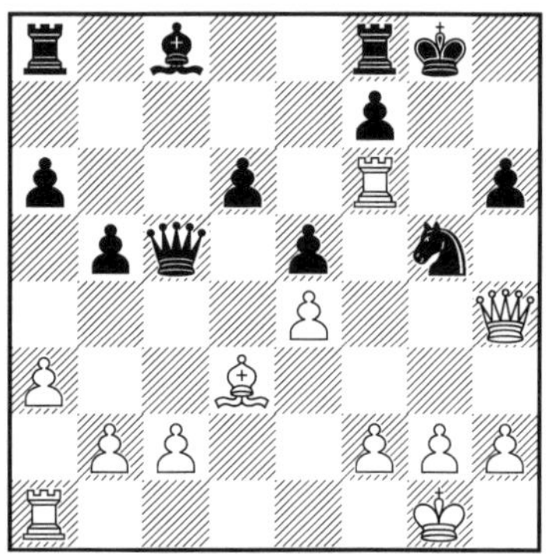

Schwarz hat die fantastische Ressource 23...♖a7!!, wie in Kasparow – Kramnik (01.01). Nach 24.♖xh6 (24.♕xh6 ♘h7 25.♖f3 f6 funktioniert auch gut.) folgt 24...f6, der Turm verteidigt entlang der 7. Reihe. 25.♖h8+ ♔f7 26.♕h5+ ♔e7 und der schwarze König entkommt. **22.♖g3 g6** 22...♘g5? 23.♘f6+! gxf6 (23...♔h8 24.♖xg5 ♕d8 25.♖h5+−) 24.♕xh6 ♕d8 25.h4 gewinnt für Weiß. **23.♘f6+ ♘xf6 24.♕xf6 ♕d8 25.♖xg6+ ½-½**

Wie wir schon erwähnten, machen präventive Maßnahmen auch dann Sinn, wenn keine direkte Gefahr droht.

01.10
J. Rowson (2548) – P. Wells (2497)
Blackpool Weekend Congress 2004
[W]

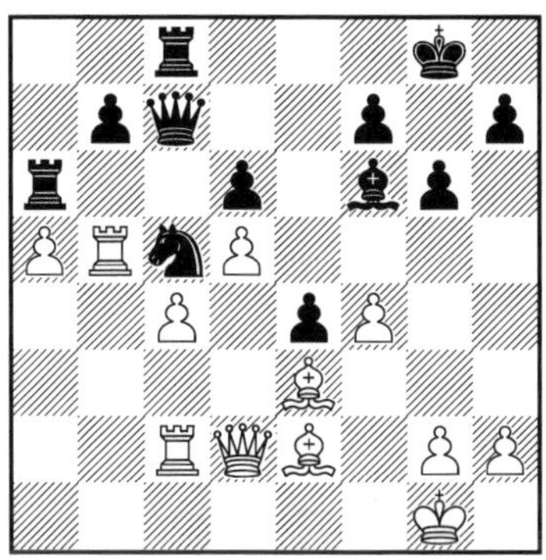

28.g3! „Als ich mit meinen Figuren sprach, war mein König am überzeugendsten – er wird sich auf einem hellen Feld deutlich sicherer fühlen, insbesondere wenn man bedenkt, dass Weiß wahrscheinlich auf c5 nehmen muss, um Fortschritte zu erzielen." (Rowson) **28...♖ca8 29.♖a2 ♗g7 30.♔g2! h5** 30...f5 31.♕b4 ♖c8 war die Alternative. **31.♕b4 ♕d8 32.♗xc5 dxc5 33.♕xc5 b6 34.♕e3 ♖xa5 35.♖bxa5 ♖xa5** Der Verteidiger tauscht so viel Material wie möglich, um das weiße Angriffspotenzial zu reduzieren. **36.♖xa5 bxa5 37.♕xe4 ♕d6?** 37...♗f8! 38.f5 ♕e7 „ist so gut wie ausgeglichen" (Rowson) wegen der Blockade auf den schwarzen Feldern. **38.f5!** Öffnet die weißen Felder um den schwarzen König herum. **38...gxf5?!** 38...♔f8!? war zäher, aber Weiß sollte sich auf lange Sicht durchsetzen nach 39.fxg6 fxg6 40.♗d3. **39.♕e8+ ♗f8 40.♗xh5 ♕f6 41.c5 ♔g7 42.c6 ♗d6 43.♕d7 ♕e5 44.♕xf7+ ♔h8**

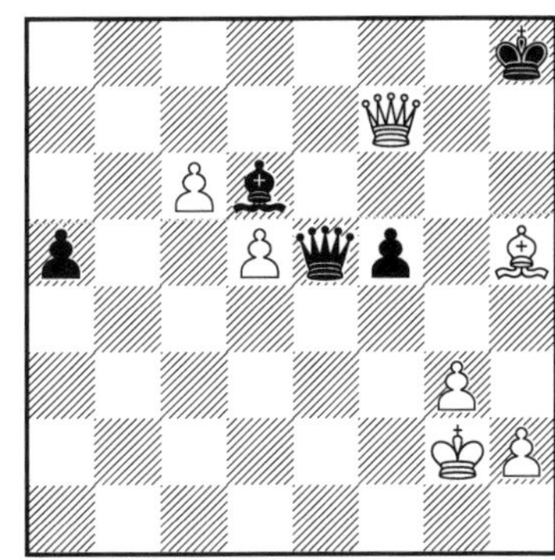

45.♔h3! Wieder eine schöne Prophylaxe. Weiß hat in dieser Partie sehr gut auf seinen König aufgepasst. **45...a4 46.♗g6 ♕g7 47.♕e8+ ♗f8 48.c7 ♕h6+ 49.♗h5 1-0**

Manchmal muss man auch seltsame Maßnahmen ergreifen:

01.11
G. Porreca – D. Bronstein
Belgrad 1954 **[S]**

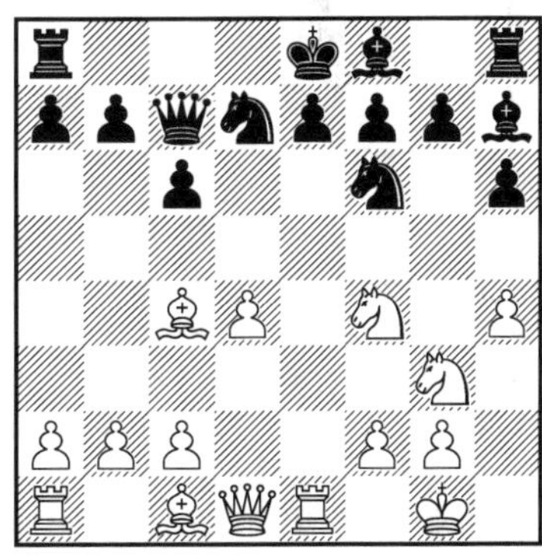

Bronstein hat in der Eröffnung ungenau gespielt und muss jetzt sehr vorsichtig sein. Weiß übt starken Druck auf den weißen Feldern aus und das muss neutralisiert werden mit **11...♗g8!**, da auf 11...e6? 12.♗xe6 fxe6 13.♘xe6 ♕a5 14.♕e2 ♗d6 15.♗d2 ♕b6 16.♘c7+ ♔f8 17.♘xa8 ♕d8 18.♕e6+− folgt. **12.♘d3 e6 13.♗f4 ♗d6 14.♗xd6 ♕xd6 15.♘f5 ♕f8** Wieder ein forcierter Rückzug. Und nun sollte Weiß statt **16.♕f3? 0–0–0,** wonach Bronstein nicht mehr schlechter stand (und sogar später gewann), 16.♘e5! spielen. Die kritische Variante lautet 16...♗h7! (16...♘d5? ist schlecht wegen 17.♗xd5 cxd5 18.♘xd7 ♔xd7 19.♘e3 ♔c7 20.c4+−, Jones – Pedersen, Kopenhagen 2005.) 17.♘xf7 ♗xf5 18.♘xh8 0-0-0 19.♗xe6 ♗xe6 20.♖xe6 ♕xh8 und Weiß steht besser, auch wenn die Stellung nicht klar ist.

1f) Strukturelle Schwächen

Häufig reicht es aus, ruhig zu verteidigen und abzuwarten, was passiert. Der typische Fall ist eine etwas passive aber solide Stellung. Falls man eine strukturelle Schwäche besitzt, ist dagegen eine aktive Verteidigung angesagt.

01.12
A. Karpow (2690) –
M. Taimanow (2530)
Leningrad 1977 **[S]**

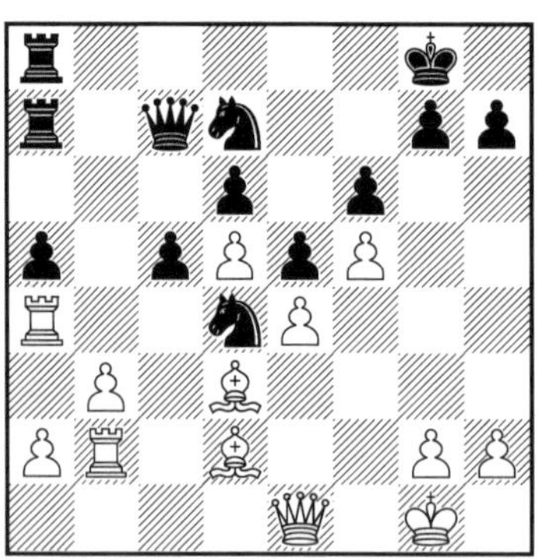

25...♘b6! Falls Schwarz passiv abwartet, wird Weiß früher oder später am Königsflügel vorrücken und gute Gewinnchancen haben. Deswegen agierte Taimanow sofort mit dem Textzug.

26.♖xa5 26.♗xa5? scheitert an 26...♘xa4 27.♗xc7 ♘xb2−+. **26...c4!** Die Pointe des letzten schwarzen Zuges – der Nachziehende öffnet die lange Diagonale zum weißen König. **27.♗f1** 27.bxc4? ♖xa5 28.♗xa5 ♕c5! 29.♕b1 (29.♗xb6 ♘f3+ 30.♔h1 ♘xe1 31.♗xc5 ♘xd3 ist eine nette Gabel; 29.♕b4 ♘f3+ 30.♔f1 ♕e3 mit einem starken Angriff.) 29...♖xa5 30.♖xb6 ♘b3+ gewinnt die Qualität. **27...♖xa5 28.♗xa5 ♕c5! 29.♗xb6 ♕xb6 30.♔h1 cxb3 31.axb3 g6?!** Schwarz hätte seine Probleme lösen können mit 31...♘xb3 32.♕b1 (32.♖b1 ♖c8=) 32...♖a3 33.♗c4 ♕a5! 34.♖xb3 ♖a1 35.♖b8+ ♔f7 36.♖b7+=.

32.fxg6 hxg6 33.b4 ♔g7 34.b5 f5 35.exf5 ♘xf5 36.♖b3?! 36.♖b1 wäre präziser gewesen. **36...♕d4**

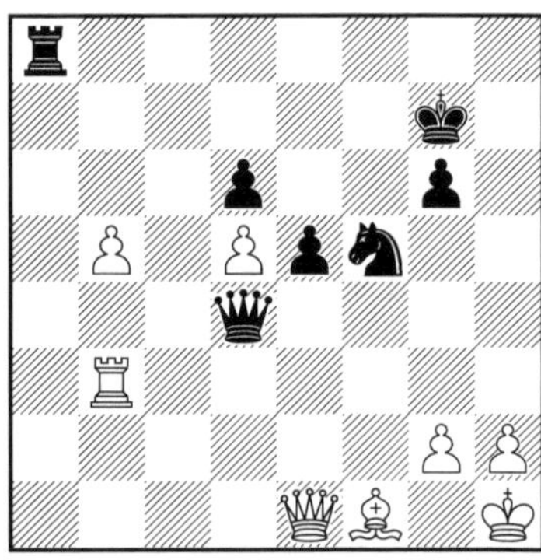

37.b6? Nach 37.♖b1 wendet Schwarz denselben Trick wie in der Partie an, um die Stellung im Gleichgewicht zu halten: 37...♖a3! 38.b6 ♘g3+! 39.♕xg3 ♖xg3 40.hxg3 ♕e4 41.♖b2 ♕e3=. **37...♖a1 38.♖b1**

38.♕e2 ♕c5! 39.b7 ♕c2! nutzt tödlich die Grundreihenschwäche aus. **38...♘g3+!! 0-1** Nach 39.hxg3 kehrt der Turm mit verheerendem Effekt auf die h-Linie zurück.

1g) Keine Panik

Zu diesem Prinzip gibt es kein Sprichwort, doch einige instruktive Methoden. Verteidigen erfordert nicht nur technische Fähigkeiten, sondern auch – und insbesondere – einen kühlen Kopf.

01.13
Z. Medvegy (2512) –
K. Müller (2515)
Bundesliga Hamburg 2007 **[S]**

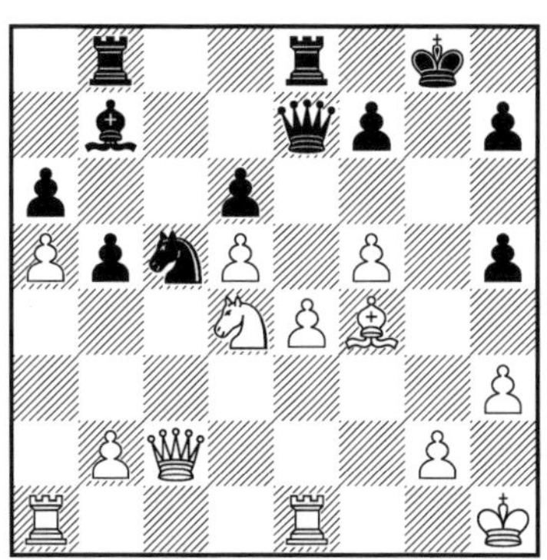

24...♖bc8 25.♘c6 Hier war ich davon überzeugt, dass ich sofort einen Gegenangriff starten muss, und spielte **25...♕h4??**, ohne im Detail alles zu prüfen. Das stellte sich als Fehler heraus. Schwarz muss zuerst auf c6 tauschen und kann danach sehr zähen Widerstand leisten: 25...♗xc6 26.dxc6 ♕h4 27.♗xd6 ♘xe4

Hier ist ♗e7 nicht mehr möglich. 28.♗b4 ♕f2! 29.♕xf2 ♘xf2+ 30.♔h2 ♖xe1 31.♗xe1 ♘d3 32.♗c3 ♖xc6 33.♖d1 ♖d6 34.♔g3 ♖d5 und der Kampf geht weiter.

26.♗xd6 ♘xe4 27.♗e7! Nun gewinnt Weiß. **27...♘g3+ 28.♔g1 ♕f4 29.f6 ♔h8 30.♕f2 ♕g5 31.♖e5 ♕g6 32.♖e3 ♘e4 33.♕c2 ♗xc6 34.dxc6 ♘d6 35.♕xg6 hxg6 36.♖c1 ♘c4 37.♖ec3 ♘xb2 38.c7 ♘c4**

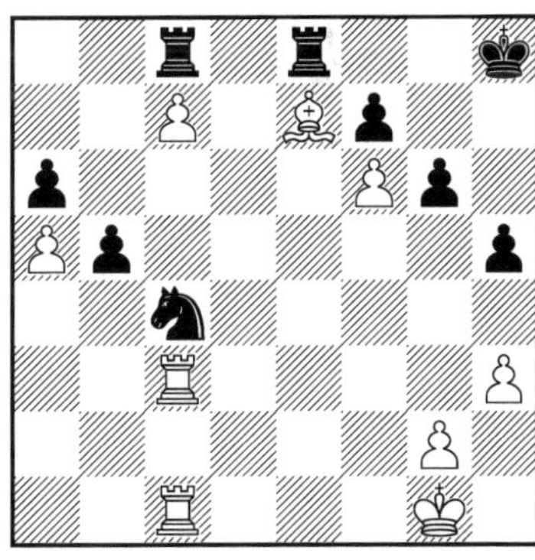

39.♖xc4! Ein lehrreiches Qualitätsopfer, das die Partie entscheidet.

39...bxc4 40.♖xc4 ♔h7 41.♔f2 ♔h6 42.♔e3 ♔g5 43.♔e4 ♔h4 44.♖c3 ♖a8 45.♔d5 ♖ec8 46.♔c6 g5 47.♔b7 g4 48.hxg4 ♔xg4 49.♖d3 1-0

Ein bekanntes Phänomen ist, dass Fehler häufig nicht alleine kommen.

01.14
K. Kulaots (2530) –
J. Alexejew (2609)
Moskau Aeroflot Open 2004 **[W]**

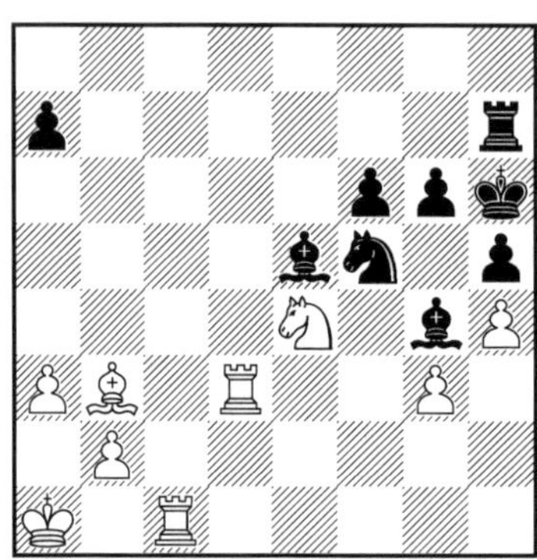

36.♗d1?? Nach dem prophylaktischen Zug 36.♔a2 hätte Weiß weiterhin gute Gewinnchancen behalten (Gershon). **36...♖b7!** Plötzlich hat Schwarz exzellente Kompensation für die Qualität. **37.♖c2??** Das wirft sogar das Remis weg. 37.♖dc3! gibt einen Turm für den starken schwarzfeldrigen Läufer und wäre die beste Verteidigung gewesen. Offensichtlich war es schwierig, sich der neuen Situation anzupassen. Nach 37...♗xd1 38.♖xd1 ♗xc3 39.bxc3 ♖b6 steht Schwarz nur etwas besser. **37...♗xd1 38.♖xd1 ♘e3 39.♖dd2 ♘xc2+ 40.♖xc2 ♖b3 41.♔a2 ♖e3 0-1** Weiß gab auf, da sein Königsflügel auseinanderfällt.

Ein weiterer klassischer Fehler ist, zu früh aufzugeben. Manchmal enthält die Stellung versteckte Verteidigungsmöglichkeiten.

01.15
N. Mitkov (2563) – I. Krush (2436)
Montreal 2006 **[S]**

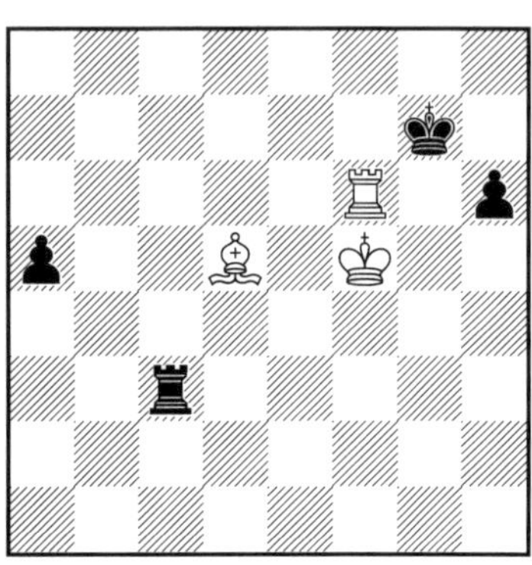

73...h5 74.♖f7+ ♔h6 74...♔h8? verliert wegen 75.♔g6 ♖g3+ 76.♔h6. **75.♗e4 1-0** Schwarz gab auf, da er dachte, dass das Matt unausweichlich wäre. Aber nach 75.♗e4 ♖c8! 76.♔f4 ♖h8 kann sich der Nachziehende halten, z.B. 77.♖f6+ ♔g7 78.♔g5 h4 79.♖d6 ♔f7 80.♗f5 h3 81.♖d7+ ♔e8 82.♖a7 ♖f8 83.♗xh3 ♖f7=.

Kämpfen Sie immer bis zum Ende. Ein guter Spieler muss drei Mal geschlagen werden, bevor das Ergebnis feststeht, drückte es der frühere Weltmeister Alexander Aljechin aus. Um gegen ihn zu gewinnen, musste man ihn seiner Meinung nach in der Eröffnung, im Mittelspiel und im Endspiel schlagen.

Im nachfolgenden Beispiel stand Alexei Schirow unter starkem Druck, kämpfte aber weiter und wurde mit einem halben Punkt belohnt.

01.16
L. Aronjan (2759) – A. Schirow (2699)

Weltmeisterschaft – Kandidatenfinale
Elista 2007 **[S]**

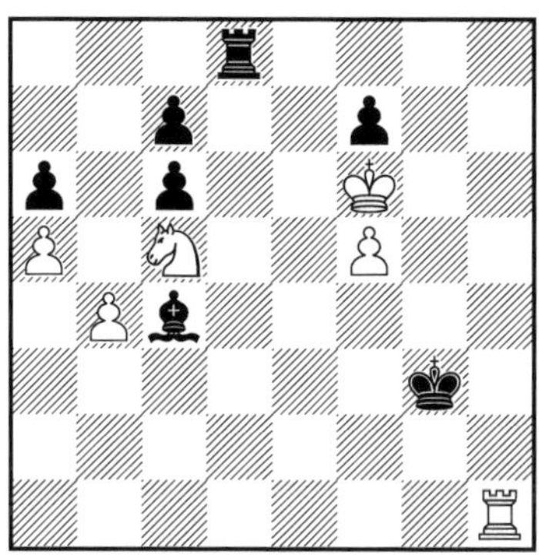

49...♖b8? Das bringt Schwarz in eine schwierige Lage. 49...♔g4! wäre eine aktivere Verteidigung gewesen. **50.♖d1!** Bringt die dritte weiße Figur in eine dominante Position. **50...♖xb4 51.♖d4 ♔f3 52.♘xa6?** Zu hastig. Mit dem eleganten Manöver 52.♖e4! ♖a4 53.♖h4 ♔g3 54.♖d4! ♖b4 und jetzt 55.♘xa6 c5 56.♘xc5 gewinnt Weiß. **52...c5!** Anstatt in Panik zu geraten, oder sogar aufzugeben, enthüllt ein ruhiger Blick auf die Stellung diese Verteidigung. **53.♘xc5 ♔e3 54.♖h4 ♔d2 55.♘a6** Wie Krasenkow anmerkte, hätte 55.♔e5!? dem Nachziehenden im Verteidigungssinne alles abverlangt, z.B. 55...♔c3 56.♖h3+ ♔c2 57.a6 f6+! 58.♔xf6 ♖b5 59.a7 ♖a5 und Schwarz ist immer noch im Spiel. **55...♖a4 56.♘xc7 ♔d3 57.a6 ♖a5 58.♖f4 ♔c3 59.♔e7 ♖c5?** 59...♖a1! 60.f6 ♖e1+ 61.♔d6 ♖a1 wäre die korrekte Verteidigung gewesen. Allerdings ist Schwarz noch nicht aus dem Schneider, da der Bauerngewinn auf a6 Weiß ein gewonnenes Turmendspiel beschert. **60.♔d6 ♖a5**

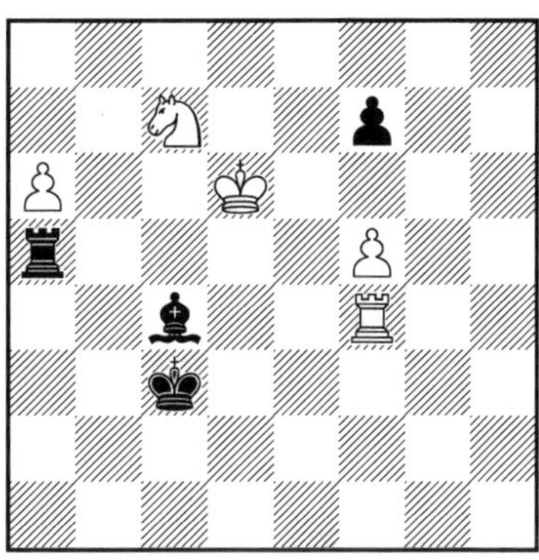

61.f6? Wirft den Gewinn weg. 61.♔c6! ♗xa6 62.♔b6 ♖e5 63.♘xa6 hätte eine Figur gewonnen und nach 63...♔d3 64.♘c5+ ♔e3 65.♖f1 ♔e2 66.♖e1+! ♔xe1 67.♘d3+ ♔e2 68.♘xe5 f6 69.♘g6 auch die Partie. **61...♗xa6 62.♘xa6 ♖xa6+ 63.♔e7 ♖a7+ 64.♔f8 ♔d3 65.♖h4 ♔e3 66.♖h7 ♔f4 67.♖xf7**

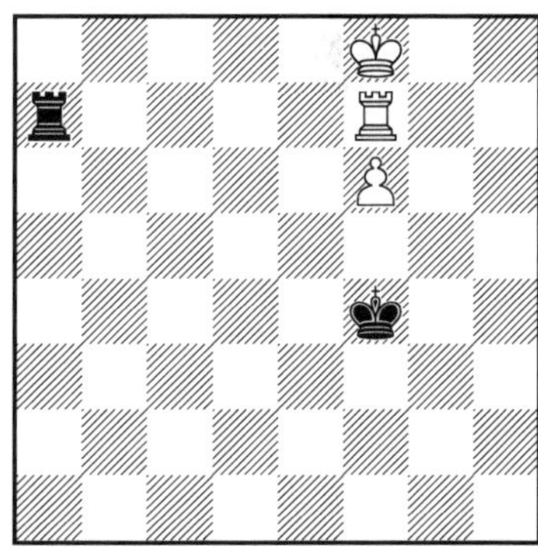

67...♖a6! Ein wichtiger Zug. **68.♔g7 ½-½** 68...♔g5! 69.♖f8 ♖b6 70.f7 ♖g6+ 71.♔h7 ♖h6+ ist eine nette Remisschaukel.

1h) Halten statt Agieren

Das Konzept „Halten statt Agieren“ hat durch Jonathan Rowson Eingang in die Schachliteratur gefunden.

Als menschliche Wesen neigen wir im Kampf immer dazu, agieren zu wollen. Während einer Schachpartie ist es aber manchmal besser, die Stellung zu halten und nichts zu tun (Halten), anstatt etwas aktiv zu unternehmen (Agieren). Für einen Verteidiger ist das ein sehr guter Ratschlag. Wie wir oben schon erwähnten, sollte man sich aktiv verteidigen, wenn man strukturelle Schwächen hat, aber in anderen Fällen kann eine aktive Verteidigung kontraproduktiv sein. Natürlich ist es nicht immer einfach zu erkennen, ob man aktiv werden, oder eher die Stellung halten sollte.

01.17
W. Georgiew (2525) –
P. Eljanow (2675)
Corus B Wijk aan Zee 2007 **[W]**

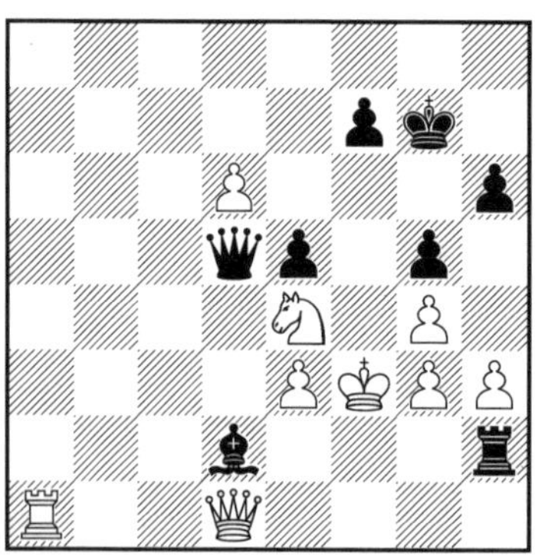

41.♕g1?? Verfehlte Aktivität, da der Turm sowieso nicht fliehen kann. Weiß hätte einfach nichts tun sollen (Halten), wonach er automatisch gewonnen hätte: 41.♖a3 gewinnt. Weiß sollte seine Stellung nur langsam verbessern.

Schwarz kehrt nun ins Spiel zurück mit **41...♕d3! 42.♖e1??**. Und wieder folgt ein Fehler nicht alleine. Korrekt war 42.♕xh2 ♕xe3+ 43.♔g2 ♕xe4+ 44.♔f1 ♕f3+ 45.♕f2 ♕h1+ 46.♕g1 ♕f3+ 47.♕f2=. **42...♗xe1 43.♕xh2 ♕f1+ 44.♘f2 ♗xf2 45.♕xf2 e4+ 0–1**

Im folgenden Beispiel sollte sich Weiß nicht zu viele Gedanken darüber machen, welche Maßnahmen er gegen den schwarzen Angriff ergreift. Stattdessen sollte er nichts tun, aber das richtig gut, wie Tony Miles zu sagen pflegte:

01.18
V. Anand (2799) –
L. Aronjan (2739)
Morelia/Linares 2008 **[W]**

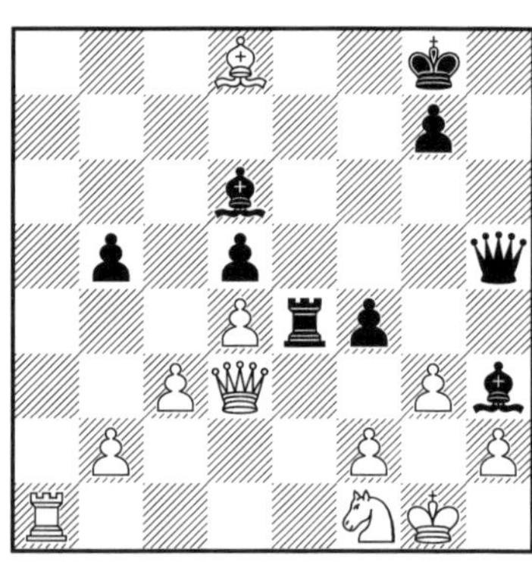

29.♘d2? Wieder verfehlte Aktivität, mit der die Stellung einer Figur verbessert wird, die gar nicht hätte verbessert werden sollen. Mit 29.♗b6 ♗b8 30.♗c5 verändert Weiß nichts, und laut Aronjan hätte das die Stellung gehalten.

29...♖e2 30.♘f3 Nach 30.♗h4 ♖xd2! 31.♖a8+ ♗f8 32.♖xf8+ ♔xf8 33.♕xd2 ♔g8! (Aronjan) entscheiden die ungleichfarbigen Läufer zugunsten von Schwarz. **30...♖e3!! 31.fxe3 ♕xf3 32.♕c2 fxg3 33.hxg3 ♕xg3+ 34.♔h1 ♗f5 0–1**

Eine verwandte Faustregel lautet, dass man nicht auf der Seite spielen soll, wo der Gegner stärker ist.

01.19
N. Short (2665) – G. Kasparow (2775)
Amsterdam – Euwe Gedenkturnier 1996 **[S]**

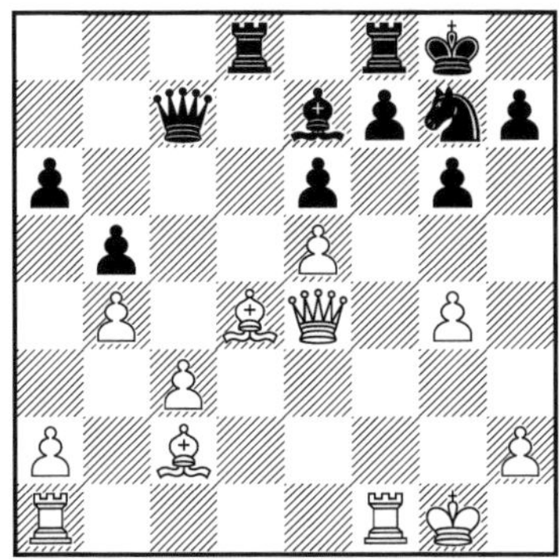

20...h5? Da diesem Zug kein besonderer Plan zugrunde liegt, schwächt er nur die Verteidigung am Königsflügel. Kasparow hätte stattdessen am Damenflügel spielen sollen: 20...a5 21.a3 ♖d7 22.♗d3 ♖d5 und die schwarzen Chancen zu überleben sind höher als in der Partie.

21.h3! Weiß kontrolliert weiterhin den Königsflügel. **21...a5 22.a3 ♖d7 23.♖f3 ♕d8** Schwarz geht in Deckung. Wenn er stattdessen fröhlich mit 23...♖fd8? fortgesetzt hätte, dann hätte Weiß die schwarze Stellung mit 24.♖xf7! ♔xf7 25.♕xg6+ ♔g8 26.♖f1 durchbrochen.

24.♖b1 ♗g5 25.♖bf1 axb4 26.axb4 ♗e7?

26...h4 ist besser, aber Weiß hat weiter großen Vorteil.

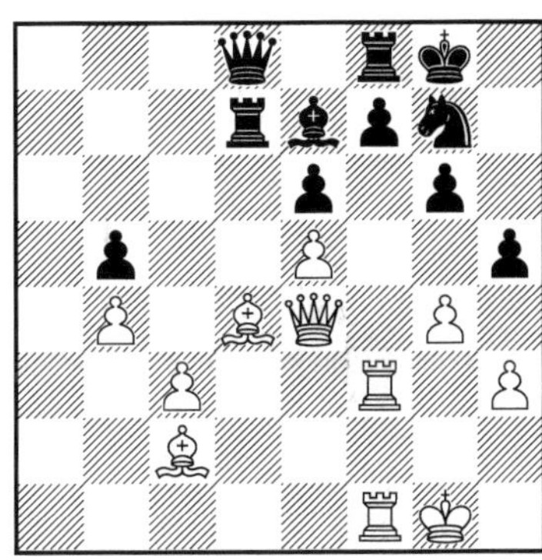

27.♖b1? Nachdem er das schwarze Gegenspiel auf ein Minimum reduziert hat, verpasst Weiß den entscheidenden Schlag. Er hätte 27.gxh5! spielen sollen und nach 27...♘xh5 gewinnt Weiß mit 28.♖xf7!! ♖xf7 29.♖xf7 ♔xf7 30.♕xg6+ ♔f8 31.♕h6+ ♘g7 32.♗g6!. **27...h4 28.♕e3 ♘e8 29.♗e4 ♘c7 30.♗c6 ♘d5 31.♕e4? 31.♕f2 31...♘xc3!!** Schwarz befreit sich taktisch aus der positionellen Umklammerung.

32.♗xc3 ♕b6+ 33.♔g2 ♖c7 34.♗a8 ♖c4 35.♕b7 ♕xb7 36.♗xb7 ♖b8 37.♗a6 ♖b6 38.♖a1 ♖cc6 39.♗xb5 ♖xb5 40.♖a8+ ♔g7 41.♖a7 ♔f8 42.♖a8+ Kg7 43.♖a7 Kf8 ½-½

„Agieren“ statt „Halten“ scheint eine Schwäche des jungen Kasparows gewesen zu sein, wie man anhand des folgenden Beispiels erkennen kann.

01.20
R. Cholmow (2540) –
G. Kasparow (2200)
URS-Meisterschaft Halbfinale
Daugavpils 1978 **[S]**

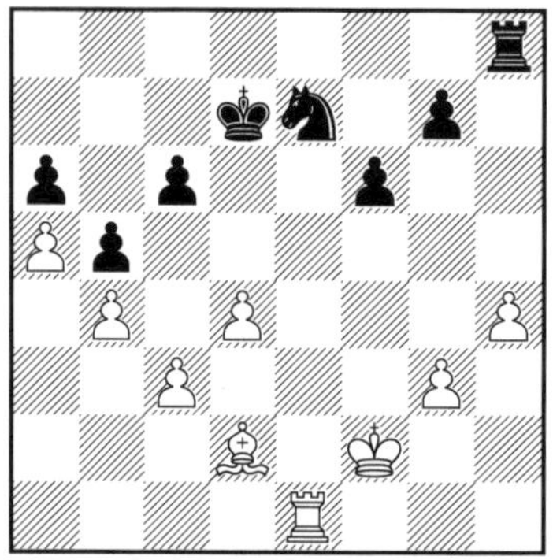

32...g5? Ein aktiver Versuch, um Gegenspiel zu kreieren. Nach der ruhigen Fortsetzung 32...♘d5 33.♔f3 f5 34.♖e5 g6 errichtet Schwarz eine solide Blockade. **33.♖h1!** Nun profitiert nur Weiß vom Vormarsch des schwarzen g-Bauern. **33...♘f5 34.h5 ♘d6 35.♔f3 ♔e6 36.g4 ♘c4 37.♖e1+ ♔f7 38.♖e2 ♖d8 39.♗e1** Seine drei letzten Züge waren sehr klug und brachten Weiß die Kontrolle über die Stellung.

39...♖d5 40.♗g3 ♖d7 41.♔e4 ♖e7+ 42.♔d3 ♖d7 43.h6 ♖d8 44.h7 ♖h8 45.♖h2 ♔e7 45...♔g6 46.d5! cxd5 47.♔d4 verläuft ähnlich. **46.d5!** Verwandelt den König in eine starke Figur. **46...cxd5 47.♔d4 ♔f7 48.♗c7 ♔e6** 48...♔g6 49.♖h3! – Geduld bewahren! – 49...♖xh7 50.♖xh7 ♔xh7 51.♔xd5 gewinnt.

49.♖h6 ♔e7 50.♔xd5 ♘e3+ 51.♔c6 ♘xg4 52.♖h5 ♘e3 53.♗b6 ♘f5 54.♗c5+ ♔e6 55.♔b7 ♔d7 56.♔b6 ♘d6 57.♖h6 ♘e4 58.♗d4 g4 59.♗xf6 ♘xf6 60.♖xf6 ♖xh7 61.♖g6 ♖e7 62.♖xg4 ♖e6+ 63.♔b7 ♔e7 64.♖g5 ♖d6 65.♖c5 1-0

Aufgaben

(Lösungen auf Seite 200)

E01.01
A. Grischuk (2717) –
W. Malachow (2679)
Weltmeisterschaft-Kandidatenturnier
s/f Elista 2007

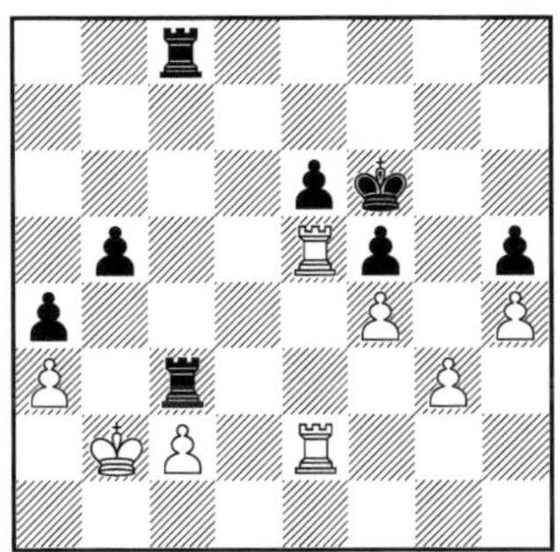

[S] Wie sollte Schwarz seinen Bauern auf e6 verteidigen?

E01.02
Y. Porath – B. Larsen
Olympiade Moskau 1956

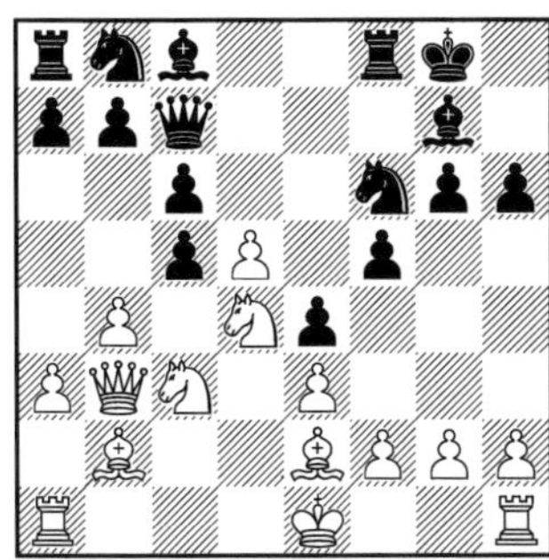

[S] Wie sollte Schwarz gegen die Drohungen auf der Diagonale a2-g8 vorgehen?

E01.03
J. Polgar (2735) –
R. Kasimdshanow (2670)
FIDE-Weltmeisterschaft San Luis
2005

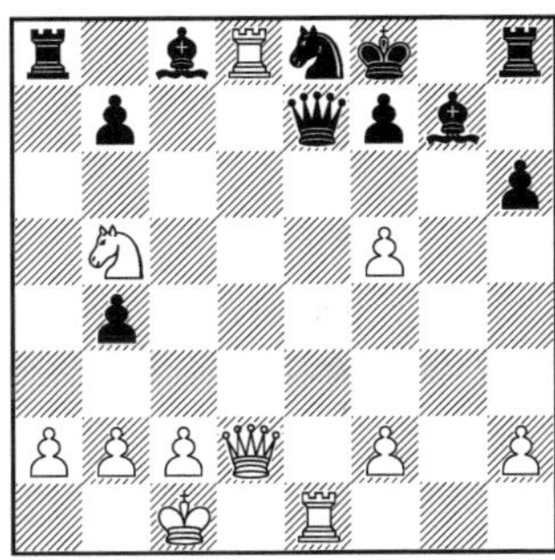

[S] Wie kann Schwarz die mächtige weiße Attacke abwehren?

E01.04
S. Skembris (2480) –
D. Mastrovasilis (2280)
48. Meisterschaft von Griechenland
Athen 1998

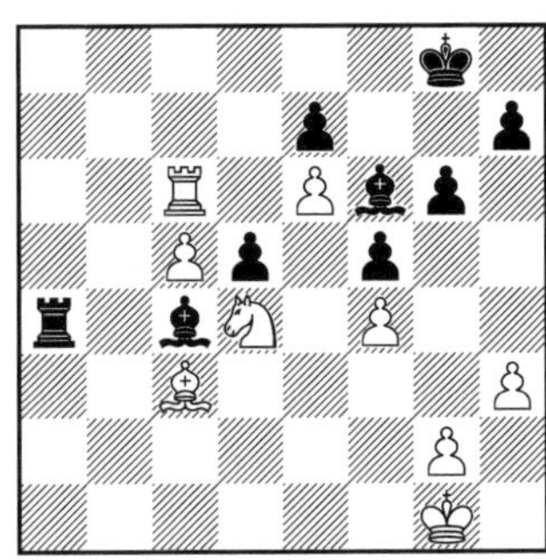

[S] Wie sollte Schwarz in dieser angespannten Situation fortsetzen?

E01.05
L. Aroschidse (2526) –
D. Vocaturo (2445)
Mittelmeermeisterschaft Antalya 2009

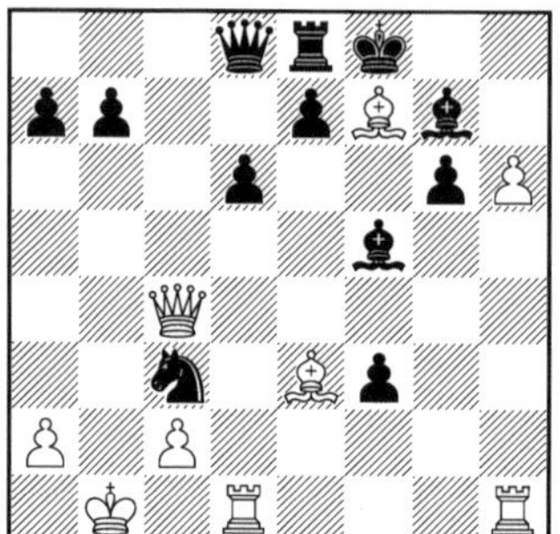

[W] Weiß muss in diesem scharfen Kampf einen klaren Kopf bewahren. Nehmen Sie sich Zeit und finden Sie das richtige Feld für den König!

E01.06
A. Motyljow (2677) –
S. Rublewski (2702)
Poikovsky 2009

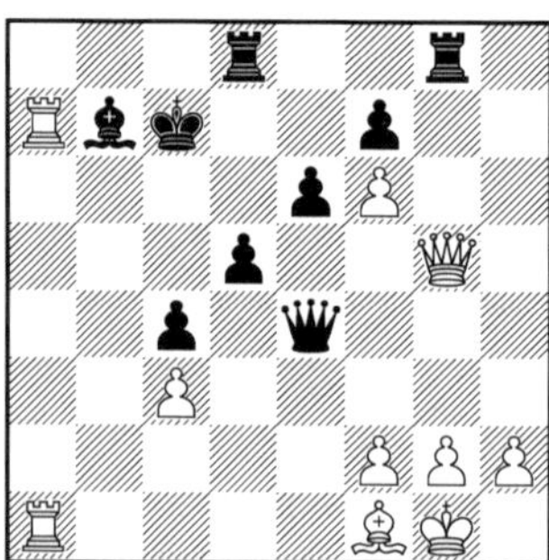

[W] Beide Seiten greifen an, aber Weiß sollte wegen seines besseren Bauernschilds Vorteil haben. Jetzt gilt es, das zu beweisen!

E01.07
E. Bacrot (2709) –
L. Aronjan (2773)
17. Europameisterschaft 2009

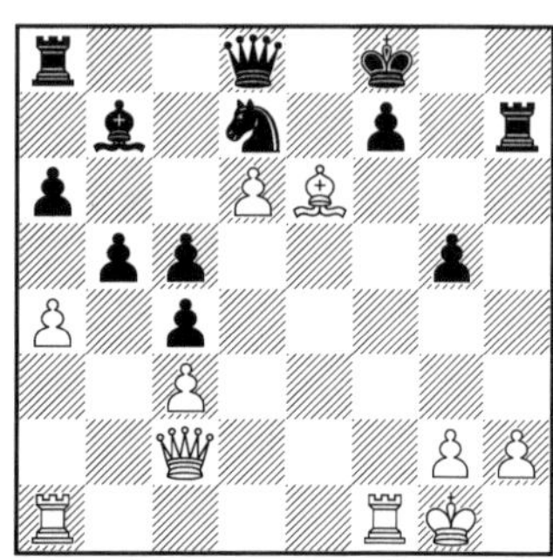

[S] Schwarz steht unter starkem Druck und muss präzise bis zum Ende rechnen. Welche Alternative ist besser? – 23...♔g8 oder 23...♖g7?

E01.08
J. Rowson (2527) –
A. Yermolinsky (2583)
World Open Philadelphia 2002

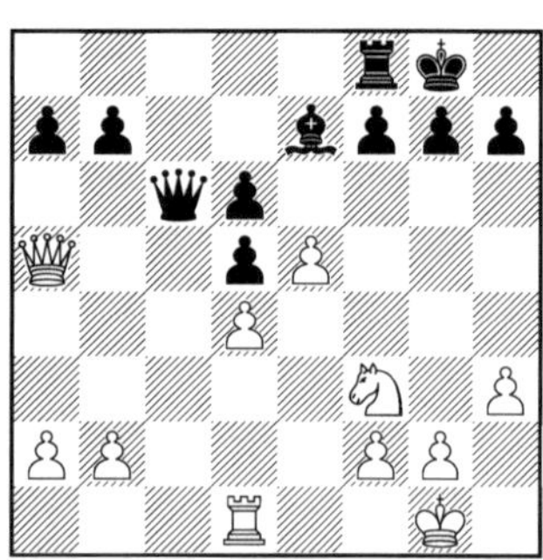

[W] Yermolinsky nahm an, dass er gutes Gegenspiel hat, aber Rowson hatte sehr tief gerechnet und bewies, dass das eine Illusion ist. Können Sie berechnen, was Rowson berechnet hatte?

E01.09
S. Erenburg (2579) –
D. Ludwig (2461)
Pan-American Intercollegiate South Padre Island 2009

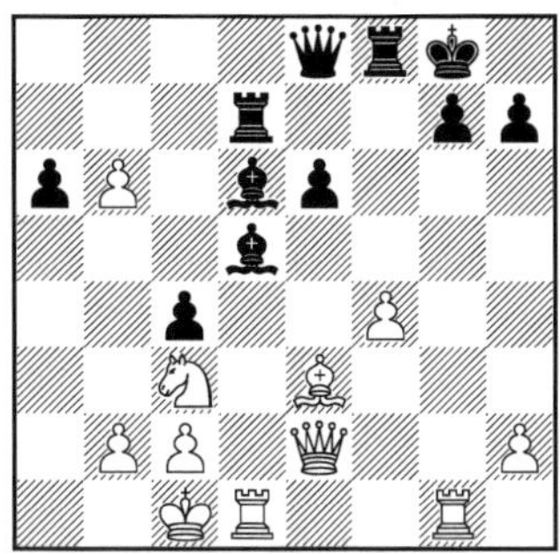

[W] Welche Priorität sollte Weiß setzen?

E01.10
A. Schirow (2723) –
L. Dominguez Perez (2712)
Corus Wijk aan Zee 2010

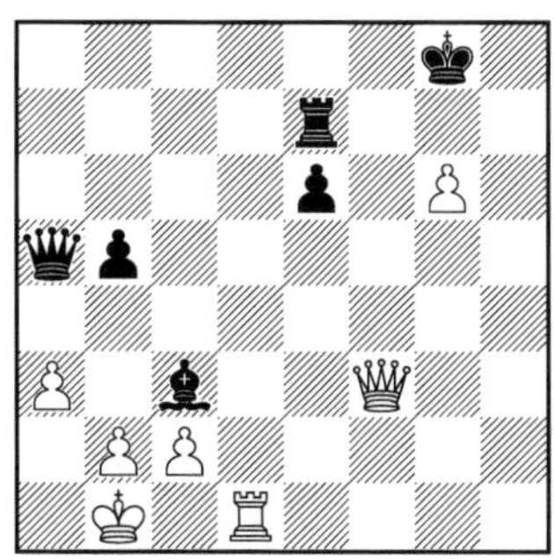

[S] Schließe 30...♗g7 oder 30...♗e5 aus.

E01.11
E. Inarkijew (2675) –
A. Schirow (2755)
Poikovsky 2009

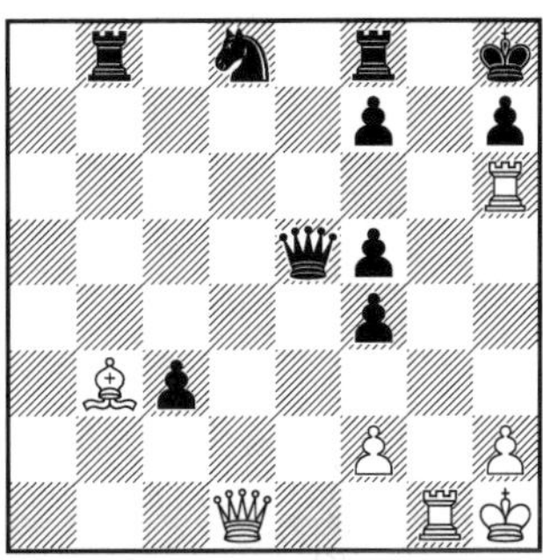

[S] Nutze die Ausschlussmethode, um die Rettung zu finden !

E01.12
Doroschkiewitsch – Fjodorow
UdSSR 1981

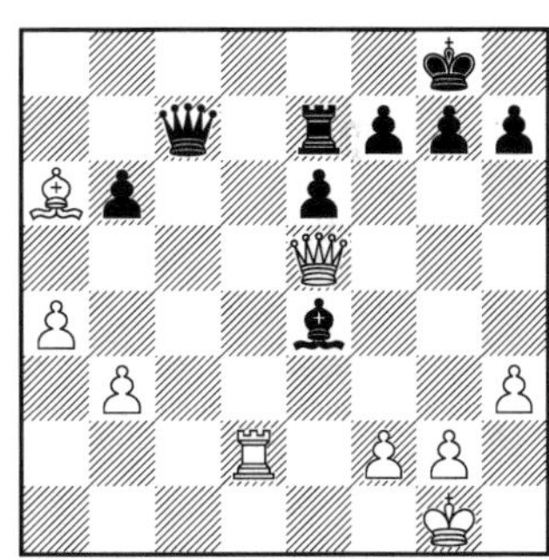

[S] Zuerst muss man den Schock des letzten weißen Zuges überwinden, 1.♕b2-e5. Und jetzt muss man eine Liste mit Kandidatenzügen machen und alle Züge bis auf zwei eliminieren. Letztendlich muss man sich für einen dieser beiden Züge entscheiden.

2. Kapitel

Gegen einen Königsangriff verteidigen

2a) Gegenangriff

Nachdem wir im 1. Kapitel einige allgemeine Ratschläge für den Verteidiger gegeben haben, besprechen wir ab diesem Kapitel spezielle Themen. Die erste und offensichtlichste Situation ist, wenn man in einen starken gegnerischen Königsangriff gerät. Wie soll man mit dieser besonders gefährlichen Situation umgehen? Es gibt eine Menge Strategien und Methoden, die hilfreich sein können. Die erste Methode ist der gute, alte Gegenangriff, z.B. der Versuch, als Erster zum gegnerischen König durchzubrechen. Wer wäre besser geeignet, um zu zeigen, wie das geht, als Kasparow:

02.01
M. Adams (2741) –
G. Kasparow (2804)
Linares 2005 **[S]**

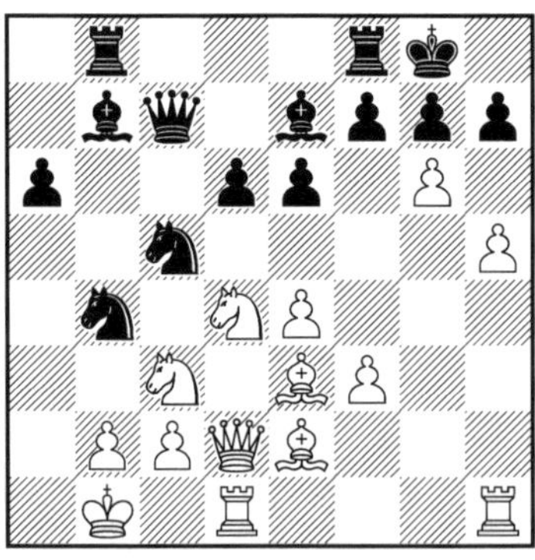

18...♗f6! Ein starker und eleganter Zug, da er gleichzeitig angreift und verteidigt. Der Versuch, den Königsflügel mit dem typischen 18...fxg6? 19.hxg6 h6 zu schließen, funktioniert nicht, weil Weiß mit dem noch typischeren 20.♗xh6! gxh6 21.♕xh6 ♗f6 22.g7! ♗xg7 23.♖dg1 gewinnt. **19.♖dg1 ♗a8!** Eine sehr ökonomische Aufstellung; nun stehen sich die schwarzen Figuren nicht mehr im Wege. **20.♗g5?** Nach 20.gxh7+ ♔xh7 21.h6 g6! nutzt Schwarz den gegnerischen Bauern als Schutzschild für seinen König. Wahrscheinlich sollte Weiß 20.h6 fxg6 21.hxg7 ♗xg7 22.♗h6 spielen, wonach Schwarz zumindest nicht die Entscheidung herbeiführen kann. **20...♗e5 21.gxh7+** Vielleicht zählte Weiß auf 21.f4, aber nach der präzisen Zugfolge 21...♘xe4! 22.♘xe4 ♗xd4! dringt Schwarz durch. 21.h6 fxg6 22.hxg7 ♖fc8! sieht schon deutlich schlechter aus. **21...♔xh7 22.♘b3?** Erlaubt ein konkrete Abwicklung. Die Rückkehr mit 22.♗e3 wäre hartnäckiger gewesen.

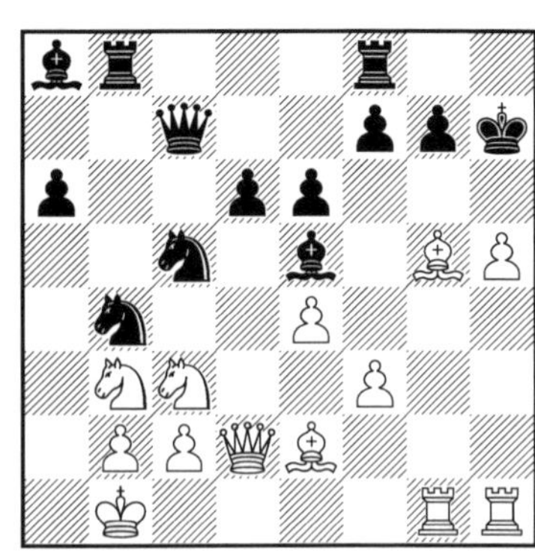

22...♘xc2! Macht klar, wer der Angreifer und wer der Verteidiger ist.

23.♘xc5 ♘a3+ 24.♔a2 ♕xc5 25.♘a4 ♘c2! Kreiert ein schönes Schachmatt auf b2.

26.♔b1 ♕a3 0-1 Und Weiß gab auf wegen 26...♕a3 27.♕xc2 ♖fc8!.

Die Geschwindigkeit des Angriffs ist häufig wichtiger als Material. Im folgenden Beispiel sehen die weißen Bauern sehr gefährlich aus, so dass die Situation nicht einfach zu handhaben ist.

02.02
P. Lukacs (2485) –
E. Grivas (2505)
Budapest 1993 **[S]**

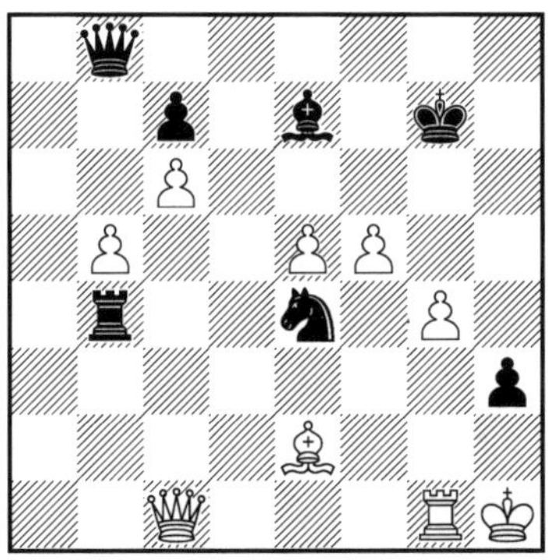

44...♕d8! Der Schlüssel zum Erfolg lautet: Gegenangriff auf den König h1. **45.f6+** 45.♕f4 ♕d5! 46.♗f3 (46.♔h2 ♗g5–+) 46...♘f2+ 47.♔h2 ♕a2! 48.f6+ ♔f7 gewinnt, da der weiße König unter Beschuss steht. **45...♗xf6 46.exf6+ ♕xf6 47.♕e3 ♕e5 0-1** Weiß ist hilflos, sobald der schwarze Turm dem Angriff beitritt – beachten Sie, dass Sf2 matt in der Luft hängt.

Aufgaben

(Lösungen auf Seite 203)

E02.01
Gofshtein – Schtschekatschjow
Frankreich 1996

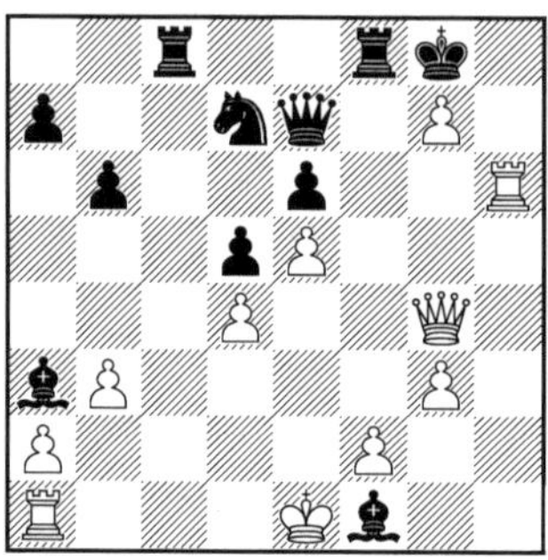

[S] Wie kann sich Schwarz gegen die vielen Drohungen wehren?

E02.02 A. Grosar (2495) –
J. Hellsten (2485)
Europameisterschaft (Männer)
Pula 1997

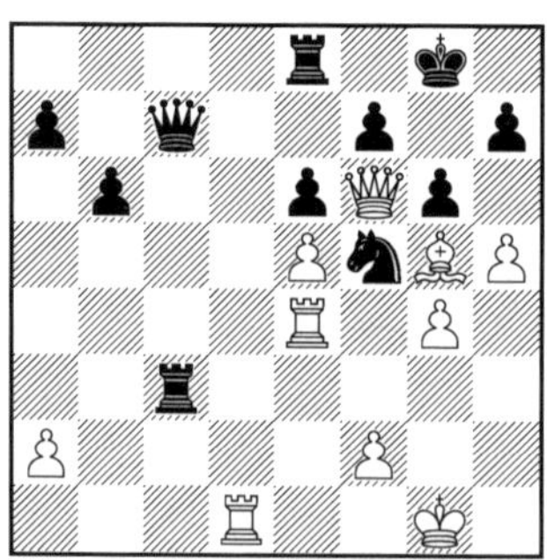

[S] Der schwarze Königsflügel macht keinen guten Eindruck. Zeit für einen Gegenangriff!

E02.03
G. Kasparow (2851) –
J. Piket (2633)
Kasparov Chess GP g/60 Internet
2000

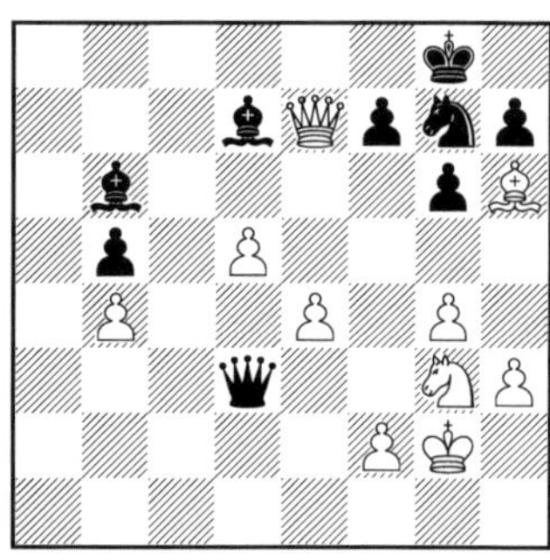

[S] Was soll man mit dieser anscheinend hoffnungslosen Stellung noch machen?

E02.04
S. Marjanovic (2524) –
D. Velimirovic (2558)
55. YUG-Meisterschaft Subotica 2000

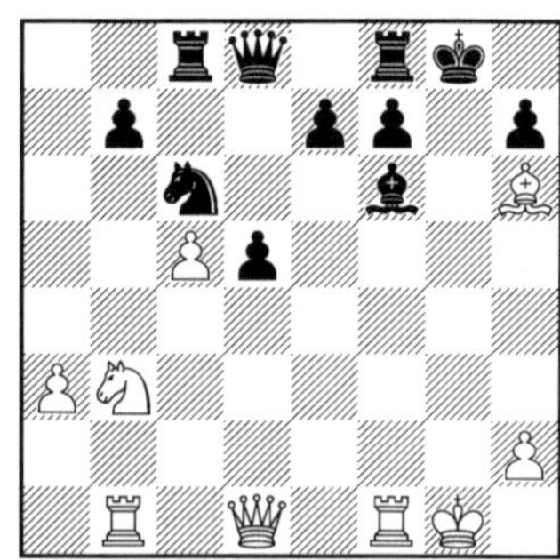

[S] Auf f8 hängt die Qualität und, viel wichtiger, Weiß träumt vom Matt auf g7. Muss Schwarz in Panik geraten?

2b) Angriffspotenzial abtauschen

Wenn es keine Möglichkeit für einen Gegenangriff gibt und es zu einem direkten Kampf der Armeen kommt, ist ein wichtiger Faktor, wie viele angreifende auf verteidigende Figuren treffen. GM Julian Hodgson hat sogar Grafiken benutzt, um die jeweilige Anzahl der Armeen anzuzeigen. Auch wenn das die Zusammenhänge etwas zu sehr vereinfacht, ist es natürlich ein interessanter Gedanke. Unser nächstes Thema basiert darauf: Angriffspotenzial abtauschen. Indem man die gefährlichsten Angriffsfiguren abtauscht, erstickt man manchmal einen Angriff im Keim. Figuren zum Tausch anzubieten, ist dementsprechend eine klassische Verteidigungsmethode.

02.03
C. Engelbert (2269) – Z. Lanka (2503)
Internationale Hamburger Meisterschaft 2002 **[S]**

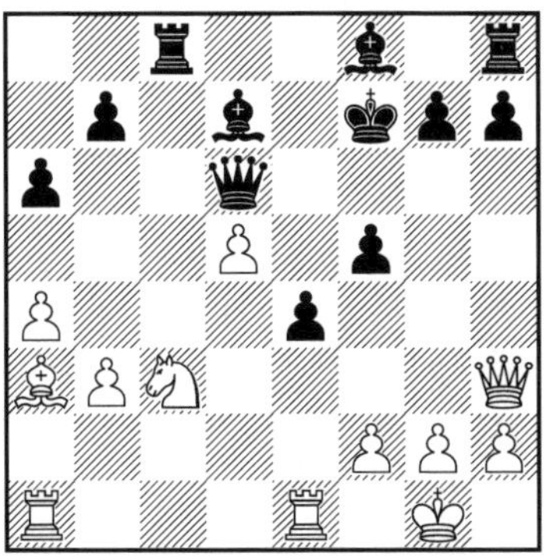

19...♕h6! Tauscht die Damen, bevor Weiß überhaupt an einen Angriff denken kann. **20.♕xh6**

20.♘xe4 ♕xh3 21.♘g5+ ♔f6 22.♘xh3 ♗xa3 23.♖xa3 ♖c3 und Schwarz ist im Endspiel sehr aktiv. **20...gxh6 21.♗xf8 ♖xc3 22.♗xh6 ♖xb3** Und Schwarz steht besser, auch wenn Weiß die Stellung halten sollte.

23.g3? 23.a5 war angesagt. **23...♖c8 24.♗e3 ♖d3 25.♖ab1 b5 26.axb5 ♗xb5 27.♖ed1 ♖d8 28.♖xd3 exd3 29.f3 ♖xd5 30.♔f2 ♔e6 31.♔e1 ♖e5 32.♔d2 f4 33.gxf4 ♖h5 34.♗g1 ♔f5 35.♖b4 ♖h6 36.♖b2 ♖h4 37.♔e3 ♖xf4 38.♗f2 ♖a4 39.♗g3 ♔e6 40.♔d2 ♔d5 41.♔e3 ♖a1 42.♖d2 a5 43.f4 a4 44.f5 a3 45.f6 ♔e6 46.♔d4 ♖c1 47.♖f2 ♔f7 48.♗d6 ♖c4+ 49.♔e5 ♖a4 50.♖g2 ♗c4 51.♖g7+ ♔e8 52.♖e7+ ♔d8 53.f7 ♗xf7 54.♖xf7 a2 55.♖f8+ ♔d7 56.♖f7+ ♔c6 57.♖c7+ ♔b6 58.♖c1 a1♕+ 0–1**

Eine weitere wichtige Faustregel lautet, dass ungleichfarbige Läufer den Angreifer bevorteilen. Die Logik ist simpel: Der Druck, der vom angreifenden Läufer ausgeübt wird, kann vom verteidigenden Läufer niemals neutralisiert werden – außer man startet einen Gegenangriff! Im nachfolgenden Beispiel sehen wir einen typischen Fall, in dem Schwarz eine Möglichkeit verpasst, Damentausch anzubieten:

02.04
O. de la Riva Aguado (2496) – A. Schirow (2722)
Andorra 2001 **[S]**

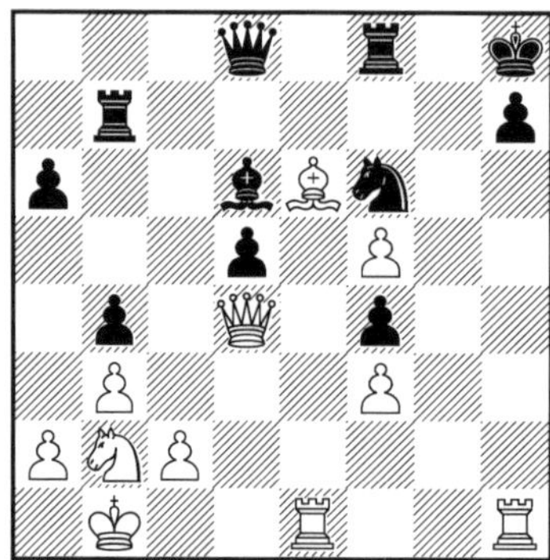

31...♖g7? Dieser Zug ist zu neutral. Schwarz sollte den Damentausch mit 31...♕b6! anstreben, da nach 32.♕d2 ♕c6 33.♘d3 ♕c3 34.♕h2 ♖g7 seine Vereidigung standhält. **32.♘d3 ♖g3?** Nötig war 32...♕b8, aber Weiß steht besser nach einem Zug wie 33.♘e5!?.

33.♘xf4 ♗xf4 34.♕xf4 ♕b8 35.♕d4 ♖xf3 Und nun folgt natürlich **36.♖xh7+! ♔xh7 37.♕h4+ 1-0**

Im folgenden Beispiel kann Schwarz sogar darüber nachdenken, seine Dame zu opfern, um das gegnerische Angriffspotenzial zu verringern:

02.05
R. Ciemniak (2415) – A. Allen (2170) [B81]
Weltmeisterschaft U20
Buenos Aires 1992

1.e4 c5 2.♘f3 e6 3.d4 cxd4 4.♘xd4 ♘f6 5.♘c3 d6 6.♗e3 a6 7.g4 ♗e7 8.g5 ♘fd7 9.h4 ♘c6 10.♕h5 ♘xd4 11.♗xd4 0-0 12.0-0-0 b5 13.e5!

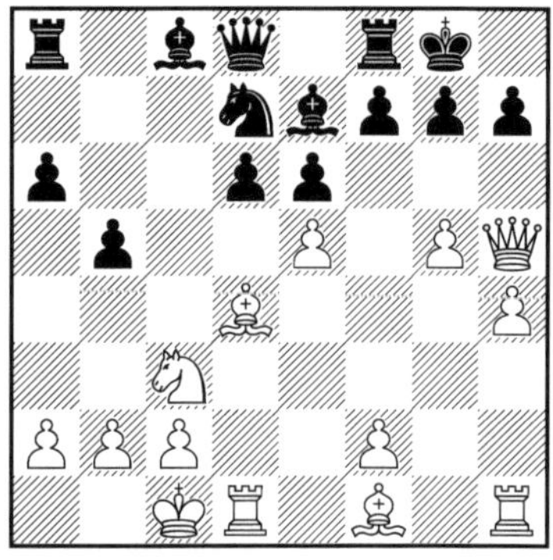

Seit dieser Stammpartie hat Weiß dank dieses Hiebs viele schöne Angriffssiege gefeiert.

Großmeister Gallagher widmete dieser Variante eine umfängliche Analyse in *Beating the Sicilian 3*. **13...g6?!** Hodgson gibt an, dass seine erste Idee war, die Dame zu geben mit 13...dxe5 14.♗xe5 ♘xe5!? (Gallagher analysiert 14...g6 und 14...♕e8.), um damit das weiße Angriffspotenzial drastisch zu reduzieren. Wahrscheinlich gleicht das nicht komplett aus, aber der weiße Angriff wird definitiv verlangsamt: 15.♖xd8 ♖xd8 16.♗g2 ♖a7 17.♖d1 (17.♗e4 g6

18.♕e2 ♖ad7 19.f4 ♘c4 20.h5 ♗c5 21.hxg6 hxg6 22.♕h2 ♗d4 und der schwarze Läufer übernimmt die defensive Aufgabe eines Drachenläufers.) 17...♖ad7 18.♖xd7 ♗xd7 19.♗e4 ♘g6,

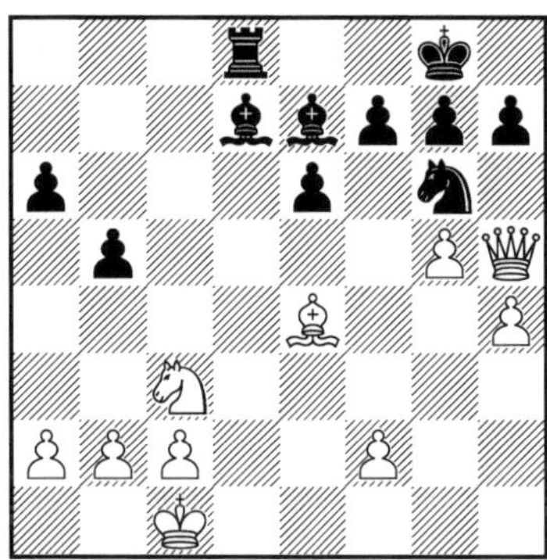

und Schwarz verteidigt sich hartnäckig.

14.♕e2 d5 15.♕e3 ♗b7 16.♗d3 b4 17.♘e2 a5 18.h5 ♔g7 19.f4 ♔h8 20.♘g3 20.hxg6 fxg6 21.♖xh7+! ♔xh7 22.♕h3+ ♔g8 23.♖h1 hätte viel schneller mattgesetzt. **20...a4 21.hxg6 fxg6 22.♔b1 b3 23.f5 ♔g8 24.f6 ♗b4 25.a3 ♗a5 26.cxb3 axb3 27.♗xg6 hxg6 28.♖h8+ ♔xh8 29.♘f5 exf5 30.e6 ♔g8 31.♖h1 ♕c7 32.♖h8+ ♔xh8 33.f7+ 1-0**

Im folgenden Beispiel strebt Weiß laufend Damentausch an, den Schwarz erfolgreich vermeidet:

02.06
A. Schirow (2690) –
W. Kramnik (2740)
Linares 1997 **[S]**

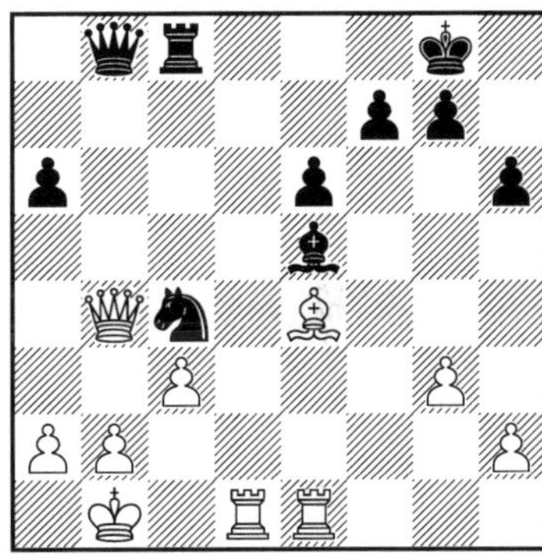

27...♕c7! Die korrekte Entscheidung, da direkte taktische Maßnahmen nicht zum direkten Erfolg führen: 27...♘xb2? 28.♕xb2 ♕c7 29.♕c2 ♗xc3 30.♖e2!+– (Schirow); 27...♕xb4? 28.cxb4 ♘xb2 29.♗b7 ♖b8 30.♖d7 ♘c4 31.♗xa6 ♖xb4+ 32.♔c2 (Schirow).

28.♕b7! Auch richtig. Wichtig ist, dass 28.♗d3? an 28...♘xb2! 29.♕xb2 ♖b8 scheitert, da die ungleichfarbigen Läufer zu Gunsten von Schwarz arbeiten.

28...♘a3+! Beginnend mit diesem exzellenten Zug erreicht Schwarz den sicheren Remishafen. **29.♔c1** 29.♔a1 ♘c2+ führt zu Dauerschach, da die Dame auf b7 beschützt werden muss.

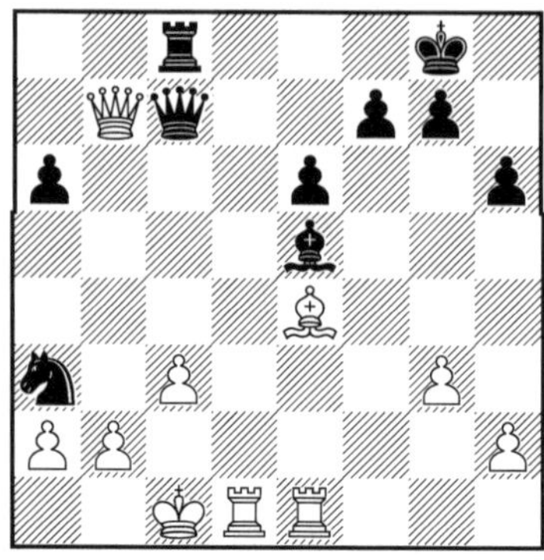

29...♗f4+! Der einzige Zug, aber er funktioniert. **30.gxf4 ♕xf4+ 31.♖d2 ♖d8 32.♖ed1** 32.♗h7+ kann ignoriert werden wegen 32...♔h8. **32...♖xd2 33.♖xd2 ½-½** Mit Remis wegen 33.♖xd2 ♕f1+ 34.♖d1 ♕f4+ und Dauerschach.

Aufgaben

(Lösungen auf Seite 203/204)

E02.05
B. Gelfand (2693) –
K. Georgiew (2625)
Olympiade Mallorca 2004

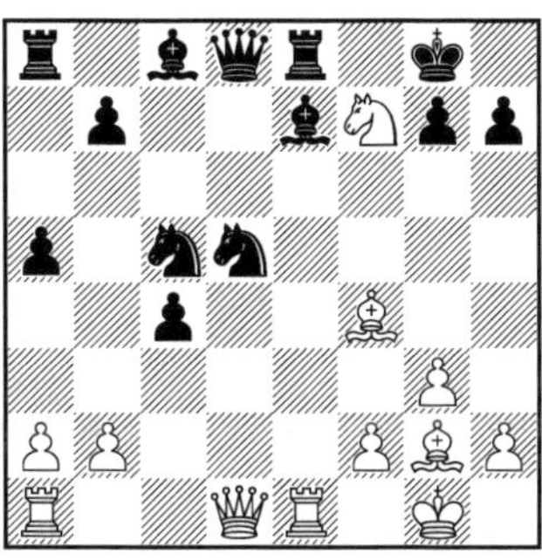

[S] Weiß hat gerade auf f7 genommen, was sehr einschüchternd aussieht. Gibt es Hoffnung?

E02.06
Nogowizin – A. Tschudinowskich
UdSSR 1986

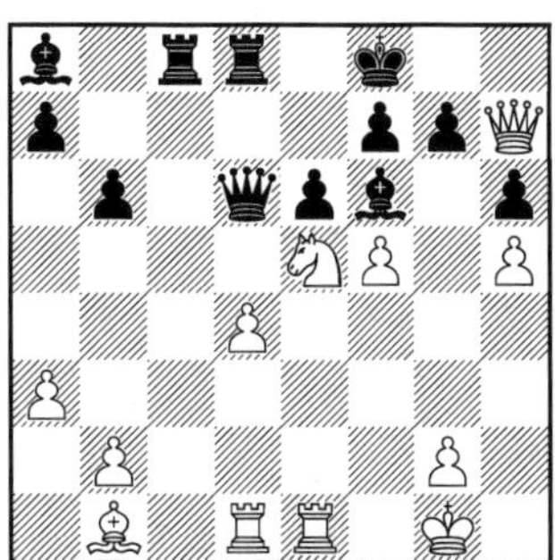

[S] Das sieht vielleicht gefährlich aus für Schwarz, aber es gibt eine starke Möglichkeit, die Initiative zu übernehmen. Findest du sie?

E02.07
A. Vitolinsh – L. Sandler
UdSSR 1986

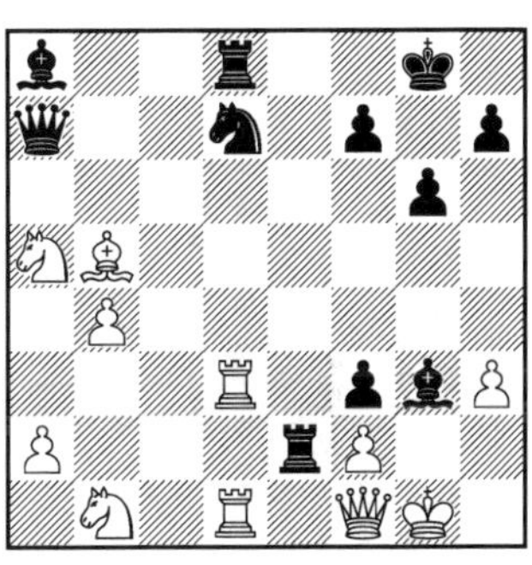

[W] Angriffspotenzial abzutauschen, ist hier kein einfacher Job. Wie lautet der korrekte Weg, um fortzusetzen?

2c) Weitere Verteidiger heranbringen

Das Gegenstück zu „Angriffspotenzial abtauschen“ ist, weitere Verteidiger heranbringen. Gemäß Hodgsons Logik muss man die Anzahl der Verteidiger vergrößern, wenn man die Anzahl der Angreifer nicht verringern kann.

02.07
A. Beljawski (2668) –
T. Oral (2546)
Europameisterschaft – Leon 2001
[S]

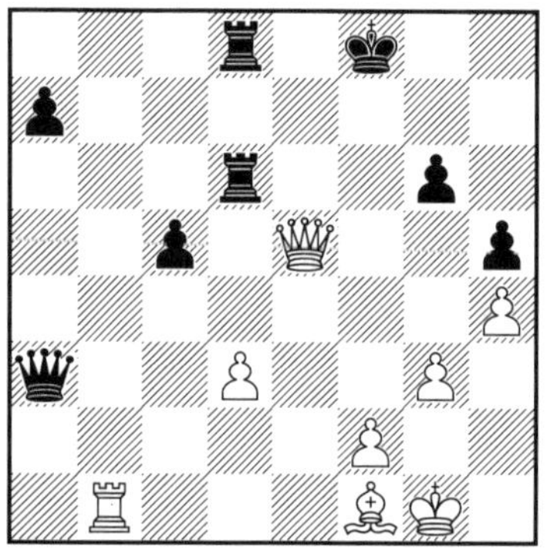

32...♕a2! Führt die Dame zur Verteidigung zurück. **33.♖b7 ♖6d7!** Nimmt man den anderen Turm, kostet das die Partie: 33...♖8d7 34.♖b8+ ♔f7 35.♕e8+ ♔f6 36.♕h8+ ♖g7 37.♕f8+ und ein Turm geht verloren.

34. ♕xc5+ ♔f7 35.♖c7 ♕a1 36.d4 ♕e1 37.♕xa7 ♕e7 38.♕a2+ ♔g7 Mit dem König auf einem schwarzen Feld und den gut koordinierten Schwerfiguren ist Schwarz außer Gefahr. **39.♖c6 ♖d6 40.d5 ♖xd5 41.♕b2+ ♔h7 42.♕f6 ♕xf6 43.♖xf6 ½-½**

Das nächste Beispiel zeigt, dass es für Menschen extrem schwierig sein kann, zu verteidigen:

02.08 V. Anand (2788) –
P. Leko (2752)
Moskau – Tal Memorial 2009 **[S]**

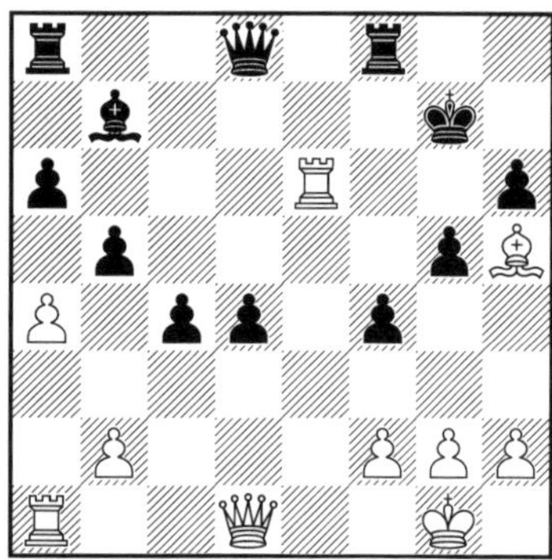

Gemäß Anand sind die schwarzen Probleme fast unmöglich am Brett zu lösen. Mit Hilfe des Computers kann der rettende Pfad aus dem Labyrinth relativ einfach gefunden werden: **23...♗c8?**

23...♖f6! 24.♕e1 ♗d5! ist der richtige Weg, um alle Figuren in die Verteidigung einzubeziehen: 25.♖e7+

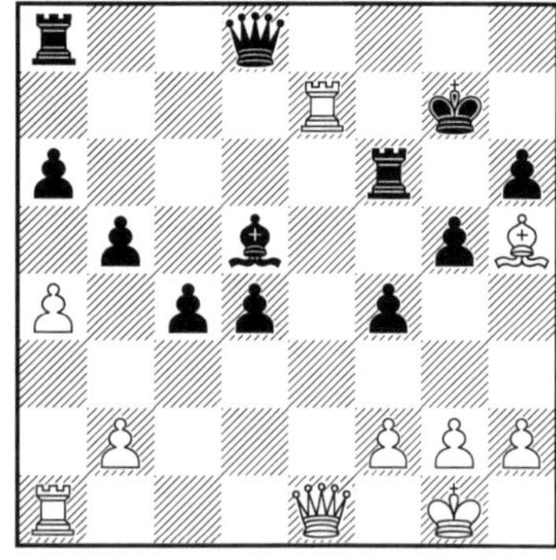

25...Kg8! 26.axb5 (26.Re8+ Qxe8 27.Bxe8 Re6! ist der Schlüsselzug, mit dem Schwarz Kompensation für die Dame erhält.) 26...Qd6! 27.Rxa6 Rxa6 28.bxa6 Qxa6 29.Re8+ Rf8 30.Rxf8+ Kxf8 31.Qe8+ Kg7 32.Qe5+ Kh7 33.Qxd4 und hier weist Schipow auf die coole Idee 33...Bf7! 34.Qd7 Kh8! hin. Wegen der schwachen Grundreihe ist die Stellung ausgeglichen. **24.Rg6+ Kh7 25.axb5 Rf6 26.Rxf6 Qxf6 27.Qc2+ Bf5 28.Qxc4 Rc8 29.Qd5 axb5**

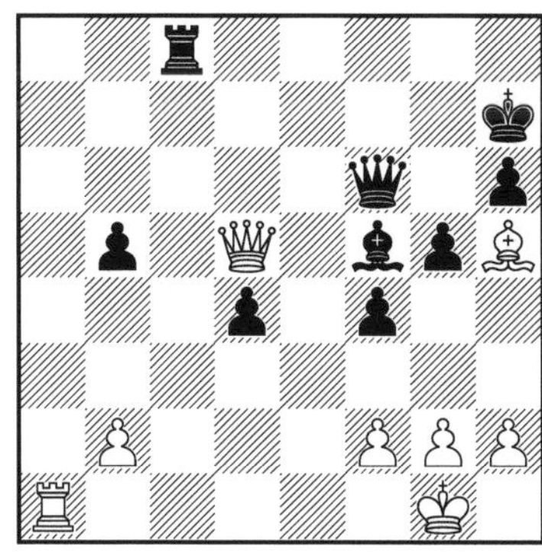

30.h3! Dieser kleine präventive Zug zeigt auf, dass der weiße König sicherer steht. **30...Kh8** Die Varianten 30...Rc7 31.Ra8 und 30...Rf8 31.Qxb5 d3 32.Ra6 illustrieren, dass der schwarze Turm schwierig als Verteidiger herangezogen werden kann, während der weiße Turm in den Angriff geführt wird.

31.Qxb5 Rf8 32.Ra6 Qg7 33.Rd6 d3 34.Qb6 Qe5 35.Bg6 d2 36.Bxf5 Qxf5 37.Qd4+ Kh7 38.Qxd2 Rf7 39.f3 h5 40.Rd5 Qg6 41.Qa5 Rg7 42.h4 Qb1+ 43.Kh2 Qxb2 44.Rxg5 Rxg5 45.Qxg5 1-0

Aufgaben

(Lösungen auf Seite 204)

E02.08
B. Brinck-Claussen (2385) –
M. Sher (2535)
Farum 1993

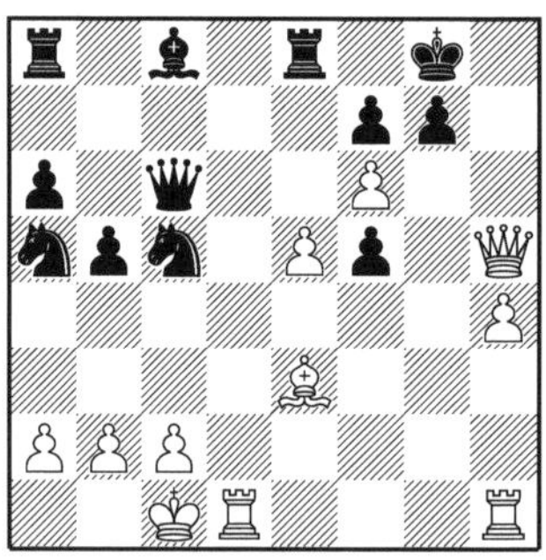

[S] Es wird Zeit, dass Schwarz einige Figuren zur Verteidigung heranführt. Finden Sie die beste Methode, um das zu erreichen?

E02.09
M. Carlsen (2690) –
W. Topalow (2783)
Morelia/Linares 2007

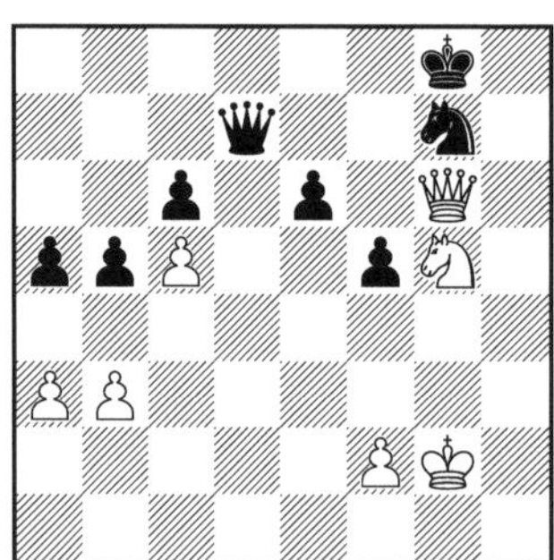

[S] Die schwarze Stellung sieht ziemlich hoffnungslos aus, da er seinen Springer zu verlieren droht. Gibt es trotzdem eine Verteidigung?

E02.10
M. Carlsen (2528) –
A. Wolokitin (2671)
Biel 2005

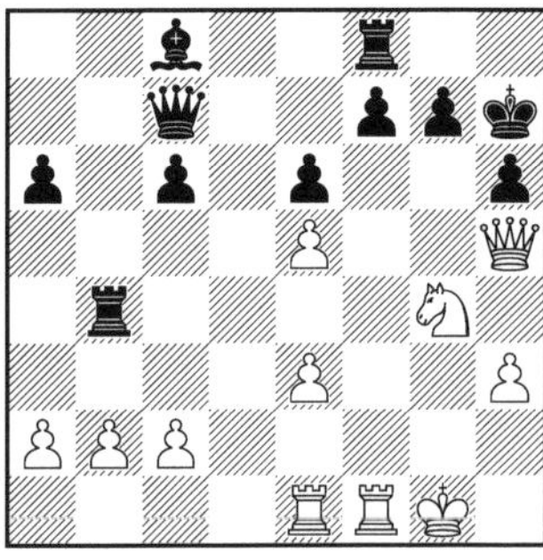

[S] Die schwarze Stellung sieht gefährdet aus. Wie kann man weitere Verteidiger heranführen?

E02.11
W. Kramnik (2759) –
M. Carlsen (2772)
Dortmund 2009

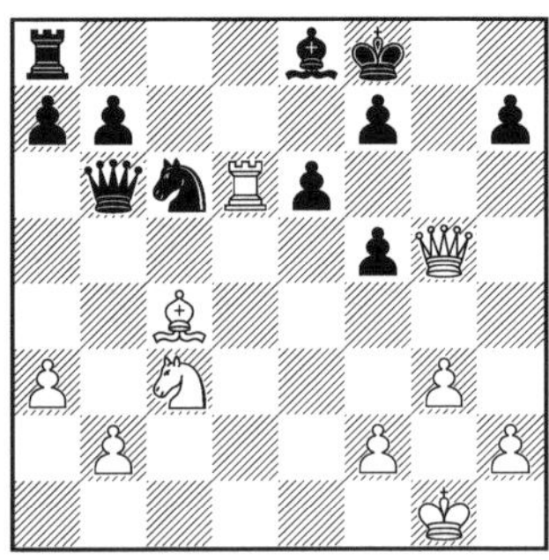

[S] Carlsen fand nicht die einzige Verteidigung gegen Kramniks starken Angriff. Können Sie es besser machen?

E02.12
D. Gormally (2557) – Z. Hracek (2591)
Europameisterschaft Gothenburg 2005

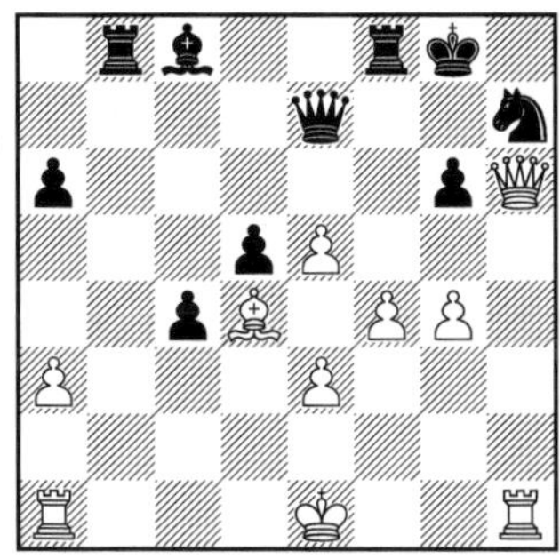

[S] Schwarz droht überrollt zu werden; was kann er dagegen tun?

E02.13
M. Krasenkow (2609) – V. Iordachescu (2550)
Europameisterschaft Istanbul 2003

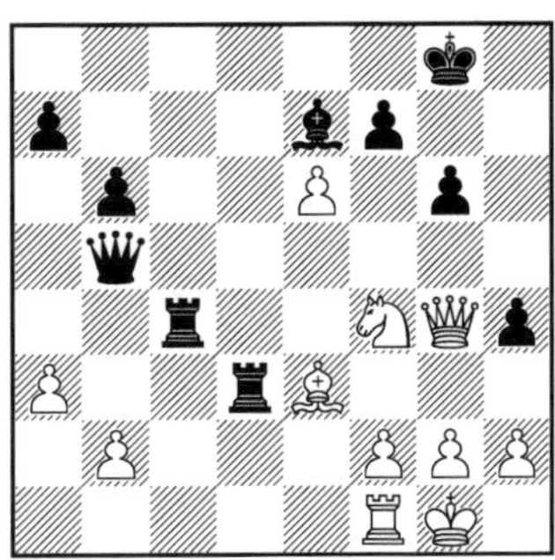

[S] Wie kann Schwarz seine Stellung zusammenhalten?

2d) Einen Strich durch die Rechnung machen

Glauben Sie nicht immer, was Sie sehen! Sobald Sie anfangen, von den Angriffszügen Ihres Gegners eingeschüchtert zu sein, werden Sie sicher verlieren. Nehmen Sie immer eine kritische Haltung ein, und falls nichts mehr geht, spielen Sie „Alles oder Nichts". Das bringt uns zum nächsten Thema: Einen Strich durch die Rechnung machen, z.B. indem man einen störenden Zug macht, der den Fluss einer Kombination unterbricht. Siehe Diagramm.

02.09
C. Ahues – NN
Bremen Simultan 1920 **[W]**

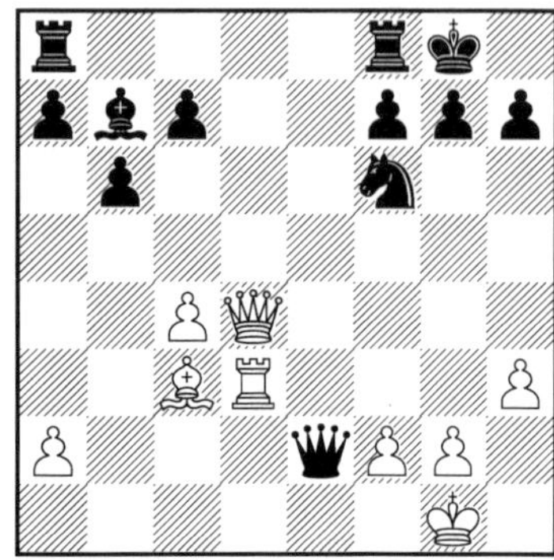

1.♕xf6 Schwarz sah keinen Ausweg und gab auf. (**1-0**). Ein kritischer Blick enthüllt **1...♕g4!** und es ist Weiß, der aufgeben kann. Außerdem war 1...♕e1+ auch besser als aufgeben, da nach 2.♔h2 ♕xc3 3.♕xc3 Schwarz weiter um das Remis kämpfen kann.

Aufgaben

(Lösungen auf Seite 206)

E02.14
I. Nataf (2553) –
M. Bluvstein (2462)
Montreal 2004

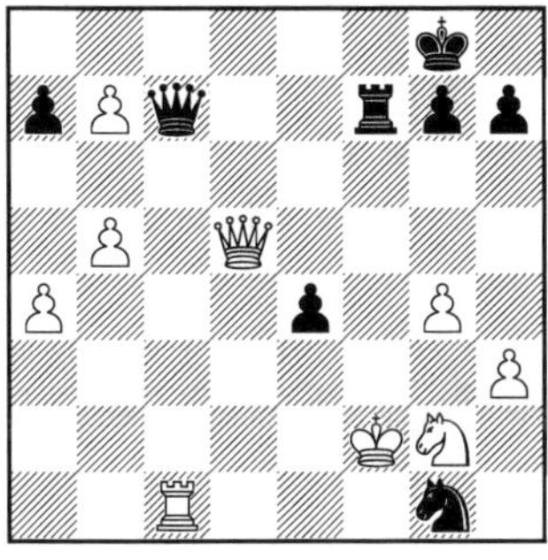

[W] Die Dinge sehen nicht gut aus; gibt es einen Ausweg?

E02.15
A. Suetin – W. Bagirow
31.URS-Meisterschaft Leningrad 1963

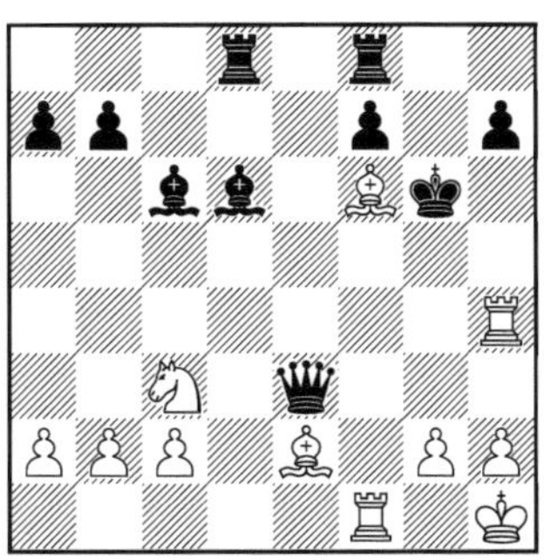

[S] Schwarz hat auf ein kreatives Damenopfer nicht präzise reagiert und befindet sich in äußerster Gefahr. Finden Sie trotzdem einen Ausweg?

E02.16
A. Giri – M. van Delft
Den Bosch Blitz 2009

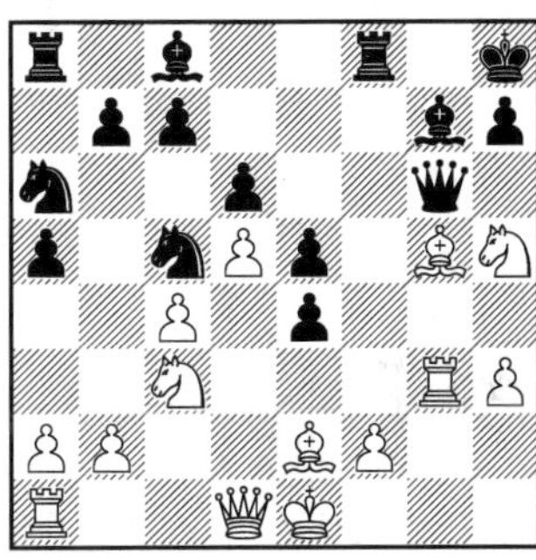

[S] In Giri – Van Delft, gespielt bei der holländischen Blitzmannschaftsmeisterschaft 2009, wählten die Spieler zwischen Zug 6 und 16 die häufigsten Fortsetzungen. 17.♖g3 war eine Neuerung, die Bologan bereits analysiert und veröffentlicht hatte.

Welche Widerlegung gibt er an?

2e) Den König aus der Gefahrenzone entfernen

Manchmal besteht die Gefahr, dass die Königsstellung überrannt wird, und der einzige Weg, der übrig bleibt, ist mit dem König zu fliehen. Entweder flieht man ohne Umschweife, oder man öffnet zuerst eine Route.

02.10

J. Stocek (2518) – W. Newjerow (2569)

Prerov 2001 **[S]**

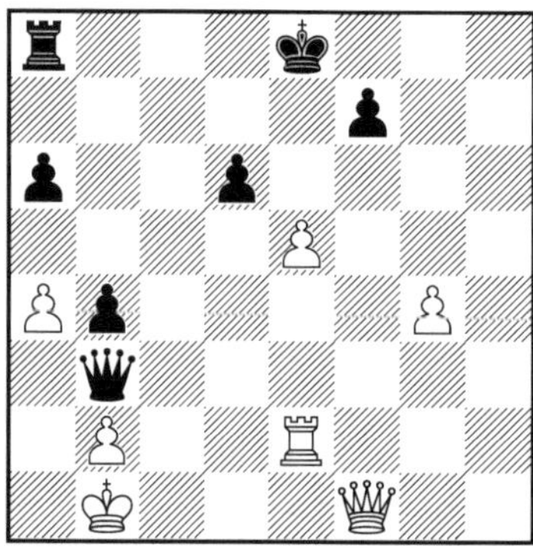

34...dxe5? Der König kann in der Brettmitte nicht überleben. Es gab einen schönen und überraschenden Weg, ihn in Sicherheit zu bringen: 34...♕d3+ 35.♔a1 0-0-0! und Schwarz steht gut. Plötzlich dient die lange Rochade im 35. Zug dazu, die Evakuierung des Königs einzuleiten. **35.♖xe5+ ♔f8 36.♕h1 ♔g7** Ein Zwischenschach auf d3 hätte auch nicht geholfen: 36...♕d3+ 37.♔a1 ♔g7 38.♖g5+ ♔f6 39.♕h6+ ♔e7 40.♖e5+ ♔d7 41.♕h1! ♔d6 42.♖e1! kreiert einen gewinnbringenden Angriff, indem er zwei Figuren hintereinander zurückzieht! **37.♖g5+ ♔f6 38.♕h6+ ♔e7 39.♖e5+ ♔d7 40.♕d2+ ♔c6 41.♕d4 1-0**

Die Königssicherheit ist ein enorm wichtiger positioneller Faktor im Mittelspiel und man sollte immer darauf achten, um gegebene Maßnahmen einzuleiten, falls nötig:

02.11

W. Below (2595) – A. Drejew (2650)

9. Aeroflot Open Moskau 2010 **[S]**

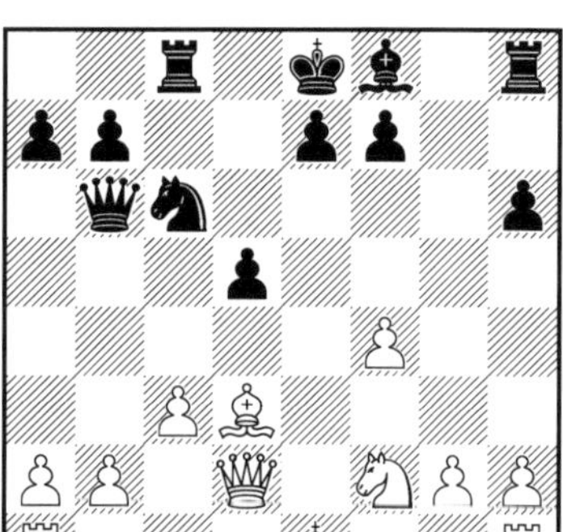

Drejew löste sofort das Problem:

17...♔d8! Nach 17...e6 18.0-0 ♗d6 19.♖ae1 muss sich Schwarz sowieso um seinen König kümmern, aber dann würde der weiße Springer schnell ins Geschehen eingreifen: 19...♔d7 20.♔h1 ♔c7 21.♘g4 mit einer leichten Initiative. **18.0-0 ♔c7 19.a4** 19.♔h1 kann beantwortet werden mit 19...♔b8 20.♘g4 ♗g7 21.♖ae1 e6 22.♘e5 ♖c7=. **19...♔b8 20.♗b5 e6 21.♗xc6 ♕xc6 22.♘d3 ½-½** Und die Spieler vereinbarten ein Remis, da Schwarz nach 22...♗d6 definitiv nicht schlechter steht.

Manchmal kann der König sogar tief im feindlichen Gebiet überleben, der sogenannte „steel king.“

02.12

W. Gaschimow (2759) – A. Grischuk (2736)

7. Mannschaftsweltmeisterschaft Bursa 2010 **[S]**

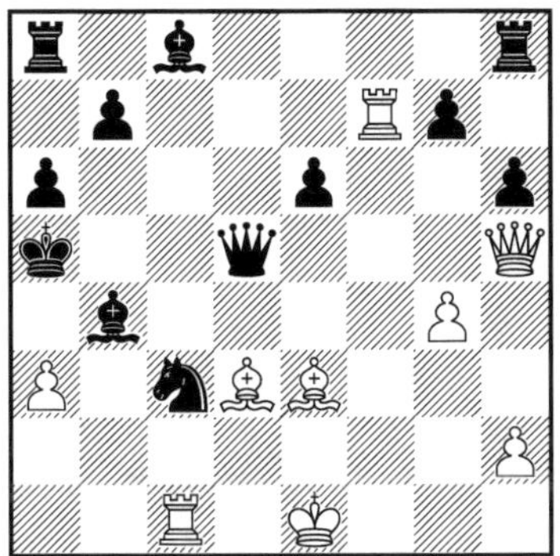

Auf den ersten Blick scheint sich Schwarz in großer Gefahr zu befinden, aber Grischuk hat präzise berechnet, dass das eine Illusion ist:

29...♔a4!! Nach diesem brillanten Zug ist der Angriff abgewehrt, da der König ein sicheres Plätzchen findet. Es verliert 29...♕xh5? 30.axb4+ ♔xb4 31.gxh5 (Van Delft/Ris in *ChessVibes Openings*). **30.axb4** 30.♖f4 würde auch nicht helfen, da Schwarz nach 30...♕xh5 31.gxh5 (31.♖xb4+ ♔xa3–+) 31...♘a2+ 32.♖xb4+ ♘xb4 33.axb4 ♖d8 eine technische Gewinnstellung hat. (Van Delft/Ris) **30...♕xd3 31.♕a5+ ♔b3** Weiß hat keine Schachs mehr, während er sich um das Matt und den hängenden Läufer kümmern muss. **32.♖xc3+ ♕xc3+ 33.♗d2 b6!** Ein starker *Zwischenzug*, der Weiß zwingt, die Kontrolle über e5 aufzugeben. **34.♕xb6 ♕e5+ 35.♔d1 ♗b7!** Das Material zurückzugeben ist der einfachste Weg, um die Türme ins Spiel zu bringen.

36.♕xb7 ♖hd8 37.♖f3+ ♔a2 38.♖f2

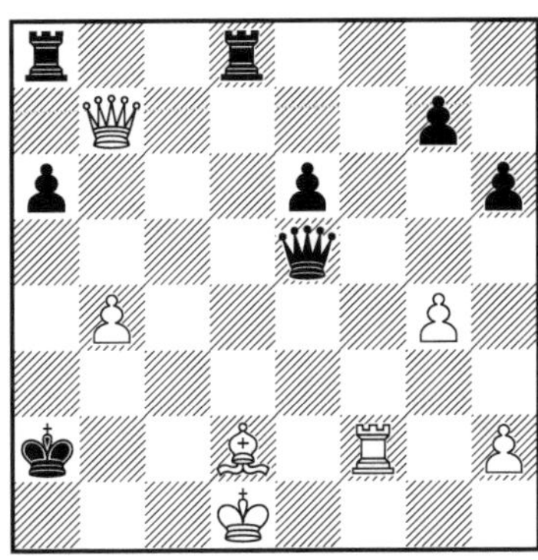

38...♔b1! Touchdown! **39.♕f3 ♖ac8** Es droht Matt auf c1. **40.♕b3+ ♕b2 41.♕xb2+ ♔xb2 0-1** und nun gab Gaschimow auf, da er ein verlorenes Bauernendspiel nach ♖c2 und ♖xd2 nicht vermeiden kann.

Aufgaben

(Lösungen auf Seite 207)

E02.17
V. Anand (2735) –
W. Kramnik (2765)
Las Palmas 1996

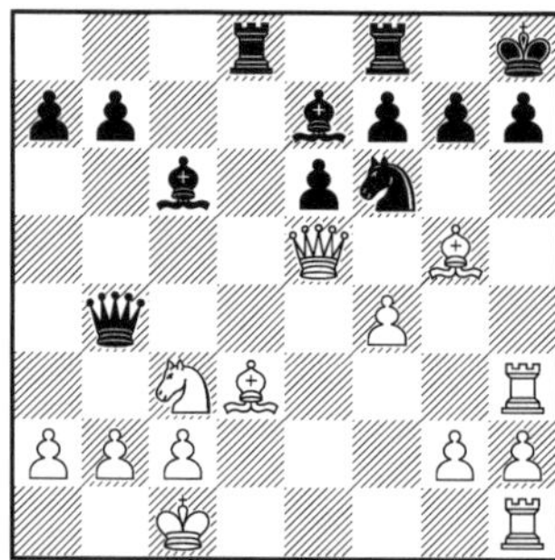

[S] Diese Stellung aus der Richter-Rauser-Variante der Sizilianischen Verteidigung, in der Weiß den schwarzen König direkt attackiert, war Mitte der 90er Jahre groß in Mode. Auf welche lehrreiche Weise drehte Kramnik den Spieß um?

E02.18
B. Gelfand (2695) –
J. Polgar (2718)
George Marx Memorial Pacs 2003

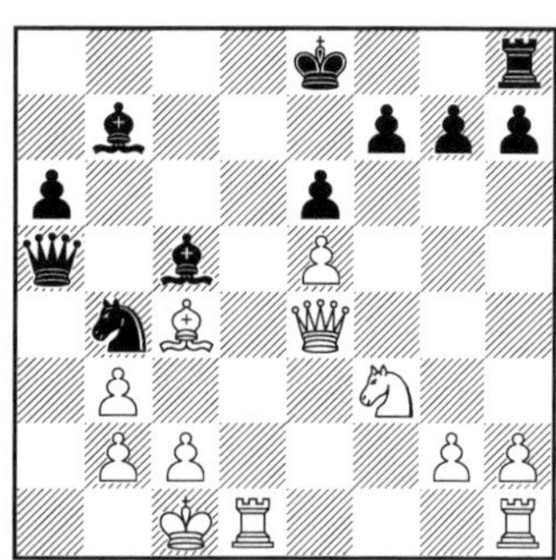

[W] Der weiße König ist in großer Gefahr und es scheint kein Entkommen zu geben. Oder finden Sie einen Ausweg?

2f) Die Harmonie der angreifenden Armee zerstören

Wie wir schon erwähnten, kann die angreifende Armee des Gegners gefährlicher aussehen, als sie es wirklich ist. Manchmal gibt es einen Weg, um die Harmonie der gegnerischen Figuren zu zerstören. Der richtige Vorstoß am richtigen Ort kann einige Figuren aus dem Gleichgewicht bringen und dadurch den Angriff des Gegners stören. Das folgende Beispiel veranschaulicht dieses Konzept.

02.13
V. Anand (2725) –
B. Gelfand (2700)
Hoogovens Wijk aan Zee 1996 **[S]**

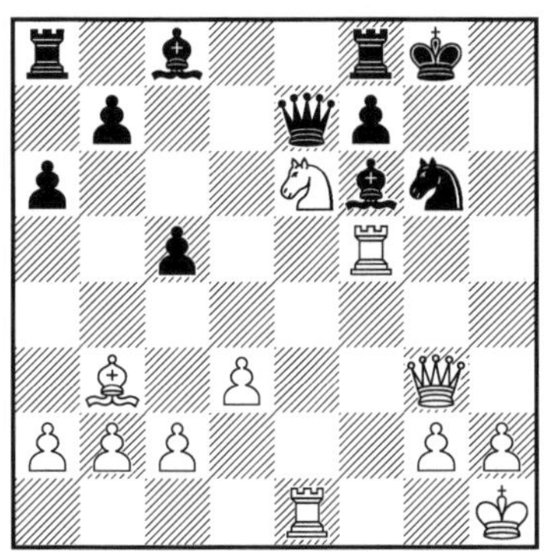

21...fxe6? Der weiße Angriff schlägt jetzt durch. Überraschenderweise stand Schwarz der Zug 21...♖e8 zur Verfügung, der das vitale Feld e6 unterstützt und den weißen Angriff plötzlich infrage stellt. 22.♖e4 (22.♖ef1 funktioniert nicht wegen des starken *Zwischenzugs* 22...♗h4!, der die Harmonie der weißen Armee komplett zerstört.) 22...♗xe6 Nun befreit sich Schwarz nach dem spektakulären 23.♖xe6!? (23.♗xe6 fxe6 24.♕xg6+ ♗g7 und der Angriff ist gestoppt.) 23...fxe6 24.♕xg6+ ♗g7 25.♖f3! (Der Turm steht auf der dritten Reihe sehr stabil.) 25...♕d7! (Nach 25...b5 26.♖h3 muss Schwarz den präventiven Zug 26...♔f8! finden, der nach 27.♖f3+ ♔g8 zur Zugwiederholung führt.) 26.♖f6! (26.♖h3? ♖e7! war die schwarze Pointe.) 26...b5 27.♗xe6+ ♖xe6 28.♖xe6 ♖f8. **22.♖xe6!** Sehr stark. **22...♔g7** Nach 22...♗xe6 23.♕xg6+ hat der Läufer auf e6 keine Unterstützung: 23...♕g7 (23...♗g7 24.♗xe6+ und das Matt folgt auf dem Fuß.) 24.♗xe6+ ♖f7 25.♗xf7+ ♔f8 26.♕xf6 und Weiß hat alles mit Zinseszins zurückgewonnen.

23.♖xe7+ ♗xe7 24.♖xf8 ♗xf8 25.h4! 1-0 Der weiße Angriff geht einfach weiter.

Aufgaben

(Lösungen auf Seite 208)

E02.19
I. Njepomnjaschtschi (2587) – S. Brynell (2501)
Corus C Wijk aan Zee 2007

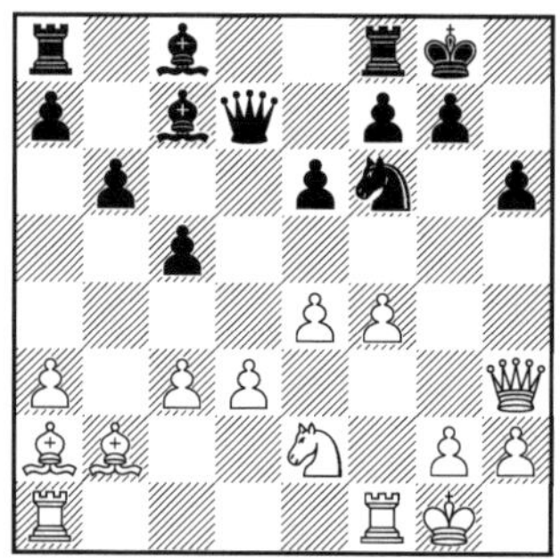

[S] Gibt es einen Weg, um die weiße Angriffsstellung ad absurdum zu führen?

E02.20
A. Anderssen – P. Morphy
Paris 1858

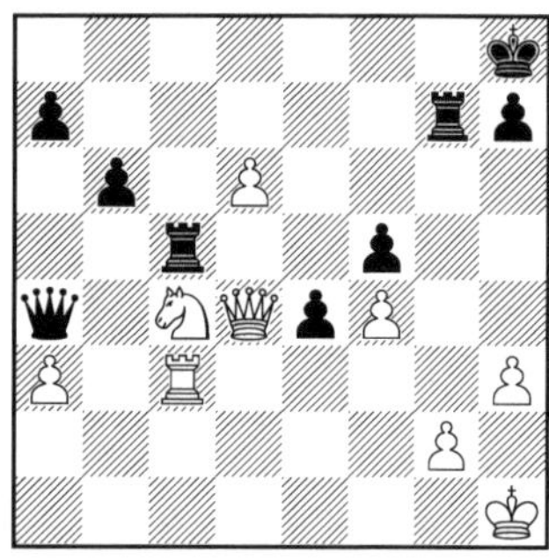

[S] Die schwarze Stellung ist schwierig zu spielen: er muss sich gegen einen riesigen Bauern auf d6 verteidigen, sein König ist in Gefahr und Gegenspiel ist nicht in Sicht. Finden Sie die einzige schwarze Verteidigung?

2g) Zugänge schließen

In manchen Stellungen gibt es einen sehr direkten Weg, um den Angriff zu stoppen: Den Zugang zum König schließen. In solchen Fällen sollte man auch nicht davor zurückschrecken, Material zurückzugeben, um weiteren Schaden zu vermeiden.

02.14
J. Borisek (2443) –
E. Sutovsky (2639)
15. Vidmar Memorial Terme Zrece
2003 **[W]**

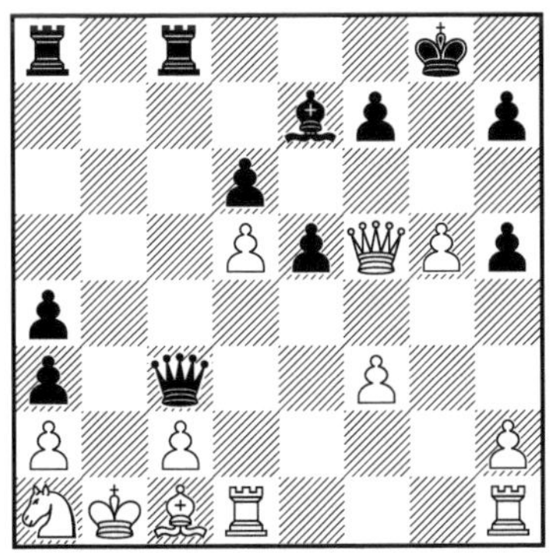

25.♕d3? Das ist nicht gut genug und wird durch eine schöne taktische Wendung bestraft. Weiß musste präventive Maßnahmen ergreifen und den Zugang zum König sofort mit 25.♘b3! schließen, da er nach 25...axb3 26.cxb3 ♖cb8 mit 27.♕c2! reagieren kann und guter Kompensation für den Bauern nach 27...♕xf3 28.♖hf1 ♕g4 29.♕d3, wie Ftacnik anmerkte. **25...♖ab8+ 26.♘b3 axb3 27.cxb3** 27.♕xc3 bxa2+ 28.♔xa2 ♖xc3 funktioniert auch nicht, da Weiß zusätzlich zu seinem Bauernminus mit vielen Schwächen verbleibt. **27...♖xb3+!** Schwarz ergreift seine Chance und infiltriert die weiße Stellung mit einer präzise kalkulierten Operation. **28.axb3 a2+ 29.♔xa2 ♖a8+ 30.♗a3 ♕b4!** Der Schlüsselzug: Es gibt keinen Weg für Weiß, um den Läufer zu retten, wonach sein König recht hilflos ist. **31.♔b1** Die folgende Variante illustriert die Kraft des schwarzen Angriffs: 31.♔b2 ♕xa3+ 32.♔c3 ♕a5+ 33.♔c2 ♕a2+ 34.♔c3 ♖c8+ 35.♔b4 ♗d8!. Der Najdorf-Läufer, der oft ruhig auf e7 die schwarze Stellung zusammenhält, unterstützt den Angriff mit entscheidender Wirkung. 36.♖a1 ♗a5+ 37.♔b5 ♖b8+ 38.♔c6 (oder 38.♔a6 ♕f2!) 38...♕f2! gewinnt, Ftacnik. **31...♕xa3 32.♖hg1?** Weiß kollabiert. **32...♕a1+ 0-1** mit Matt im nächsten Zug.

Die nachfolgende historische Partie half nicht nur Leko auf seinem Weg, das Kandidatenturnier 2002 in Dortmund zu gewinnen (mit dem Recht, Kramnik um die Weltmeisterschaft herauszufordern), sondern verursachte auch einen Sweschnikow-Hype, der über mehrere Jahre anhielt. Leko zeigte neue Wege auf, um den weißen Angriff zu stoppen:

02.15

A. Schirow (2697) – P. Leko (2722)

Kandidatensemifinale Dortmund 2002

[S]

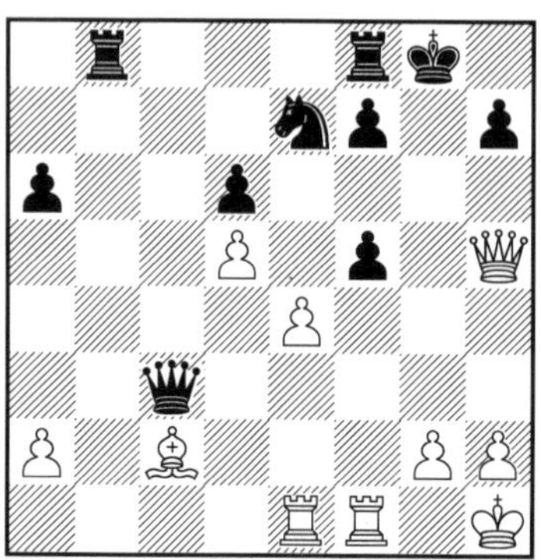

23...f4!? Ein ehrgeiziger Versuch mit der Idee, eine Blockade auf den schwarzen Feldern zu erreichen.

23...♕xc2 24.exf5 ♖b2 25.♕g4+ ♘g6! 26.fxg6 hxg6 wäre ein anderer Weg mit ungefähr ausgeglichener Stellung gewesen, um die Zugänge zu schließen.

24.♗b3?! Der Läufer hat hier keine Zukunft, solange Schwarz Vorsicht walten lässt. Natürlicher ist 24.♗b1 ♘g6 25.e5! dxe5 26.♗xg6 (26.d6!? ♖fd8 27.♖d1 ♖xb1! 28.♖xb1 ♖xd6 sollte gut sein für Schwarz.) 26...hxg6 27.♕xe5 ♕xe5 28.♖xe5 mit einer ausgeglichenen Stellung. **24...♘g6 25.♖c1 ♕f6 26.♕f5 ♕e7** Schwarz hat die schwarzfeldrige Blockade durchgesetzt. **27.♖c4 a5 28.h3**

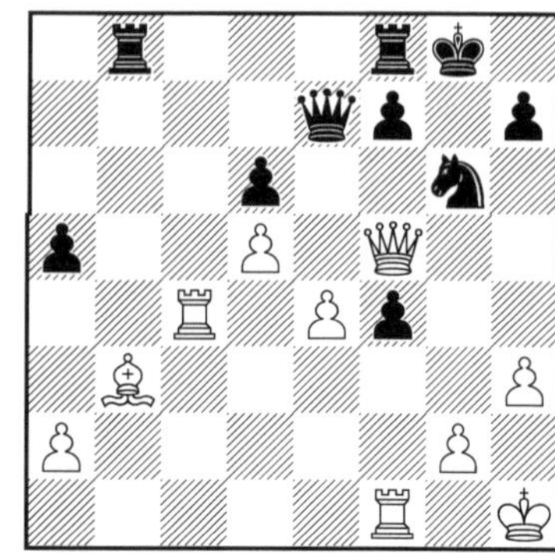

28...♖b4! Der Abtausch eines Turmes stärkt weiter die schwarze Stellung.

29.♖xb4 axb4 30.♗d1 ♖a8 31.♖f2 ♕a7 32.♖c2 ♔g7 33.♔h2 ♕e3 34.♗f3 ♕e1 35.♖c7 ♕g3+ 36.♔h1 ♘e5! Ein sehr schöner Posten: Nach sehr präziser Berechnung aller Varianten konnte Leko seinen Springer auf seinem Traumfeld platzieren. Weiß versucht jetzt ein Dauerschach zu geben, aber es gelingt nicht.

37.♗h5 ♖xa2 38.♖xf7+ ♘xf7 39.♕xf7+ ♔h6 40.♕f6+ ♔xh5 41.♕f5+ ♔h6 42.♕f6+ ♕g6 43.♕h4+ ♔g7 44.♕e7+ ♕f7 45.♕g5+ ♔f8 46.♕d8+ ♕e8 47.♕f6+ ♔g8! 0-1 Weiß gab auf, da der schwarze König nach 48.♕g5+ ♔f7 49.♕f5+ ♔e7 50.♕e6+ ♔d8 51.♕xd6+ ♔c8 52.♕c5+ ♔b7 53.♕xb4+ ♔a8! den Schachgeboten entkommt. Eine Partie von erstaunlicher Tiefe, sowohl konzeptionell als auch taktisch.

Aufgaben

(Lösungen auf Seite 208)

E02.21
H. Bastian (2411) –
R. Tischbierek (2486)
Deutsche Meisterschaft –
Bad Königshofen 2007

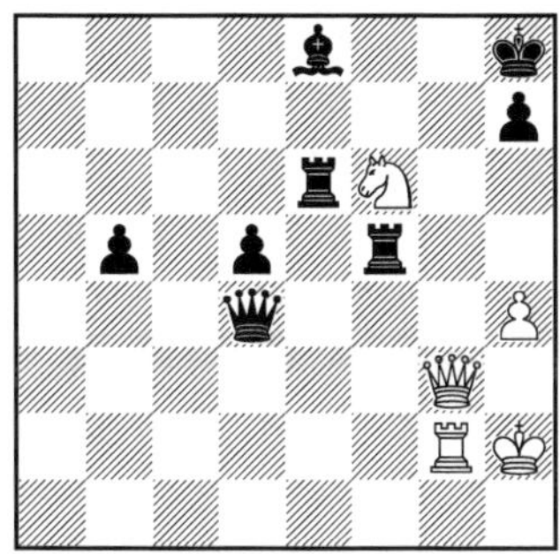

[S] Schwarz hat mehrere Züge, um weiter im Spiel zu bleiben, aber nur eine Fortsetzung führt zu Vorteil.

E02.22
A. Goldberg (2330) –
A. Kowalew (2400)
Berlin 1987

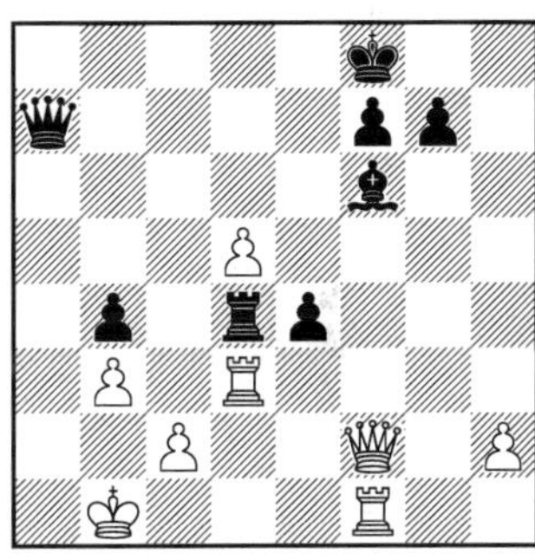

[W] Schwarz hat tödliche Drohungen basierend auf seinem extrem starken „Drachenläufer“.

Gibt es noch Hoffnung für Weiß?

2h) Der König als wichtiger Verteidiger

Wir möchten dieses Kapitel mit einem wichtigen Prinzip, auf das schon der erste offizielle Weltmeister, Wilhelm Steinitz, hinwies, beschließen: Der König selbst sollte als verteidigende Einheit betrachtet werden. Gemäß Hodgson sollte der König zur Box der Verteidiger (verglichen mit der Box der Angreifer) hinzugefügt werden. Hodgson gibt dem König auch aus praktischen Gründen vier Punkte, womit er z.B. stärker als der Springer oder Läufer ist, aber schwächer als der Turm.

02.16

E. Berg (2539) – A. Graf (2605)

15. Europameisterschaft Göteborg 2005 **[S]**

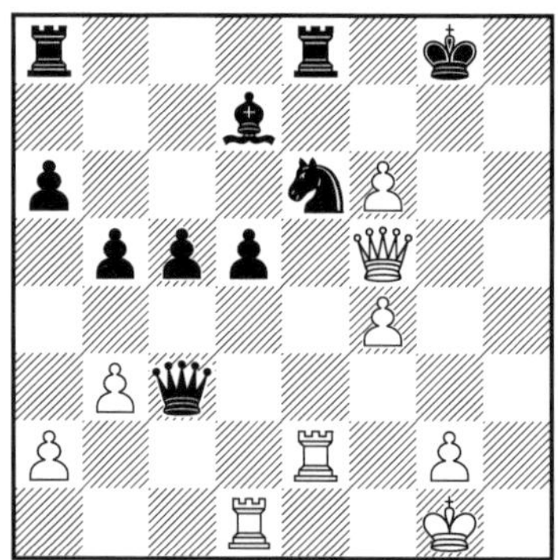

34...♔f7! Nach dem passiveren 34...♔f8? 35.♕g6 ♖a7 36.f5 ♗c8 37.♕h6+ ♔g8 38.♖e3 wird Schwarz mattgesetzt.

35.♖xd5? Das erlaubt Schwarz, die Initiative zu ergreifen. Weiß musste 35.♕h7+ ♔xf6 36.♕xd7 versuchen,

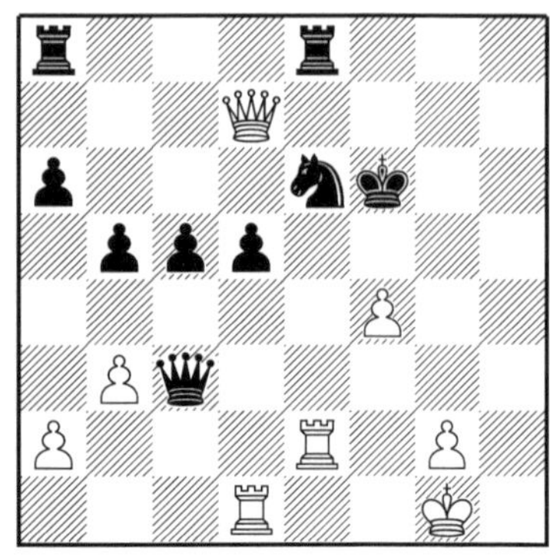

wonach Schwarz mit einer Reihe beeindruckender Züge die Oberhand gewinnt: 36...♘g7! 37.♕c6+ ♔f7 38.♕xd5+ und jetzt folgt 38...♔g6! 39.f5+ ♔g5! 40.f6+ ♘f5 41.♖f2 ♕e5 42.♕d2+ ♔g6. Der schwarze König hat sich selbst hervorragend verteidigt und steht sicher. **35...♕c1+ 36.♔h2 ♖h8+ 37.♔g3 ♖ag8+ 38.♔f2 ♖xg2+!** Solch ein Opfer kommt auf natürliche Weise. **39.♔xg2 ♕h1+ 40.♔f2 ♖h2+ 41.♔g3 ♕g1+ 42.♔f3 ♘d4+** und Weiß hatte genug gesehen. **0-1**

Im folgenden Beispiel kann sich der König fast alleine verteidigen:

02.17
A. Schirow (2719) –
P. Swidler (2754)
World Cup Chanty-Mansijsk 2009

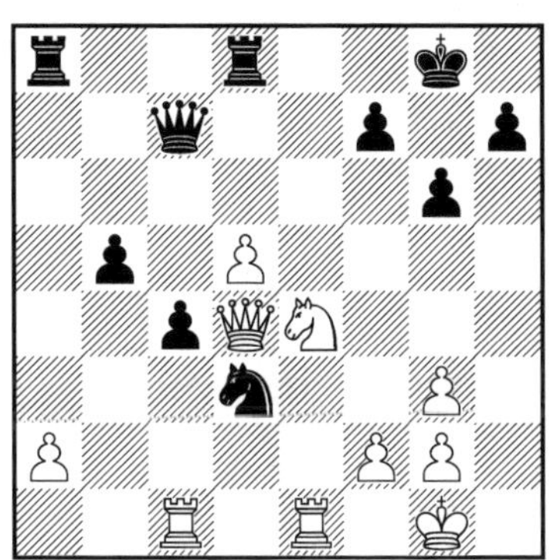

[S] 23...♕a7! 24.♘f6+ ♔h8 24...♔g7?? läuft in 25.♘e8+ ♔h6 26.♕h4# hinein. **25.♕h4 ♔g7!!**

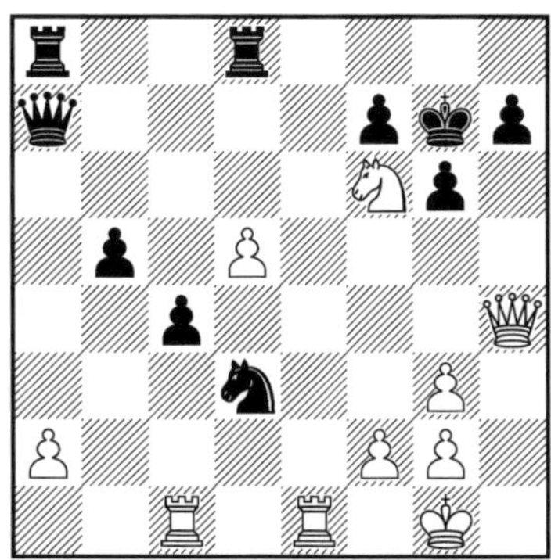

„Dieser spektakuläre Zug (Steinitz wäre erfreut gewesen!) wehrt den weißen Angriff ab und Schwarz behält materiellen Vorteil." (Krasenkow in CBM 134) **26.♖e3** 26.♘h5+ ♔f8 27.♕f6 ♕xf2+ 28.♕xf2 ♘xf2 29.♔xf2 gxh5–+ (Krasenkow). **26...♖d6 27.♖f3 h6 28.♘e4 ♖xd5 29.♕f6+ ♔g8 30.♖c3 ♘e5 31.♖f4 ♕xa2 32.♔h2 ♕e2 33.♕h4 ♖a6 34.g4 g5 35.♘xg5 hxg5 36.♕xg5+ ♖g6 0-1**

Aufgaben

(Lösungen auf Seite 209)

E02.23
J. Fang – J. Rizzitano
Newton 1984

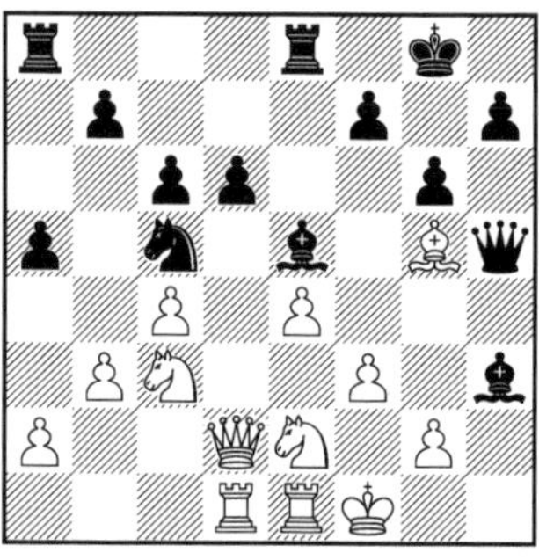

[W] Schwarz nahm gerade auf h3, wie soll Weiß reagieren?

E02.24
S.B. Hansen (2499) –
M. Kopylow (2421)
Internationale Hamburger Meisterschaft 1999

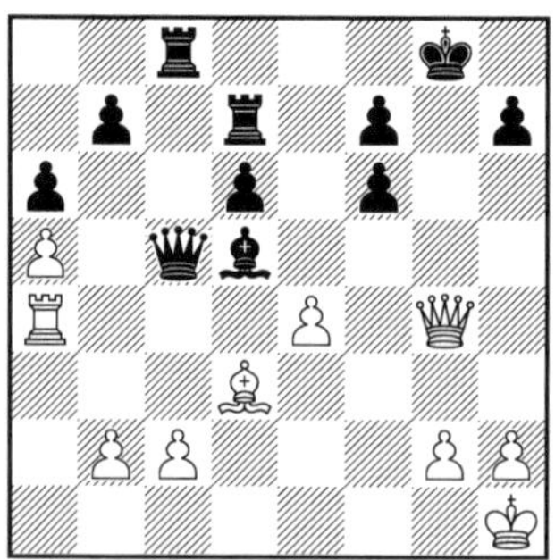

[S] Wo würden Sie den König hinstellen, wenn Sie diese Stellung verteidigen müssten?

E02.25
E. Liss (2513) – I. Smirin (2652)
Tel Aviv 1999

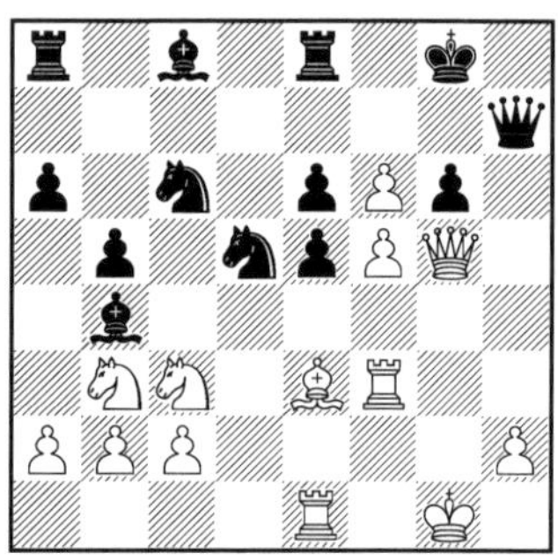

[S] Weiß glaubt, dass er angreift, aber die Wahrheit sieht anders aus. Wie setzte Schwarz fort?

3. Kapitel

Gegen die Initiative kämpfen

3a) Gegenspiel

Nachdem wir den direkten Königsangriff, und wie man sich dagegen verteidigt, besprochen haben, wenden wir uns dem etwas allgemeineren Thema „Initiative" zu und wie man dagegen ankämpft. Die Initiative ist ein zentrales Thema im Schach, aber ein Thema, das schwierig zu erklären ist. Die Initiative kann man nicht sehen, man kann sie nur fühlen. Die Seite, die das Geschehen auf dem Brett diktiert, besitzt die Initiative. Die Initiative kann häufig zu einem Königsangriff führen, aber das ist nicht zwangsläufig. Insbesondere auf Amateurniveau ist die Initiative eine starke Waffe, weil die meisten Spieler nicht wissen, wie sie sich dagegen verteidigen sollen, bzw. keine Lust haben, sich zu verteidigen; sie verlieren schnell die Geduld und damit die Partie. In diesem Kapitel werden wir dieses trickreiche Thema untersuchen und feststellen, dass es gar nicht so schwierig ist, wie man es sich vorstellt. Wenn der Gegner die Initiative besitzt, sollten man zuerst schauen, ob man nicht Gegenspiel kreieren kann.

03.01
M. Carlsen (2581) –
V. Kotronias (2599)
Olympiade Mallorca 2004 **[S]**

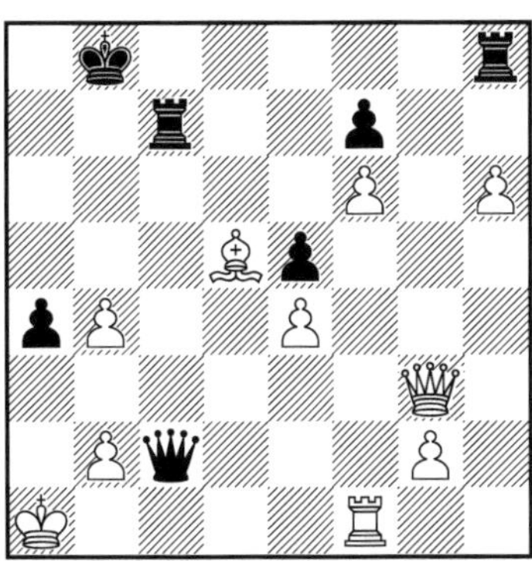

34...a3! Nach einer spektakulären und gewinnbringenden Kombination spielte der junge Carlsen einige schwache Züge und erlaubte seinem Gegner, zurück ins Spiel zu finden. Mit dem letzten Zug öffnet Kotronias die weiße Königsstellung und kreiert genügend Gegenspiel. **35.bxa3** 35.♕xa3 ♖a7 ist nicht möglich. **35...♖xh6** Eliminiert den gefährlichen Freibauern und kommt dem Remis näher. **36.♕xe5** Ein besserer Versuch wäre vielleicht 36.♖b1 gewesen, aber nach 36...♖xf6 37.♕xe5 ♖f2 scheint Weiß nichts besseres als Dauerschach zu haben. **36...♕d3!** Nach diesem Schlüsselzug bleibt Weiß nichts anderes übrig als Dauerschach zu geben. **37.♕e8+ ♖c8 38.♕e5+ ♖c7 39.♕e8+ ♖c8 40.♕e5+ ½-½**

Häufig erfordert richtige Verteidigung präzise Berechnung. Im folgenden Beispiel hatte Schwarz alles unter Kontrolle, weil sein starker Freibauer ihm genügend Gegenspiel sicherte:

03.02
M. Kaminski (2395) –
H. Stefansson (2495)
Cappelle la Grande 1993 **[S]**

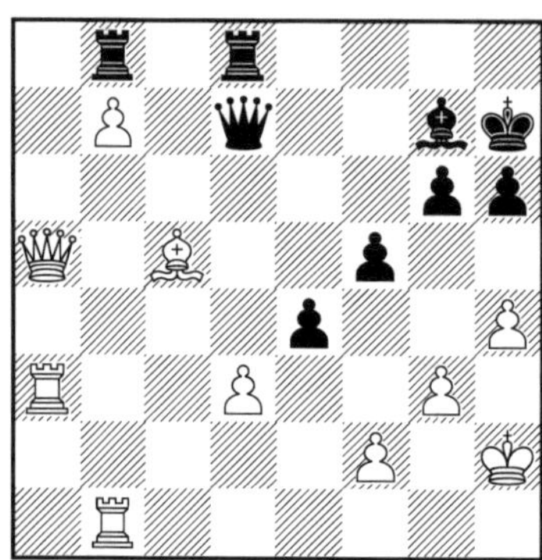

1...exd3! Das basiert auf präziser Kalkulation und ist kein Vabanquespiel. **2.♗a7** Die offensichtliche Antwort, die die Stärke des Bauern b7 unterstreicht. **2...♖xb7!!** Schwarz kann ein bisschen Material geben, da sein eigener Freibauer sehr stark wird. **3.♖xb7 d2 4.♖xd7 ♖xd7 ½-½** Es passt alles zusammen: Der weiße Läufer kann nicht eingreifen und der weiße Turm hat keinen Zugang zum Feld a1. Weiß wird seine Dame zurückgeben müssen, wonach eine totremise Stellung entsteht.

Aufgaben

(Lösungen auf Seite 210)

E03.01
C. Hansen (2626) –
G. Hertneck (2572)
Bundesliga 2002

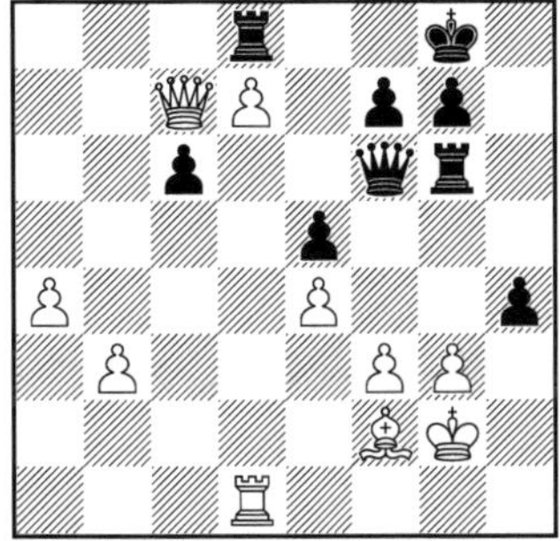

[S] Schwarz sieht ob des dominierenden Bauern auf d7 eingeschnürt aus. Kann er Gegenspiel kreieren?

E03.02
U. Kunsztowicz (2305) – K. Müller
Hamburger Meisterschaft 1988

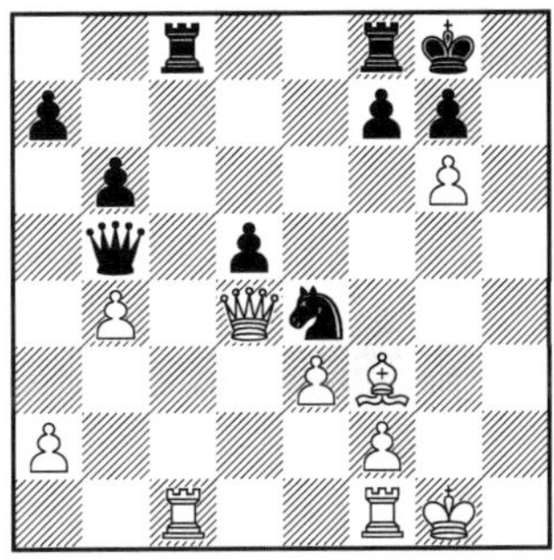

[S] Welcher wäre der richtige Weg gewesen, um Gegenspiel zu kreieren?

3b) Taktische Verteidigung

Eine wichtige Verteidigungsressource ist die sogenannte Taktische Verteidigung. Sie beinhaltet einen cleveren Zug, mit dem man sich indirekt gegen eine Drohung verteidigt. Um solche Züge zu finden, muss man immer bereit sein zu kämpfen – und nicht aufgeben, bevor die Partie wirklich vorbei ist – und immer bereit sein, kreative Lösungen zu finden.

03.03
A. Fishbein (2505) –
B. Lopez (2403)
US-Meisterschaft San Diego 2004
[S]

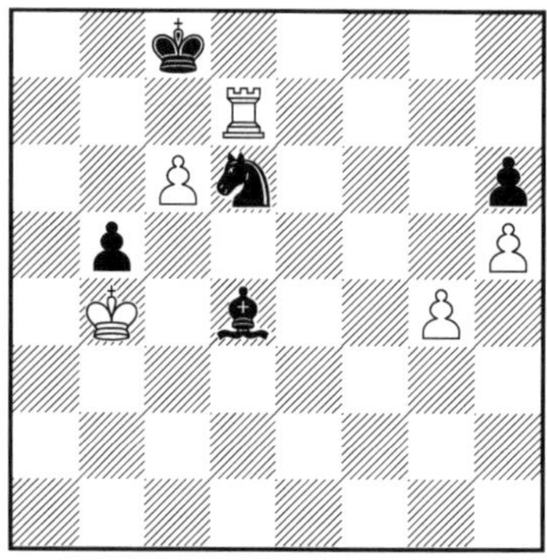

105...♗e5? Diese direkte Verteidigung ist nicht genug. Korrekt wäre gewesen:

105...♗f6! 106.♔c5 (Natürlich ist 106.♖xd6? ♗e7 die Pointe.) 106...♘e4+ 107.♔xb5 ♘f2 und Schwarz gewinnt den Bauern g4, wonach er den Remishafen erreichen sollte. **106.♔c5 ♘e4+!** Ein cleverer Zug, aber Fishbein ist auf der Hut. **107.♔xb5!** Im entstandenen Endspiel kann man sehen, dass der Turm auf offenem Brett die Leichtfiguren ausmanövrieren kann (während im Mittelspiel in der Regel der gegenteilige Fall eintritt). 107.♔d5? ist nicht gut wegen 107...♘f6+ 108.♔xe5 ♘xd7+ 109.cxd7+ ♔xd7 110.g5 und nun baut das leicht zu übersehende 110...♔e7! 111.g6 ♔f8 eine bekannte Festung auf. **107...♘f6 108.♖g7 ♗f4 109.♖f7 ♗g5 110.♔c5 ♘e4+** 110...♘xg4 111.♔d6 ♘e3 112.♖f8+ ♗d8 113.c7 ♘c4+ 114.♔c5 ♔xc7 115.♖f7+ ♔c8 116.♔xc4 mit einer gewonnenen Version eines klassischen Endspiels. **111.♔d5 ♘f6+ 112.♔e6 ♘e4 113.♔e5 ♘c5 114.♔f5 ♘d3 115.♖g7 ♗c1 116.♔e4** Überzeugender wäre 116.g5! hxg5 117.h6 ♗b2 118.♖b7 ♗a1 119.♖a7 ♗b2 120.♖a2! gewesen. Der Läufer kann sich nirgends verstecken. 120...♗e5 121.♖d2 mit Gewinn. **116...♘f2+ 117.♔f5 ♘h3 118.♖h7 ♘f2 119.♖d7**

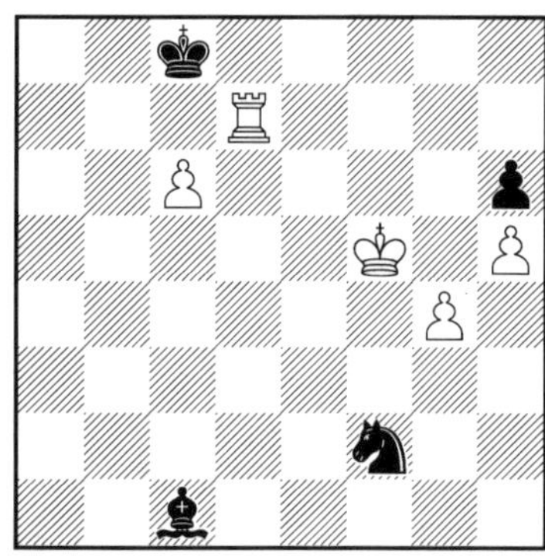

119...♗g5?! Eine Beispielvariante nach dem zäheren 119...♗e3 wäre gewesen:

120.♖f7 (Auf 120.♖g7?! folgt 120...♘h3.) 120...♗c1 121.♖b7 ♗e3 122.♖b3 ♗g5 123.♖f3 ♘d1 124.♔e6 ♘e3 (124...♔c7 125.♖f5 ♗d8 126.g5 gewinnt.) 125.♖f7 ♔d8 126.♖d7+ ♔c8

127.♖g7 ♘xg4 128.c7 ♗e3 129.♖xg4 ♔xc7 Wir haben das gerade erwähnte klassische Endspiel erreicht. 130.♖g3 ♗f4 131.♖d3 ♗g5 132.♔f7 ♗f4 133.♔g7 ♔c6 134.♖f3 ♗g5 135.♖g3 ♗d2 136.♖g6+ ♔d7 137.♖xh6 ♗xh6+ 138.♔xh6 ♔e7 139.♔g7 mit Gewinn.

120.♖g7 ♘h3 120...♗d2 121.g5! hxg5 122.h6 ♗c3 123.♔g6! und Weiß gewinnt. **121.♖xg5!** Geht in eine Stellung über, in der der Springer gegen die weißen Freibauern machtlos ist. **121...♘xg5 122.♔g6 ♔c7 123.♔xh6 ♘f7+ 124.♔g7 1-0**

Das nächste Beispiel unterstreicht, wie wichtig es ist, immer einen kühlen Kopf zu bewahren. Schwarz geriet in Panik, weil er den letzten weißen Zug (10. Lg5) übersah und meinte, dass er aufgeben muss.

03.04
J. Mueller – S. Tidman
Bunratty Masters 2007 **[S]**

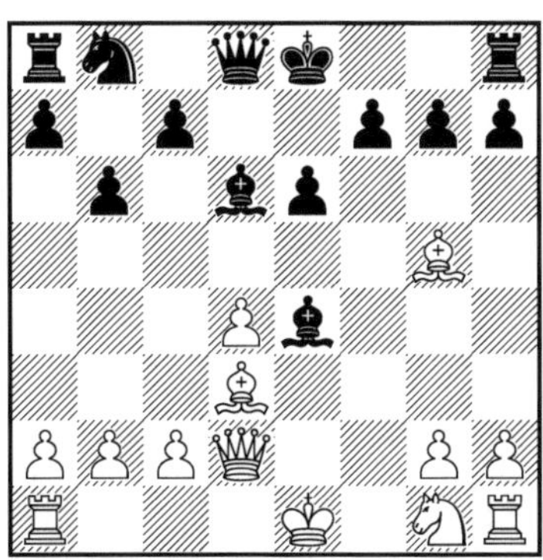

Nach der versteckten taktischen Verteidigung **10...♗b4!** steht sogar Schwarz besser. Der naheliegende Zug 10...♗e7 wäre auch besser gewesen als aufzugeben, da 11.♗xe4 (Nach 11.♗xe7 ♕xe7 ist der Läufer auf e4 wieder indirekt gedeckt.) 11...♗xg5 12.♕c3! den Bauern zurückgewinnt. 12...c6 13.♗xc6+ ♘xc6 14.♕xc6+ ♔f8 15.♘f3 gibt zugegebenermaßen Weiß die Initiative, aber noch ist nichts entschieden. **11.c3** 11.♕xb4 ♕xg5 und der Läufer auf e4 ist indirekt gedeckt. 11.♗xd8 ♗xd2+ 12.♔xd2 ♗xg2 gewinnt einen Turm zurück. Nach 11.♗b5+ macht jeder legale Zug außer 11...♔f8 den Job. **11...♕d5!** 11...♗e7 funktioniert auch. **12.♘f3** 12.♗xe4 ♕xe4+ erfolgt mit Schach. 12.cxb4 ♗xg2 gewinnt wieder einen Turm zurück.

12...♗xd3 13.♕xd3 ♗d6 und es sieht nicht so aus, als ob Weiß genug Kompensation für den Gambitbauern hätte.

Aufgaben

(Lösungen auf Seite 211)

E03.03
R. Antonio (2540) – P. Roca (2365)
Yangon Zonenturnier 1998

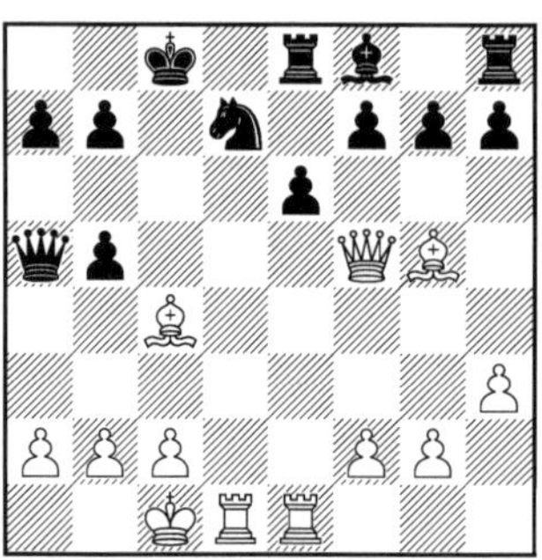

[S] Können Sie die zerbrechliche schwarze Stellung zusammenhalten?

E03.04
J. Becerra Rivero (2500) –
H. Spangenberg (2530)
Matanzas 1994

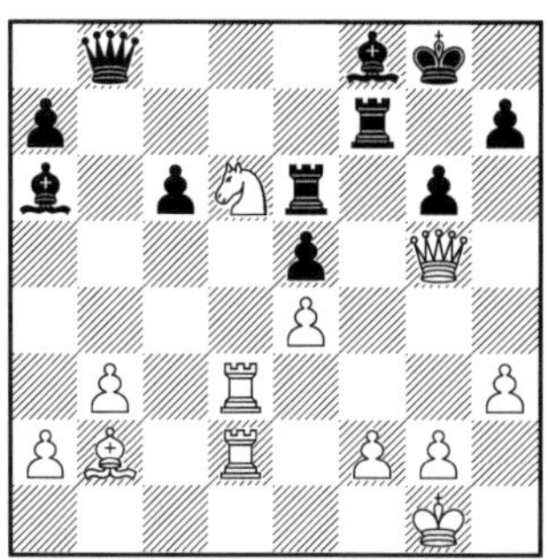

[S] Schwarz hat viele Optionen, aber nur eine hält ihn im Spiel. Wie lautet sie?

E03.05
V. Bologan (2620) –
A. Onischuk (2657)
Biel 1999

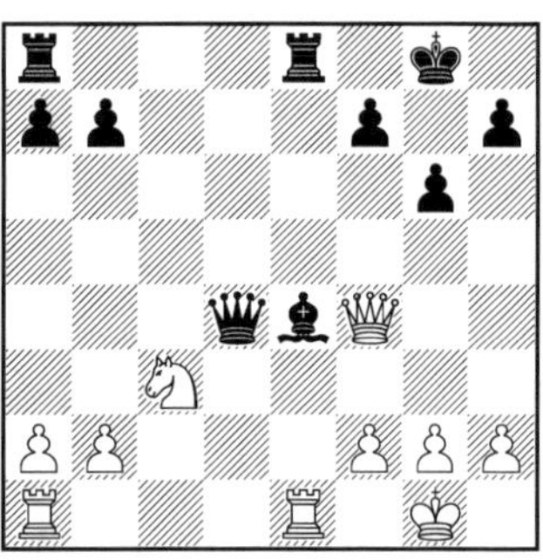

[S] Das ist eine bekannte theoretische Stellung aus der Russischen Verteidigung. Warum verliert Schwarz nicht einfach eine Figur?

3c) Dem Gegner die Initiative entreißen

Im besten Fall können Sie ihrem Gegner sogar die Initiative entreißen. Das ist vergleichbar mit einem „Steal“ (den Ball klauen) im Basketball. Man muss auch hier an seine Chancen glauben, während man verteidigt, um im geeigneten Moment die Partie an sich zu reißen.

03.05
M. Chandler – U. Andersson
Sarajevo 1985 **[S]**

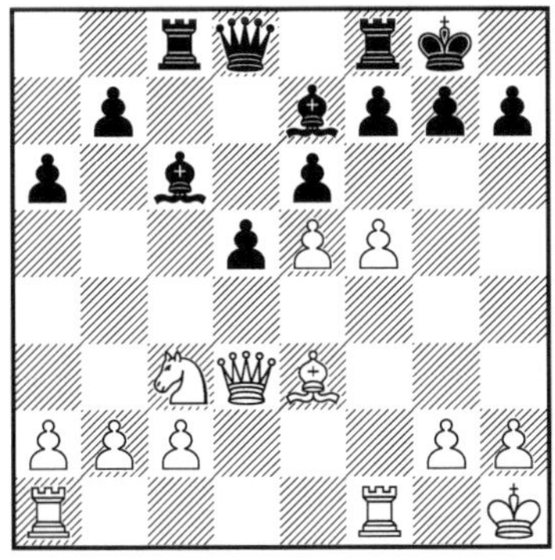

15...f6! Der legendäre Verteidiger Ulf Andersson wartet nicht ab, bis Weiß selbst f6 spielt, z.B. 15...b5? 16.f6! gxf6 17.♗h6 ♔h8 18.exf6 ♗xf6 19.♗xf8 und der ♗f6 hängt. **16.exf6** Natürlich nicht 16.fxe6? fxe5; 16.♗d4 fxe5 17.♗xe5 d4! ähnelt der Partie. **16...♗xf6 17.fxe6**

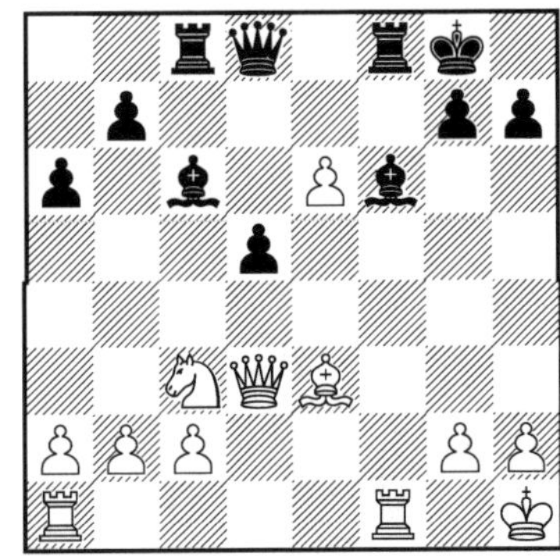

17...d4! Ein typisches Bauernopfer, um den starken Läufer auf c6 zum Leben zu erwecken. Schwarz steht ab diesem Zeitpunkt komfortabel.

18.e7 ♕xe7 19.♗xd4 ♗xd4 20.♕xd4 ♕g5 21.♕c4+ ♔h8 22.♕e2 h6! Die schwarze Kompensation ist positioneller Natur, wodurch er Zeit hat, die Stellung seines Königs zu verbessern. **23.h3 ♖ce8 24.♕g4 ♕d2 25.♕g6 ♖xf1+ 26.♖xf1 ♖e1 27.♖xe1 ♕xe1+ 28.♔h2 ♕c1 29.♕f5 ½-½**

Der Kampf um die Initiative beginnt in der Regel in der Eröffnung:

03.06
S. Dolmatow (2608) –
S. Siwocho (2469)
Chigorin Memorial St. Petersburg 2000

1.e4 e5 2.♘f3 ♘c6 3.♗b5 a6 4.♗a4 ♘f6 5.0-0 b5 6.♗b3 ♗c5 7.a4 ♖b8 8.c3 d6 9.d4 ♗b6 Das ist eine bekannte Stellung aus der Archangelsker Variante der Spanischen Partie.

Wie in fast jeder anderen Eröffnung hat Weiß Chancen auf ein kleines theoretisches Plus, aber Spieler wie Schirow kämpfen in dieser Variante um das schwarze Anliegen. Schwarz hat in der Regel „Laserläufer“ auf b6 und b7, wodurch er großartige Möglichkeiten zum Gegenspiel besitzt. Dolmatow zeigte ein interessantes, neues Konzept in dieser Stellung.

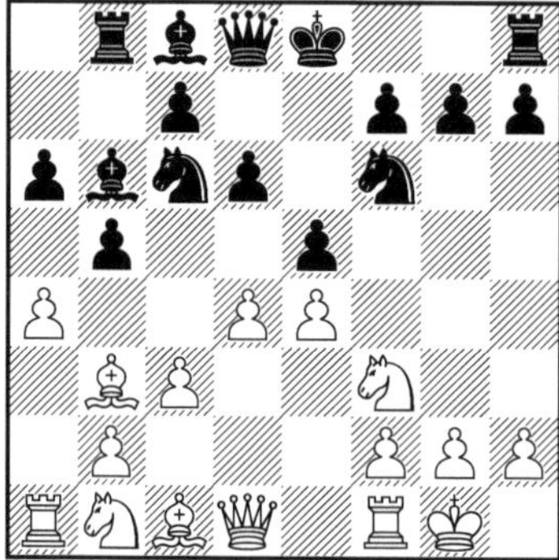

10.a5!? Die Psychologie hinter diesem Zug kann man nur verstehen, wenn man sich kurz die Hauptvariante anschaut. In der Variante 10.axb5 axb5 11.♘a3 0-0 12.♘xb5 ♗g4 opfert Schwarz in bester Gambit-Tradition einen Bauern für zügige Entwicklung. Der schwarze König steht sicher und seine Figuren harmonieren bestens. Weiß muss konkrete Probleme lösen und ist weit davon entfernt, seinen Mehrbauern auf b2 zu verwerten. Ohne spezielle Vorbereitung kann Weiß schnell in eine schlechte Stellung geraten. Objektiv betrachtet sollte 10.a5!? kein Problem für Schwarz darstellen, aber häufig wird es Weiß sein, der einen Bauern für aktives Spiel opfert. Schwarz, der eigentlich die Rolle des Angreifers übernehmen wollte, muss sich plötzlich als Verteidiger beweisen, was ihm womöglich schwer fällt. **10...♘xa5?** Das gibt Weiß definitiv die Initiative.

10...♗a7 11.h3 0-0 12.♗e3 ♖a8! (12...exd4 13.cxd4 ♘xe4 14.♕c2 ♕e8 15.♘c3! mit exzellentem Gambitspiel.

12...♘xe4!? 13.♗d5 exd4 ist eine komplexe Alternative, die nach Ende der Komplikationen in der Regel zu weißem Vorteil führt. 14.♗xe4 d5 15.♘xd4) 13.♘bd2 ♗b7 14.♖e1 ♖e8 ist der richtige Weg, wie in Anand – Schirow, Wijk aan Zee 2010.

11.♖xa5! Ein starkes positionelles Qualitätsopfer. **11...♗xa5 12.dxe5 ♘g4** Nach 12...dxe5 13.♕xd8+ ♔xd8 14.♘xe5 steht die Mehrheit der schwarzen Figuren unter Beschuss.

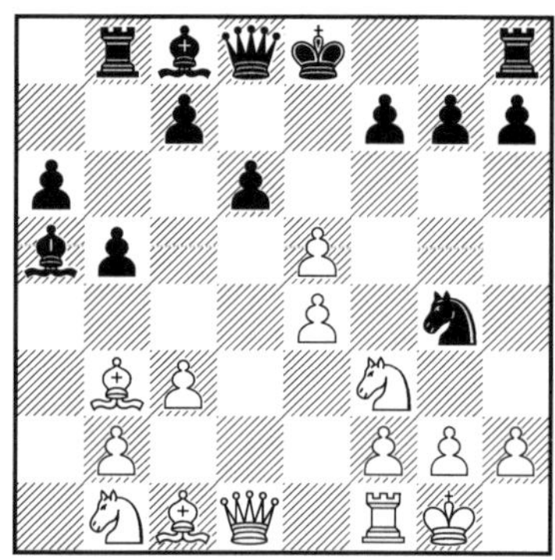

13.♗g5! Die Pointe, da Schwarz nun seinen Königsflügel schwächen muss.

13...f6 13...♕d7 14.e6! fxe6 15.♘d4 ist sogar schlechter. **14.exf6 gxf6 15.♗h4** und wir haben eine tolle Stellung für einen weißen Königsangriff erreicht. **15...c5 16.h3 h5 17.♘bd2 ♖b7 18.♗d5 ♖g7 19.e5 ♘xe5 20.♘xe5 dxe5 21.♘e4 ♖h6 22.♕f3 ♖gg6 23.♖d1 ♔f8 24.♗e6 ♕e8 25.♗xc8 ♕xc8 26.♗xf6 ♔g8 27.♗g5 ♕f8 28.♕xf8+ ♔xf8 29.♗xh6+ ♖xh6 30.♘xc5 ♗b6 31.♘d7+ ♔e7 32.♘xe5 ♖e6 33.♘d3 ♖d6 34.h4 ♔f6 35.♔f1 ♔f5 36.g3 a5**

37.♔e2 ♖e6+ 38.♔d2 ♖d6 39.♖e1 ♔g4 40.♖e4+ ♔f3 41.♖f4+ ♔g2 42.♖f5 b4 43.c4 ♗d4 44.♖xa5 ♗xb2 45.♖xh5 ♗c3+ 46.♔c2 ♔f3 47.♖b5 ♖d4 48.♘xb4 ♖xc4 49.♔d3 ♖c8 50.♖f5+ ♔g2 51.♘c2 ♔h3 52.♘e3 ♗b4 53.h5 ♖c6 54.♖b5 ♗c5 55.h6 ♗xe3 56.♖h5+ ♔g4 57.♖h4+ ♔f3 58.fxe3 ♖d6+ 59.♔c4 ♖d8 60.h7 ♖h8 1-0

Aufgaben

(Lösungen auf Seite 211)

E03.06
C. Horvath (2519) – Yu Shaoteng (2535)
Budapest 2000

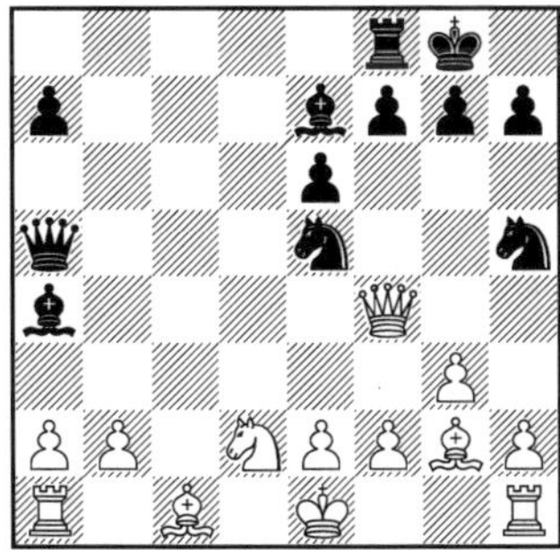

[W] Weiß hat einen materiellen Vorteil, hängt aber dafür in der Entwicklung zurück. Gibt es einen Weg, seinem Gegner die Initiative zu entreißen?

E03.07
A. Schirow (2751) – W. Akopjan (2660)
Merida 2000

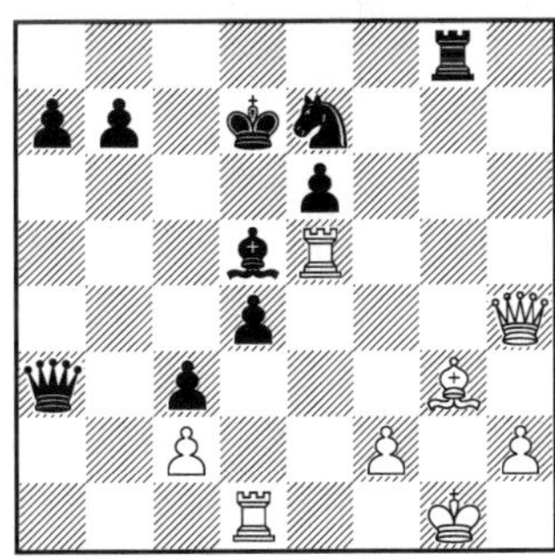

[S] In Stellungen mit ungleichfarbigen Läufern zählt die Initiative in der Regel besonders viel. Wie sollte Schwarz fortsetzen?

E03.08
A. Schirow (2746) – V. Anand (2762)
FIDE-Weltmeisterschaft Neu-Delhi/ Teheran 2000

[S] Stellungen, die normalerweise zum Sieg führen, tun es plötzlich nicht mehr gegen die besten Verteidiger der Welt. Wie rettete sich Anand aus dieser misslichen Lage?

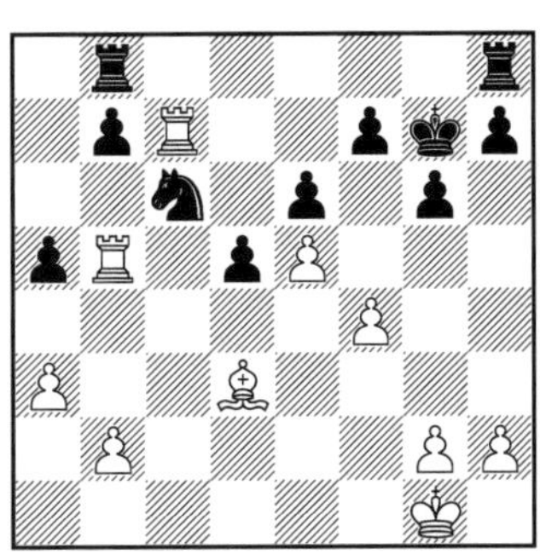

3d) Die Initiative neutralisieren

Das ist verwandt mit dem vorherigen Thema. In den folgenden Ausführungen geht es darum, die Initiative zu neutralisieren, bevor sie sich voll entwickelt hat.

03.07
L. Kritz (2549) – B. Macieja (2613)
6. Europameisterschaft Warschau 2005 **[S]**

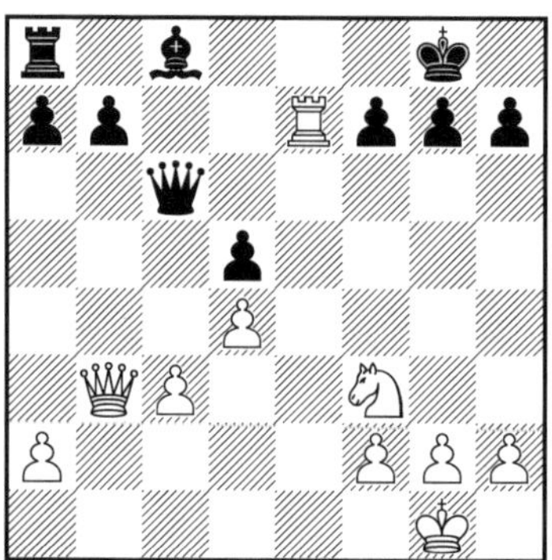

21...f6! Dieser kleine Bauernzug sperrt den ♘f3 momentan aus dem Spiel aus und gibt Schwarz Zeit, seine Entwicklung zu beenden. **22.♘e1** 22.♘d2 ♗d7 gefolgt von ♖e8. **22...b6 23.c4 ♗e6!** Die richtige Verteidigung. 23...♕xc4?? 24.♕g3 g5 25.♕d6! gibt Weiß einen Mattangriff und 23...dxc4? 24.♕g3 g5 25.h4! ist ebenfalls sehr gefährlich. **24.♕g3 ♗f7** Versperrt effektiv die 7. Reihe.

25.cxd5 ♕xd5 26.♖xa7 ♖e8 27.♘f3 ♕xd4! ½-½ Löst die verbliebenen Probleme mit dieser eleganten, kleinen Taktik.

Im folgenden Beispiel hängt Schwarz auch ernsthaft in der Entwicklung zurück.

03.08
S. Rublewski (2658) – J. Polgar (2681)
Russia – The World, Moskau 2002
[S]

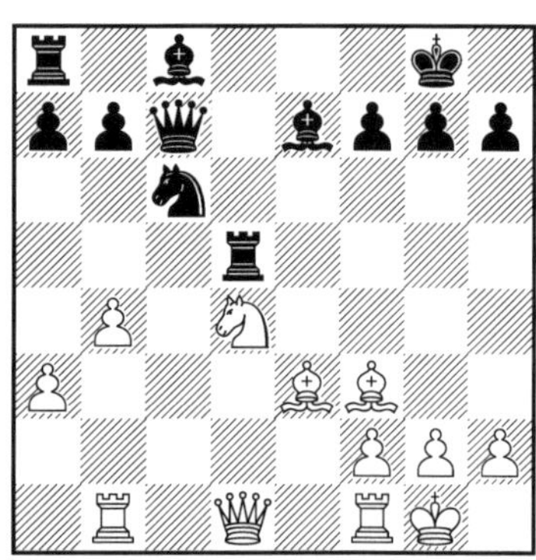

16...♗g4! Das Läuferpaar abgeben, um in der Entwicklung aufzuholen, ist die beste praktische Entscheidung, da Schwarz einige Aktivität erhält. Auf den Rückzug 16...♖d8? folgt stark 17.♕c1+− und die weiße Stellung spielt sich von selbst.

17.♘b5 17.♗xg4? ♘xd4 18.♗xd4 ♖ad8 19.♖c1 ♕d6! gewinnt die Figur mit ausgeglichener Stellung zurück. **17...♖xb5 18.♗xg4 ♖d8 19.♕c2 ♗d6 20.g3**

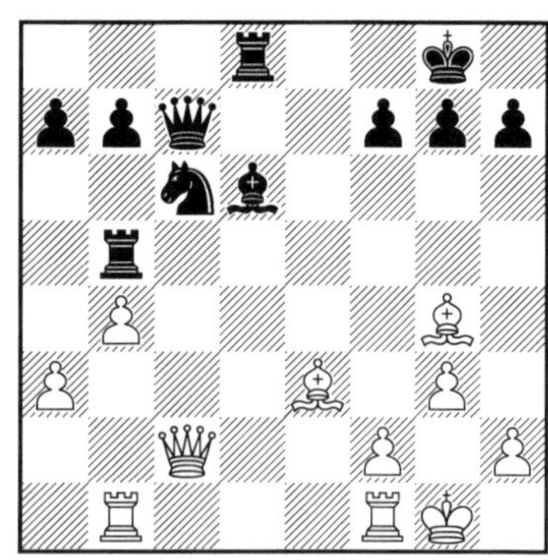

20...h5? Judit Polgar möchte die Initiative komplett übernehmen, aber das geht zu weit. Sie hätte versuchen sollen, das weiße Spiel mit 20...♘d4 21.♕xc7 ♗xc7 22.♖fc1 ♗e5 zu neutralisieren, denn es ist nicht so einfach, eine so aktive Aufstellung zu überspielen. **21.♕e2 ♖d5 22.♗xh5 ♘d4 23.♕g4 ♗e5 24.♖bc1 ♕e7 25.♕e4 f5 26.♕g2 f4?!** Zu fahrlässig, aber guter Rat war schon teuer. **27.♗xd4?** Rublewski übersieht den starken Zug 27.♖c8!, der den Bauern f4 und im Grunde genommen die Partie gewinnt: 27...♖5d7 (27...♕d7 28.♖xd8+ ♕xd8 29.gxf4 ♗xf4 30.♗g4+–) 28.♖xd8+ ♕xd8 29.gxf4+– (Ribli). **27...♗xd4 28.♖fe1 ♖e5 29.♖xe5 ♕xe5 30.♗f3 fxg3 31.hxg3 ♗b6 32.♗xb7 ♖d3 33.♗f3 ♖xa3?** Zu gierig. Mit ungleichfarbigen Läufern zählt in der Regel die Angriffsgeschwindigkeit sehr, dementsprechend war 33...♖d2! sehr stark, z.B. 34.♖f1 ♖xf2 35.♖xf2 ♕e1+=. **34.♔h1?** 34.♖c8+! gewinnt sofort: 34...♔f7 (34...♔h7 35.♕h3+ ♔g6 36.♖c6+ ♔f7 37.♕d7++–) 35.♗h5+ ♕xh5 36.♕b7+ ♔f6 (36...♔g6 37.♕e4+ ♔g5 38.♕d5++–) 37.♖c6+ ♔e5 38.♕b8+ ♔e4 39.♕f4+ ♔d3 40.♕c4+ ♔d2 41.♖d6++– (Ribli). **34...♖d3 35.♗e4 ♕h5+ 36.♔g1 ♖d2 37.♖f1 ♖d4 38.♗b1 ♕e2 39.♕h3 ♕g4?** Angriffspotenzial abzutauschen ist korrekt, aber nach diesem Zug kann Weiß es für einen Moment verhindern. Dementsprechend war 39...♖d1 nötig. **40.♗a2+! ♔f8 41.♕h8+ ♔e7 42.♖e1+ ♖e4 43.♖xe4+ ♕xe4 44.♕xg7+ ♔d6 45.♕f6+ ♔d7 46.♕f7+ ♔d6 47.♗c4 ♕e1+ 48.♔g2 ♕xb4? 49.♕f8+ 1-0**

In der folgenden Stellung aus der klassischen Scheveninger Variante der Sizilianischen Verteidigung hat Schwarz die Initiative seines Gegners neutralisiert, indem er seine Figuren klug aufgestellt hat.

03.09

Lacasa – Comas Fabrego

Spanische Mannschaftsmeisterschaft 1993 **[S]**

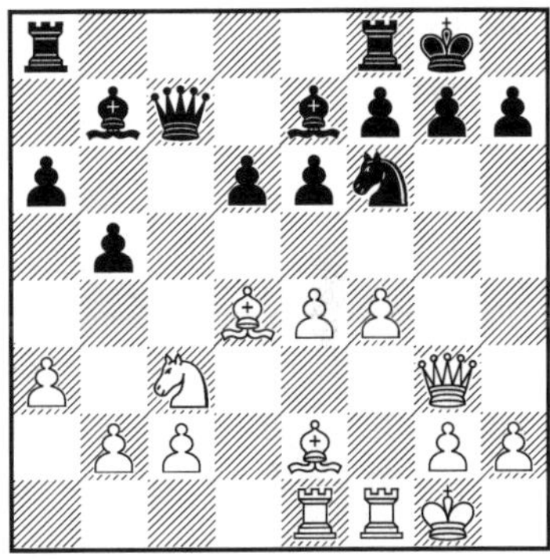

14...♖ae8!? In manchen Varianten ist dieser Turm auf e8 besser aufgestellt als nach dem normalen Zug 14...♖ad8. **15.♔h1 ♗a8!?** Ein starker präventiver Zug. Jetzt ist es sehr schwierig, die weiße Stellung zu verbessern, und direkte Aktionen führen auch zu nichts. 15...♗c6?! 16.♗f3 und die weiße Initiative hält an, z.B. 16...a5 17.e5 dxe5 18.♗xe5 ♕c8 19.♗xc6 ♕xc6 20.♘e4 ♔h8 21.c3 mit unangenehmem Druck. **16.♗f3** Die folgenden Varianten illustrieren die Flexibilität des schwarzen Aufbaus: 16.♗d3 e5! 17.fxe5 ♘h5 18.♕f3 dxe5 19.♘d5 ♗xd5 20.exd5 exd4 21.♕xh5 g6= und Schwarz hat keine Probleme. Der Läufer auf d3 beißt nun auf Granit. 16.e5 führt im klassischen Scheveninger laut Kasparow typischerweise zum Sieg oder zum Ausgleich. Hier scheint es auszugleichen:

16...dxe5 17.♗xe5 (17.fxe5 ♘e4 18.♘xe4 ♗xe4 19.♗xb5 ♗xg2+ 20.♕xg2 axb5=) 17...♕c8 18.♗f3 g6 19.♗xa8 ♕xa8 20.f5 exf5 21.♖xf5 ♕c6=. **16...♕c4!** In der Partie spielte Schwarz 16...♔h8, was auch interessant ist. **17.♖d1 ♖d8 18.♖fe1 ♔h8** und Schwarz steht gut, wie Comas Fabrego darlegt.

Aufgaben

(Lösungen auf Seite 212)

E03.09
V. Mikhalevski (2531) –
A. Kaspi (2510)
Israelische Meisterschaft 1999

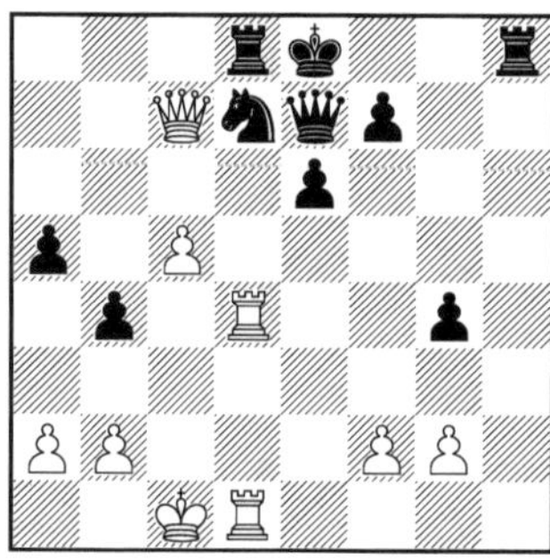

[S] Weiß übt entlang der d-Linie enormen Druck aus. Wie kann sich Schwarz wehren?

E03.10
G. Schebler (2534) –
U. Bönsch (2523)
Bundesliga Mülheim 2007

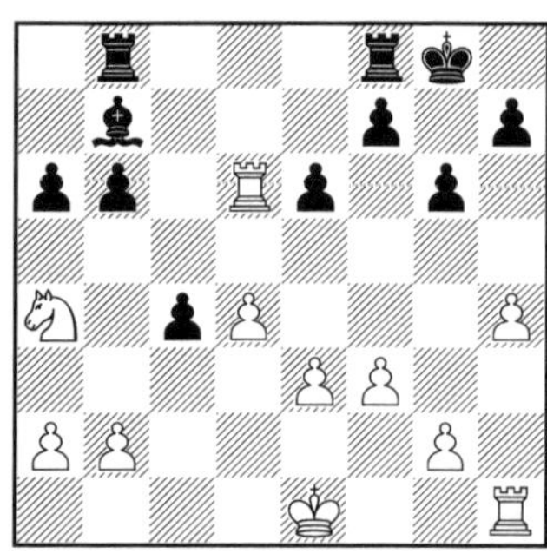

[S] Weiß hat eine unangenehme Initiative im Endspiel. Gibt es einen Ausweg?

4. Kapitel

Dauerschach

Wenn Sie die ersten drei Kapitel studiert haben, werden Sie mit den gängigsten Themen der Verteidigung vertraut sein. In den kommenden Kapiteln wenden wir uns spezielleren Themen zu. In diesem 4. Kapitel widmen wir uns einem allgemein bekannten Thema, nämlich dem Dauerschach. Wenn man eine gewonnene Stellung hat, ist Dauerschach etwas, worauf man immer achten sollte. Für den Verteidiger ist es häufig die letzte Chance, die Partie zu retten. Im Mittelspiel bahnt sich dieses Motiv durch eine angreifende Dame gegen einen offenen König oftmals an. Für einen Computer ist dieses Motiv nicht einfach zu bewerten, wie das folgende Beispiel zeigt.

04.01
Computer Deep Blue – G. Kasparow (2785)
New York, Mensch gegen Maschine 1997 **[W]**

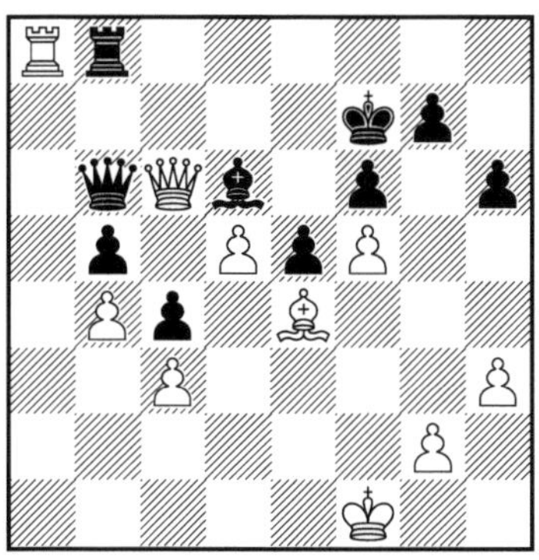

45.♖a6? Nach diesem Zug gab Kasparow auf, denn er glaubte der Maschine.

Stattdessen hätte er remisieren können. Mit 45.♕d7+ ♔g8 46.♖a7 ♗f8 47.♕e6+ hätte Weiß dagegen die einzige schwarze Figur abgetauscht. Dann hat Weiß die volle Kontrolle und exzellente Siegchancen, z.B. 47...♔h7 48.♕xb6 ♖xb6 49.♖a8 ♗d6 50.♔f2 mit der Idee, nach h5 zu gehen, die Bauern am Königsflügel vorzuschieben und im richtigen Moment d5-d6 folgen zu lassen. Anstatt aufzugeben, hätte Kasparow **45...♕e3** versuchen sollen mit der Idee, Dauerschach zu geben. Jetzt sieht die Stellung nach **46.♕xd6** zwar hoffnungslos aus, aber nach dem einzigen Zug **46...♖e8!** bliebe Schwarz weiter im Spiel. Es geht darum, immer an seine Chancen zu glauben. **47.h4!?** 47.♕d7+ ♖e7 führt zu nichts und 47.♖a7+ ist nicht möglich, weil die schwarze Dame das Feld a7 kontrolliert.

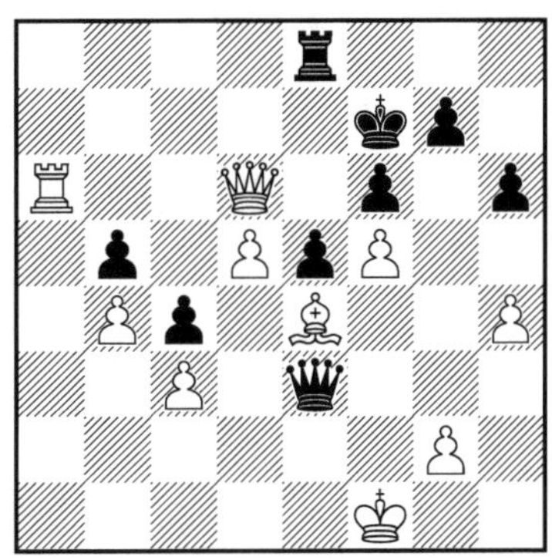

47...♕xe4 Am einfachsten. Es ist lehrreich zu sehen, dass 47...h5 auch remisiert, obwohl Weiß seinen Läufer behält: 48.♗f3 ♕c1+ 49.♔f2 ♕d2+ 50.♗e2 ♕f4+ 51.♔g1 ♕e3+ mit Dauerschach. Dagegen führt 47...♖e7? 48.♗f3 ♕c1+ 49.♔f2 ♕d2+ 50.♔g3 ♕e1+ 51.♔g4 h5+ 52.♔xh5 ♕g3 in die Wendung 53.♕e6+!! ♖xe6 54.dxe6+ ♔g8 55.♖a8+ ♔h7 56.♖h8+! ♔xh8 57.e7 und Weiß gewinnt. **48.♖a7+ ♔g8 49.♕d7 ♕f4+** mit Dauerschach.

Im folgenden Beispiel nutzt Arkell all seine Kreativität, damit die Varianten funktionieren:

04.02
Gdanski – Arkell
European Clubs Cup Neum 2000
[S]

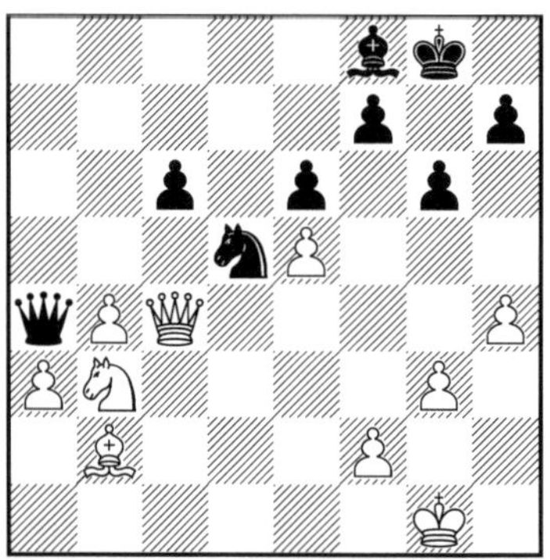

Wenn Schwarz einfach nur abwartet, wird Weiß seinen Mehrbauern verwerten. Deswegen entkorkte er **33...g5!!**. Die Logik hinter diesem Zug wird bald deutlich.

34.hxg5? Dieses natürliche Schlagen erlaubt es Schwarz, seine Probleme zu lösen. Mit 34.♗c1 gxh4 35.♕g4+ ♔h8 36.♕f3 ♔g8 37.gxh4 könnte Weiß weiter um den vollen Punkt kämpfen. **34...c5!** Jetzt funktioniert das. **35.♔g2** Die Hauptvariante lautet 35.♘xc5 ♗xc5 36.♕xc5 ♕d1+ 37.♔h2 ♕h5+!. Dieses Schach wäre ohne g5 hxg5 nicht möglich gewesen. 38.♔g2 ♘f4+! 39.gxf4 ♕g4+ mit einem Standardmuster. **35...cxb4 36.axb4 ♕a2 37.♗c1 ♗xb4 38.♕c8+ ♔g7 39.♘d4 ♗c3** und hier entschied sich Gdanski, selbst Dauerschach zu geben: **40.♘xe6+ fxe6 41.♕d7+ ♔h8 42.♕e8+ ½-½**

Aufgaben

(Aufgaben auf Seite 213)

E04.01
W. Kramnik (2751) –
G. Kasparow (2812)
Linares 1999

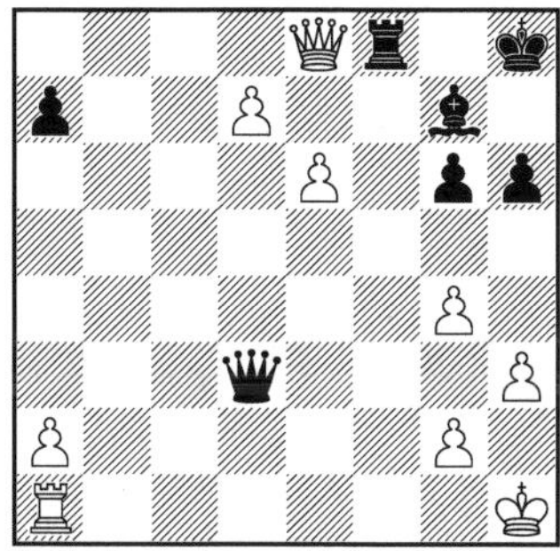

[S] Diese Stellung ist das Resultat einer extrem tiefen Grünfeld-Vorbereitung von Kasparow.

Wie hält Schwarz remis?

E04.02
V. Mikhalevski (2516) –
R. Odendahl (2332)
Dieren 1999

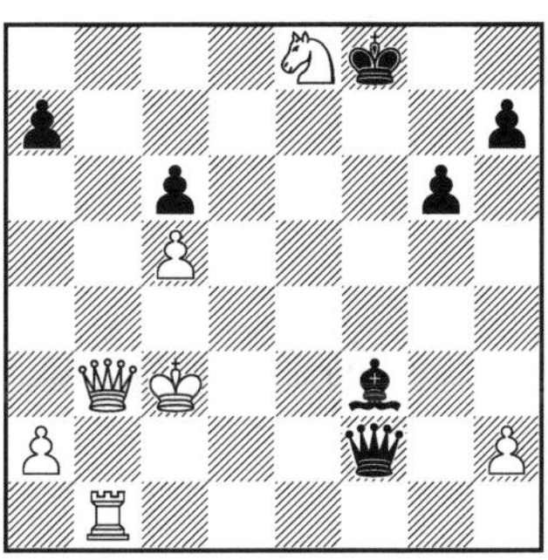

[S] Wie kann man die schwarze Aktivität nutzen?

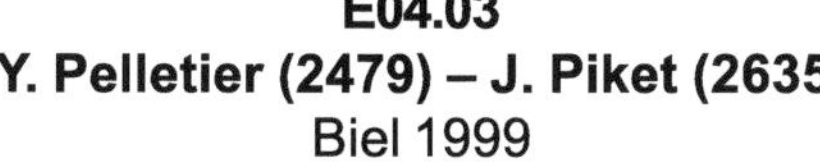

E04.03
Y. Pelletier (2479) – J. Piket (2635)
Biel 1999

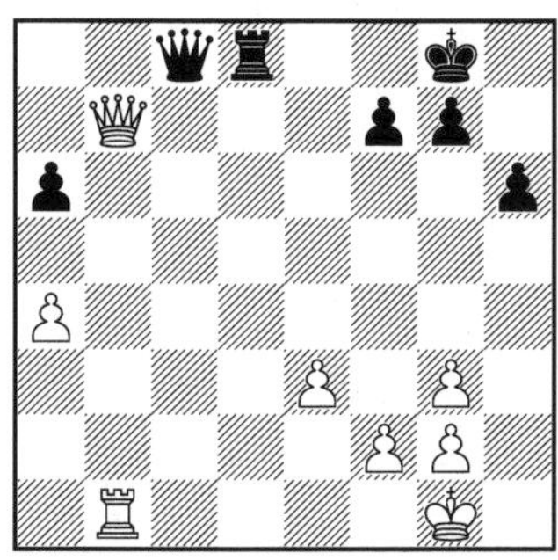

[S] Piket fand den besten Weg, um zu remisieren. Finden Sie ihn auch?

5. Kapitel

Patt

Eines der Elemente, das das königliche Spiel so faszinierend macht, ist Paradoxie. Manchmal reicht ein großes materielles Übergewicht nicht aus, um zu gewinnen, wenn der Verteidiger es schafft, sich in eine Lage zu bringen, in der er keinen Zug mehr machen kann. In diesem Fall sprechen wir von einem Patt. Natürlich kann das fast nur im Endspiel auftreten.

5a) Im Endspiel

Die Pattregel kann zu völlig paradoxen Ergebnissen führen. Es gibt verschiedene Endspiele, in denen die Pattregel eine besondere Rolle spielt. Zum Beispiel kann die stärkere Seite mit zwei Springern nicht mattsetzen (falls der Verteidiger keinen Bauern übrig hat). König und Bauer gegen König ist remis, wenn der verteidigende König sich vor dem gegnerischen Bauern platzieren kann. Dame gegen Turm- oder Läuferbauer auf der 7. Reihe ist häufig remis, wenn der verteidigende König sich beim eigenen Bauern und der angreifende König sich außerhalb einer definierten Gewinnzone befindet. Wir können hier nicht alle Endspiele im Detail besprechen, gehen aber auf einige wichtige Fälle ein.

5a1) Die Zweite-Reihe-Verteidigung: Turm + Läufer vs. Turm

Diese Verteidigung war nicht so bekannt wie die Cochrane-Verteidigung (der Turm fesselt den Läufer von hinten) in der Präcomputer-Ära, ist inzwischen aber genauso verbreitet:

05.01

L. Espig – Ernst

Thessaloniki Olympiade 1988 **[W]**

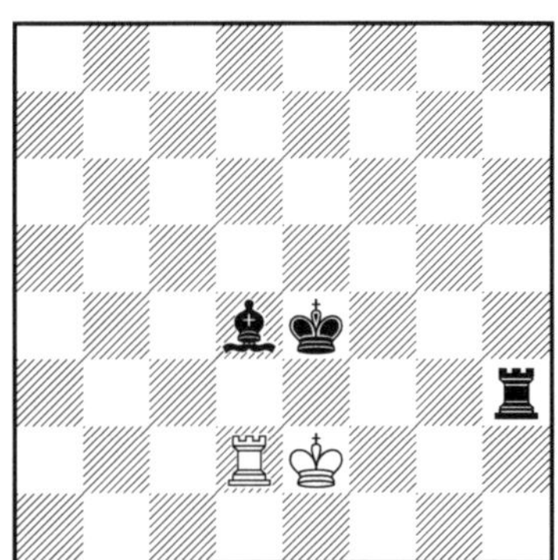

Auf den ersten Blick sieht die weiße Stellung gefährdet aus, aber der Anziehende kann sich halten, indem er seinen Turm nutzt, um die zweite Reihe zu verteidigen: **1.♖c2 ♗c3** Weiß ist in eine Art *Zugzwang* geraten, aber der folgende Trick lässt ihn überleben. Nach 1...♖h2+ 2.♔d1! muss der schwarze Turm die zweite Reihe verlassen. **2.♔d1 ♔d3** 2...♔d4 3.♔e2 ♔c4!?

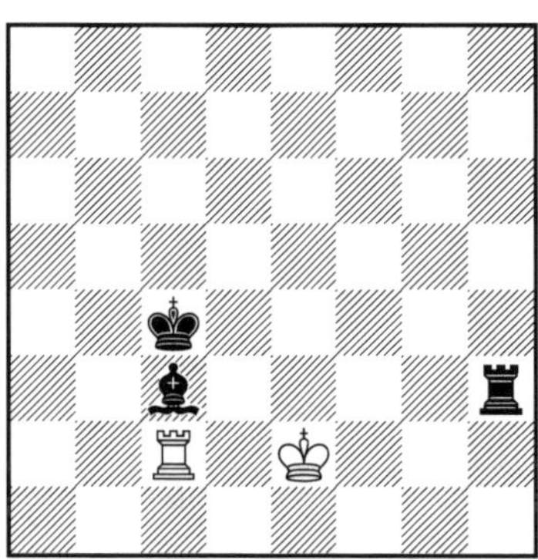

ist ein typischer Trick, den man kennen sollte. Der automatische Zug 4.♔d1? (4.♖c1=) verliert wegen 4...♖h1+ 5.♔e2 ♔b3−+. **3.♖d2+!** Die Pointe. **3...♔c4** 3...♗xd2 ist Patt.

4.♖g2 ♖e3 5.♔c2 ♖e1 6.♖g4+ ♗d4 7.♔d2 ♖a1 8.♔e2 ♖a2+ 9.♔f3 ♔d3 10.♖g6 Bereitet wieder die Zweite-Reihe-Verteidigung vor.

10...♖f2+ 11.♔g4 ♗e5 12.♖g5 ♔e4

Wir haben eine Version der Startstellung erreicht. **13.♖g6 ♖g2+ 14.♔h5! ♗g3 15.♖g4+ ♔f3 16.♖g7 ♖a2 17.♖f7+ ♗f4 18.♔g6 ♔e4 19.♔f6 ♖a6+ 20.♔e7 ♔e5 21.♔d7 ♗g5 22.♖f8 ♗f6 23.♖f7 ♔d5 24.♔e8 ♖e6+ 25.♔d7 ♖d6+ 26.♔c8 ♔c6 27.♖c7+! ♔b6 28.♖b7+! ♔a6 29.♖d7 ♖e6 30.♖f7 ♗e5 31.♔d7 ♖d6+ 32.♔e7 ♔b6 33.♖f5 ♗h2 34.♖f6 ½-½**

Da diese Verteidigung heutzutage so verbreitet ist, möchten wir ein Beispiel zeigen, in dem der Angreifer es schaffte, Konfusion zu erzeugen:

05.02
K. Piorun (2489) –
K. Jakubowski (2502)
POL-Meisterschaft Warschau 2010
[S]

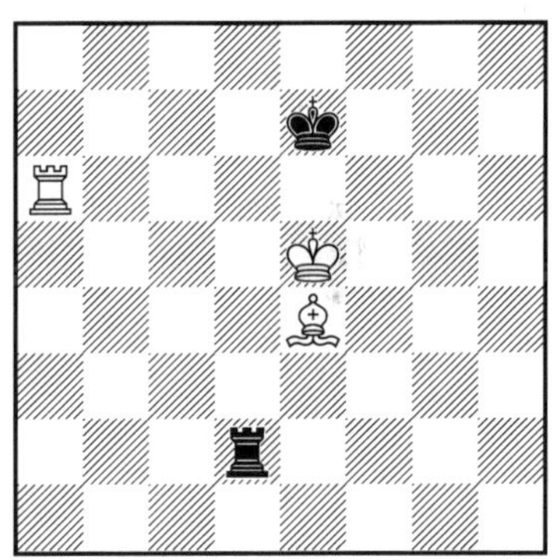

79...♖d7!? 80.♖h6 ♔d8 81.♗f5 ♖e7+ 82.♔d6 ♖d7+ 83.♔c6 83.♗xd7 führt wieder zu unserem Patt.

83...♖c7+ 84.♔d5 ♖e7 85.♖a6 ♖c7 85...♔c7!? **86.♔d6 ♖d7+ 87.♔e5**

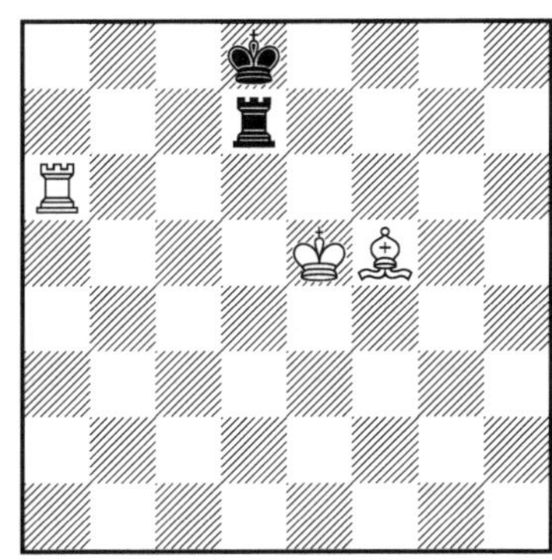

Der kritische Moment ist erreicht. Bislang lief für Schwarz alles nach Plan, aber jetzt steht er vor einem Problem.

87...♖d1?! Dieser Zug remisiert, aber es handelt sich nicht mehr um eine Zweite-Reihe-Verteidigung.

87...♖e7+ 88.♔f6 ♖b7! 89.♖a8+ ♔c7 90.♗e4 ♖b8 und 87...♖c7 88.♔f6 ♖b7 89.♖c6 mit der Pattidee 89...♖f7+!? 90.♔e5 ♖e7+ 91.♔d5 ♖c7 wäre im Geiste der Zweite-Reihe-Verteidigung richtig gewesen. **88.♗g4 ♖d3 89.♖c6 ♔e7 90.♖c7+ ♔d8 91.♖a7 ♖e3+ 92.♔f6 ♖e1?** 92...♖d3! war der einzige Zug, z.B. führt 93.♔e5 ♔e8 94.♗f5 ♖d1 95.♗e4 ♖e1 zu einer typischen Cochrane-Verteidigung.

93.♖d7+ ♔e8 94.♖d2 ♔f8 95.♗e2 ♔g8 96.♖d8+ 1-0

5a2) Läufer vs. Turm

Eine typische Remismethode ist die Patt-Verteidigung in einem Eckfeld, das der Läufer nicht kontrolliert.

05.03
M. Marin (2583) –
R. Edouard (2597)
Benasque 2009 **[S]**

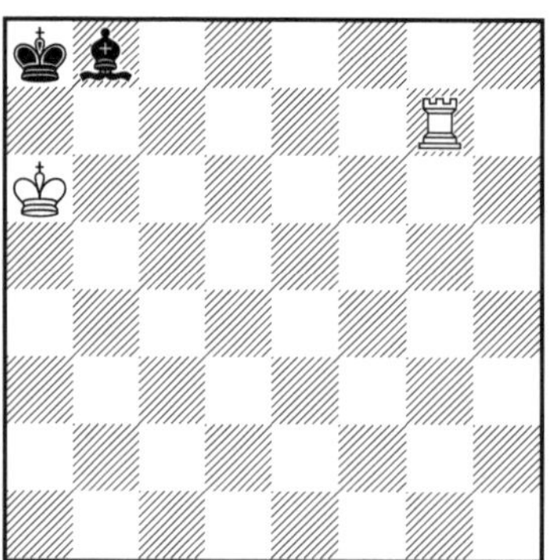

Schwarz hat eine typische Stellung eingenommen, muss aber einige Fallen umgehen: **97...♗e5 98.♖a7+ ♔b8 99.♖e7 ♗d6?!** Dieses Feld ist gefährlich. Hier macht es remis, weil der Turm angegriffen ist.

99...♗g3 Den Läufer auf Distanz zu halten, ist logischer. **100.♖d7 ♗c7 101.♖g7 ♗e5 102.♖f7 ♗d6?** Jetzt ist der Läufer zu nah am weißen König. 102...♗h2 103.♔b6 ♗g1+ 104.♔c6 ♗h2 105.♖g7 ♗f4 remisiert.

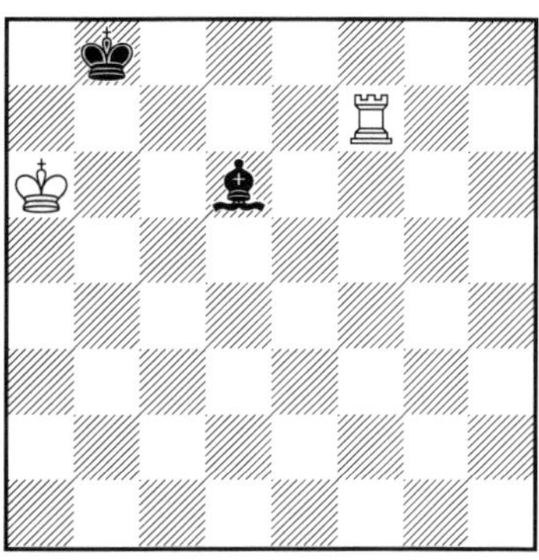

103.♔b6! Plötzlich kreiert Weiß Mattdrohungen. **103...♔a8?!** Das verliert den Läufer wegen eines Doppelangriffs. Nach 103...♗a3 beginnt ein typischer Kampf, in dem der Turm letztendlich den Läufer dominiert, z.B. 104.♖d7 ♔c8 105.♖d5 ♗b2 106.♔c6 ♗c3 107.♖d3 ♗b4 108.♖d1 ♗c3 109.♖c1 ♗d2 110.♖c2 ♗a5 111.♖a2 ♗c7 112.♖a8+ ♗b8 113.♔b6+−. **104.♖a7+ ♔b8 105.♖d7 1-0** Versuchen Sie dieses Endspiel, wie in diesem Kapitel beschrieben, gegen einen Freund oder Computer zu verteidigen, um Ihre Verteidigungsfähigkeiten zu trainieren.

5a3) Dame versus Turm

Dieses Endspiel ist in der Regel für die Dame gewonnen. Aber manchmal gibt es Pattideen, die am Brett schnell übersehen werden können.

05.04
A. Morosewitsch (2747) –
D. Jakowenko (2671)
Pamplona 2006 **[W]**

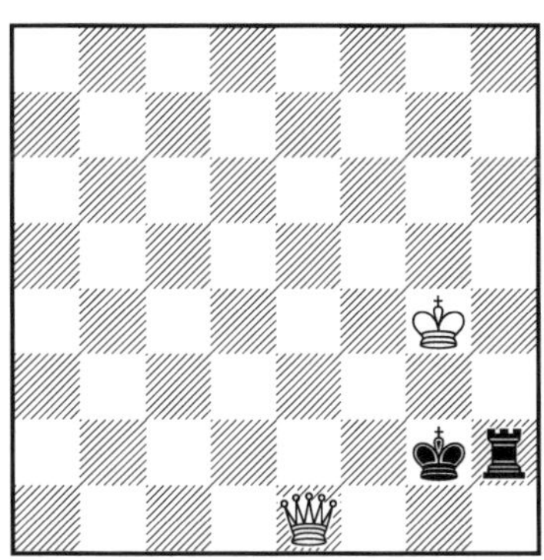

Krasenkow wies auf die Relevanz der Diagramm-Stellung in CBM 116 hin: „Fast jedes Endspiel mit Dame vs. Turm führt zu dieser Stellung. Weiß am Zug muss die letzte Verteidigungslinie durchbrechen. Diese Stellung ist sogar wichtiger als die Philidor-Stellung (z.B. ♔f3, ♕h4 – ♔g1, ♖g2).“ **110.♕g3+** 110.♕e5!? ist der einfachste Weg. Als Regel gilt, dass die Dame aus der Distanz agieren sollte, um die Schachfelder f2, g2 oder h2 zu kontrollieren. 110...♔g1 111.♔g3 ♖g2+ 112.♔h3+– (Krasenkow). Eine weitere Methode, die Krasenkow aufzeigt, ist das Zugrecht an Schwarz zu übertragen: 110.♕a1 ♔f2 111.♕d1 ♖g2+ 112.♔f4 ♖h2 113.♕d2+ ♔g1 114.♕e1+ ♔g2 115.♔g4+–. **110...♔h1 111.♔f3??** Nun kann sich der Turm opfern. 111.♕e5 oder 111.♕f4 gewinnt wie oben beschrieben.

111...♖f2+! 112.♔e3 ♖e2+ 113.♔d3 ♖d2+ 114.♔xd2 ½-½

Aufgaben

(Lösungen auf Seite 213)

E05.01
A. Grischuk (2726) – J. Polgar (2707)
Biel 2007

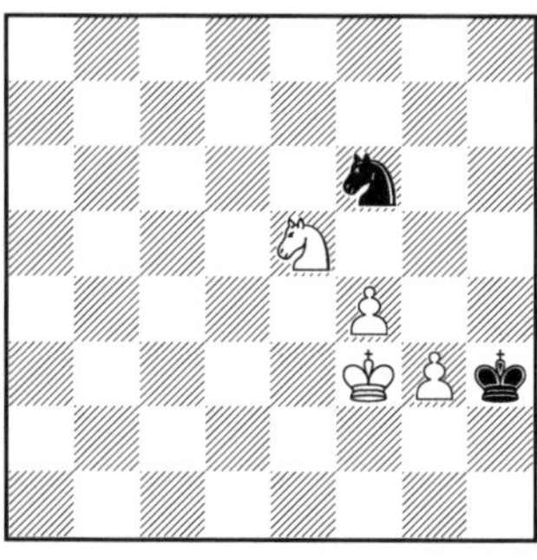

[S] Normalerweise garantieren zwei Freibauern den Sieg.

Wie bewies Judit Polgar, dass dies eine Ausnahme ist?

E05.02
Novikov – J. Polgar
Pamplona 1991

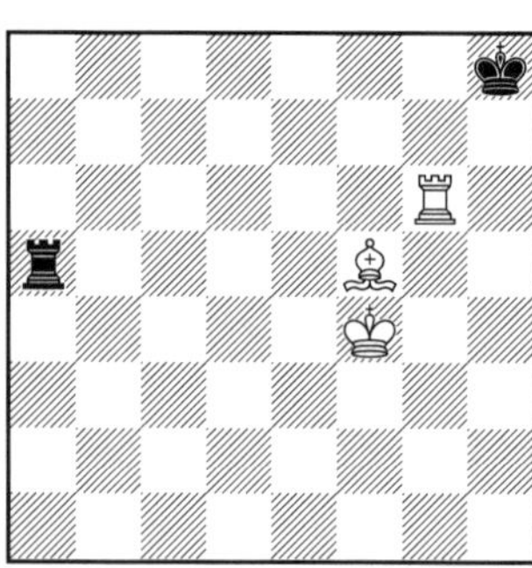

[S] Schwarz kann trotz des in der Ecke befindlichen Königs remisieren, wie?

E05.03
Karklins – Gufeld
American Open 1999

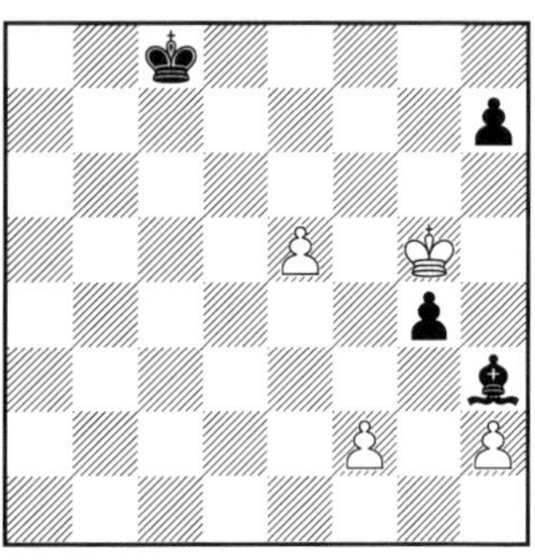

[W] Mit welcher präzisen Verteidigung kann sich Weiß retten, bevor Schwarz sich koordiniert?

E05.04
A. Herbstman und L. Kubbel
1. Preis Troitzki-Turnier 1937

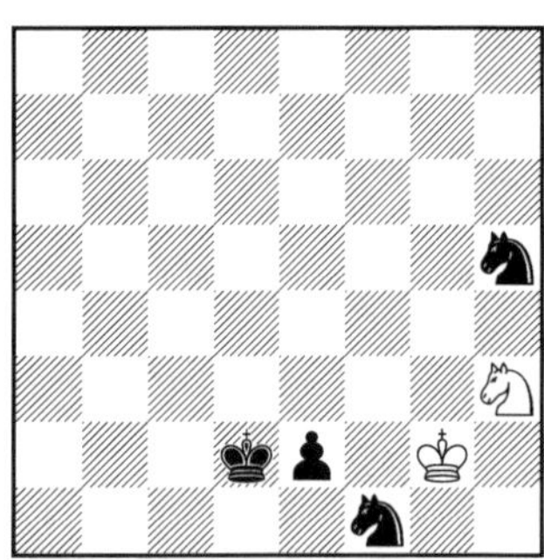

[W] Normalerweise gewinnen drei Springer gegen einen.

Nach der Unterverwandlung muss Weiß darauf achten, dass der Gegner kaum noch Möglichkeiten hat.

E05.05
Y. Afek 1981

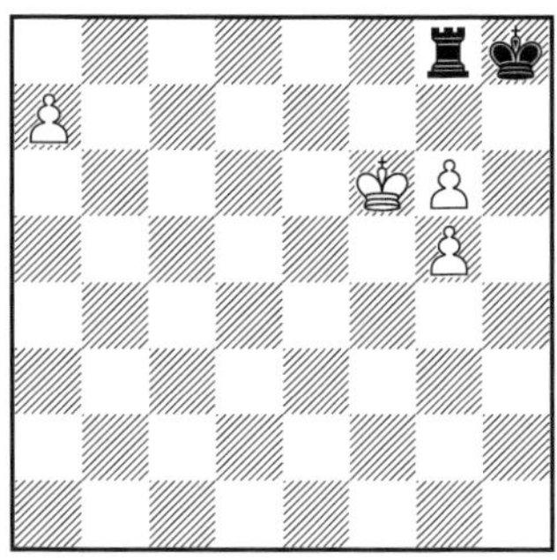

[W] Weiß verliert alle Bauern, aber nicht die Partie. Warum?

5b) Im Mittelspiel

Ein Patt vor dem Endspiel ist sehr selten, deswegen halten wir dieses Kapitel kurz:

05.05
H. Reefschläger (2430) – R. Seppeur (2310)
Bundesliga 1983 **[S]**

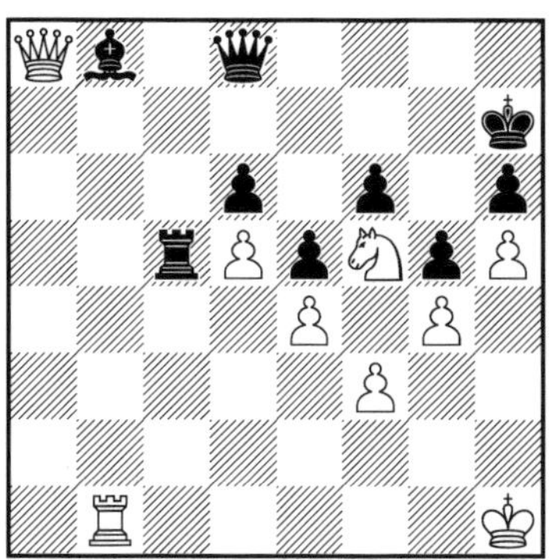

Schwarz versuchte in Verluststellung einen allerletzten Trick. **38...♕c8!? 39.♕xb8?** und Weiß fällt darauf rein. 39.♖b7+?! ♗c7 40.♕xc8? ist auch falsch, weil sich der Turm opfert. (40.♕a4 ♔h8 41.♘xh6+− sollte auf lange Sicht gewinnen.) 40...♖c1+ 41.♔g2 ♖c2+=; 39.♕b7+ gewinnt einfach, da die Pattideen eliminiert sind und der schwarze Läufer hilflos: 39...♕xb7 40.♖xb7+ ♗c7 41.♘xd6+− und der weiße Springer dominiert. **39...♖c1+ 40.♔g2 ♕c2+ 41.♔h3**

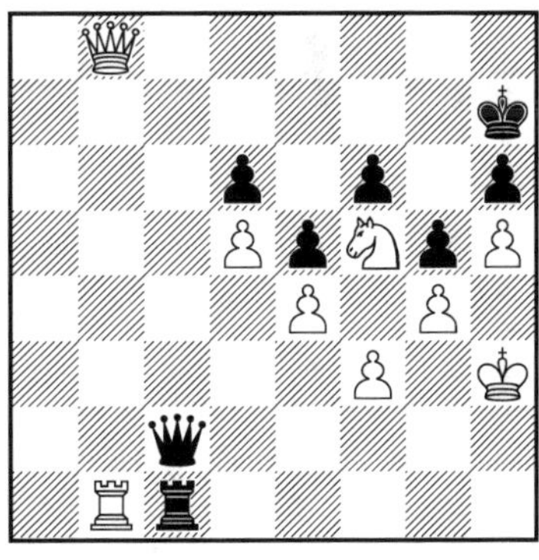

Weiß dachte vielleicht, dass Schwarz den Turm auf b1 nehmen muss. Aber ein Schock erwartete ihn, da Schwarz seine Schwerfiguren opfert: **41... ♖h1+42.♖xh1 ♕g2+ ½-½**

Aufgaben

(Lösungen auf Seite 214)

E05.06
C. McNab (2480) –
A. Grószpéter (2520)
Aalborg 1992

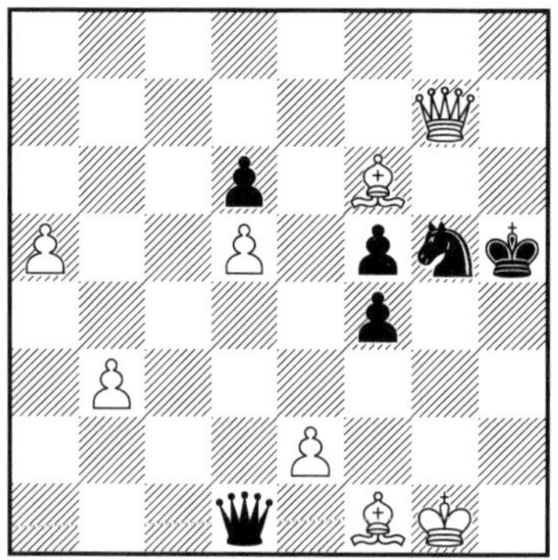

[S] Auf den ersten Blick sieht Schwarz total verloren aus, packte aber eine überraschende Pattidee aus. Finden Sie sie auch?

E05.07
D. Campora (2505) –
Zhou Weiqi (2353)
Sevilla 2003

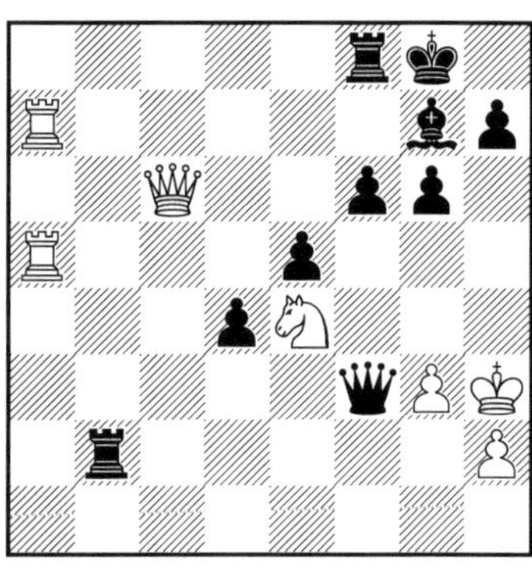

[W] Wie hätte sich Campora retten können?

6. Kapitel
Der richtige Abtausch

Die Bedeutung dieses Themas kann kaum überschätzt werden. Jeden Abtausch sollte man genau prüfen, da eine Seite in der Regel mehr davon profitiert als die andere. Wir widmen uns dem Thema hauptsächlich aus der Perspektive des Verteidigers und konzentrieren uns auf Fälle, die für die Praxis typisch sind. Zwei weitere wichtige Aspekte schauen wir uns in anderen Kapiteln an: Angriffspotenzial abtauschen (1. Kapitel) und die Seite mit weniger Material möchte Bauern tauschen (9. Kapitel). Eine wichtige Warnung vorneweg: einfach alles abtauschen ist keine gute Strategie. Falls jeder Tausch mit einem Eingeständnis erfolgt (Verlust von Aktivität, Schwächung der Stellung), kann sich die Stellung schnell verschlechtern. Aus psychologischer Sicht würde der Gegner auch merken, dass man Angst hat. Man sollte Figuren nicht einfach nur um des Tauschens willen tauschen.

6a) Eine sehr komplizierte Daumenregel

Die allgemeine Regel lautet: Die Seite mit dem materiellen Vorteil möchte Figuren tauschen, während die andere Seite Bauern tauschen möchte. Diese Regel hat allerdings viele Ausnahmen. Man sollte sie nie unreflektiert anwenden! Ein Hauptproblem besteht darin, dass ein Angreifer nicht sein Angriffspotenzial abtauschen möchte. Falls ein Angreifer also Materialvorteil hat, empfiehlt ihm eine Regel, Figuren zu tauschen, um ein technisch gewonnenes Endspiel zu erreichen, während eine andere Regel sagt, dass er sein Angriffspotenzial nicht reduzieren soll. Die folgende Stellung zeigt ein für den Verteidiger typisches Problem.

06.01
J. Polgar (2630) –
L. Ljubojevic (2580)
Sizilianisch-Thematurnier Buenos Aires 1994 **[W]**

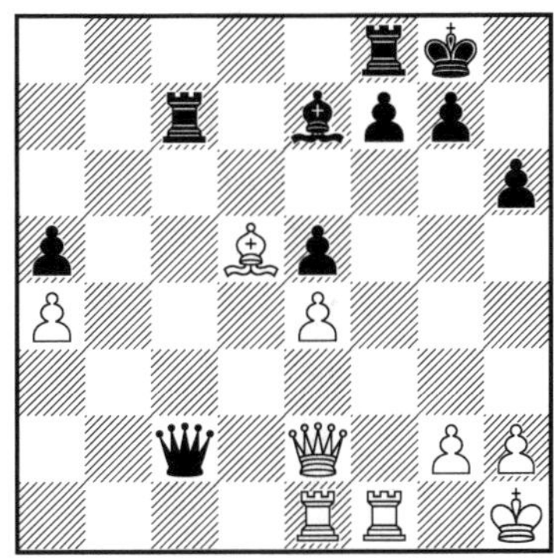

Weiß hat Kompensation für den geopferten Bauern und steht vor einer schwierigen Wahl. Wie viel Angriffspotenzial ist nötig, um die Initiative nicht zu verlieren? **30.♕h5?** Das ist ein nachvollziehbarer Fehler. Der Angriff führt jetzt langfristig zu nichts. Weiß hätte die aktiven schwarzen Schwerfiguren tauschen sollen mit 30.♕xc2! ♖xc2 31.♖c1 ♖xc1 32.♖xc1 (Dorfman).

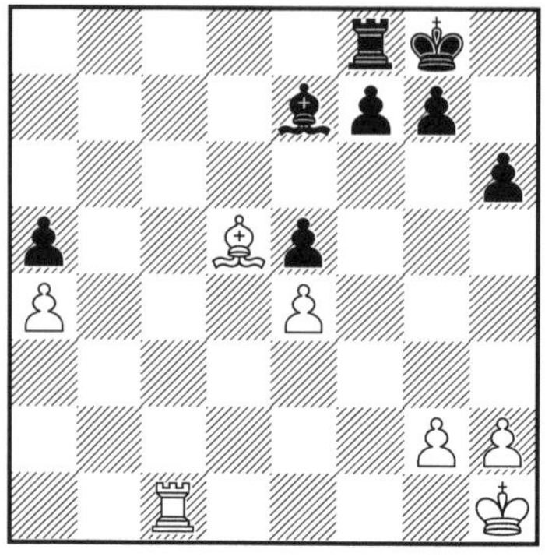

Reine Läuferendspiele mit ungleichfarbigen Läufern haben eine große Remistendenz. Mit Türmen reduziert sich diese Tendenz und die Grundregel aus dem Mittelspiel, dass ungleichfarbige Läufer den Angreifer favorisieren, hat Gültigkeit. Im folgenden Fall profitiert Weiß von beiden Grundregeln und kann die Stellung einfach halten, z.B. 32...♖b8 33.♔g1 ♗d8 34.♖f1 ♗f6 35.♖c1 ♖b4 36.♖c8+ ♔h7 37.♖c4. Die aktiven und starken Figuren des Gegners zu tauschen, ist eine sehr gute Grundregel.

30...♗g5 31.♖f3 ♔h8!

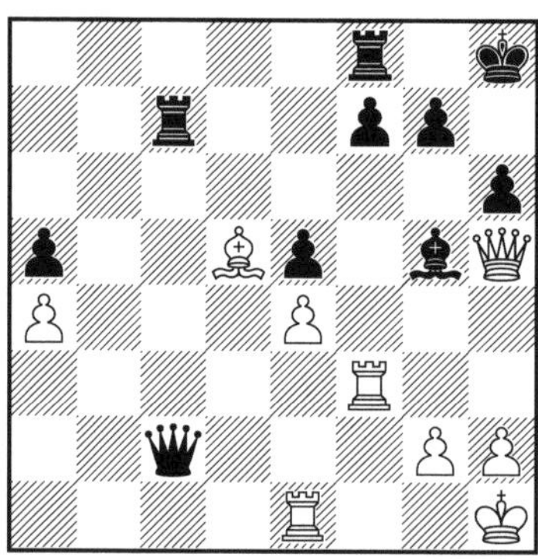

32.♖ef1? Judit Polgar folgt ihrer Angriffsstrategie, aber der nächste schwarze Zug unterminiert die Harmonie der weißen Figuren und startet einen Gegenangriff. 32.♖xf7? läuft hinein in 32...♖cxf7 33.♗xf7 ♕f2−+; 32.♗xf7 ♕xe4 33.♖ef1 und 32.♖b3!? sind vorzuziehen, aber die weiße Stellung war in jedem Fall schwierig. **32...♕e2!** Jetzt hat Weiß Probleme, die Figuren vernünftig aufzustellen. **33.h4 ♗f4 34.♕g4** 34.g3? ♗xg3−+ **34...♖c2 35.h5?** 35.♖g1 ist zäher. **35...♖d2?!**

Noch stärker ist 35...♖fc8, um Reserven heranzubringen. **36.♖xf4?** Ein verzweifelter Versuch mit der Idee, den Gang der Geschehnisse zu verändern. Technisch gewinnt Schwarz jetzt, da er einen Angriff auf den a-Bauern mit einem Angriff auf den Königsflügel kombinieren kann. 36.♖g1 hätte auch hier geschehen müssen. **36...exf4 37.♕xe2 ♖xe2 38.♖xf4 f6 39.♖f3 ♖c8 40.♖b3 ♖a2 41.♖b7 ♖xa4 42.♖a7 ♖d8 43.♗f7 ♖xe4 44.♖xa5 ♖e7 45.♗g6 ♔g8 46.♔h2 ♔f8 47.♔g3 ♖c7 48.♗b1 ♖d4 49.♖a8+ ♔e7 50.♖g8 ♖c3+ 51.♔f2 ♖d2+ 0–1**

Eine gute Grundregel ist für gewöhnlich, dass man als Verteidiger das Angriffspotenzial des Gegners abtauschen sollte:

06.02
H. Nakamura (2601) –
J. Rowson (2558)
Monarch Assurance Port Erin 2004
[W]

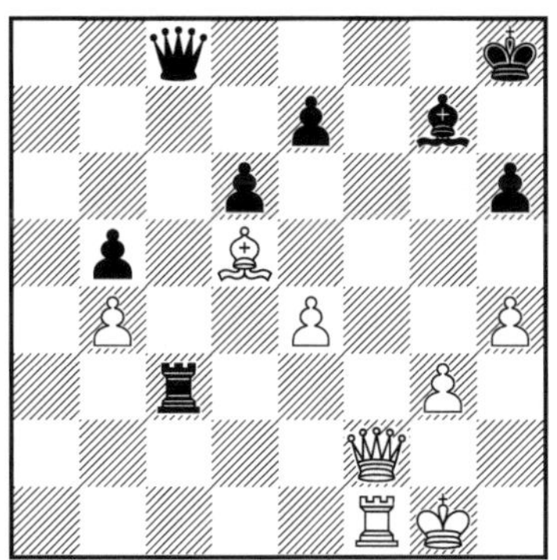

Nakamura sollte den Druck durch Abtausch reduzieren, sogar auf Kosten eines Bauern: **39.♕e1?** 39.♖a1 ♖xg3+ 40.♕xg3 ♗xa1 41.♕f4 ♗g7 42.♔g2 und 39.♕f5 ♖xg3+ 40.♔h2 ♕xf5 41.♖xf5 sollte haltbar sein wegen des reduzieren Materials und der aktiven weißen Figuren. **39...♗d4+ 40.♔g2 ♖c2+ 41.♔f3 h5 0-1** Das Mattnetz ist geknüpft und zwingt Nakamura zur Aufgabe.

Im nächsten Beispiel hat der Verteidiger sogar zwei Bauern weniger und möchte trotzdem Figuren tauschen. Das verstößt eigentlich gegen die Regel, dass man bei materiellem Nachteil eigentlich Bauern und nicht Figuren tauschen sollte:

06.03
W. Ikonnikow (2560) –
R. Palliser (2389)
Monarch Assurance Port Erin 2005
[S]

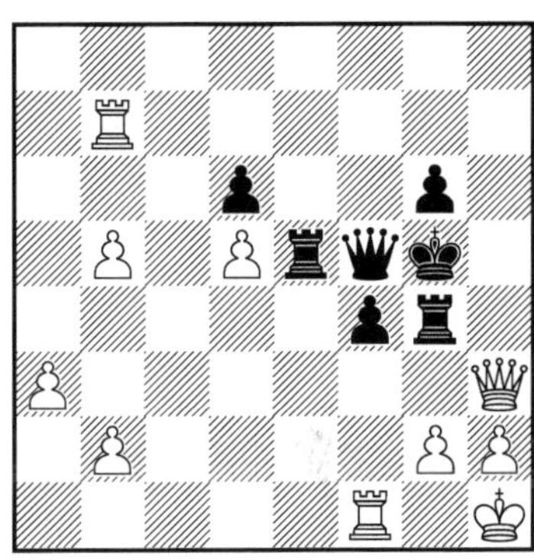

Eigentlich sollte Schwarz Figuren auf dem Brett behalten, um so viel Konfusion wie möglich zu bereiten, aber hier ermöglicht seine Aktivität **29...♖e3! 30.♕xe3 fxe3 31.♖xf5+ ♔xf5** und Weiß kann wegen des gefährlichen Freibauern auf der e-Linie nicht gewinnen. **32.♖e7** 32.♔g1 ♖c4= **32...♖e4 33.g4+!** und die Partie gleitet ins Remis: **33...♔f4 34.♖xe4+ ♔xe4 35.♔g2 ♔d3 36.b6 e2 37.b7 e1♕ 38.b8♕ ♕e2+ 39.♔g3 ♕e3+ 40.♔g2 ♕e2+ 41.♔g3 ♕e3+ 42.♔h4 ♕h6+ ½-½**

6b) Figuren abtauschen und den Charakter der Stellung ändern

Der Tausch der Damen sollte immer sehr genau in Betracht gezogen werden, da sich das Endspiel deutlich vom Mittelspiel unterscheidet: Siehe Diagramm.

58...♕xc4? Das ist ein großer Fehler, da das Gegenspiel verloren geht und Weiß die totale Kontrolle erhält. Das ist sehr wichtig für die Seite mit dem Springer, da er Zeit zum Manövrieren braucht.

06.04
K. Spraggett (2606) –
P. Anuprita (2059)
XXVII Andorra Open Arinsal 2009
[S]

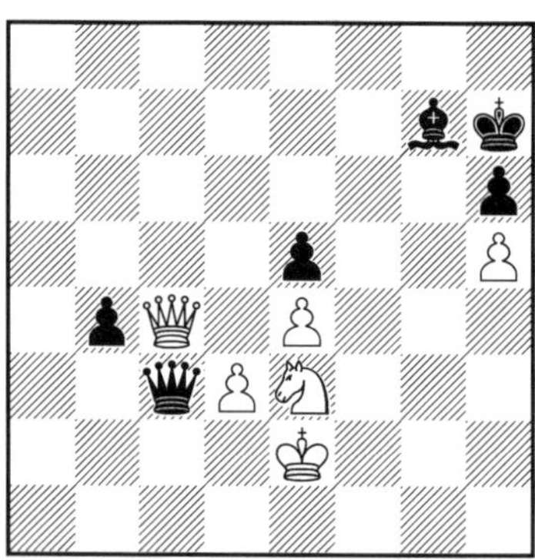

Außerdem verstößt das gegen die Regel, dass der Verteidiger von Schwächen nicht getauscht werden sollte. Hier ist die schwarze Dame die einzige Verteidigerin der weißen Felder, die nun der Anziehende kontrolliert. 58...♕b2+ 59.♔f3 ♕b1 remisiert einfach.

59.♘xc4? Nun ist die Stellung zu statisch und Weiß muss ständig auf Gegenspiel gegen den Bauern h5 achten. 59.dxc4! zwingt Schwarz auf den Freibauern aufzupassen und zur Passivität: 59...♔g8 (Oder 59...♗f8 60.♔d2 ♔g7 61.♘g4 ♔f7 62.♘xe5+ ♔e6 63.♘d3 ♔f6 64.♔c2 ♔g5 65.c5 und Weiß gewinnt.) 60.c5 ♔f7 61.c6 ♔e8 (61...♔e6 62.♘f5 ♗f8 63.♔d3 und Schwarz hat keine Züge.) 62.♔d3 ♔d8 63.♘d5 ♗f8 64.♔c4 Ein perfektes Beispiel für einen guten Springer gegen einen schlechten Läufer. 64...♗d6 65.♘xb4 ♔c7 66.♔b5 ♗xb4 67.♔xb4 ♔xc6 68.♔c4 und das Bauernendspiel ist einfach gewonnen. **59...♔g8 60.♘e3 ♔f7 61.♘d5 ♗f8 62.♔d2 ♗c5 63.♔c2 ♗f2 64.♔b3!?** Spraggett behält die totale Kontrolle, was sehr wichtig für die Seite mit dem Springer ist. 64.♘xb4?! ♔f6= vereinfacht die schwarze Aufgabe.

64...♗e1 65.♔c4 ♗d2 66.♘xb4

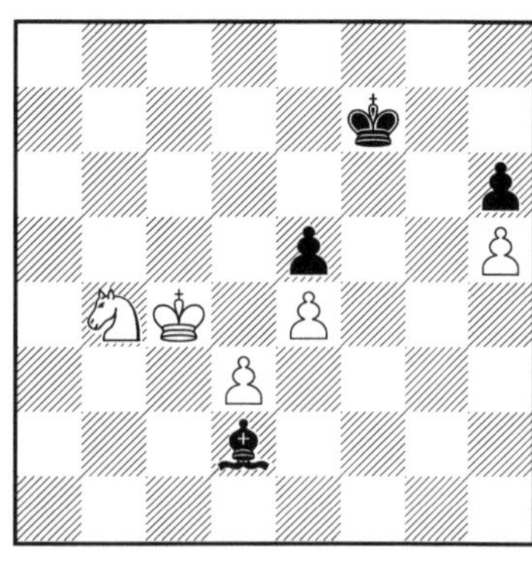

66...♗xb4? Der Verteidiger sollte nur dann in ein Bauernendspiel übergehen, wenn er absolut sicher ist, dass es remis ist. Nach 66...♔f6 kann Schwarz die Invasion am Damenflügel verhindern oder Gegenspiel mit seinem h-Bauern erhalten: 67.♔c5 (67.♘c6 ♔e6 68.♘b8 ♗e3 69.♘a6 ♔d6 hält die weißen Figuren auf Distanz.) 67...♔g5 68.♘c6 ♗e3+ 69.♔d5 ♔xh5 70.♘xe5 ♔g5 und der h-Bauer (der schlimmste Gegner des Springers) sichert das Remis. **67.♔xb4 ♔f6 68.♔c5 ♔g5 69.♔d6 ♔xh5 70.♔xe5 ♔g4**

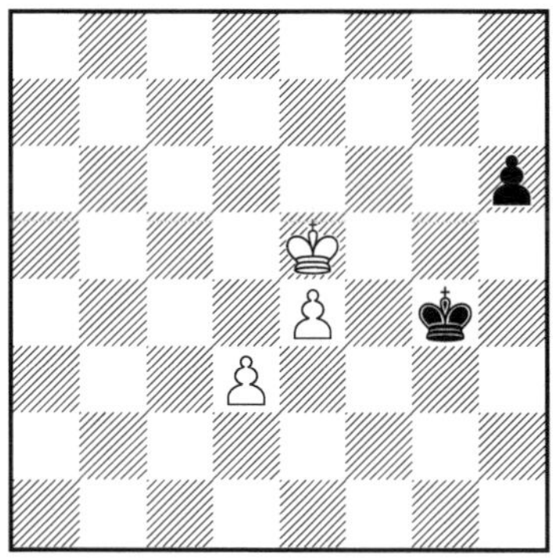

71.♔f6! Weiß hat bis zum Ende genau gerechnet. **71...h5 72.e5 h4 73.e6 h3 74.e7 h2 75.e8♕ h1♕**

76.♕e4+ 1-0 Ein passender letzter Zug – der richtige Abtausch.

Die folgende Stellung entstand aus einer Königsindischen Partie und der Läufer auf g7 ist eine starke Figur:

06.05
Wang Yue (2739) –
T. Radjabow (2761)
Corus Wijk aan Zee 2009 **[W]**

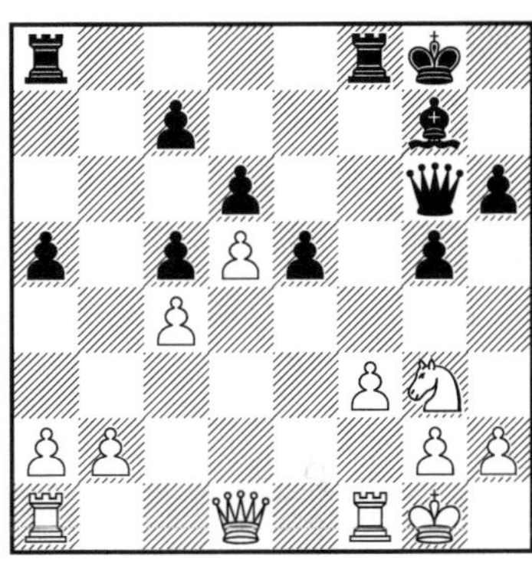

25.♕b1?! Nach dem Tausch der Damen spielen die weißfeldrigen Schwächen im schwarzen Lager keine Rolle mehr. Weiß hätte die Damen auf dem Brett lassen sollen, um zu einem späteren Zeitpunkt einen Angriff zu initiieren Außerdem harmoniert der Läufer auf g7 sehr gut mit den Türmen im kommenden Endspiel: 25.♕e2 ♖f4 26.♘e4 g4 27.♖ae1 a4 28.fxg4 ♖xg4 29.g3 ♖f4 30.♔h1 ♖ff8.

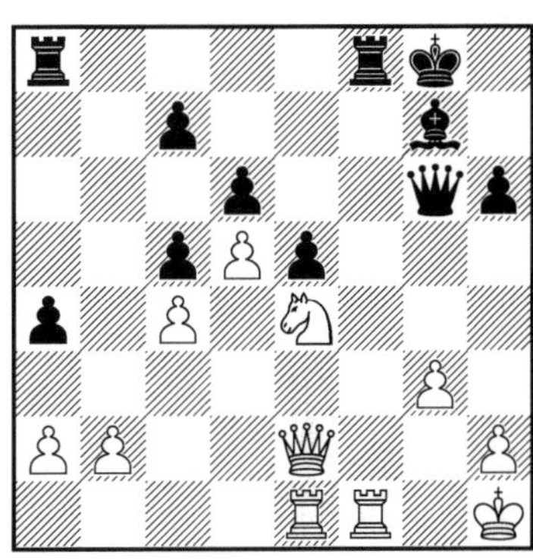

Radjabow gibt 31.♕d3 in CBM 129, aber wir glauben, dass 31.♘c3!? präziser sein könnte. Weiß steht etwas besser. **25...♕xb1! 26.♖axb1**

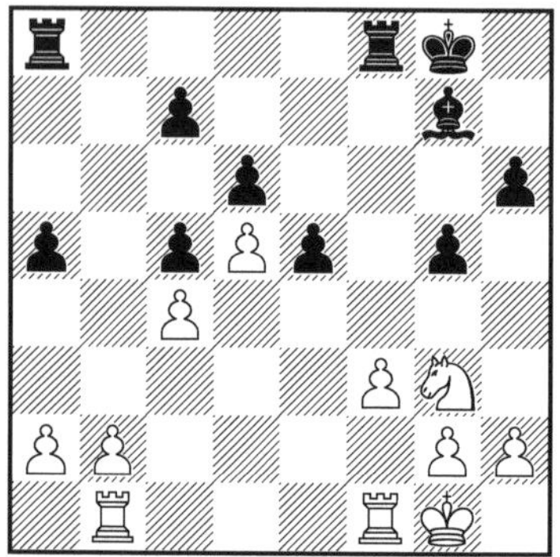

26...e4!! Radjabow bringt für den Preis eines Bauern seinen Läufer ins Spiel.

27.♘xe4 27.fxe4?! ♗d4+ 28.♔h1 ♖xf1+ 29.♖xf1 ♗xb2 (Radjabow) ist bestimmt nicht das, was Weiß möchte. Der Charakter der Stellung ist anders, da die schwarzen langschrittigen Figuren am Damenflügel freie Hand haben.

27...♗d4+ 28.♔h1 a4 29.h4 gxh4 30.♔h2 ♖fb8 31.b3 axb3 32.axb3 ♖a2 33.♖fd1 ♔f7 34.♖d2

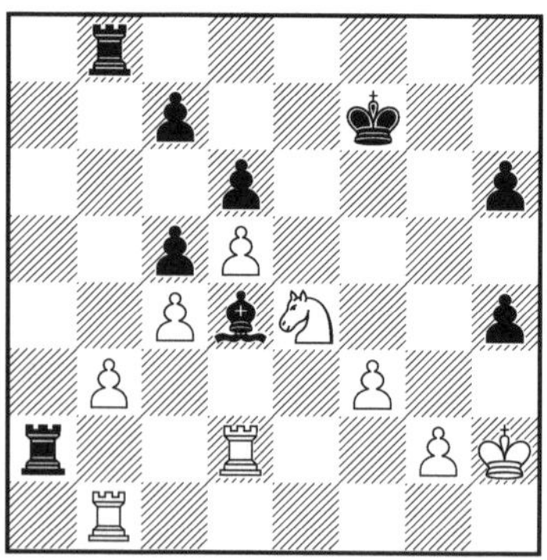

34...♖a3! Schwarz verhindert natürlich den Abtausch. Mit beiderseits zwei Türmen befindet sich der Charakter der Stellung irgendwo zwischen Mittel- und Endspiel, aber nach einem Turmtausch hätten wir ein technisches Endspiel. Schwarz strebt dies an, gewinnt aber auf dem Weg den Bauern b3.

35.♔h3 ♖axb3 36.♖xb3 ♖xb3 37.♔xh4 ♔g6 38.♖c2 ♖b1 39.♘g3 h5

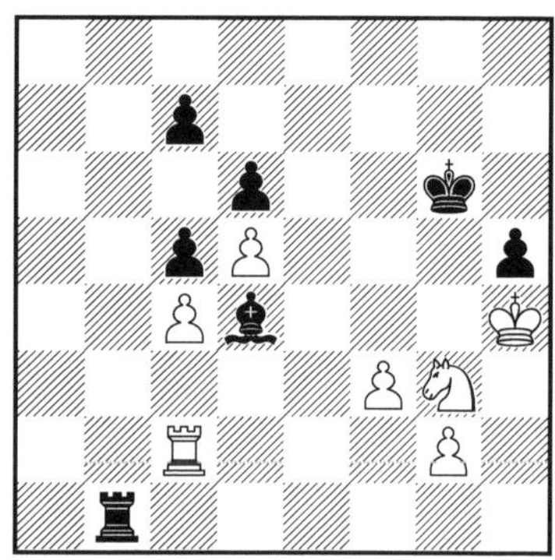

40.f4? Der fatale 40. Zug führt zu einem technisch verlorenen Endspiel. Weiß muss seinen Turm aktivieren: 40.♖e2! ♗f6+ 41.♔h3 ♗e5 42.♖e4 ♖c1 43.♖h4 ♗f6 44.♖e4 ♔g5 45.♖h4= (Radjabow). **40...♗f6+ 41.♔h3 ♖b3! 42.♔h2 h4 43.♘e2** 43.♘e4 ♔f5 44.♘xf6 ♔xf6−+ (Radjabow). **43...♔f5 44.♖a2 ♖b4 45.♖a8 ♖xc4 46.♖e8 ♖b4 47.♖e6 ♖b3 48.g4+ hxg3+ 49.♘xg3+ ♔g4 50.♘e2 ♖b2 51.♔g2 ♗e5 52.♔f2** 52.♖g6+ ♔f5 53.♖g5+ ♔f6 54.♔f3 ♗xf4−+ (Radjabow). **52...♗xf4 53.♖e7 ♔f5 54.♖f7+ ♔e5 55.♔f3 ♗d2 56.♖xc7 ♔xd5 57.♘g3 ♖b3+ 58.♔g2 ♗f4 59.♘e2 ♗e5 60.♔f2 ♔e4 61.♖h7 ♖f3+ 62.♔e1 d5 63.♔d2 d4 64.♖h4+ ♔d5 0–1**

6c) Einen aktiven Turm des Gegners abtauschen

Da dieses Motiv häufig vorkommt und wichtig ist, haben wir ihm ein spezielles Kapitel gewidmet. Ein Turm kann sehr stark werden, wenn er sich frei und aktiv bewegen kann. Er befindet sich nämlich nicht nur auf dem Brett, um passiv Bauern zu decken. Dementsprechend sollte der Verteidiger seinen eigenen Turm aktivieren, oder den aktiven Turm des Gegners abtauschen.

06.06
M. Adams (2685) –
J. Lautier (2620)
Tilburg Fontys 1996 **[W]**

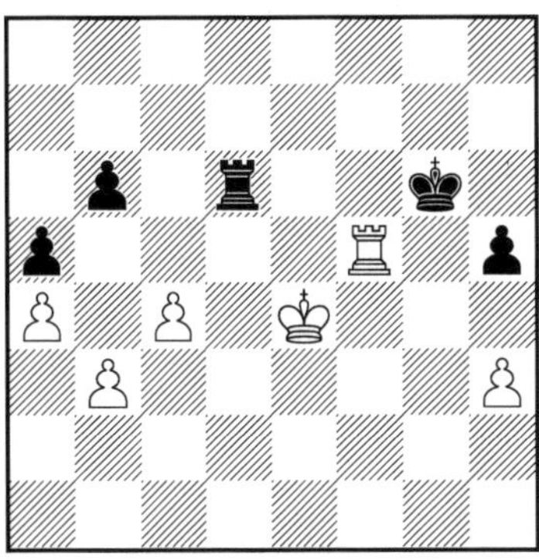

45.h4? Weiß sollte diesen Zug in Reserve halten und stattdessen den Turmtausch zu seinen Bedingungen suchen, oder den aktiven Turm nutzen, um in die gegnerische Stellung einzudringen: 45.♖d5 ♖e6+ 46.♖e5 ♔f6 (Nach 46...♖d6 haben wir die gleiche Stellung erreicht nur mit dem Unterschied, dass der Turm ein Feld nach links gerutscht ist. Nun ist es Zeit für 47.h4! ♖d1 48.♖g5+ ♔h6 49.♖b5 ♖d6 50.♔e5 ♖g6 51.♔f5 ♖d6 und der weiße Turm dringt ein: 52.♖e5 ♔g7 53.♖e7+ ♔f8 54.♖e6 gewinnt für Weiß.) 47.♖xe6+ ♔xe6 48.♔f4 ♔f6 und das Reservetempo entscheidet: 49.h4! ♔g6 50.♔e5 ♔g7 51.Kf5 mit Gewinnstellung.

45...♖e6+ 46.♖e5 Nach 46.♔f4 spielt Schwarz ähnlich 46...♖f6!. **46...♔f6!** Lautier tauscht den aktiven Turm und verteidigt das folgende Bauernendspiel mit Hilfe der Opposition. **47.♖xe6+ ♔xe6 48.♔d3 ♔d7!** Hält die Fernopposition. Schwarz hält das Remis. **49.♔c3 ♔c7 50.b4 axb4+ 51.♔xb4 ♔c6 52.♔b3 ♔d6 53.♔c2 ♔c6 54.♔d3 ♔d6 55.♔c3 ♔c5 56.♔b3 ♔d6 57.♔b4 ♔c6 58.c5 bxc5+ 59.♔c4 ♔b6 60.♔d5 ♔a5 61.♔xc5 ♔xa4 62.♔c4 ½-½**

6d) Ein Turm im Kampf gegen eine Leichtfigur begrüßt Abtausch

Das hängt mit der Tatsache zusammen, dass ein Turm an Stärke zunimmt, je freier er sich über das Brett bewegen kann.

06.07
A. Motyljow (2641) –
A .Schirow (2706)
FIDE-Weltmeisterschaft Moskau 2001 **[S]**

(siehe nächstes Diagramm)

Der weiße Läufer auf c5 hält die Stellung zusammen und muss unbedingt getauscht werden. Ansonsten könnte Schwarz schnell in eine verlorene Position geraten.

39...♗d8! Der Schlüsselzug. **40.♘d4+ ♔b7 41.♘e6 ♗b6 42.♘xg5 ½-½** und Remis wegen 42...♖xa7 43.♘xh7 ♗xc5

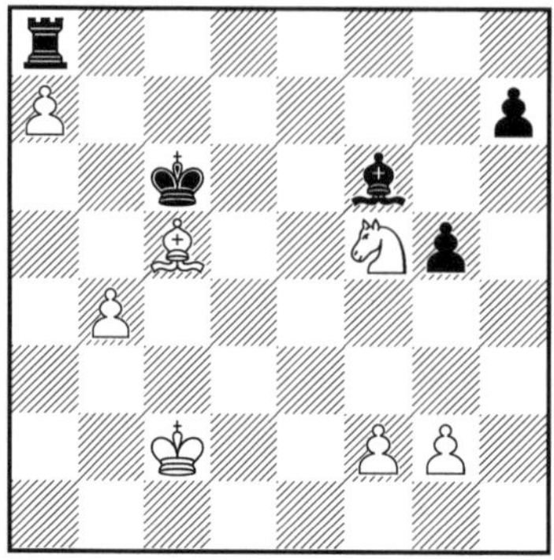

44.bxc5 ♔c6 45.♘g5 ♖a2=. Das Bild hat sich komplett geändert; der aktive schwarze Turm remisiert jetzt einfach.

Eine verwandte Regel lautet, dass man Türme nicht tauschen sollte, wenn man eine Qualität weniger hat.

06.08
I. Sokolov (2685) –
W. Topalow (2757)
Corus Wijk aan Zee 2005 **[S]**

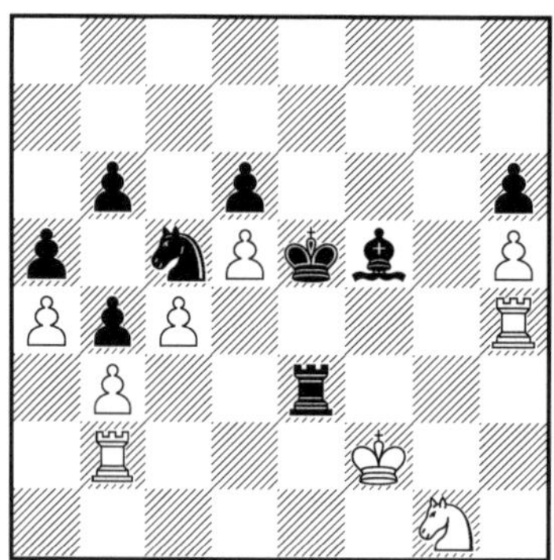

59...♖xb3? ist ein positioneller Fehler, da der schwarze Turm als Koordinator für seine Leichtfiguren agiert. Sie bilden ein perfektes Team. Das kann nicht vom passiven weißen Turm auf b2 und den anderen weißen Figuren gesagt werden. Es kann einfach nicht richtig sein, den passiven Turm auf b2 gegen den aktiven Turm zu tauschen. 59...♖c3! war notwendig, um den aktiven Turm auf dem Brett zu halten; z.B. 60.♘f3+ ♔f6.

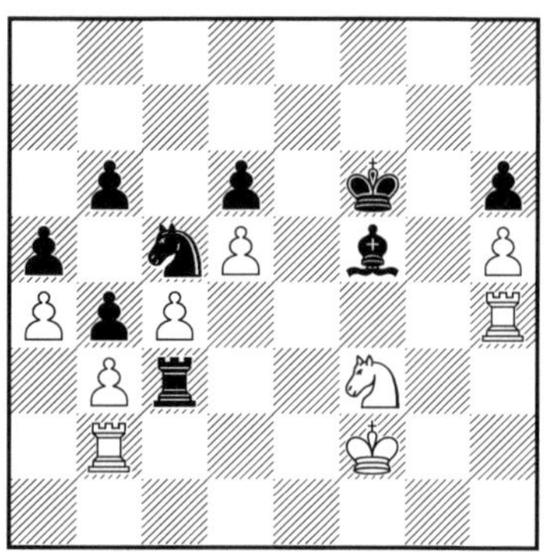

Nun ist es nicht einfach für Weiß einen vernünftigen Zug zu finden – wegen des aktiven Turms auf c3. Nach 61.♔g2 sollte Schwarz wieder nicht die Türme tauschen: 61...♘xb3! (61...♖xb3?! 62.♖e2 ist gefährlich für Schwarz wegen der aktiven weißen Türme.) 62.♖f4 ♘c1 63.♘h4 ♔g5 64.♖xf5+ ♔xh4 65.♖f6 ♘d3 66.♖b1 ♖c2+ 67.♔f1 ♘e5 und das schwarze Gegenspiel ist ausreichend. **60.♖xb3 ♘xb3 61.♘f3+ ♔f6**

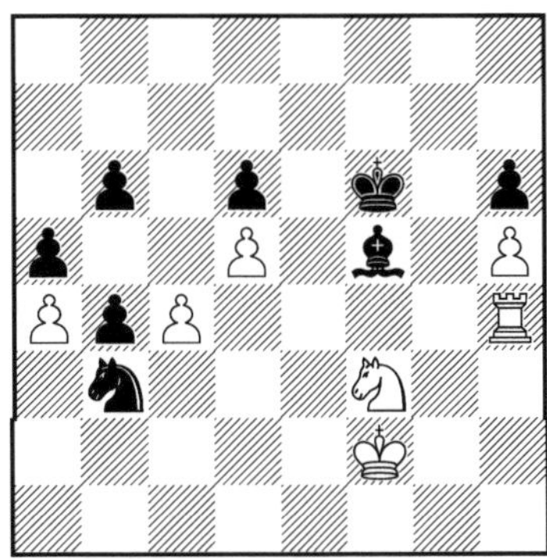

62.♔e3? Sokolov fand im Anschluss einen verrückten Gewinnweg: 62.♖f4! ♘c1 63.♔e3 b3 64.♘d2 ♔g5 65.♖f1 b2 66.♖f2 ♔g4.

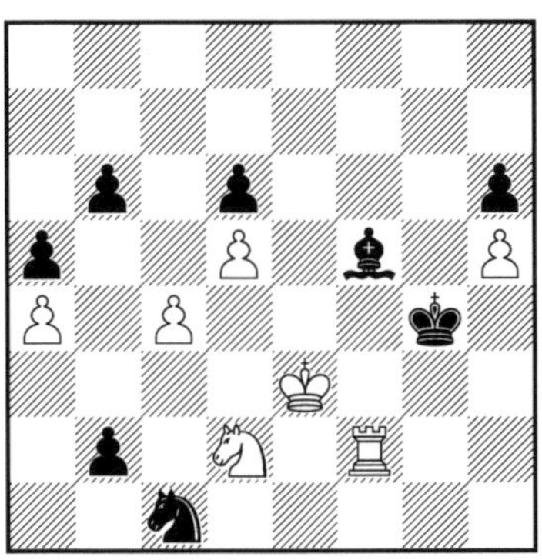

Nun kommt die Pointe, 67.♘b1!! und der Turm ist so stark in dieser Stellung, dass Weiß sogar den Springer opfern kann! 67...♗xb1 68.♖xb2 ♗d3 69.♖xb6 ♗xc4 70.♖xd6 ♘b3 71.♖xh6 ♗xd5 72.♖d6 ♗g8 73.♖g6+ ♔xh5 74.♖xg8 ♘c5 75.♖a8 ♘xa4 76.♖xa5+ und der weiße Turm hat alles abgeräumt. **62...♗d7 63.♖f4+ ♔g7?** 63...♔e7! war ein Muss. **64.♘d4 ♘c5 65.♔d2?** Das erlaubt den Abtausch zu vieler Bauern, was die richtige Methode für Verteidiger in solchen Stellungen ist (siehe 9. Kapitel). Nach 65.♖f1 behält Weiß sehr gute Gewinnchancen. **65...♔g8!** 65...♗xa4? 66.♘e6+ spielt Weiß in die Karten. **66.♘e6 ♘xe6 67.dxe6 ♗xe6 68.♖d4 ♔f7 69.♖xd6 ♗xc4 70.♖xh6 b5!** Folgt derselben Strategie, alle Bauern zu tauschen. **71.axb5** Nicht ausreichend ist auch 71.♖c6 b3 72.♔c3 ♗e2 73.axb5 ♗xb5 74.♖c7+ ♔g8 75.♔xb3 ♗e2 76.h6 ♗d3 mit einer bekannten Festung.

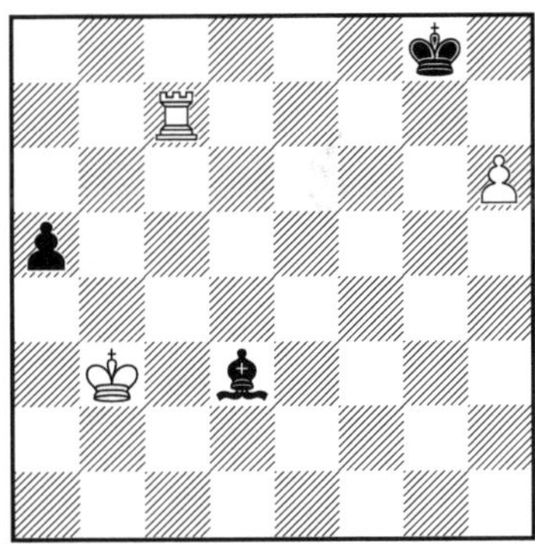

Zurück zur Partie:

71...♗xb5 72.♖g6 ♗e8 73.♖g1 73.♖g5 ♔f6 74.♖xa5 b3 75.♔c3 ♔g7 76.♔xb3 ♔h6 mit Remis. **73...♔f6 74.h6 ♗g6 75.♖f1+ ♔g5 76.♖a1 ½-½**

Stellungen mit ungleicher Materialverteilung sind nicht immer einfach zu beurteilen, wie die folgenden Beispiele zeigen:

06.09
B. Awruch (2565) –
V. Mikhalevski (2540)
Israelische-Meisterschaft Ramat Aviv
1998 **[W]**

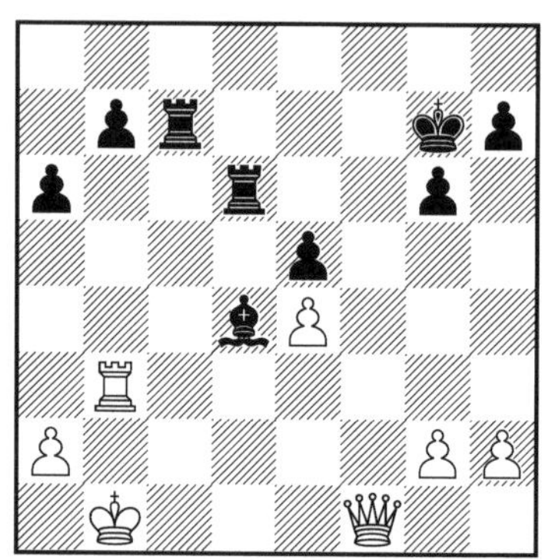

Die koordinierten schwarzen Angriffskräfte müssen reduziert werden. **32.g4?** ist demnach ein fataler Fehler, da er die Invasion der schwarzen Türme erlaubt.

32.♕d1 ♖f6 und jetzt erfolgt ein wichtiger Abtausch: 33.♖f3! ♖cc6 34.♖xf6 ♖xf6 35.♕g4= und Weiß kann sich halten, da der schwarze Angriff nicht so gefährlich wie in der Partie ist.

32...♖f7! Plötzlich wird klar, dass sich alles um die f-Linie dreht. **33.♕d1** 33.♖f3 ♖b6+ 34.♔c2 ♖c7+ und der weiße Turm ist völlig nutzlos, während der schwarze Turm einen tödlichen Angriff startet. 33.♕h3 ♖df6 34.♖d3 ♖f1+ 35.♔c2 ♖7f2+ und Schwarz hat einen starken Angriff, wie man selbst feststellen kann. **33...♖df6 34.♔c2 ♖f1 0–1**

Aufgaben

(Lösungen auf Seite 214)

E06.01
W. Zeschkowski (2570) –
W. Bagirow (2495)
Lwiw Zonenturnier 1978

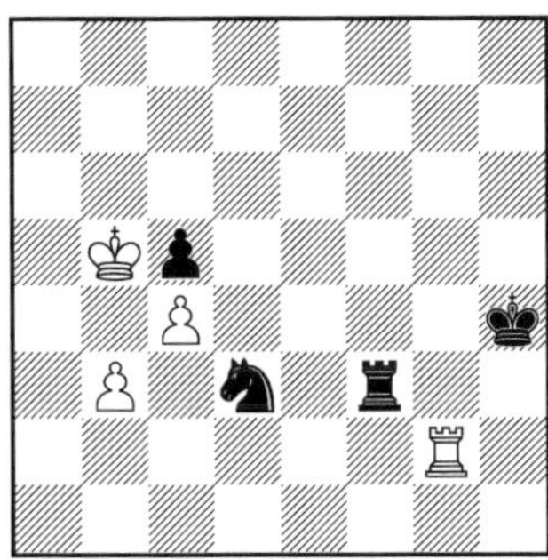

[S] Wie gewinnt man diese gewonnene Stellung?

E06.02
S. Tiwjakow (2695) –
M. Marin (2564)
Porto Mannu Open Palau 2009

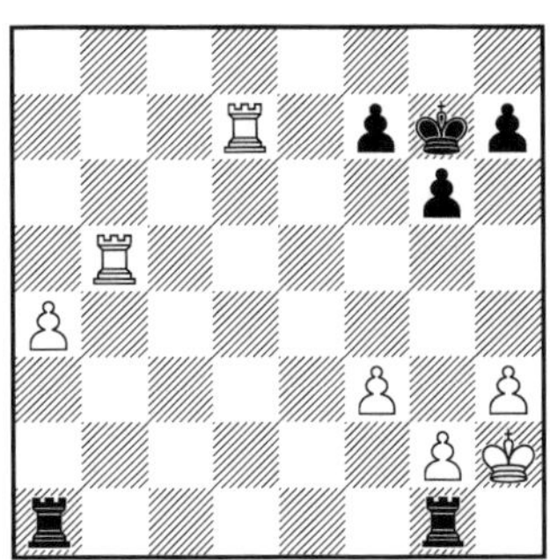

[S] Welche ist die korrekte Remisstrategie?

E06.03
Jacob Aagaard
Practical Chess Defence
(Quality Chess 2006)

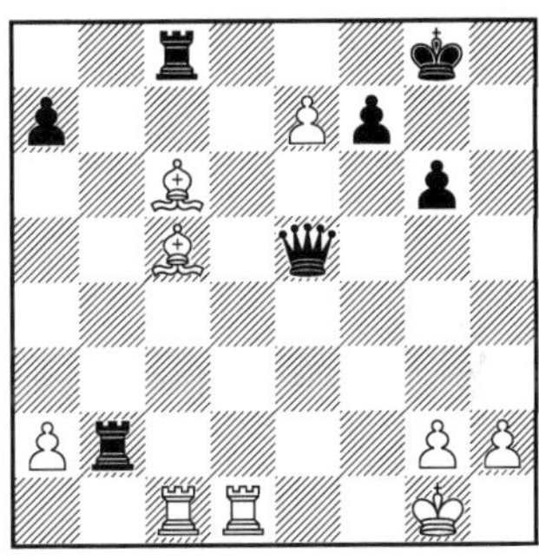

[S] Wie soll man mit dem gefährlichen weißen Freibauern auf der e-Linie umgehen?

E06.04
I. Asmundsson (2338) –
D. Collier (2274)
18. Europameisterschaft Chalkidiki 2002

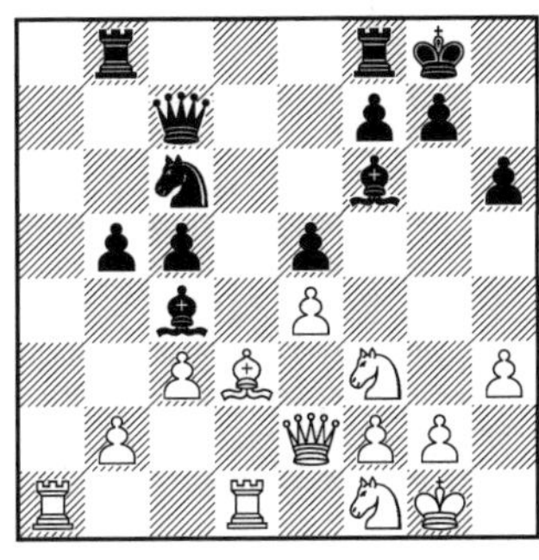

[S] Wie soll man um die weißen Felder kämpfen?

E06.05
A. Shabalov (2200) – A. Vitolins (2410)
Jurmala 1985

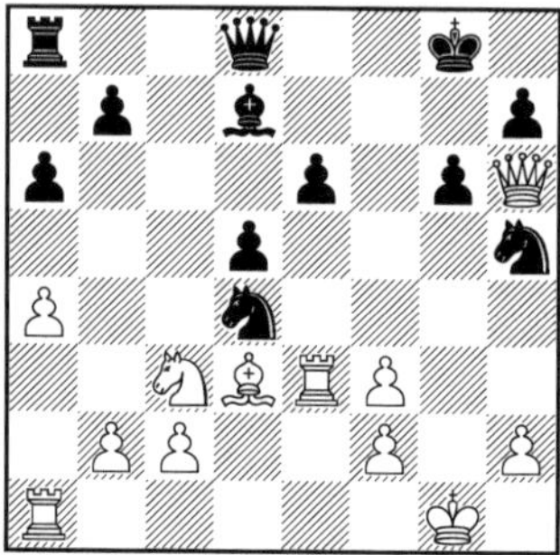

[W] Schwarz hat eine Qualität für Initiative geopfert. Wie soll man darauf reagieren?

E06.06
U. Andersson (2630) – F. Nijboer (2485)
Hoogovens Wijk aan Zee 1990

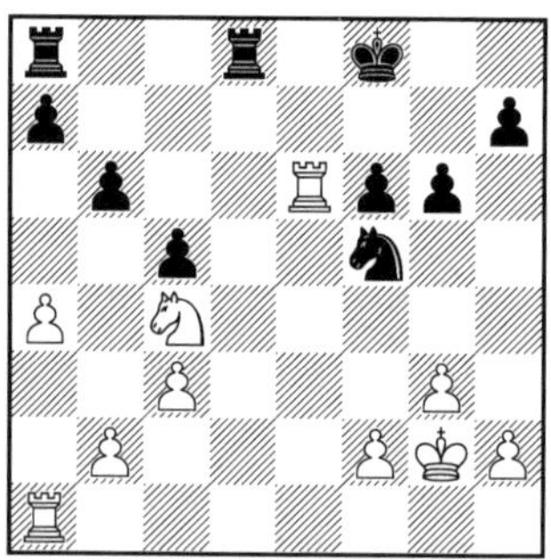

[S] Wie soll man gegen die strategische Initiative von Weiß ankämpfen?

E06.07
V. Anand (2755) – A. Drejew (2673)
FIDE World Cup Finale Hyderabad 2002

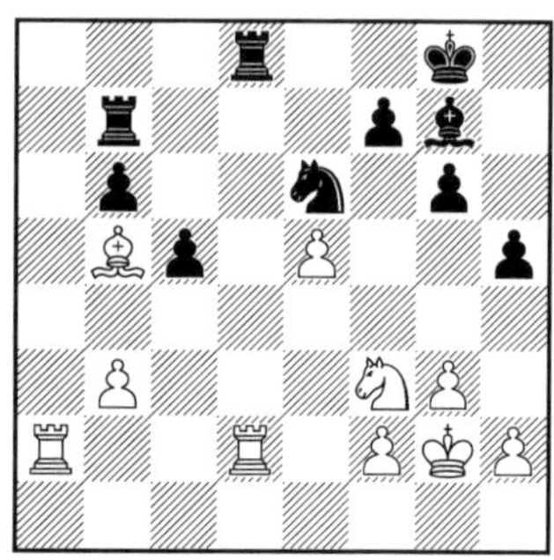

[S] Welcher ist der beste Abtausch?

E06.08
J. Adler (2318) – E. L'Ami (2541)
Bundesliga 2005

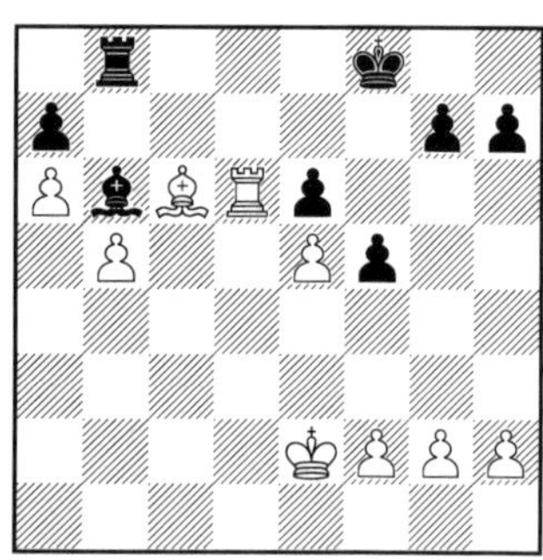

[S] Gibt es noch Hoffnung für Schwarz?

E06.09
A. Jussupow (2605) –
S. Dolmatow (2620)
Wijk aan Zee 1991

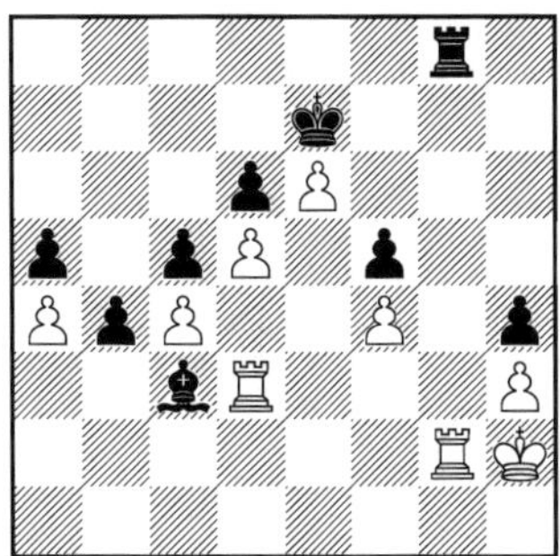

[S] Abtauschen oder nicht abtauschen, das ist hier die Frage.

7. Kapitel

Qualitätsopfer

Das ist natürlich ein universelles Motiv, das vom Verteidiger und Angreifer angewendet werden kann. Auf seine Weise ist es auch eine spezielle Form des Abtausches, womit wir uns im 6. Kapitel beschäftigt haben. Da das Thema aber sehr wichtig ist, haben wir uns entschieden, ihm ein eigenes Kapitel zu widmen. Ein wichtiger Grund, warum Qualitätsopfer häufig vorkommen, ist, dass der relative Wert eines Turms sehr stark von seinen Möglichkeiten in einer bestimmten Stellung abhängt. Ein Turm kann sehr stark sein, wenn er in einer offenen Stellung angreift. Er kann aber auch sehr schwach sein, wenn er an die Verteidigung eines Bauern gebunden, oder wenn er von eigenen Figuren eingesperrt ist. Türme tendieren dazu, unglücklich zu sein in geschlossenen Stellungen; sie brauchen offene Linien.

7a) „Russische" Qualitätsopfer

Der folgende Typ ist ein Klassiker, da er die Möglichkeiten der gegnerischen Türme limitiert und die Möglichkeiten der eigenen Leichtfiguren verbessert:

07.01
A. Selesniew – A. Aljechin
Triberg 1921 **[S]**

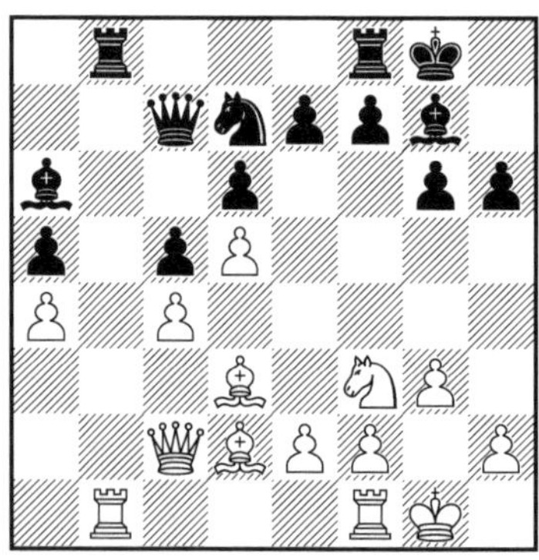

Es sieht so aus, als ob Weiß gut aufgestellt ist und an beiden Flügeln bald angreifen kann – insbesondere am Königsflügel. Aber Aljechins nächster Zug ändert das Bild radikal:

20...♖b4!? Diese Art von Turmzug wird als „russisches" Qualitätsopfer bezeichnet.

21.♗xb4 21.h4!? war die Alternative, um am Königsflügel Gegenspiel zu suchen. **21...cxb4 22.♘d2 ♘c5** 22...♖c8!? 23.♘b3 ♘e5 24.♖fc1 ♕b6 25.♘d2 ♗b7

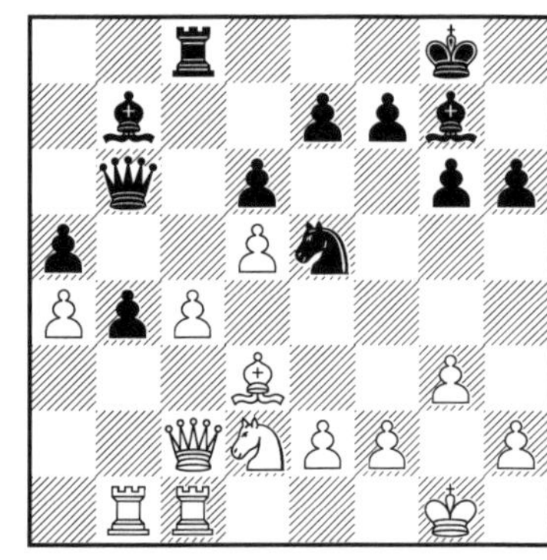

ist ebenfalls perfekt spielbar und führt mehr oder weniger zu einem dynamischen Gleichgewicht. Ein Teil der schwarzen Kompensation beruht auf der Tatsache, dass die Rollen von Verteidiger und Angreifer getauscht wurden. Nun greift Schwarz auf beiden Flügeln an. Das könnte sogar ein harmonischerer Aufbau sein als der in der Partie, da dort der Springer auf c5 zwar gut postiert ist, aber anderen Figuren im Weg steht. **23.♘b3 ♘d7?!** Das ist nicht konsistent. Zu gierig ist 23...♘xa4? 24.♕a2 ♘c3 25.♕xa5 ♕xa5 26.♘xa5 ♘xb1 27.♖xb1 ♗c3 28.♘c6 und Schwarz verliert die Kontrolle. Korrekt ist die einfache Zugfolge 23...♖c8! 24.♘xc5 ♕xc5, und hier sehen wir den positionellen Grund für die schwarze Kompensation: den starken schwarzfeldrigen Läufer kombiniert mit dem gedeckten Freibauern und dem schönen Feld c5. Den weißen Türmen dagegen fehlen die offenen Linien. **24.c5!?** Normalerweise ist es eine gute Strategie, Wege für die Türme zu öffnen. Weiß kann aber auch warten mit z.B. 24.♖fc1. **24...♗xd3 25.exd3!?** Selesniew möchte mehr als 25.♕xd3 ♘xc5 26.♘xc5 ♕xc5 27.♖fc1 ♗c3=. **25...dxc5 26.♖fe1 ♘e5 27.♖e3** 27.♕xc5? läuft in 27...♘f3+. **27...♖c8?** Der aktivere Zug 27...♖d8 sollte die Stellung halten, z.B. 28.d4 (28.♕xc5 ♕xc5 29.♘xc5 ♖xd5 30.♘b3 ♘c6 sieht auch solide aus.) 28...♘g4 29.♖e4 ♘f6 30.dxc5 ♘xd5 31.♖d1 ♗c3 32.♕d3 e6 und Schwarz hat dank seiner gut platzierten Leichtfiguren genug Kompensation. Insbesondere Springer lieben Vorposten im Zentrum oder in der Nähe der Könige. **28.♖c1 ♕d7**

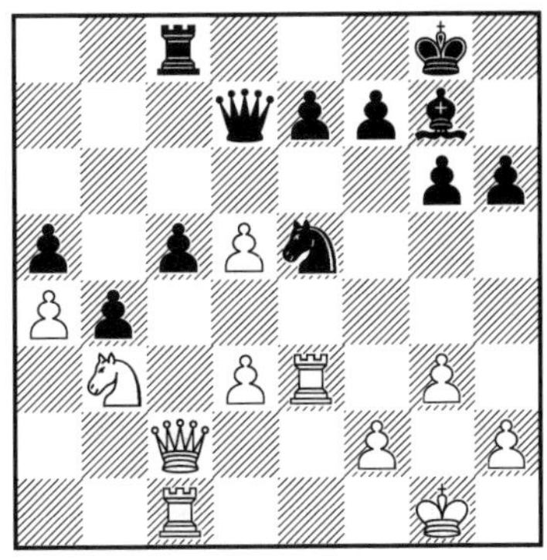

29.d4? Das Motiv ist richtig, aber Selesniew musste 29.♕e2! ♕xd5 einfügen und erst jetzt 30.d4! ♘d7 31.dxc5, da 31...♘xc5? mit 32.♕c4! beantwortet werden kann. **29...♘g4!** Jetzt ist dieses Feld für den Springer erreichbar. **30.♖e4?** Ein Fehler kommt selten allein. 30.♖e2 c4 31.♘c5 ♕xd5 32.♕xc4 ♕f3 sollte ausgeglichen sein. **30...c4 31.♘c5 ♕f5 32.♕e2** 32.♖xe7 ♕h5 33.d6 ♕xh2+ 34.♔f1 ♗f6 35.d7 ♖d8 und Schwarz gewinnt. **32...b3?** Aljechin verpasst den brillanten Schlag

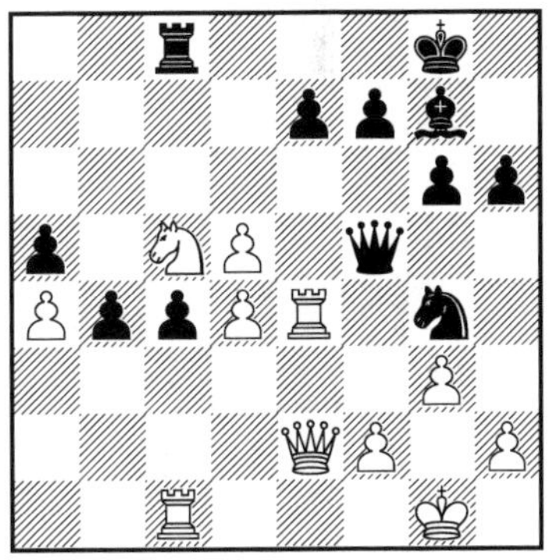

32...♘xf2!! 33.♕xf2 ♕xd5 34.♖f4 c3 35.h4 ♖d8 36.♖d1 e5–+ und Schwarz hat mehr als genug Kompensation für den Turm. **33.♖xg4 b2 34.♕xb2 ♕xg4**

Schwarz hat die Qualität zurückgewonnen und nun muss Weiß sehr vorsichtig sein, um nicht in eine schlechtere Stellung zu geraten. **35.♖xc4?!** Der direktere Versuch 35.♕b7!?, mit der Idee 35...♗xd4 36.♘e6 ♖e8 37.♕b5 ♖c8 38.♕b7=, ist wahrscheinlich besser. **35...h5 36.♕c2?** Das gibt Schwarz endgültig die Initiative. Nach 36.h3! ♕f5 (36...♕xh3? läuft in die Falle 37.♘e6! ♖xc4 38.♕b8+ ♔h7 39.♘g5+–.) 37.♕b7 g5 38.♔g2 steht Weiß nur etwas schlechter, aber auch aktiver als in der Partie. **36...h4** Der Rest ist instruktiv aber nicht relevant für das Thema, so dass wir die Kommentierung hier beenden.

37.♕d3 ♖d8 38.f3 ♕h5 39.♕e4 hxg3 40.hxg3 ♕g5 41.♔g2 ♕d2+ 42.♔h3 ♗f6 43.♖c2 ♕h6+ 44.♔g2 ♔g7 45.g4 ♖h8 46.♔f2 ♖b8 47.♔e2 ♖b4 48.♖d2 ♕h2+ 49.♔e3 ♕g1+ 50.♔e2 ♗xd4 51.♘d3 ♖b1 52.♘c1 ♗c3 53.♕xb1 ♕g2+ 54.♔d3 ♕xd2+ 55.♔c4 ♕d4+ 56.♔b3 ♗a1 57.♔a3 ♕c5+ 58.♔a2 ♗f6 59.g5 ♕xd5+ 60.♘b3 ♕xg5 61.♕e1 ♕g2+ 62.♕d2 ♕xf3 63.♕xa5 g5 64.♕e1 ♕c3 65.♕xc3 ♗xc3 66.a5 ♗xa5 67.♘xa5 g4 68.♘c4 g3 69.♘d2 ♔g6 70.♔b2 ♔f5 71.♘f3 ♔f4 72.♘g1 ♔e3 73.♔c2 ♔f2 74.♘h3+ ♔f1 0–1

07.02
Ljublinski – Botwinnik
Moskauer Meisterschaft 1943 **[S]**

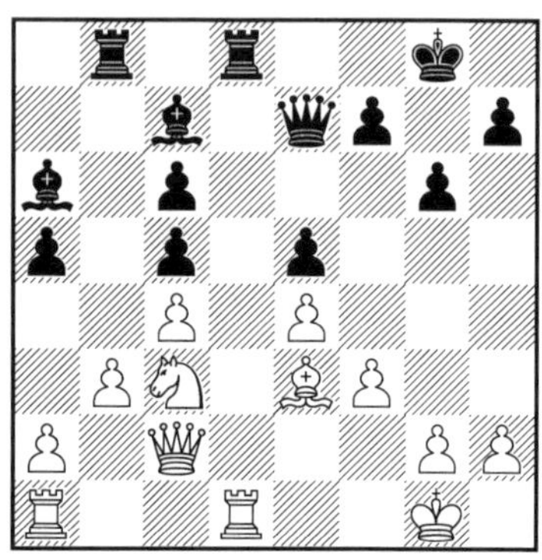

Schwarz muss die Qualität opfern, da seine schlechte Bauernstruktur sonst sein Untergang wäre. **1...♖d4!?** Das bringt den Läufer a6 ins Leben zurück, schützt die Schwäche c5 und verringert die Möglichkeiten der weißen Türme. Objektiv gesprochen steht Weiß weiter besser, aber indem der Charakter der Stellung verändert wird, hat Schwarz praktische Probleme erzeugt.

2.♘e2 2.♗xd4 ist ebenfalls perfekt spielbar, z.B. 2...cxd4 3.♘a4 c5 4.♘b2 ♗b7 5.♖f1. Prophylaxe gegen das kommende schwarze Spiel am Königsflügel. 5...♖f8 6.♘d3 f5 7.♖ae1 f4 8.a3. Um den Damenflügel für die weißen Türme zu öffnen. **2...♗c8 3.♘xd4 cxd4 4.♗f2?!** Ljublinski passt sich nicht den geänderten Umständen an. Korrekt war 4.♗d2! c5 5.a3 f5 6.♖db1 f4. (Siehe Diagramm) 7.b4! Es ist sehr wichtig, Linien für die Türme zu öffnen, und ein Bauernopfer ist ein geringer Preis für diesen Zweck. 7...axb4 8.axb4 cxb4 9.♕b3 (Euwe, Nunn) 9...♗e6 10.♗xb4 ♕f7 11.♕a4 ♗xc4 12.♗c5 und nun sind

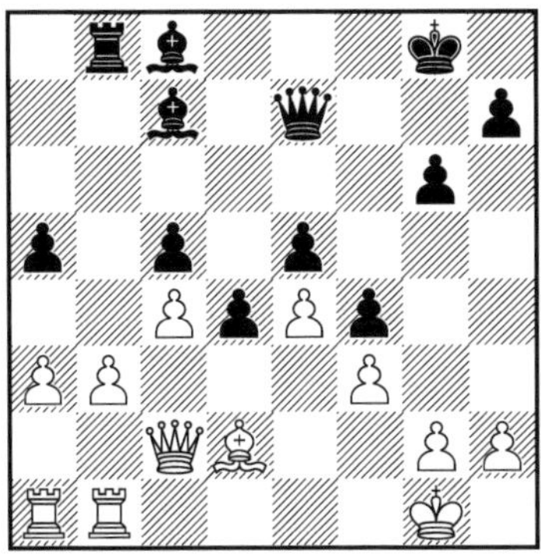

die Türme frei; Weiß gewinnt. **4...c5 5.♖f1 f5 6.♗g3 ♗d7 7.♖ad1 f4 8.♗f2 g5!** Startet einen typischen königsindischen Angriff. **9.g4?!** Weiß möchte die Stellung komplett schließen, was aber nicht funktioniert. **9...fxg3 10.♗xg3 ♗h3**

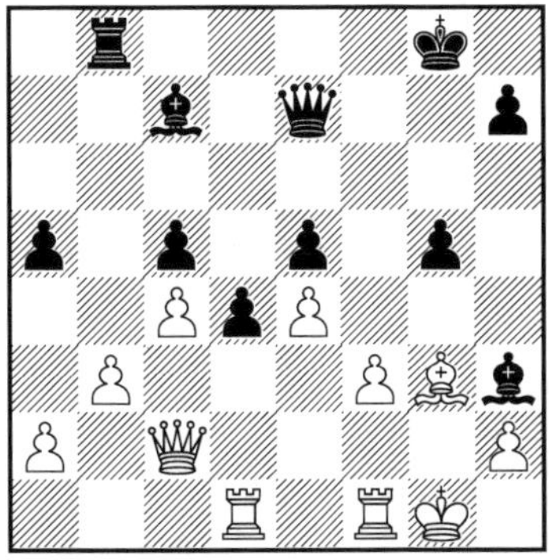

11.♖f2? Das zerstört die Harmonie der verteidigenden Kräfte, aber die schwarze Stellung ist auch einfacher zu spielen nach 11.♖fe1 ♖f8 12.♖d3 h5. **11...h5 12.♖fd2 h4?!** 12...♖f8 ist sogar präziser. **13.♗f2?** 13.♗e1 ♖f8 14.♖g2! war die letzte Chance, einen richtigen Kampf abzuliefern. **13...♖f8 14.♖d3 ♖f4 15.♔h1 ♔h7 16.♖g1 ♗d8 17.♕e2 ♕f7 18.♕d1 ♕h5 19.♗e3** Ljublinski entscheidet sich, die Qualität zurückzugeben, was zu einem schwierigen und wahrscheinlich verlorenen Endspiel führt. Seine Stellung war aber schwierig im Hinblick auf g4. **19...♕xf3+ 20.♕xf3 ♖xf3 21.♗xg5 ♖xd3 22.♗xd8 ♖e3 23.♗b6 ♖xe4 24.♗xc5 ♖e2 25.♖d1 ♗g4 26.h3 ♗xh3 27.b4 ♗f5 28.♗d6 d3 29.bxa5 h3 0–1**

7b) Blockade

Das hat ebenfalls mit den Möglichkeiten der Türme zu tun. Falls es die Leichtfiguren schaffen, gute Vorposten zu besetzen, dann könnte sich der materielle Vorteil als irrelevant erweisen. Das folgende Beispiel ist berühmt und könnte erfahrene Leser langweilen, darf aber in einem Kapitel über Qualitätsopfer nicht fehlen.

07.03
S. Reshevsky – T. Petrosjan
Kandidatenturnier Zürich 1953 **[S]**

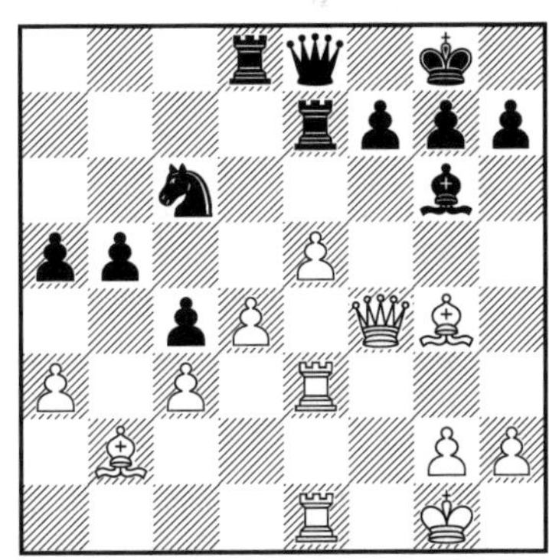

Weiß droht, eine starke Initiative im Zentrum und am Königsflügel zu entfalten, aber Petrosjan hat eine Überraschung parat: **25...♖e6!** Basierend auf

♘e7-d5 möchte Schwarz eine weißfeldrige Blockade aufbauen. **26.a4** 26.♗xe6 fxe6 27.♖f3 ♘e7 28.♖ef1 ♘d5 und Weiß kann nicht wirklich Fortschritte erzielen. Eine typische Form von Kompensation für eine Qualität ist ein starker Läufer ohne Gegenpart. Und hier ist der Springer auf d5 ebenfalls eine starke Figur. Aus praktischer Sicht ist es wahrscheinlich besser, nicht die Qualität anzunehmen mit 26.h4!? ♘e7 27.♖g3 ♘d5 28.♕d2 und Weiß behält Chancen für ein Spiel am Königsflügel. **26...♘e7!** 26...b4? erlaubt Weiß, die Stellung für seine langschrittigen Figuren zu öffnen mit 27.d5! ♖xd5 28.♗xe6 fxe6 29.♕xc4. **27.♗xe6 fxe6 28.♕f1 ♘d5 29.♖f3 ♗d3**

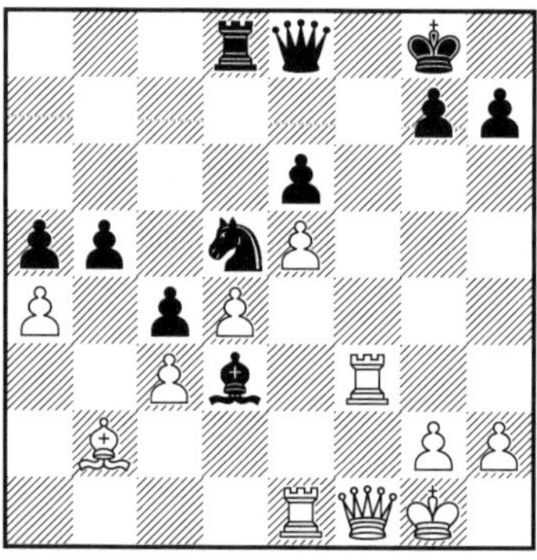

30.♖xd3! Weiß nimmt den Notausgang, um zu verhindern, dass die schwarze Initiative größer wird. Die Stellung ist jetzt ausgeglichen und gleitet ins Remis: **30...cxd3 31.♕xd3 b4 32.cxb4** 32.c4? trifft auf 32...♘b6 33.d5 exd5 34.cxd5 ♖xd5 35.♗d4 ♕e6 36.♕b3 ♖d6. **32...axb4** Möglich war auch 32...♘xb4 33.♕b5 ♕xb5 34.axb5 ♘d3 35.♖e2 ♖b8 36.♖d2 ♖xb5 37.♖xd3 ♖xb2 38.d5=.

33.a5 ♖a8 34.♖a1 ♕c6 35.♗c1 ♕c7 36.a6 ♕b6 37.♗d2 b3 38.♕c4 h6 39.h3 b2 40.♖b1 ♔h8 41.♗e1 ½-½

Eine Blockade ist auch eine Waffe, wenn man mit mehreren Figuren gegen eine Dame kämpft.

07.04
M. Adams (2670) –
V. Iwantschuk (2740)
Dortmund 1998 **[S]**

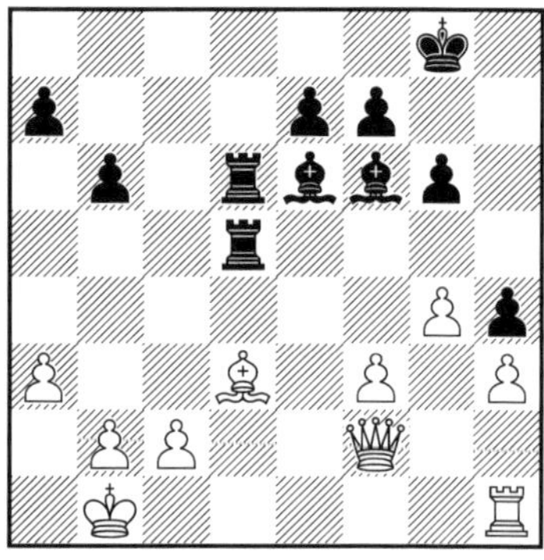

Schwarz muss schauen, dass er sichere Felder für seine Figuren erhält. **25...♖xd3!** Ist dementsprechend ein starkes Opfer. Iwantschuk ist eine Klasse für sich, wenn es darauf ankommt, den relativen Wert der Figuren zu ermitteln. 25...g5? 26.f4 gibt Weiß eine gefährliche Initiative. **26.cxd3 ♖xd3 27.♕e2 ♖b3 28.♖d1 g5!** 28...♖xb2+?! 29.♕xb2 ♗xb2 30.♔xb2 spielt Weiß in die Hände, da der Turm in solchen Endspielen stärker als der Läufer ist. **29.♖d2** Nach 29.♖d3?! kann Schwarz ins Endspiel übergehen, 29...♖xb2+ 30.♕xb2 ♗xb2 31.♔xb2, da ihm 31...♗c4! gutes Gegenspiel gibt. **29...♔g7 30.♕e4 a5 31.♔c1 b5 32.♔d1**

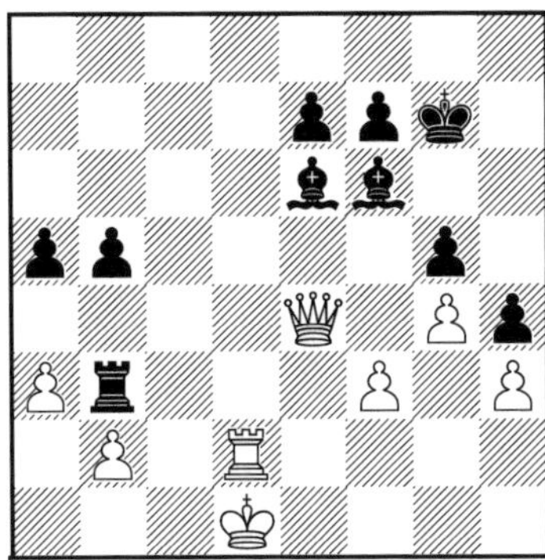

32...a4! Iwantschuk folgt seiner Strategie. Die zwei gierigen Alternativen sind minderwertig:

32...♗xb2?? 33.♖xb2 ♖xb2 34.♕d4++−; 32...♖xb2? 33.♖xb2 ♗xb2 34.♕b1+−. **33.♔e1 ♗c4 34.♔f2 e6 35.♕c2 ♗d5 36.♕d1 b4 37.axb4 ♖xb4 38.♕e2 ♖b3 39.♔g2 ♔g8 ½-½** Aus unserer Sicht musste schon ein Spieler wie Adams diese Stellung verteidigen, um sie zu halten. Hier einigten sich die Spieler auf Remis.

7c) Ungleichfarbige Läufer

Das berühmte Thema „Angreifen mit ungleichfarbigen Läufern" ist von der sowjetischen Schachschule ausführlich untersucht worden. Wenn man, unterstützt durch einen starken Läufer, auf einem Felderkomplex einer bestimmten Farbe angreift, ist der Verteidiger häufig erstaunlich hilflos, da sein Läufer nicht am Geschehen teilnimmt. Im folgenden Beispiel fand Karpow einen lehrreichen Weg, um seinen Bauern auf e4 zu verteidigen und gleichzeitig ein Gegenspiel zu initiieren.

07.05
A. Karpow (2725) –
B. Gelfand (2690)
Linares 1993 **[W]**

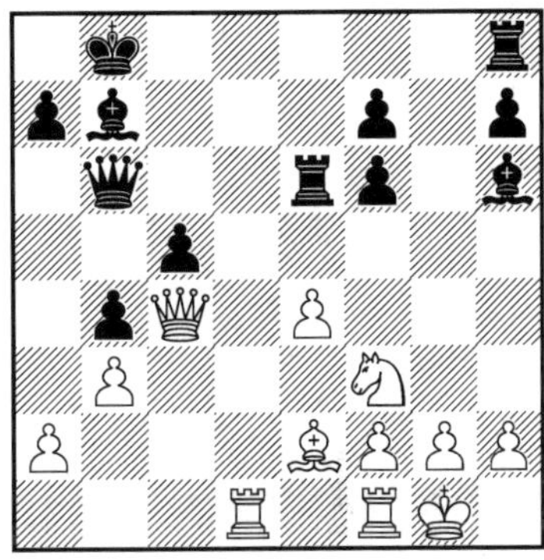

20.♖d5! Dieser Zug fühlt sich einfach gut an. **20...♖he8** 20...♗xd5 21.exd5 ♖e7 22.♖d1 (Karpow).

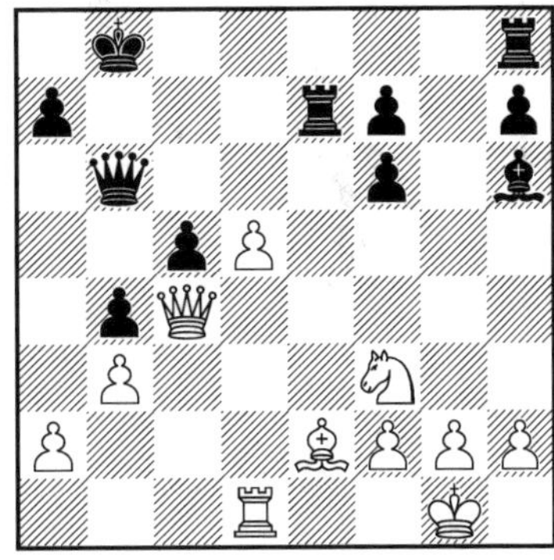

Weiß hat auf beiden Flügeln gutes Spiel, während sein Freibauer und seine Leichtfiguren die Einbruchsfelder im Zentrum kontrollieren. Am Damenflügel ist der geschwächte schwarze König aufgrund der ungleichfarbigen Läufer in ständiger Gefahr, während es am Königsflügel viele geschwächte weiße

Felder gibt, die man ausnutzen kann. Insbesondere ein weißer Springer auf f5 wäre sehr stark. Kurz gefasst, die weiße Stellung ist ausgezeichnet. **21.♗d3 ♖d8 22.♖d1 ♖ed6 23.♗e2 ♗xd5 24.exd5**

Nun erreichen wir das gerade beschriebene Szenario.

24...♕b7 25.♕h4 ♗f8 26.♗c4 ♖xd5? Verständlicherweise gibt Gelfand die Qualität zurück, aber seine Schwächen auf den weißen Feldern verbleiben. 26...h6 27.♖e1 ♕c8 ist zäher. **27.♗xd5 ♖xd5 28.♖e1 ♖d8 29.♕xf6** Weiß steht strategisch auf Gewinn. **29...♕c7 30.g3 ♗d6 31.♘g5 ♖d7 32.♖e8+ ♔b7 33.♘e4 ♕c6 34.♕f5 ♗e7 35.♔g2 ♖c7 36.♖h8 ♕g6 37.♕d5+ ♕c6 38.♕xc6+ ♔xc6 39.♖xh7 ♔d5 40.♘d2 ♗f6 41.♘c4 ♔d4 42.♖h6 ♖c6 43.g4 ♖e6 44.h4** Für einen Moment sah der schwarze König aktiv aus, aber Weiß setzt sich am Königsflügel durch. **44...♔d5 45.g5 1-0**

Im nächsten Beispiel spielt ein Blockadespringer ebenfalls eine Hauptrolle.

07.06
Wright – Huss
England 1973 **[W]**

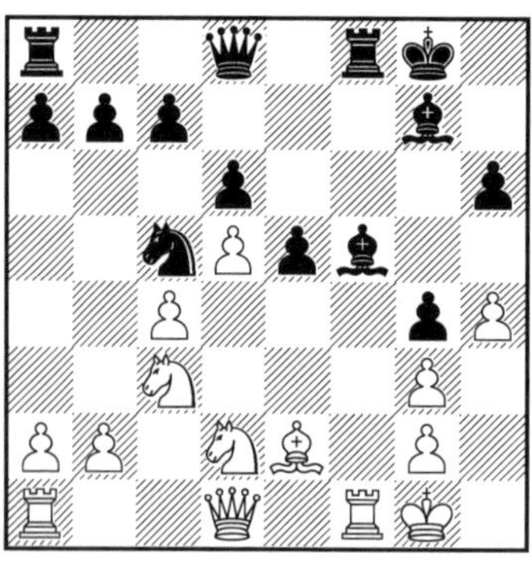

1.♖xf5! Ein sehr starkes Opfer, das das schwarze Gegenspiel eliminiert. Die Alternative 1.♗xg4 ♗d3 2.♗e2 e4 ist weniger klar. **1...♖xf5 2.♗xg4 ♖f8 3.♘de4 ♘xe4 4.♘xe4 ♕e7** 4...c6 5.♗e6+ ♔h8 6.♕h5 ♕b6+ 7.♔h2 ♕xb2?

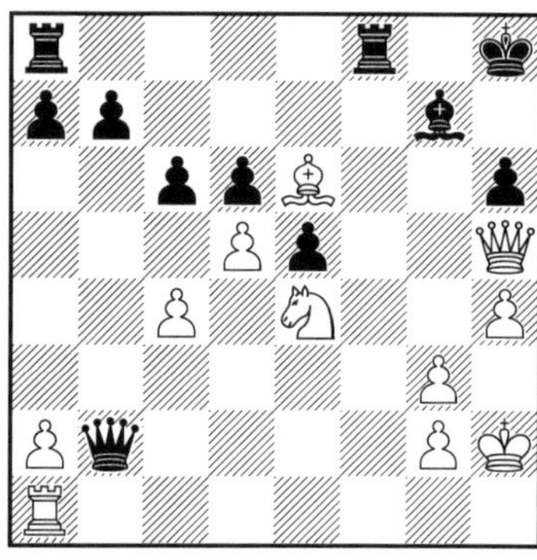

verliert im Hinblick auf 8.♕g6! ♕c2 (8...♕xa1 9.♘g5! hxg5 10.♕h5+ ♗h6 11.♕xh6# ist die Pointe.) 9.♖c1! ♕d3 10.♖c3 ♕d1 11.♘xd6 und der Angriff schlägt durch. **5.♗e6+ ♔h8 6.a4 a5 7.♖a3!** Der Turm greift entscheidend ins Geschehen ein. **7...c6?!** Das schafft nur weitere Ziele für Weiß. Die Stellung war allerdings schon sehr schwierig zu verteidigen für Schwarz. 7...♕e8 ist deutlich zäher. **8.♕g4 cxd5 9.♗xd5 ♖ad8 10.♖b3** Schwarz hat kein Gegenspiel und steht strategisch auf Verlust. **10...b5 11.axb5 a4 12.♖b4 a3 13.bxa3 ♕a7+ 14.b6 ♕xa3 15.♖b1 ♕d3 16.♖d1 ♕e3+ 17.♔h2 ♕xb6 18.♕g6 ♕c7 19.♘g5 hxg5 20.♗e4 ♗f6 21.♕h6+ ♔g8 22.♗d5+ ♖f7 23.♕xf6 ♖df8 24.♖f1 1-0**

Im nächsten Beispiel ist die schwarze Kompensation nicht so offensichtlich.

07.07
J. Stanke (2322) –
M. van Delft (2341)
Internationale Hamburger Meisterschaft 2003 **[S]**

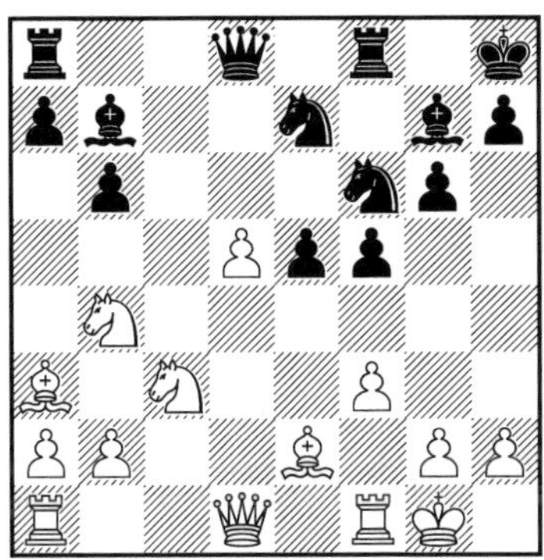

19...♗xd5! Hier entschied ich (MvD) mich, die Qualität auf f8 zu opfern und auf die ungleichfarbigen Läufer zu setzen. 19...♘fxd5?! 20.♘bxd5 ♘xd5 21.♘xd5 ♗xd5 22.♗xf8 ♗xf8 mit Läuferpaar wäre normaler gewesen, doch nach etwas wie 23.b3 ♗c5+ 24.♔h1 ♗d4 25.♖c1 ♕e7 26.♕c2 wird Weiß langsam aber sicher die Kontrolle übernehmen und Figuren abtauschen.

20.♘cxd5 ♘fxd5? Während der Partie erkannte ich nicht, dass Weiß nicht zwangsläufig auf d5 schlagen muss. Dementsprechend hätte ich mit dem unglücklich auf e7 platzierten Springer auf d5 nehmen sollen,

20...♘exd5. Als Randnotiz: Die schwarze Problemfigur im Königsinder ist häufig nicht der Läufer auf g7, sondern der Springer auf e7. Der Unterschied lautet jetzt 21.♕b3 (21.♘c6 ♕e8 muss Schwarz nicht fürchten.) 21...♘f4 22.♗b5 ♘6h5! gefolgt von ♕g5. **21.♕b3!** Weiß stiehlt Schwarz die Show, indem er seinerseits ein positionellen Bauernopfer anbringt. 21.♘xd5 ♘xd5 22.♗xf8 ♗xf8

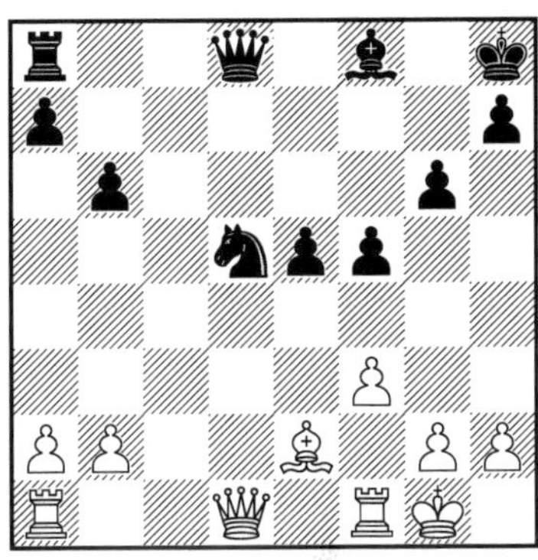

ist die Stellung, die ich anstrebte und nach 23.♗a6 ♘e3 24.♕xd8 ♖xd8 25.♖fe1 ♗c5 26.♔h1 und jetzt gibt 26...♖d2!? (Ein untypischer Turmtausch, der aber a7 befreit.) 27.♖e2 ♖xe2 28.♗xe2 a5 Schwarz gute Kompensation wegen des außer Spiel befindlichen weißen Königs. **21...♘f4 22.♗a6?** Das gibt Schwarz die Chance, ins Spiel zurückzukehren. Stattdessen hätte 22.♗b5! Schwarz zusammengeschnürt. **22...♕d4+?** Verpasst die Chance. Nach 22...b5! 23.♔h1 ♕b6 betreibt Weiß Schadenskontrolle mit 24.♘d3 ♘xd3 25.♗xe7 ♖fe8 26.♗xb5 ♖xe7 27.♗xd3, aber offensichtlich spielt nur Schwarz auf Gewinn mit 27...♕xb3 28.axb3 e4. **23.♔h1 ♕d2 24.♖g1 ♗f6??** Das verliert einfach. Natürlich musste Schwarz 24...♖fd8! spielen. 25.♖ad1 ♕f2 26.♘d3 ♘xd3 27.♖xd3 (Während der Partie realisierte ich nicht, dass 27.♗xe7 einfach mit 27...♖e8 beantwortet werden kann – stattdessen sah ich nur und fand es schade, dass 27...♕c5 und 27...♕h4 nicht funktionieren.) 27...♖xd3 28.♕xd3 ♘g8 und der Kampf geht weiter. **25.♖ad1 ♕f2 26.g3 ♘h3 27.♖gf1!** Der entscheidende Zug. **27...♕c5 28.♘d5 1-0**

7d) Ein starker Läufer ohne Gegenpart

Das ist eine der solidesten Formen von Kompensation, da der Läufer eine langschrittige Figur ist und der Gegner sie daher nicht leicht neutralisieren kann. In den meisten der vorherigen Beispiele spielte dieser Faktor schon eine Rolle, aber jetzt schauen wir uns noch extremere an. Im WM-Kampf 1990 zwischen Kasparow und Karpow in New York entwickelte Kasparow einige fantastische Ideen und verschob die Wahrnehmung, was im Schach alles möglich ist.

07.08
A. Karpow (2730) –
G. Kasparow (2800)
WM New York/Lyon (m11) 1990

1.d4 ♘f6 2.c4 g6 3.♘c3 ♗g7 In der Königsindischen Verteidigung ist der schwarzfeldrige Läufer, wie in der Drachenvariante der Sizilianischen Verteidigung, häufig ähnlich stark wie ein Turm. **4.e4 d6 5.♘f3 0-0 6.♗e2 e5 7.♗e3**

(Siehe nächstes Diagramm)

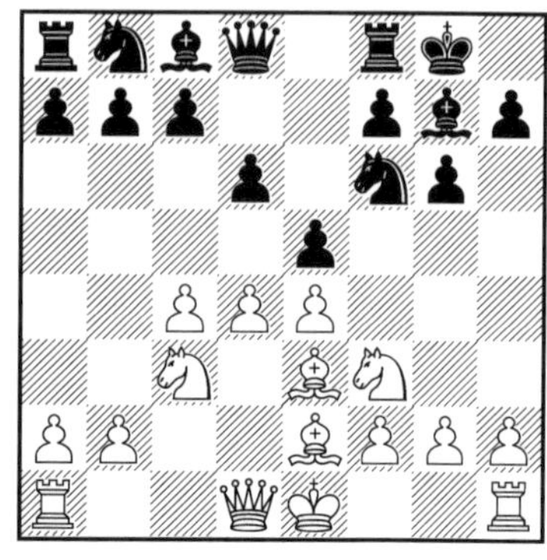

7...exd4!? Ein sehr ehrgeiziger Zug. 7...♘g4 wird am häufigsten vertraut, während 7...♘a6 die moderne Alternative darstellt.

Nicht gut ist hier der Standardzug 7...♘c6?! wegen 8.d5 ♘e7 9.♘d2 und Weiß hat im Vergleich zur Hauptvariante (7.0-0 ♘c6 8.d5 ♘e7 9.♘e1 ♘d7 10.♗e3 und 9.♘d2) seinen Läufer optimal auf e3 platziert. In der dritten Partie des WM-Kampfs wählte Kasparow die noch ungewöhnlichere Fortsetzung 7...♕e7!? 8.dxe5 dxe5 9.♘d5 und nun spektakulär 9...♕d8!? (9...♘xd5 10.cxd5 führt laut Kasparow zu einem lang anhaltenden weißen Vorteil.) 10.♗c5 ♘xe4 11.♗e7! (Sofort 11.♗xf8 ♗xf8 12.♕c2 ♘c5 13.♘xe5 ♗f5 gibt Schwarz gute Kompensation für die Qualität, da die weißen Springer zurückgedrängt werden.) 11...♕d7 12.♗xf8 ♔xf8 13.♕c2? (Kritisch ist 13.♕d3! ♘d6 14.♕a3 ♘c6 15.♖d1 ♘d4 16.♘xd4 exd4 17.0-0 wie in der früheren Partie Scheeren – Baljon, Niederlande 1987, und jetzt gibt 17...♔g8 18.♖fe1 ♕d8 19.c5 ♘f5 20.♗c4 Weiß einen klaren Vorteil, insbesondere weil 20...♗e6 das Gegenopfer 21.♖xe6! fxe6 22.♘f4 erlaubt mit einem starken Angriff wegen der ungleichfarbigen Läufer.) 13...♘c5 14.♖d1 ♘c6! Die Pointe des schwarzen Spiels; er gibt die Dame. 15.0-0! Hält sich noch zurück. 15.♘b6 axb6 16.♖xd7 ♗xd7

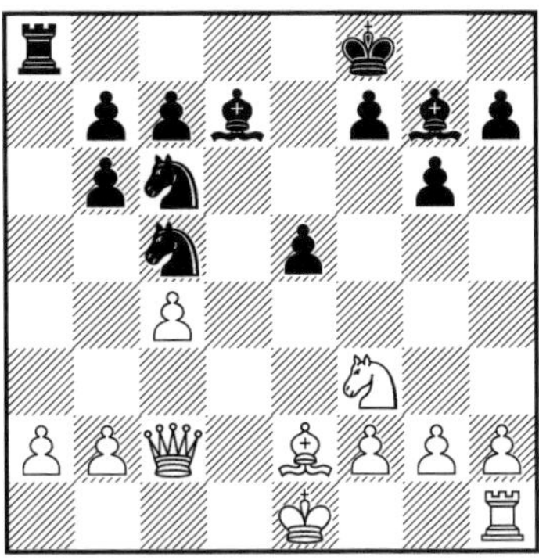

gibt Schwarz gute positionelle Kompensation für das geopferte Material.

15...♘e6!? Kasparow fühlte, dass 15...♘d4 16.♘xd4 exd4 nicht im Geiste der Idee war. 16.♘b6 axb6 17.♖xd7 ♗xd7 18.♕d2 ♗e8!

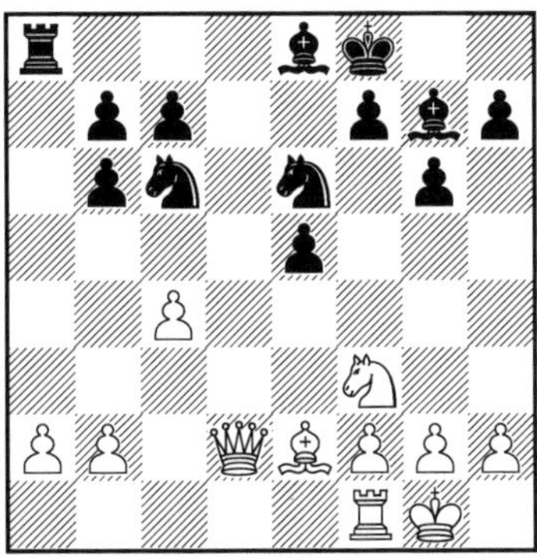

Kasparow erklärt, dass ein korrektes (oder fast korrektes) Damenopfer daran zu erkennen ist, ob die Leichtfiguren zusammen die potenziellen Schwächen, die die gegnerische Dame angreifen könnte, abdecken können. 19.b3 e4 20.♘e1? Ein sehr passiver Zug. (Weiß könnte auch 20.♘g5 spielen, da er den Bauern a2 sowieso verlieren wird.) 20...f5 21.♗d1 ♘e5 22.♘c2 ♖xa2

23.♕d5!? Karpow möchte die Dame zurückgeben, aber das resultierende Endspiel wird sehr schlecht sein.

23...♔e7 24.♘b4 c6 25.♕xe6+ ♔xe6 26.♘xa2 und obwohl Karpow den Eröffnungskampf klar verloren hatte, schaffte er es, ins Remis zu entwischen; Karpow – Kasparow, New York (3) 1990. **8.♘xd4 ♖e8 9.f3 c6 10.♕d2** 10.♗f2! d5 11.exd5 cxd5 12.0-0 ♘c6 13.c5 ist die richtige Zugfolge, die das Qualitätsopfer verhindert. **10...d5 11.exd5 cxd5 12.0-0 ♘c6 13.c5** (siehe Diagramm)

13...♖xe3! Eine von Kasparows berühmtesten Innovationen. Sein Läuferpaar und insbesondere sein schwarzfeldriger Gigant geben ihm hervorragende Kompensation.

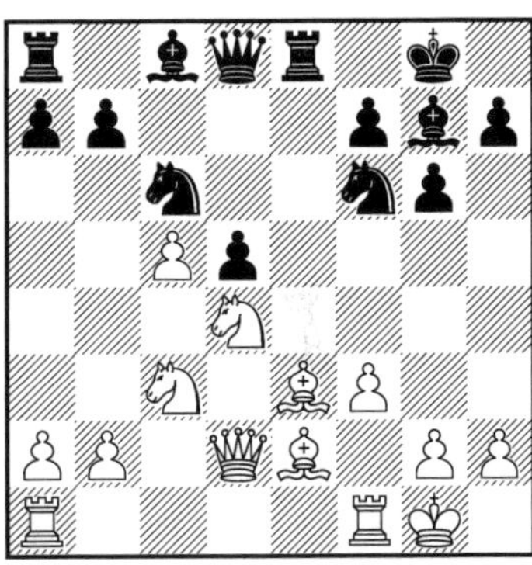

Kasparow merkte an, beeinflusst von der dritten Partie, dass er mit der extravaganten Idee 13...♕e7 14.♗f2 ♕xc5 15.♘e6 (15.♘xc6! ♖xe2 [oder 15...♕xc6 16.♗b5] 16.♘xe2 ♕xc6) schwanger ging. Das Problem ist aber hier, dass er zwar einen Bauern hat, aber keine positionelle Kompensation für die Qualität, was schwerer wiegt; der Läufer auf c8 beißt auf Granit, und Weiß hat gute Kontrolle über die schwarzen Felder. 15...♕xf2+!? 16.♖xf2 ♗xe6. Kasparow realisierte, dass er das Gleiche nur auf Kosten einer Qualität erreichen kann. **14.♕xe3 ♕f8!** Natürlich nicht 14...♘g4?? 15.♘xc6+−. **15.♘xc6** Zwei Jahre später wurde die Variante wieder getestet, aber Weiß konnte keinen Vorteil nachweisen: 15.♘cb5 ♕xc5 16.♖ac1 ♕b6 17.♕f2 ♗d7! Entwickelt einfach die restlichen Figuren. 18.♖fd1 ♖e8 19.♗f1 ♗h6 20.♖c3 ♘b4 gab Schwarz gute Kompensation in Gelfand – Kasparow, Linares 1992, und später gewann Schwarz die Partie. An dieser Stelle wäre 21.a3 ♘a2 22.♖b3 ♘c1 23.♖c3 ♘a2 mit Zugwiederholung das logische Ende gewesen. **15...bxc6 16.♔h1 ♖b8!** Der Beginn eines starken Turmmanövers. **17.♘a4 ♖b4 18.b3 ♗e6 19.♘b2 ♘h5 20.♘d3 ♖h4 21.♕f2 ♕e7 22.g4!** Weiß muss sehr vorsichtig sein; denn nur dieser Zug garantiert ihm das Remis.

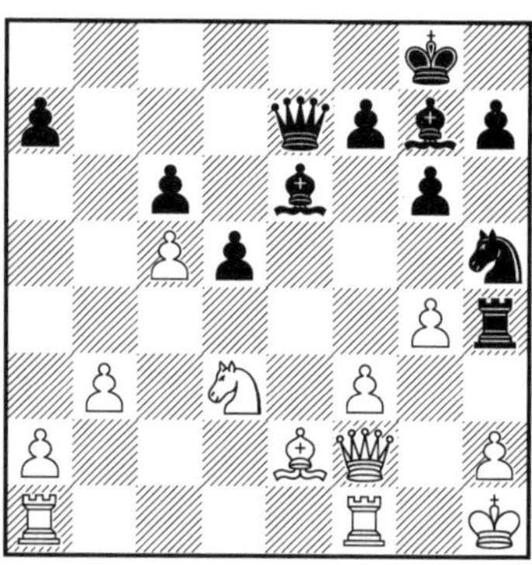

22...♗d4! Forciert das Dauerschach. Schwarz sollte nicht zu optimistisch agieren, da sein Turm nach 22...♗xa1? 23.♖xa1 ♕f6 24.♖e1 ♘g7 25.♕g3 eingesperrt bleibt. **23.♕xd4 ♖xh2+ 24.♔xh2 ♕h4+ ½-½**

07.09
C. Richter (2442) – M. Bosboom (2390)

Holländische Mannschafts-meisterschaft 2006

Auf die gleiche Art und Weise spielt der holländische Schachkünstler Manuel Bosboom. Anstatt positionelle Zugeständnisse zu machen, opfert er lieber Material. **1.d4 ♘f6 2.♘f3 d6 3.g3 g6 4.♗g2 ♗g7 5.c4 0-0 6.♘c3 ♘bd7 7.0-0 e5 8.e4 c6 9.h3 exd4 10.♘xd4 ♕a5?!** Bosbooms persönliche Interpretation der Fianchetto-Variante der Königsindischen Verteidigung. **11.♗e3** Das präventive 11.♘de2!? reicht auch für ein weißes Plus. **11...♘b6 12.♘b3 ♕h5 13.♕xh5 ♘xh5 14.♘a5 ♖e8** 14...♗e6 15.g4 ♘f6 16.♖fd1 ist die Hauptvariante mit Vorteil für Weiß. **15.g4**

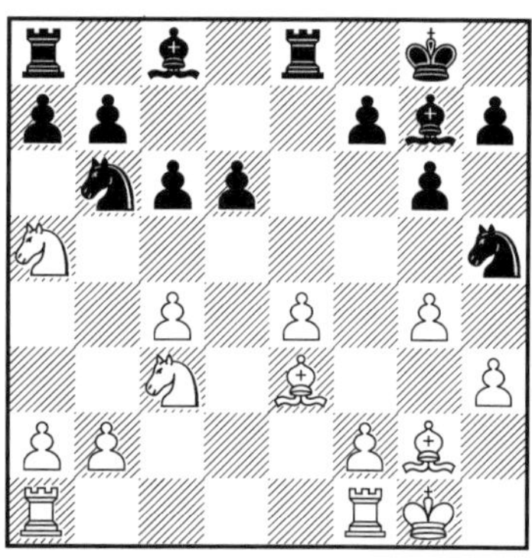

15...♖e5!? Die Einführung eines kreativen positionellen Konzepts. **16.c5 ♘f6 17.f4 ♖xc5!** Das war die Idee. Schwarz gibt den Turm für den schwarzfeldrigen Läufer.

18.♗xc5 dxc5 19.♖ad1 19.g5!? ♘fd7 (19...♘e8 20.e5 ♘c7 21.♖ad1 ♘bd5 22.♘xd5 cxd5 23.♗xd5 ♘xd5 24.♖xd5

♗xh3 25.♖fd1) 20.e5 ♘f8 21.♖ad1 ♘e6 22.♘e2 h6 23.h4 und in beiden Fällen haben die schwarzen Leichtfiguren nicht genügend Gegenspiel kreiert.

19...♘fd7 20.e5 g5 21.e6? Mit originellen Ideen konfrontiert greift Weiß fehl. 21.e6? erlaubt Schwarz, einen starken Springer auf d5 zu installieren, wonach Schwarz genug Zeit hat, um seine restlichen Figuren ins Spiel zu bringen. 21.fxg5 ♗xe5 22.♖fe1 war angesagt und der Druck der weißen Türme ist spürbar. **21...fxe6**

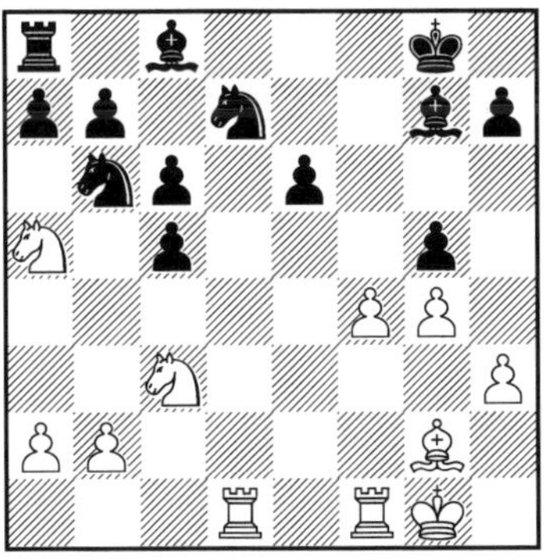

22.fxg5? 22.f5, um den Springer auf d5 zu unterminieren, war besser, aber nach 22...exf5 23.♖xf5 h6 hält sich der weiße Vorteil in Grenzen. **22...♘d5 23.♘e2 ♗e5!?** Bosboom ist, typisch für ihn, nicht interessiert, das materielle Gleichgewicht wiederherzustellen mit 23...♘e3 24.♘xb7 ♘xf1 25.♔xf1 ♖b8 26.♗xc6 ♗xb7 27.♗xd7 ♗d5 28.b3 c4 29.bxc4 ♗xc4=. **24.♖f3?** 24.♘c4 ♗c7 25.♘c3 ist umsichtiger. **24...♗c7 25.♘c4 b5 26.♘a3 ♘e5 27.♖f2 ♖b8 28.♘c2 ♗d7 29.♗e4 c4** Ab jetzt erfreut sich Bosboom seiner Stellung und verbessert sie in kleinen Schritten.

30.♔g2 ♗b6 31.♖ff1 ♗d8 32.♘ed4 ♗xg5 33.♘f3 ♗f6 34.♘xe5 ♗xe5 35.♗xh7+ ♔g7 36.b3 cxb3 37.axb3 a5 38.♖de1 ♗c3 39.♖e2 a4 40.bxa4 b4 41.♗d3 b3 42.♘a3 ♖b4 43.♔g3 ♖xa4 44.♘b1 ♗b4 45.♖b2 ♗d6+ 46.♔f3 c5 47.♘d2 ♖d4 48.♗c4 ♗c6 49.♗xb3 ♘f4+ 50.♔e3 ♖d3+ 51.♔f2 ♗e5 52.♖a2 ♖xh3 53.♗c4 ♖c3 54.♖b1 ♔f6 55.♗f1 ♗d5 56.♖ab2 ♗d4+ 57.♔e1 ♖e3+ 58.♔d1 ♗xb2 Erst jetzt holt sich Schwarz die Qualität zurück. **59.♖xb2 ♔e5 60.♖b8 ♖g3 61.♖g8 ♔d4 62.♔c2 c4 63.♖f8 e5 64.♖d8 ♖c3+ 65.♔d1 ♘d3 66.♗xd3 cxd3?** Belohnt letztendlich den weißen Widerstand. 66...♖xd3 gewinnt. **67.♘f3+ ♔e4 68.♘d2+ ♔d4 69.♘f3+ ♔c5 70.♘xe5 ♖a3 71.♔d2 ♔d4 72.♘f3+ ♔e4 73.♘g5+ ♔d4 ½-½**

7e) Die Initiative

07.10
R. Kasimdshanow (2678) –
G. Kasparow (2804)
Linares 2005 **[S]**

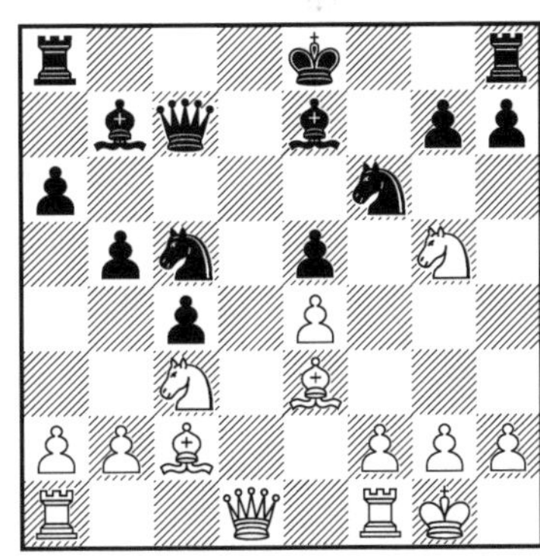

Das folgende Opfer war im Grunde genommen eine Erfindung des Computerprogramms Deep Junior. Kasparow und sein Sekundant Dochojan fanden heraus, dass danach eine positive Stellungsbeurteilung für Schwarz angezeigt wird: **17...0-0! 18.♗xc5**

Ablehnung des Opfers stellt keine Probleme für Schwarz: 18.b4 cxb3 (18...h6 19.♗xc5 hxg5 20.♗xe7 ♕xe7 21.a3 ♖ad8 22.♕e2 g4 23.♖ad1 ♖d4=, Kasparow in *New in Chess Magazine* 2005/3.) 19.♗xb3+ ♘xb3 20.♕xb3+ ♕c4 21.♕xc4+ bxc4 22.♖ab1 ♗c6 23.f3 ♖fd8= (Kasparow). **18...♗xc5 19.♘e6 ♕b6 20.♘xf8 ♖xf8**

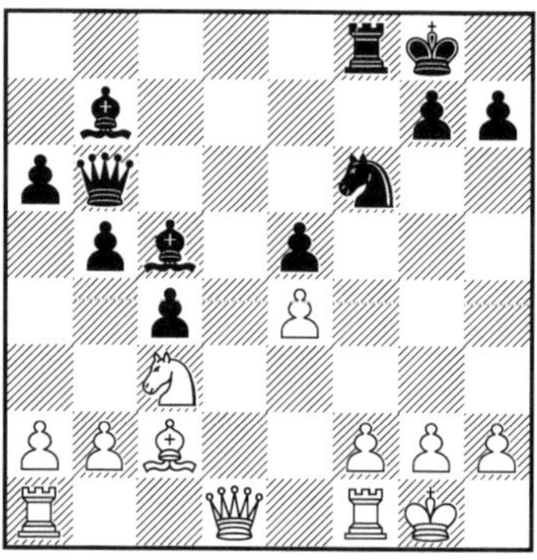

Schwarz besitzt das Läuferpaar, übt starken Druck auf den schwarzen Feldern aus (insbesondere gegen den Punkt f2) und hat die Initiative. Dementsprechend muss Weiß sehr genau spielen, um auszugleichen, da er schon einige Probleme zu lösen hat. **21.♘d5**

Kasparow zeigte, dass Schwarz die Alternativen nicht fürchten muss:

21.a4 ♗xf2+ (21...b4 22.♘d5 ♘xd5 23.exd5 ♗xf2+ 24.♔h1 b3 25.♗e4 ♕e3 26.♗f3 e4 27.♗g4 ♕c5 28.♗e6+ ♔h8 29.d6 e3 30.d7 ♕b6 31.♗xc4 ♗xg2+ 32.♔xg2 ♕g6+ 33.♔h3 ♕h6+ mit Dauerschach) 22.♔h1 ♗d4 23.axb5 axb5 und 21.♕e2 ♕e6 mit Gegenspiel in allen Fällen. **21...♗xd5 22.exd5 ♗xf2+ 23.♔h1** 23.♖xf2?? läuft in 23...♘g4−+. **23...e4 24.♕e2?** Weiß beginnt, den Faden zu verlieren. 24.d6 e3 25.♗f5 (25.d7? g6) 25...g6 26.♗h3 ♔g7 27.d7 ♘h5= (Kasparow). **24...e3**

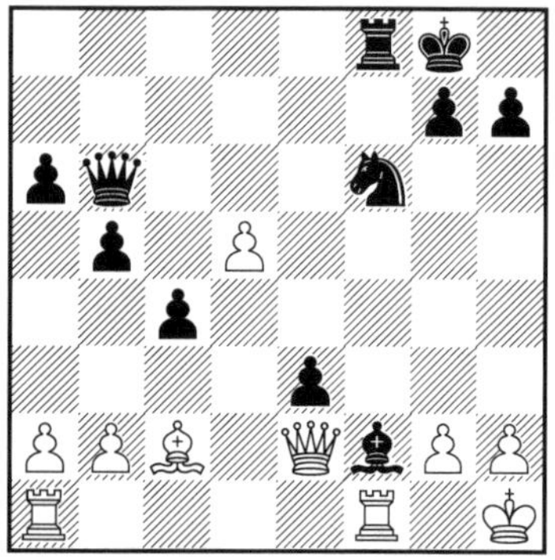

25.♖fd1? Das entfernt einen wichtigen Verteidiger vom Königsflügel. Kasimdshanow möchte beide Türme aktivieren, aber sein Plan ist zu ehrgeizig und langsam. Der schwarze Angriff ist entscheidend. 25.♖ad1 ♕d6 26.♗f5 ♔h8 27.♖xf2 exf2 28.♕xf2 ♘g4 29.♕h4 ♖xf5 30.♕xg4 ♕xd5 31.h4 h5 32.♖xd5 ♖f1+ 33.♔h2 hxg4 34.a4 (Kasparow) gibt Weiß immer noch gute Remischancen.

25...♕d6! Führt langsam aber sicher alle Figuren zum weißen König. **26.a4 g6 27.axb5 axb5 28.g3 ♘h5** Lädt jeden zur Party ein. **29.♕g4 ♗xg3!** Öffnet entscheidend die Königsstellung. **30.hxg3** Die Alternativen funktionieren auch nicht: 30.♕e6+ ♕xe6 31.dxe6 ♗h4−+; 30.♖g1 ♗xh2 31.♕xh5 ♗xg1 32.♖xg1 ♖f1 33.♕g4 ♖f2 34.♖g2 e2−+. **30...♘xg3+ 31.♔g2 ♖f2+ 32.♔h3 ♘f5 33.♖h1 h5 34.♕xg6+ ♕xg6 35.♖hg1 ♕xg1 36.♖xg1+ ♔f7 0–1**

Im folgenden Beispiel macht sich der psychologische Vorteil, die Initiative zu besitzen, ebenfalls bemerkbar:

07.11

I. Krush (2411) – P. Wells (2517)

Hastings 2002

1.d4 ♘f6 2.c4 e6 3.♘c3 ♗b4 4.e3 0-0 5.♗d3 d5 6.♘f3 c5 7.0-0 dxc4 8.♗xc4 cxd4 9.exd4 b6 10.♗g5 ♗b7 11.♘e5

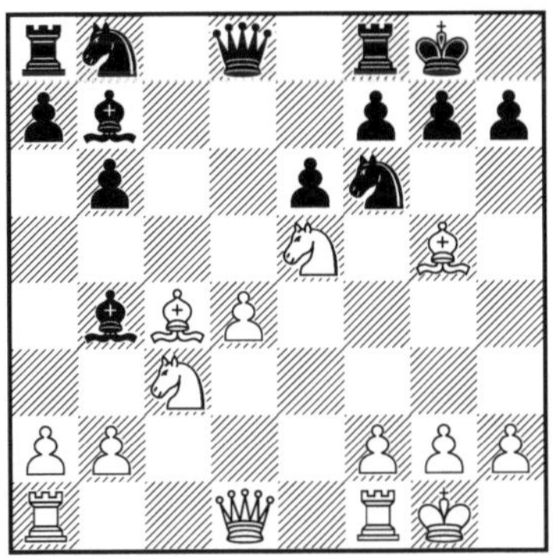

11...♘c6!? Dieser aktive Zug punktet am besten, da er Weiß auf Kosten einer Qualität die Initiative entreißt. Die Hauptvarianten 11...♗xc3 und 11...♗e7 geben Weiß gefährliches Spiel. **12.♗xf6 ♕xf6** Das ist die Pointe. 12...gxf6? 13.♘xc6 ♗xc6 14.d5! spielt Weiß in die Hände, z.B. 14...♗xc3 15.dxc6 ♗xb2 16.♕g4+ ♔h8 17.♖ad1 ♕c7 18.♗xe6+– Buckley – Kunte, London 2001. **13.♘d7 ♕h4 14.♘xf8 ♖xf8**

(siehe nächstes Diagramm)

15.a3! Ein starker *Zwischenzug,* der die Harmonie der schwarzen Armee stört. **15...♗e7 16.d5 ♗d6**

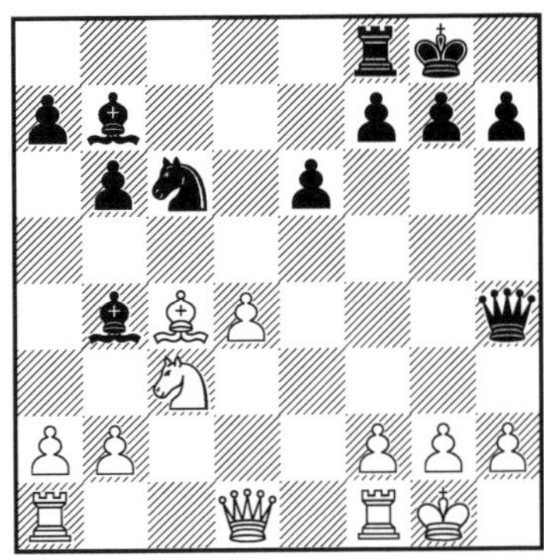

Schwarz nutzt seine Initiative, um den Druck gegen den weißen König zu vergrößern. 16...♕xc4 17.dxc6 ♕xc6 18.f3 ♗a6 ist die Alternative. **17.f4** 17.g3 ♕xc4 18.dxc6 ♕xc6 19.f3 „Mein Gefühl sagt mir, dass Schwarz mit dem Läuferpaar und Bauern gegen Turm und Springer genug Spiel haben sollte. Die Bewertung eines Qualitätsopfers hängt aber immer davon ab, ob die Seite mit dem Mehrturm über offene Linien verfügt. Aus diesem Grund steht für mich außer Frage, dass Weiß schlechter steht." (Wells in CBM 87). **17...exd5?** Das dürfte zu optimistisch sein. Am Brett gestaltet sich die weiße Verteidigungsaufgabe natürlich schwierig. 17...♘a5 18.g3 ♗c5+ 19.♔g2 ♕f6 20.♗a2 ♗xa3 ist vorzuziehen. Weiß hat nur einen Minivorteil. **18.♘xd5** 18.g3? ♗c5+ 19.♔g2 ♕f6 20.♗xd5 ♖d8 und seine Initiative gibt Schwarz Kompensation. **18...♘e5**

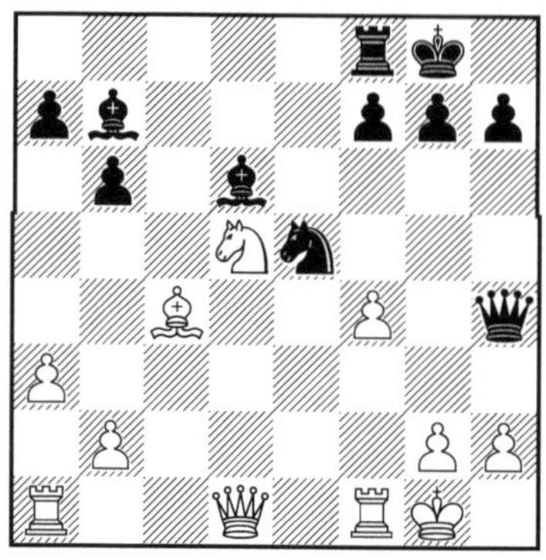

19.♕e2? Jetzt hat Schwarz zumindest genügend Spiel für die Qualität. 19.g3! ist der kritische Test:

19...♗c5+ 20.♔g2 (20.♔h1? ♘xc4!! 21.gxh4 ♖d8 „gibt Schwarz einen starken Angriff, wie ich während der Partie sah. Der weiße König braucht das Feld h3" – Wells.) 20...♕g4 21.♗a2 ♕xd1 22.♖fxd1! ♘g4

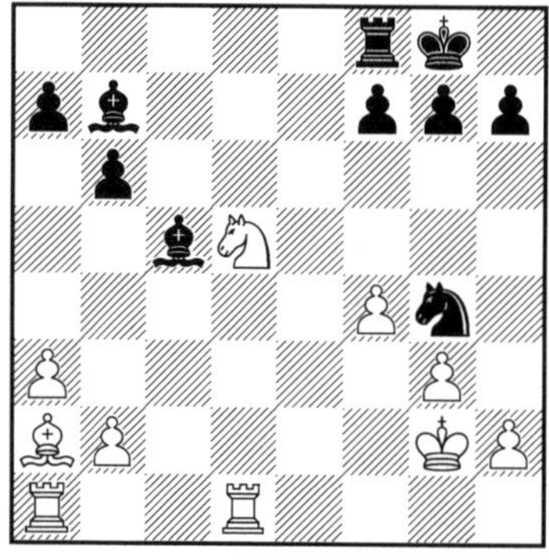

23.♖d2! „Diesen Zug hatte ich übersehen. Ich musste den schwarzen Angriff überdenken. Der theoretische Status der gesamten Variante steht auf dem Prüfstein!" (Wells). **19...♘g4 20.h3 ♗c5+ 21.♔h1 ♘e3 22.b4** 22.♘xe3?? ♕xh3+ 23.♔g1 ♗xe3+ 24.♖f2 ♕xg2#

22...♗d4 ½-½

7f) Typische Qualitätsopfer

Eine letzte Anmerkung über Qualitätsopfer

einige Qualitätsopfer müssen einfach gespielt werden:

7f1) Sizilianische Qualitätsopfer

Das sizilianische Qualitätsopfer auf c3 ist sehr bekannt. Die Daumenregel lautet, dass es korrekt ist, wenn Weiß lang rochiert hat und wie im folgenden klassischen Beispiel mit dem b-Bauern zurückschlagen muss.

07.12
S. Movsesjan (2668) –
G. Kasparow (2851)
Sarajevo 2000

1.e4 c5 2.♘f3 d6 3.d4 cxd4 4.♘xd4 ♘f6 5.♘c3 a6 6.♗e3 e6 7.f3 b5 8.♕d2 ♘bd7 9.0-0-0?! Es ist genauer, mit 9.g4 zu beginnen. **9...♗b7 10.g4 ♘b6 11.♕f2 ♘fd7 12.♔b1?!** Der falsche prophylaktische Zug. Weiß sollte das Qualitätsopfer mit 12.♗d3 ♖c8 13.♘ce2! verhindern. **12...♖c8 13.♗d3** 13.♘ce2 war immer noch vorzuziehen. (Siehe Diagramm)

13...♖xc3! Schwarz erhält gewaltige Kompensation für die Qualität und sein Angriff ist leichter zu spielen als der weiße. **14.bxc3 ♕c7** 14...♘a4!? 15.♘e2 ♗e7 ist die flexiblere Alternative, da die Dame auch nach a5 gehen kann. **15.♘e2 ♗e7**

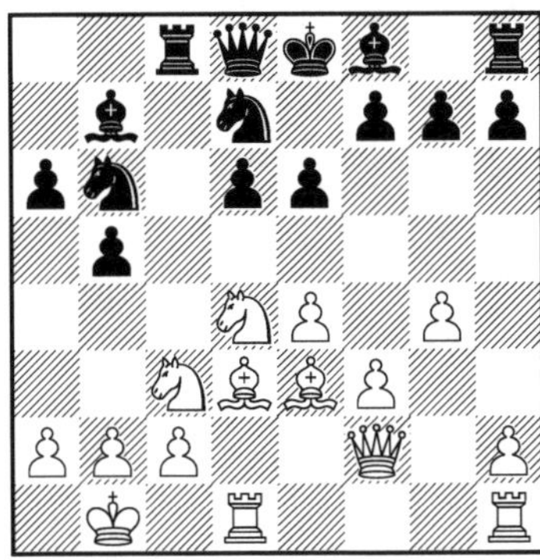

16.g5 0-0! Kasparow bringt in aller Ruhe seinen Turm ins Spiel. Sein König ist am Königsflügel natürlich der Gefahr ausgesetzt, doch da sein Angriff schneller ist, stellt das kein wirkliches Problem dar. **17.h4 ♘a4 18.♗c1?!** Weiß hat keine Zeit für solche langsamen Züge und sollte stattdessen sofort 18.h5 spielen. **18...♘e5 19.h5 d5! 20.♕h2 ♗d6 21.♕h3?** 21.♕f2 und Kasparows Vorschlag 21.♗f4 sind kritischer, aber es gibt keinen Zweifel, dass der schwarze Angriff gefährlicher ist. **21...♘xd3 22.cxd3**

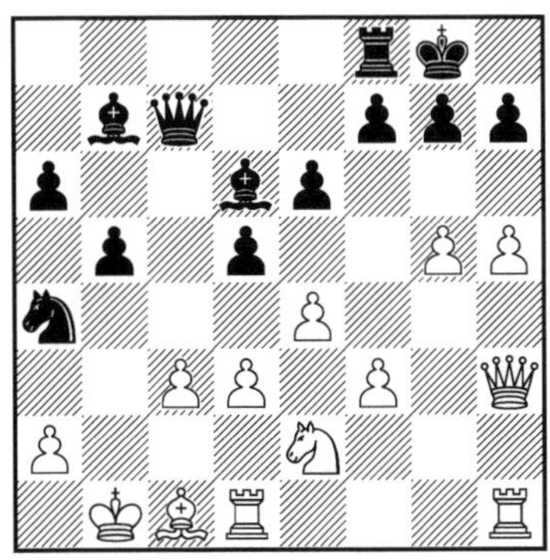

22...b4! 22...♘xc3+? 23.♘xc3 ♕xc3 24.♗b2 spielt Weiß in die Hände, da er Zeit gewinnt und seinen passiven Springer los wird. **23.cxb4?** Das hilft nur Schwarz und öffnet Wege, die lieber mit 23.c4! hätten geschlossen bleiben sollen. Schwarz steht freilich weiterhin besser nach 23...dxc4 24.g6 cxd3 25.♖xd3 ♖c8 26.♖d2 ♗e5 (Kasparow). **23...♖c8 24.♔a1 dxe4?!** 24...♗xb4! 25.♕h2 ♕c2−+ (Kasparow) ist sogar überzeugender. **25.fxe4**

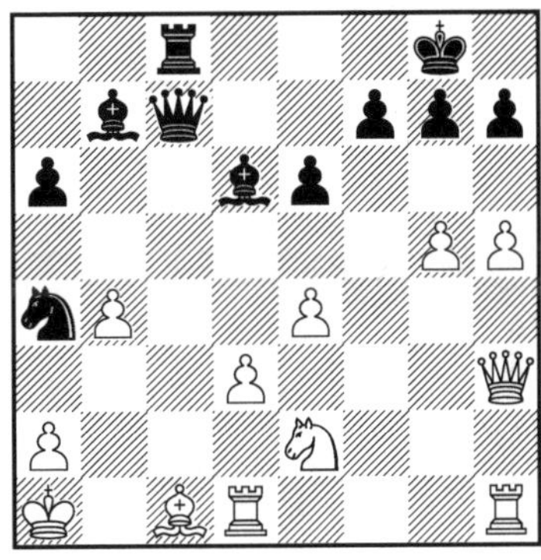

25...♗xe4! Beginnt den entscheidenden Angriff.

26.g6 26.dxe4? läuft in 26...♗e5+ 27.♘d4 ♗xd4+ 28.♖xd4 ♕xc1+ 29.♖xc1 ♖xc1# (Kasparow).

26...♗xh1 27.♕xh1 ♗xb4 28.gxf7+ ♔f8!? Es ist eine gute praktische Entscheidung, den Bauern f7 als Schutzschild zu benutzen. Objektiv gewinnt auch 28...♔xf7 29.♗b2 ♘xb2 30.♖c1 ♗c5 31.d4 ♘a4. **29.♕g2** 29.♗b2 ♕c2−+. **29...♖b8!** Der finale Schlüsselzug. **30.♗b2 ♘xb2 31.♘d4 ♘xd1!** Wendet ein schönes Mattmotiv an. **32.♘xe6+ ♔xf7 0-1**

und Weiß gab auf wegen 33.♕xg7+ ♔xe6 34.♕xc7 ♗c3+ 35.♕xc3 ♘xc3−+.

Oft erlangt man gute Kompensation für die Qualität, wenn man den zentralen Bauern e4 gewinnt:

07.13

D. Neukirch – D. Minic

11. Weltmeisterschaft U26 fin-A
Krakau 1964

1.e4 c5 2.♘f3 d6 3.d4 cxd4 4.♘xd4 ♘f6 5.♘c3 a6 6.♗c4 e6 7.♗b3 b5 8.f4 ♗b7 9.f5 e5 10.♘de2 ♘bd7 11.♗g5 ♗e7 12.♘g3 ♖c8 Schwarz hat zuerst den Damenflügel entwickelt, um so früh wie möglich die Option des Qualitätsopfers auf c3 zu erhalten. **13.♗xf6** 13.0-0?

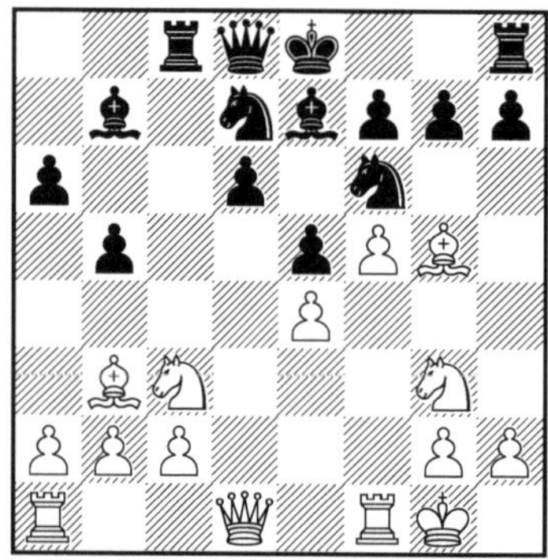

läuft in Fischers heftigen Schlag 13...h5!! 14.h4 b4 15.♗xf6 ♗xf6 16.♘d5 ♗xh4 17.♘xh5 ♕g5 18.f6 g6 19.♘g7+ ♔d8 20.♖f3 ♗g3 21.♕d3 ♗h2+ 22.♔f1 ♘c5 23.♖h3 ♖h4 24.♕f3 ♘xb3 25.axb3 ♖xh3 26.♕xh3 ♗xd5 27.exd5 ♕xf6+ 28.♔e1 ♕f4 0–1 R. Byrne – Fischer, Sousse 1967. **13...♘xf6 14.♘h5**

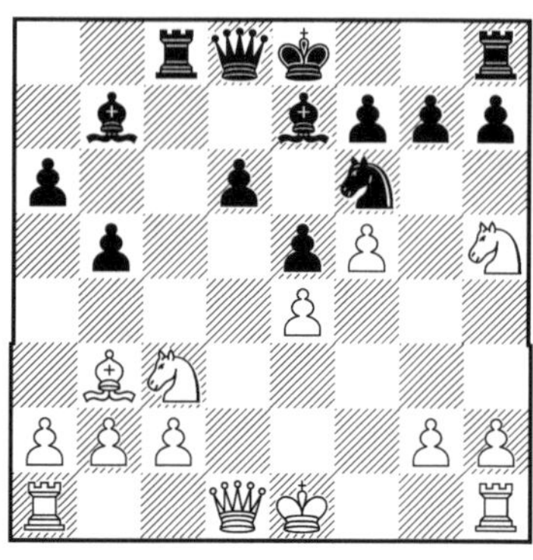

Weiß wetteifert um den Außenposten d5, aber Schwarz gewinnt den Kampf um dieses Feld wie folgt: **14...♖xc3! 15.bxc3 ♗xe4 16.0-0?** Schwarz erhält jetzt die volle Kontrolle ohne Risiko. Kritisch ist 16.♘xg7+ ♔f8 17.♘h5

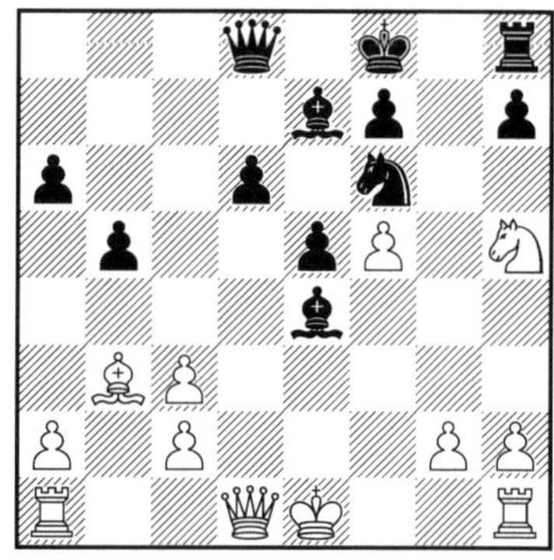

17...♖g8?! (17...d5!? ist präziser, z.B. 18.0-0 ♗c5+ 19.♔h1 ♘xh5 20.♕xh5 ♖g8 21.♖f3 ♕g5.) 18.♘xf6 ♗xf6 19.♕h5 wie in Cosulich – Minic, Bari 1970, und jetzt führt 19...d5 20.0–0–0 zu scharfem Spiel. **16...♘xh5 17.♕xh5 d5 18.a4 0-0 19.axb5 ♕b6+ 20.♔h1 axb5 21.♖ad1 ♕c6 22.♕g4 ♗f6 23.♕g3 h6 24.h3 ♖e8 25.h4 ♖c8 26.♖fe1**

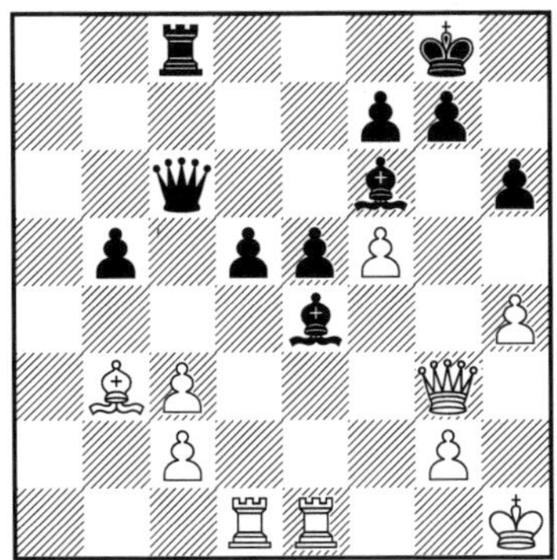

26...♕b7!? Eine gute praktische Entscheidung, da die weißen Türme Schwierigkeiten haben, eine Betätigung zu finden. 26...♕xc3 27.♕xc3 ♖xc3 28.♗xd5 ist für Weiß einfacher zu spielen als die Partie. **27.♖e2 ♖c5 28.♖f1 ♕e7?!** Der *Zwischenzug* 28...♕c7 ist genauer, da 29.♖e3?! ♕e7 30.h5 mit 30...♗g5 beantwortet werden kann. **29.h5 ♗h4 30.♕g4 ♖xc3 31.♖xe4!** Die beste Chance zu kämpfen, da Weiß Gegenspiel auf den weißen Feldern erhält. **31...dxe4 32.♕xe4 ♖c8 33.♖d1 ♗f2?!**

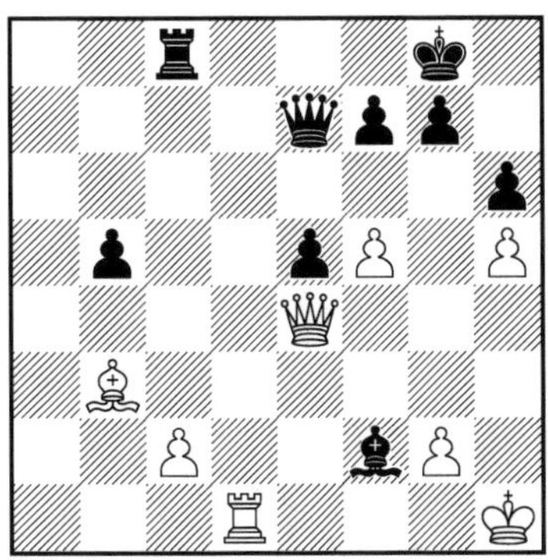

34.♖d5? Das führt zu einem tödlichen Angriff aufgrund der ungleichfarbigen Läufer. Nach 34.♖f1 sollte Weiß die Stellung halten können. **34...♕g5! 35.♕f3 ♗g3 36.♔g1 ♕h4 0–1**

7f2) Französische Qualitätsopfer

Das französische Qualitätsopfer auf f3 ist weniger bekannt, aber genauso typisch:

07.14
R. Felgaer (2509) –
V. Kortschnoi (2634)
Olympiade Bled 2002 **[S]**

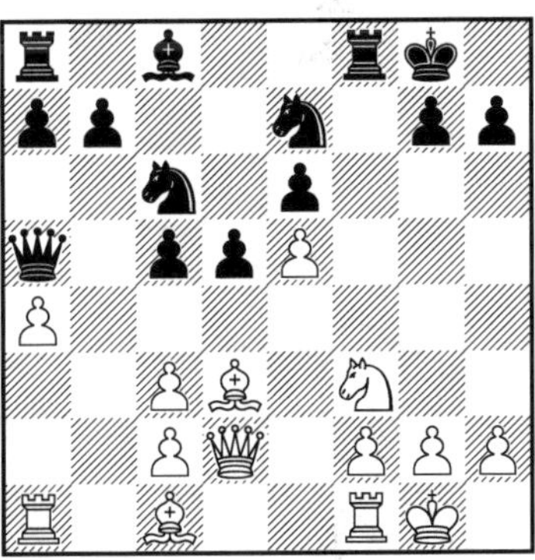

Kortschnoi zögerte bestimmt nicht lange, bevor er **12...♖xf3!?** entkorkte.

13.gxf3 c4 Kortschnoi hält die Stellung geschlossen, um sie für seine Springer zu stabilisieren. Das direkte Vorgehen 13...♘xe5 14.♕e2 ♘xd3 15.cxd3 ♕xc3 ist weniger logisch.

14.♗e2 ♘xe5 15.♗a3 ♘f5 16.f4 ♘g6 17.♗g4 ♘gh4 18.♗b4 ♕c7 19.a5 ♕f7 Nachdem seine Springer stabile Positionen eingenommen haben, führt der Maestro den Rest seiner Figuren gegen den weißen König. **20.f3 ♗d7 21.♖ae1 ♕g6 22.♔h1 ♗c6 23.♕f2**

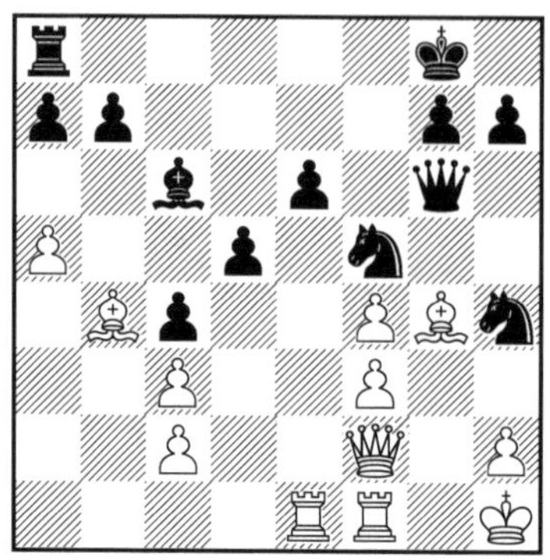

23...d4! Kortschnoi bringt seinen Läufer auf instruktive Weise ins Spiel. Ein Bauer ist ein niedriger Preis dafür. **24.♗xf5 ♘xf5 25.cxd4 ♗d5 26.c3** 26.♖g1 ♕f6 27.c3 ♘h4 28.♖e4! ♘g6 29.♗d6 ♕d8 30.♗b4 ♕f6 führt mehr oder weniger zu dynamischem Gleichgewicht. **26...♕h5 27.♖e5 ♕h6 28.♖e4!** Weiß hat sich bis jetzt ruhig verteidigt. **28...♕h3 29.♖g1 b6 30.♕g2 ♕h5 31.a6 ♖c8**

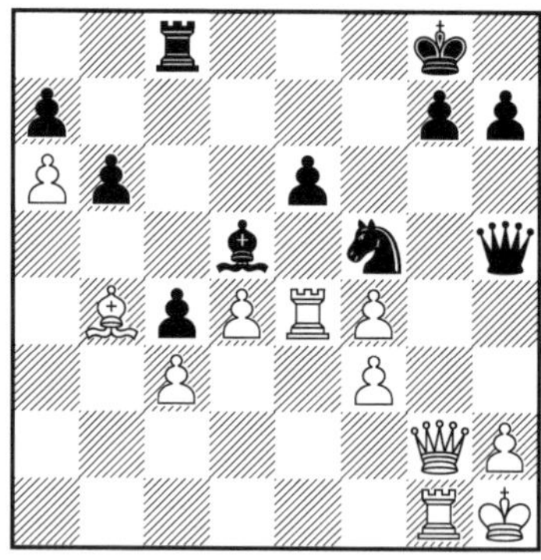

32.♗d6?? Ein taktisches Übersehen. Aber diese Stellung ist nicht einfach zu verteidigen für Weiß, da er kaum etwas unternehmen kann. Tatsächlich darf er nichts machen, und wie Tony Miles einst bemerkte, muss er nichts, aber dies gut tun. 32.♕g4 ♕h4 33.h3 sieht nach einem vernünftigen Weg aus. **32...g6 33.♗e5 ♘h4 0–1**

Die folgende Analyse basiert auf Moskalenkos Ausführungen in *CB-Magazin 133*:

07.15

J. Garrido Dominguez (2310) – V. Moskalenko (2540)

Roquetas Mar 2006

1.e4 e6 2.d4 d5 3.♘d2 ♘f6 4.e5 ♘fd7 5.c3 c5 6.♗d3 ♘c6 7.♘e2 cxd4 8.cxd4 f6 9.exf6 ♘xf6 10.♘f3 ♗d6 11.0-0 0-0 12.♗f4

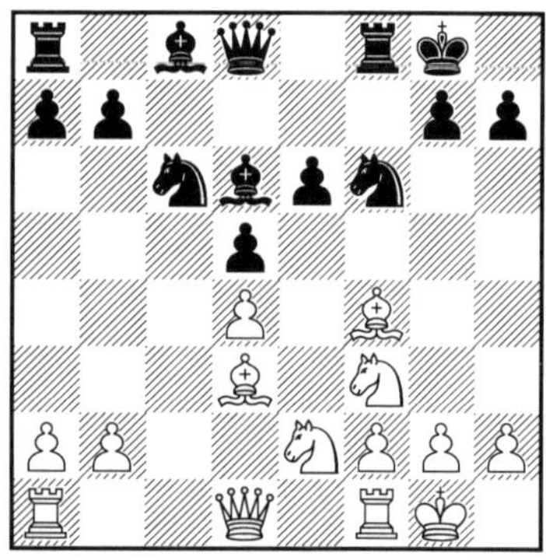

12...♘h5!? Moskalenkos favorisierter Zug. In der Hauptvariante nach 12...♗xf4 13.♘xf4 ♘e4 14.♘e2 besitzt Schwarz auch die thematische Option 14...♖xf3!? 15.gxf3 ♘g5 mit typischer Kompensation.

13.♗xd6 ♕xd6 14.♕d2 a6

Moskalenko nimmt sich die Zeit für den strategisch wichtigen Zug ♘c6. Um das zu vermeiden, könnte Weiß seinen Läufer d3 tauschen, was später verhindert werden könnte. Moskalenko probierte auch die folgende Option: 14...♗d7 15.♖ad1 ♖xf3!? 16.gxf3 ♖f8 17.♕e3 e5 18.dxe5 ♘xe5 19.f4 ♘xd3 20.♕xd3 ♘xf4 21.♘xf4 ♖xf4 und Schwarz stand nicht schlechter in Wolff – Moskalenko, Wijk-B 1992. **15.♖ac1**

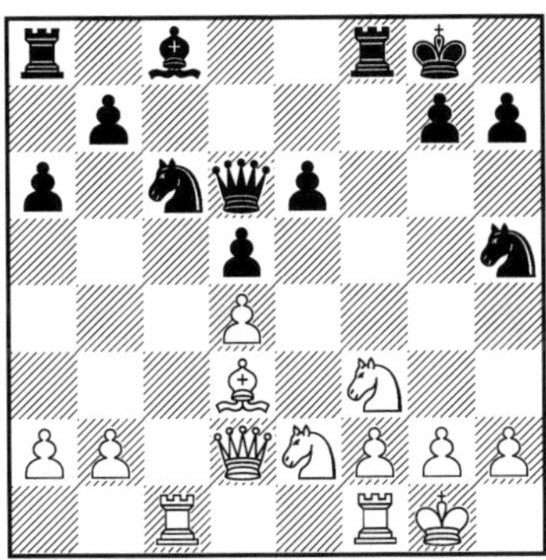

15...♖xf3!? „Die schwarze Hauptidee und typisch für die Französische Verteidigung. Weiß hat viele Schwächen in seiner Bauernstruktur und der König steht jetzt unsicher." (Moskalenko). **16.gxf3 ♗d7 17.♕g5 g6 18.♔h1 ♖f8 19.♖g1** Gegen 19.♗xg6 verteidigt sich Schwarz mit 19...hxg6 20.♕xg6+ ♘g7 21.♖g1 ♕e7. **19...♘f4 20.♕g3** 20.♗b1 ♔g7!? 21.♕g3 ♕b8 (Moskalenko) verläuft ähnlich wie in der Partie.

20...♕b8!?

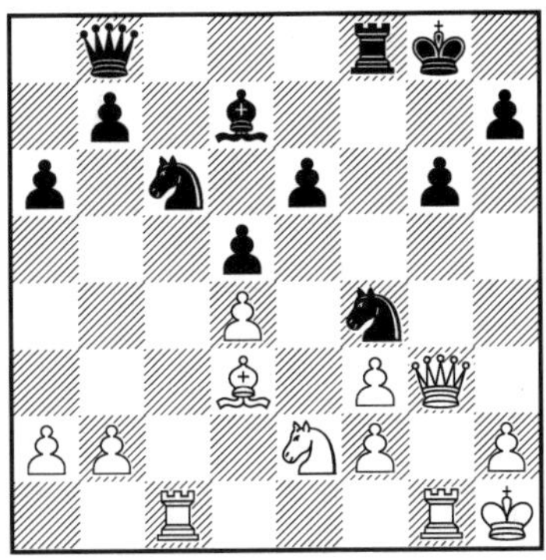

21.♖gd1?! Der Turm kann besser genutzt werden: 21.♖cd1!? ♘b4 22.♘xf4 ♕xf4 23.a3 ♘c6 24.♕xf4 ♖xf4, aber auch hier hat Schwarz nach 25.♖g4 ♖xf3 26.♔g2 ♖f8 gute Chancen.

21...♖f6 22.b4 ♘xb4

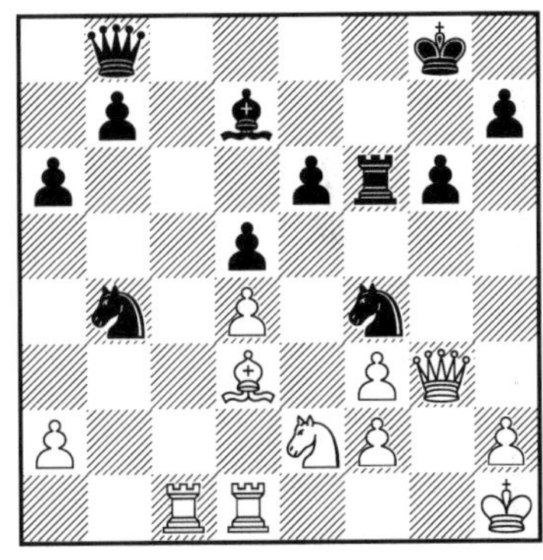

23.♖b1? Läuft in einen Konter. Nach 23.a3 steht Weiß nicht schlechter, aber wegen seiner zerstörten Bauernstruktur ist es schwierig für ihn, Fortschritte zu erzielen, z.B. 23...♘bxd3 (23...♘c6?! 24.♖b1 b5 25.a4 gibt den weißen Türmen mehr Spielraum.) 24.♖xd3 ♗c6 25.♘xf4 ♕xf4 26.♖cd1.

23...♗a4! 24.♖xb4 24.♖d2 ♘bxd3 25.♖xd3 ♗c2–+ (Moskalenko). **24...♗xd1 25.♘c3 ♕c8 26.♘xd1 ♘xd3 27.♖b3 ♕c2 0–1**

Aufgaben

(Lösungen auf Seite 217)

E07.01
D. Sadwakasow (2631) – A. Deltschew (2601)
Olympiade Calvia 2004

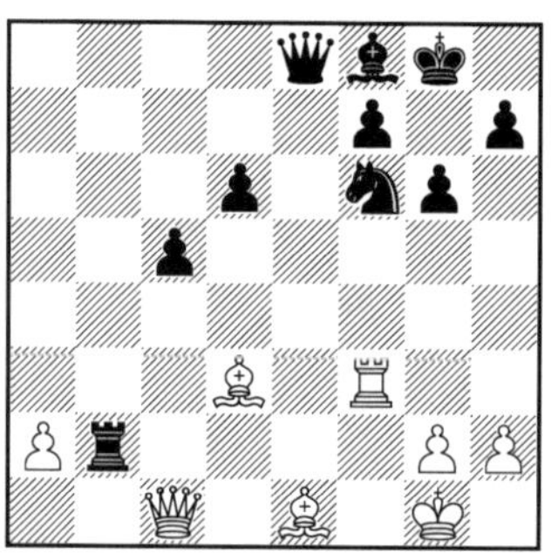

[S] Weiß verließ sich auf seinen gefährlichen Doppelangriff. Was hatte er unterschätzt?

E07.02
L. Portisch – T. Petrosjan
San Antonio 1972

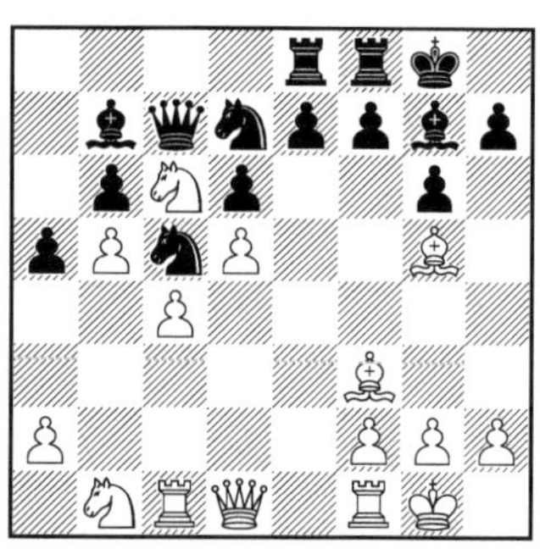

[S] Weiß hat Raumvorteil und eine starke Drohung. Petrosjan bewahrte aber einen kühlen Kopf und verteidigte sich ruhig. Können Sie es ihm nachmachen?

E07.03
L. Dominguez (2601) – I. Morovic Fernandez (2556)
Capablanca Gedächtnisturnier Havanna 2002

[S] Die schwarze Stellung sieht ein wenig beengt aus. Können Sie sie entwirren?

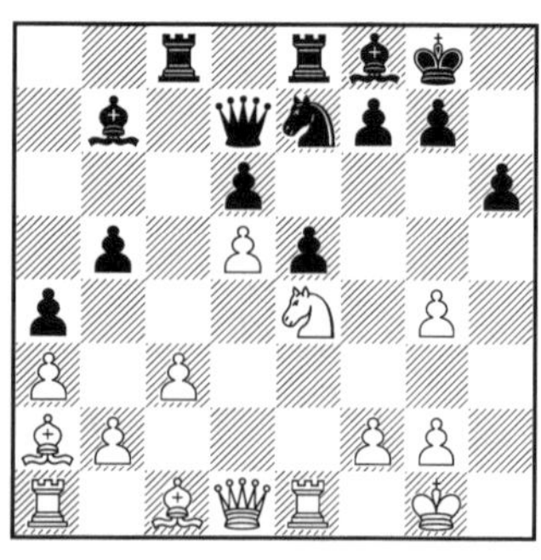

E07.04

A. Schirow (2726) – V. Anand (2784)

Hoogovens Wijk aan Zee 1999

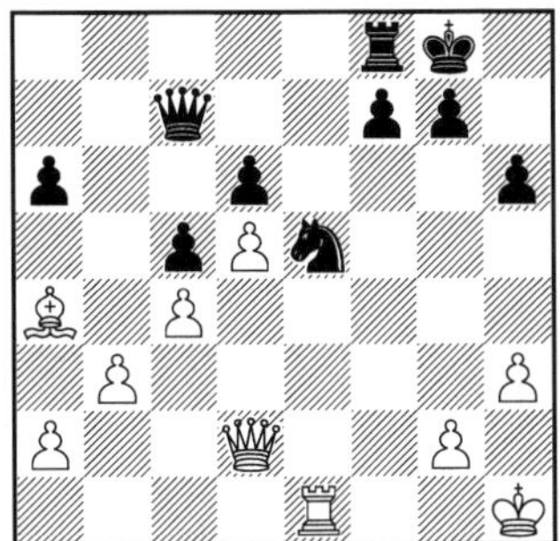

[W] Soll man auf e5 nehmen oder nicht?

E07.05

J. M. Lopez Martinez (2563) – A. Chalifman (2624)

Europameisterschaft Dresden 2007

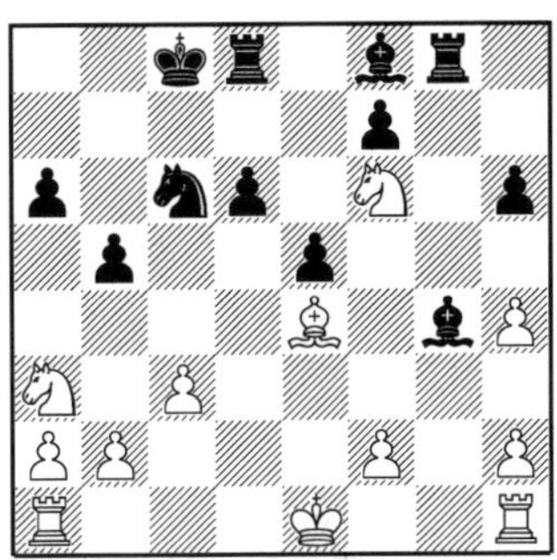

[S] Wie soll man diese Stellung aus dem Sweschnikow-Sizilianer bewerten?

8. Kapitel

Gegen den Minoritätsangriff verteidigen

Manchmal gibt die Bauernstruktur einen klaren Plan vor, wie man seine Figuren und Bauern optimal aufstellen soll. Die sogenannte Karlsbad-Struktur, die am häufigsten im abgelehnten Damengambit mit cxd5 exd5 entsteht, ist ein solcher Fall. Weiß möchte seinen b-Bauern vorstoßen, um eine Schwäche der schwarzen Bauernkette b7-c6-d5 am Damenflügel zu provozieren.

8a) Die weißen Ziele

Wir beginnen mit zwei Partien, mit denen wir die weißen Ideen illustrieren, bevor wir verschiedene Verteidigungsmethoden und Schemata besprechen.

08.01
E. Geller – N. Golowko
Moskau 1970

1.c4 c6 2.d4 d5 3.♘f3 ♘f6 4.♘c3 e6 5.♗g5 ♘bd7 6.cxd5 exd5 Die typische Karlsbad-Bauernstruktur ist entstanden. **7.e3 ♗e7 8.♕c2 0-0 9.♗d3 ♖e8 10.0-0 ♘f8 11.♖ab1** Weiß bereitet den Minoritätsangriff mit b4-b5 vor. Der alternative Plan basiert auf der Majorität am Königsflügel, z.B. der Aufbau ♘ge2, f3, ♖ae1, um e4 zu spielen (oder manchmal g4). Das ist allerdings nicht das Thema unserer Diskussion.

11...a5!? Eine gute präventive Maßnahme, um den potenziell schwachen a-Bauern loszuwerden und den Turm auf a8 ins Spiel zu bringen, wenn Weiß den Damenflügel öffnet. **12.a3 ♗e6 13.b4 axb4 14.axb4 ♘6d7 15.♗xe7 ♕xe7 16.b5** Weiß hat sein erstes Ziel erreicht, indem er die schwarze Bauernstruktur unterminiert.

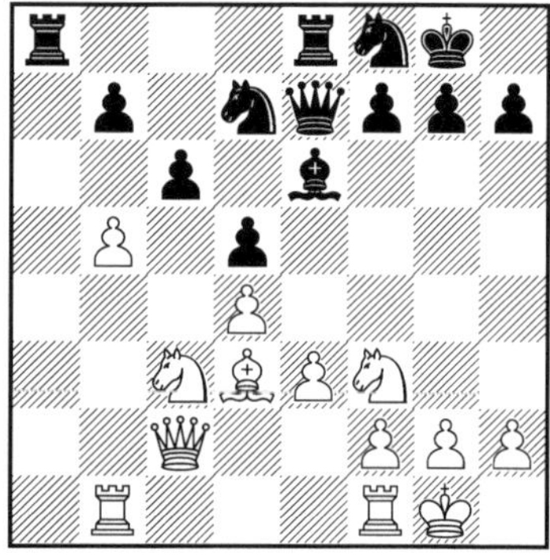

16...♗g4?! Eine der schwarzen Optionen ist, am Königsflügel anzugreifen. Aber hier führt der Plan zu nichts, da er viel zu langsam ist. Die typische Alternative 16...c5! 17.dxc5 ♘xc5 18.♖bc1 ♖ec8 war besser, da Schwarz mehr Aktivität für die statische Schwäche erhält. **17.bxc6 bxc6** 17...♗xf3? 18.cxd7 ♕g5 19.g3 ♖ed8 20.♖xb7 ♕h5 21.♗e2+− und der Angriff ist gestoppt, während die statische Schwäche verbleibt. **18.♗e2 ♕f6 19.♖b7 ♖e6?!** Schwarz folgt weiter seinem Plan, am Königsflügel anzugreifen, aber hier verschlimmert es nur die Situation, da seine Figuren dort stranden. Dementsprechend musste 19...♖eb8 geschehen, um den weißen Vorteil in Grenzen zu halten, z.B. 20.♖xb8 ♖xb8 21.♖c1 ♘g6 22.♖b1 ♖xb1+ 23.♕xb1 ♕d6 24.♕b7 ♘e7 und Schwarz hat nur eine Schwäche, wodurch es schwierig wird, seine Festung zu stürmen.

20.♖fb1 ♕h6 21.♘d2 ♕g5 22.♗xg4 ♕xg4 23.h3 ♕h5

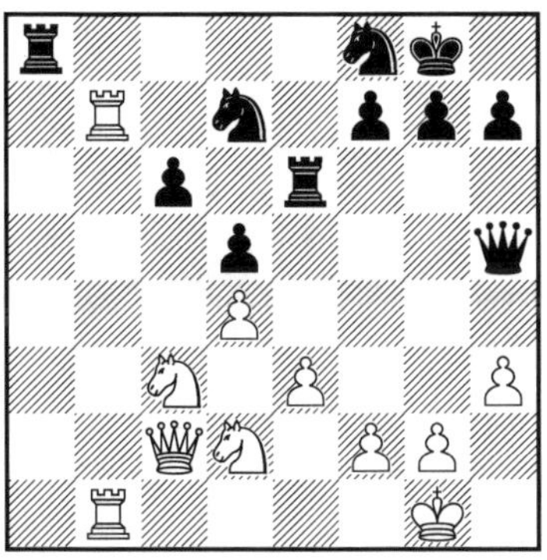

24.♘f1! Geller beweist, dass der schwarze Angriff zum Erliegen gekommen ist, während seine Invasion am Damenflügel gerade begonnen hat. **24...♕g5 25.♘e2 ♖d6 26.♖c7 ♕f6 27.♘fg3 ♖a6?** Zu gekünstelt. 27...♖b8 bot mehr Widerstand, z.B. 28.♘f5 ♖xb1+ 29.♕xb1 ♖e6 30.♖c8 g6 31.♘h6+ ♔g7 32.♘g4 ♕f5 33.♕b3 h5 34.♘g3 ♕g5 35.♘h2. **28.♘f5 ♖e6 29.♖bb7 g6 30.♘h6+ ♔g7 31.♘g4 ♕d8 32.♘f4 ♖d6 33.♘e5 ♘xe5** 33...♖b6 34.♖xb6 ♕xc7 35.♖xc6 ♖xc6 36.♕xc6 ♕xc6 37.♘xc6 ♘b6 38.♘b4 gewinnt technisch. **34.dxe5 ♖d7 35.♖xd7 ♘xd7 36.e6 1-0**

08.02
A. Tschernin (2583) – T. Markowski (2531)

Budapest Zonenturnier 2000

1.d4 d5 2.c4 e6 3.♘f3 c6 4.♗g5 ♗e7 5.♗xe7 ♕xe7 6.e3 ♘f6 7.♘c3 0-0 8.♕c2 ♘bd7 9.cxd5 exd5 10.♗d3 ♖e8 11.0-0 (Siehe Diagramm)

11...♘f8 Zwei weitere Beispiele, um die weißen Chancen und Pläne zu illustrieren:

(a) 11...♘e4 12.b4 a6 13.♖ab1 f5 14.♘a4 ♖f8 15.♘c5 ♖f6 16.a4 ♘f8 17.♘e5 ♘g6 18.f4 a5 19.♗xe4 fxe4 20.bxa5 ♖xa5 21.♕b3 ♖f8 22.♕b6, Drejew – Beschukow, Catalan Bay 2004, und (b) 12.♖ab1 a5 13.♘a4 ♗g4 14.♘e5 ♗e6 15.a3 g6 16.♘c5 ♖ec8 17.b4 axb4 18.axb4 ♘g4 19.♘xg4 ♗xg4 20.h3 ♗e6 21.b5 ♖ab8 22.bxc6 bxc6 23.♗a6, Rytschagow – Kosic, Ikaros 2002.

12.a3

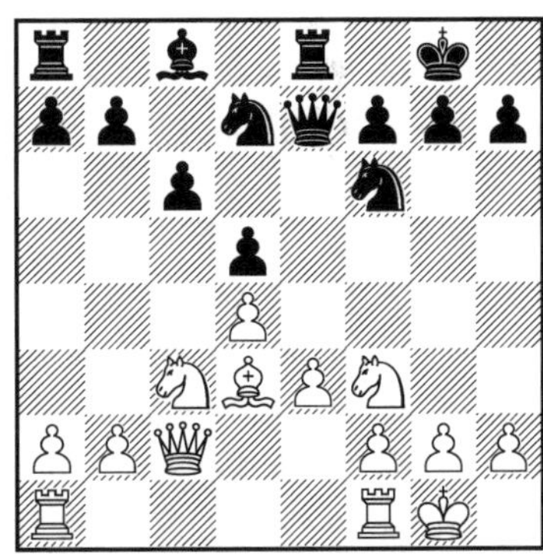

12...♘g6 13.♘d2 ♗e6?! 13...♘h4 sieht logischer aus. **14.b4 ♖ad8 15.♖fc1 a6 16.♘a4 ♘g4?** Der schwarze Angriff führt zu nichts. 16...♗c8 17.♘c5 ♘d7 war ein besserer Versuch oder 16...

♘d7. **17.♘f1 ♕h4 18.♖a2 ♖e7 19.♘c5 ♗c8 20.a4 ♖d6**

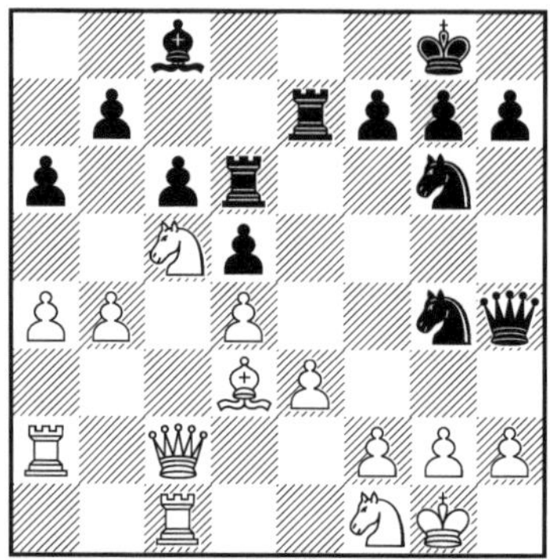

21.♕d2! Gute Prophylaxe gegen den Angriff. Nun wird deutlich, dass Weiß seinen Königsflügel verteidigen wird, während sein Spiel auf dem Damenflügel von den schwarzen Kräften nicht aufgehalten werden kann. **21...♕h6** Die Alternativen lösen auch nicht die Probleme:

21...♖e8 22.b5 axb5 23.axb5 b6 24.♘a4 cxb5 25.♗xb5; 21...♕g5 22.b5 ♘h4 23.f4 ♕f6 24.bxa6 bxa6 25.♖b2.

22.b5 ♘h4 22...axb5 23.axb5 ♖e8 24.♖a8 ♖dd8 25.♖b8 und Schwarz ist komplett zusammengeschnürt. **23.bxa6 bxa6** 23...b6? 24.♕b4! bxc5 25.♕b8+–. **24.♖b2 ♖e8 25.♖b8 ♕g5 26.e4!** Dieser starke Zug entscheidet die Partie. Natürlich nicht 26.♘xa6?? ♘f3+ 27.gxf3 ♘xh2+ –+ . **26...♕h5** 26...♕xd2 7.♘xd2 dxe4 28.♗xa6 ♖xd4 29.♖xc8+–. **27.e5 ♖h6 28.♕f4 ♘g6 29.♗xg6 ♖xg6 30.h3 ♘h6 31.♘g3**

1-0

8b) Verteidigungsmotive gegen den Minoritätsangriff

Wir starten mit Maßnahmen am Damenflügel:

08.03
P. Nikolic (2635) – W. Kramnik (2790)
Amber-blind Monte Carlo 1998 **[S]**

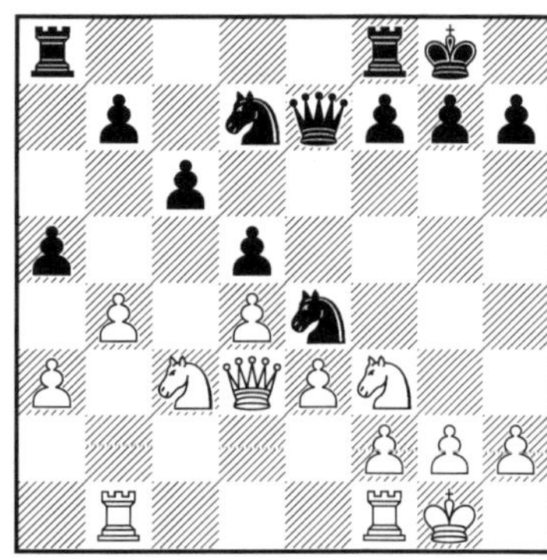

Schwarz hat schon die Läufer getauscht und einen Springer auf e4 installiert, was natürlich auch eine wichtige Idee ist. Das ideale Feld für einen schwarzen Springer ist d6 und ein weißer Springer ist am häufigsten auf d3 sehr gut platziert. Auf diesen Feldern genießen die Springer maximale Flexibilität.

14...b5! Ein effektiver und typischer Weg, um den Minoritätsangriff zu stoppen. Der Bauer auf c6 wird zwar rückständig, doch wenn Schwarz es schafft, einen Springer auf c4 zu postieren, dann wird Weiß den schwachen Bauern nicht entlang der c-Linie angreifen können. Eine Schwäche ist nur dann eine Schwäche, wenn sie angegriffen werden kann. 14...♘d6? 15.b5 spielt in die weißen Karten, und 14...axb4 15.axb4 ♖a3? (15...b5 funktioniert immer noch.) sollte vermieden werden wegen 16.♘xd5!. **15.♕c2** 15.♖fc1 axb4 16.axb4 ♖a6 17.♕c2 ♘d6 18.♖a1 ♖fa8 19.♖xa6 ♖xa6 20.♘d2 g6 und Schwarz steht besser. **15...axb4 16.axb4 ♘d6 17.♖b3 ♘b6 18.♘e5 ♖fc8 19.♘d3 ♘bc4 20.♘c5** Die weißen Springer hängen in der Luft, während die schwarzen Springer beide Flügel beeinflussen. Kramnik vergrößert jetzt seinen Druck am Königsflügel auf typische Weise: **20...♖e8 21.h3 g6 22.♖c1 ♖a7 23.♕d1 h5 24.♔h1 ♕g5 25.♖bb1 ♖ae7 26.♖a1 ♘f5 27.♖a2**

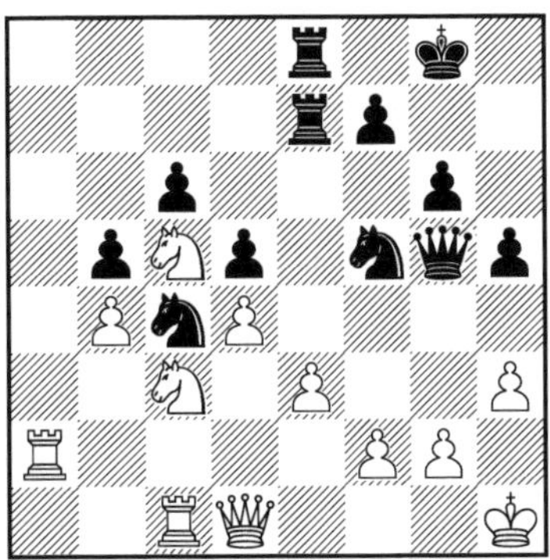

Kramnik setzt zum finalen Schlag an:

27...♘cxe3! 28.fxe3 ♖xe3 29.♖f2 ♕h4 30.♕d2 ♘xd4 31.♖cf1 ♘f5 32.♖xf5 gxf5 33.♘d1 ♖e1 34.♔g1 ♖8e2 35.♕c3 ♖xd1 0-1 und Weiß gab auf wegen 36.♖xd1 ♕f2+ 37.♔h2 ♕xg2#.

Oft kann man mit Schwarz auf b4-b5 mit c6-c5 reagieren, um den Damenflügel geschlossen zu halten und um im Zentrum aufgrund des Raumvorteils aktives Spiel zu erhalten:

08.04
I. Khmelniker (2225) –
S. Erenburg (2494)
ISR-Meisterschaft Tel Aviv 2002 **[S]**

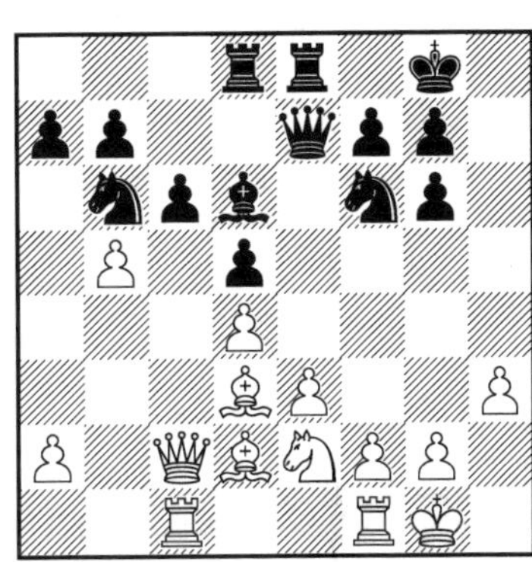

18...♗a3! Das ermöglicht den folgenden Bauernvorstoß. 18...♖c8?! 19.bxc6 ♖xc6 20.♕b3 führt zu weißem Vorteil wegen der besseren Bauernstruktur. **19.♖cd1 c5 20.dxc5 ♗xc5 21.♗c3 ♘e4** Dank seiner aktiven Figuren hat Schwarz für seinen isolierten d-Bauern volle Kompensation. **22.♗a1 ♗d6** 22...♘xf2!? 23.♖xf2 ♗xe3 24.♗d4 ♘c4 ist überhaupt nicht klar und kam ebenfalls in Betracht. **23.♗xe4?!** Weiß kann jetzt nicht mehr auf einen echten Vorteil hoffen. 23.♕b2 f6 24.♕b3 war angebracht. **23...dxe4 24.♕c3 f6 25.♕a5??** Ein taktisches Versehen. 25.♕b3+ ♕f7 26.♕xf7+ ♔xf7 27.♗d4 ist ausgeglichen. **25...♗b4!** Schwarz gewinnt die Qualität und der Rest ist eine Sache der Technik. Sie sollten allerdings den Rest der Partie anschauen, um zu sehen, wie Erenburg seinen Vorteil systematisch verwertet:

26.♕xa7 ♖a8 27.♕xb6 ♗c5 28.♖d7 ♗xb6 29.♖xe7 ♖xe7 30.♘c3 ♗a5 31.♘d5 ♖d7 32.♘f4 ♔f7 33.♗d4 ♗d2

34.♘e2 ♖xa2 35.♘c1 ♖a3 36.♖d1 ♗c3 37.♘e2 ♗a5 38.♖b1 ♖a4 39.♗c3 ♗xc3 40.♘xc3 ♖c4 41.♘e2 ♖dc7 42.♖b3 ♖c2 43.♘d4 ♖a2 44.♖b1 ♖c3 45.g4 ♔e7 46.h4 ♖d3 47.♖c1 ♖dd2 48.♖f1 ♔d6 49.♔g2 ♖a3 50.h5 gxh5 51.gxh5 ♔e5 52.♖e1 f5 53.♔g1 f4 0-1 und Weiß gab auf, weil die 2. Reihe endlich geöffnet wird.

Manchmal kann man den schwarzen Springer benutzen, um b4-b5 effektiv zu stoppen.

08.05
H. Nakamura (2657) –
V. Iordachescu (2609)
Sigeman & Co Malmö/Kopenhagen
2005 **[S]**

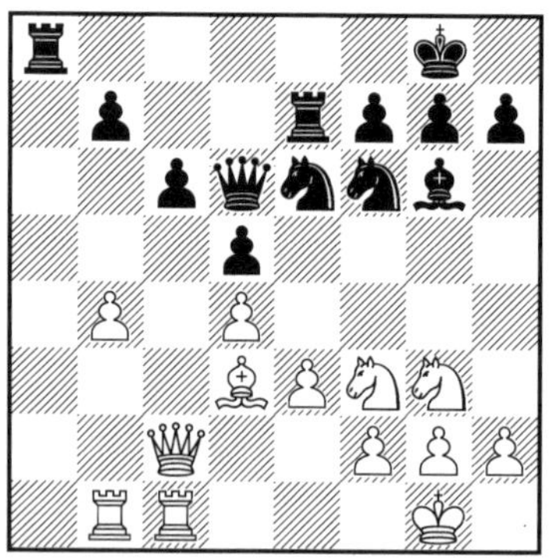

21...♘c7 Die Alternative 21...♗xd3 22.♕xd3 g6, um 23.b5 mit dem typischen 23...c5 zu beantworten, gleicht ebenfalls aus. **22.♘e5 ♗xd3 23.♘xd3 g6 24.♖a1 ♖b8** Schwarz behält seinen Turm für Aktionen im Zentrum oder am Königsflügel. Weiß wird die a-Linie sowieso nutzen, aber er braucht keine zwei Türme dafür. **25.♖a2 ♔g7 26.♖ca1 h5 27.♘f1 ♘e4 28.♘d2 h4 29.h3 g5!** Schwarz hat erfolgreich Raum am Königsflügel gewonnen. **30.♘f3 f6 31.♘c5 ♕d8 32.♘d2 ♘d6 33.♖e1 ♕e8 34.♕d3 ♕h5 35.f3?** Dieser Zug schafft eine Schwäche, die sich später negativ bemerkbar machen kann. Es ist besser, mit einem Zug wie 35.♕b3 abzuwarten. Dieses Beispiel zeigt, dass es manchmal besser ist, nichts zu tun anstatt etwas zu tun. **35...♖be8 36.♘f1 ♕g6!**

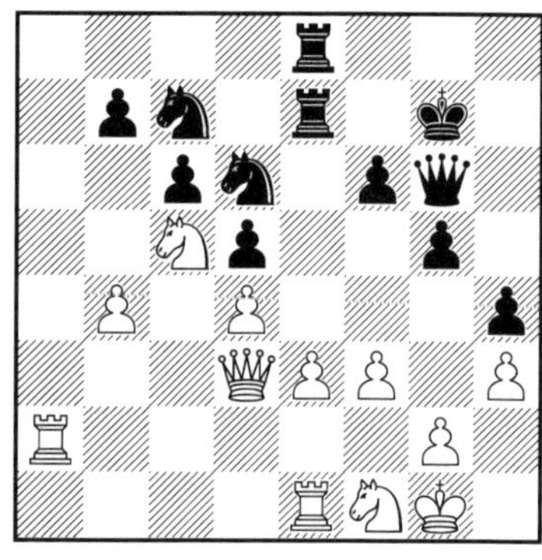

Verteidiger von Schwächen sollten getauscht werden! **37.♕xg6+ ♔xg6 38.♔f2 ♘cb5 39.♖ea1 ♘c3?!** 39...f5!? mit der Idee 40.♘d3 f4 41.exf4 ♘xd4 kam stark in Betracht. Das Unterminieren der weißen Bauernstruktur ist nur möglich als Resultat von 35.f3?. **40.♖a3 ♘cb5 41.♖a8 b6 42.♖xe8 ♖xe8 43.♘b3 ♘c4 44.♔e2 f5 45.♔d3 ♘b2+ 46.♔c2 ♘c4 47.♔d3 ½-½**

Die nächste Partie illustriert die schwarzen Chancen am Königsflügel und zeigt mit dem Platzieren des Läufers auf d6 eine der Hauptideen.

08.06
U. Adianto (2520) – Y. Seirawan (2600)
Jakarta 1994

1.d4 ♘f6 2.c4 e6 3.♘c3 d5 4.♘f3 ♘bd7 5.♗g5 ♗e7 6.e3 0-0 7.♖c1 a6 8.cxd5 exd5 9.♗d3 c6 10.♕c2 ♖e8 11.0-0 ♘f8 12.♗xf6 ♗xf6 13.b4 ♗e7 14.♖b1 ♗d6 Der Läufer wirkt auf beide Flügel.

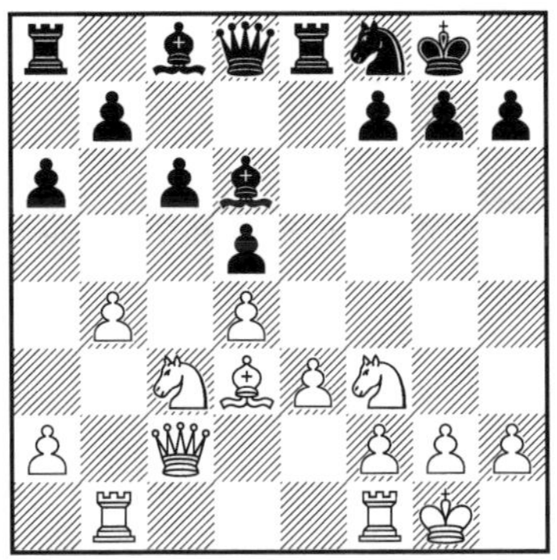

15.♖fe1?! 15.♗f5!? (Seirawan) ist besser, um das schwarze Angriffspotenzial zu reduzieren und das schwarze Läuferpaar zu neutralisieren.

15...♗g4 16.♘d2 ♕g5 17.g3 h5 18.f4 18.e4? gibt Schwarz Angriff nach 18...♘e6 19.♘b3 h4. **18...♕h6!** Es wird ernst. **19.♗f5** 19.♔g2? h4 20.h3? hxg3!−+ (Tietscher). **19...♘e6**

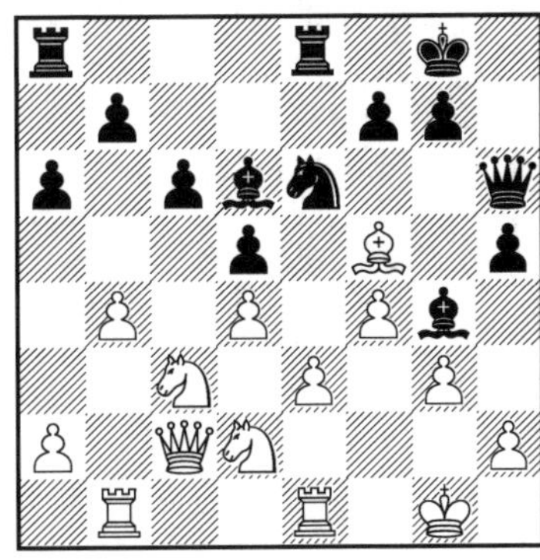

20.h3? Schwächt freiwillig die Struktur am Königsflügel. Es war besser, das Spiel am Damenflügel fortzusetzen mit 20.♘a4. **20...♗xf5 21.♕xf5 g6 22.♕d3 h4!** Der entscheidende Vorstoß.

23.g4

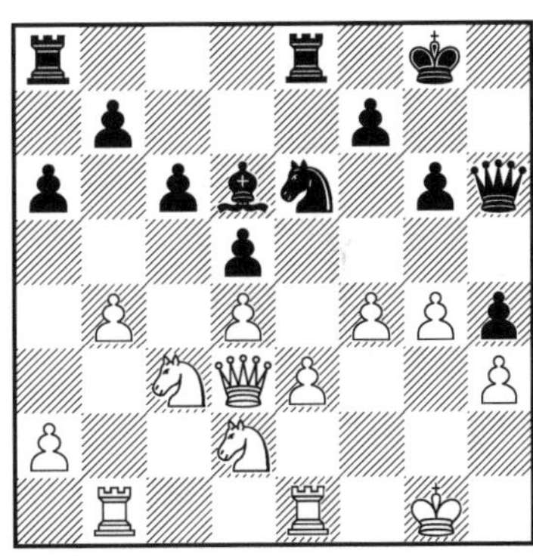

23...♗xf4! Eine Gewinnkombination; die weiße Stellung fällt auseinander.

24.exf4 ♘xf4 25.♕f3 ♘xh3+ 26.♕xh3 ♕xd2 27.♖ed1 ♕g5 28.♖d3 f5 Schwarz gewinnt einen vierten Bauern und behält die Initiative. **29.♔h1 fxg4 30.♕g2** 30.♖g1 ♖e1! sichert den materiellen Vorteil. **30...♖f8 31.♖e1 ♖ae8 32.♖dd1 ♔g7 33.♖xe8 ♖xe8 34.♖f1 ♖e3 35.♘e2**

♖h3+ 36.♔g1 ♕e3+ 37.♕f2 g5 38.♕xe3 ♖xe3 Das Endspiel ist leicht gewonnen, indem man einfach die Bauern am Königsflügel vorschiebt. **39.♘c1 ♔g6 40.♘b3 g3 41.♘c5 h3 42.♘xb7 g4 43.♘d8 g2 44.♖c1 g3 45.♘xc6 ♖e2 46.♘e5+ ♔f5 47.♘f3 ♔f4 0–1**

Natürlich kann Schwarz manchmal auch einen Minoritätsangriff spielen; dann ist es an Weiß, am Königsflügel anzugreifen, falls die Bedingungen gegeben sind:

08.07 J. M. Degraeve (2540) – J. Grant (2208)

Mondariz Zonenturnier 2000

1.e4 c6 2.d4 d5 3.exd5 cxd5 4.♗d3 ♘c6 5.c3 ♘f6 6.♗f4 ♗g4 7.♕b3 ♕d7 8.♘d2 e6 9.♘gf3 ♗xf3 10.♘xf3 ♗d6 11.♗xd6 ♕xd6 12.0-0 0-0 13.♖ae1 ♖ab8 14.♘e5 b5 15.a3 ♖fc8 15...a5 16.♗xb5 ♘e4 17.♘xc6 ♕xc6 18.a4 ♘d6= Torre – Adorjan, Shenzhen 1992. **16.f4** 16.♖e3 a5 17.♕d1 b4 18.axb4 axb4 19.♖fe1 bxc3 20.bxc3 ♕d8 mit Gegenspiel in Martins – Limp, São Paulo 1998. **16...a5 17.♖e3!?** 17.♗xb5 ♘a7 (17...♘e4!?) 18.a4 ♘xb5 19.axb5 ♕b6 20.f5 ♕xb5 und in Kuksov – Telman, Simferopol 1989 einigte man sich auf Remis. **17...b4 18.axb4 axb4 19.♕d1** Die weiße Dame stürzt sich in den Angriff, aber Schwarz hat durch sein Spiel am Damenflügel genug Kompensation, wenn er sich am Königsflügel umsichtig verteidigt. **19...bxc3 20.bxc3 ♘e7 21.♖h3 g6 22.♕e1**

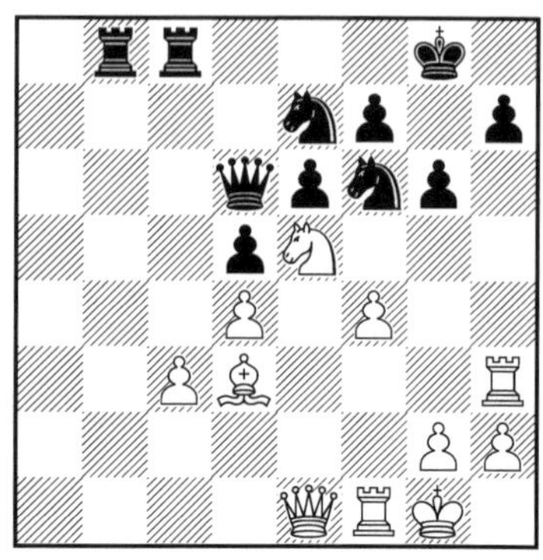

22...♔g7? Die falsche Zugfolge.

Nach 22...h5 23.♕h4 ♔g7 24.g4 ♖h8 kann sich Schwarz verteidigen. **23.g4!** Nun hat Weiß einen starken Angriff, der nicht gestoppt werden kann. **23...♖b3 24.♕h4**

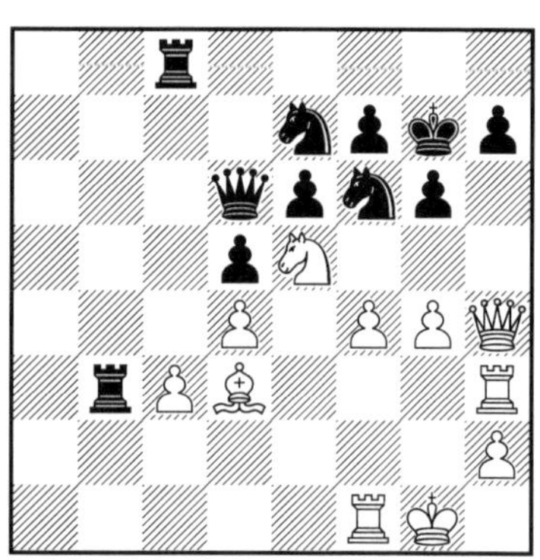

24...h5 24...♖b2? wird sehenswert widerlegt durch 25.♕xf6+!! ♔xf6 26.♖xh7 ♖f8 27.g5#; 24...♘eg8 läuft in 25.f5 (25.g5? ist nicht gut wegen 25...♘h5 26.♗e2 ♘e7 27.♗xh5 ♘f5.) 25...exf5 26.gxf5 (26.g5? ist wieder falsch wegen 26...♘h5 27.♗xf5 ♖cxc3.) 26...♖c7 27.fxg6 fxg6 28.♗xg6! hxg6 29.♕h8+ ♔f8 30.♖hf3 ♔e7 31.♖e1+–. **25.f5!** Schwarz kann nicht mehr verhindern, dass am Königsflügel Linien geöffnet werden.

25...exf5 26.gxf5 ♖cxc3 27.fxg6 fxg6? 27...♘xg6 28.♕g5 ♖xd3 29.♖xd3 ♖xd3 30.♘xd3 wäre zäher gewesen. **28.♖hf3** Weiß hat entscheidenden Angriff. **28...♘f5 29.♗xf5** 29.♖xf5!? gxf5 30.♕g5+ ♔f8 31.♖xf5 ♖b6 32.♕h6+ ♔e8 33.♕g6+ ♔e7 34.♕f7+ ♔d8 35.♖xf6 ♖c1+ 36.♔g2 ♖b2+ 37.♔h3 wäre ebenfalls sehr überzeugend gewesen. **29...♖xf3 30.♘xf3 gxf5 31.♕g5+ ♔f8 32.♕xf5 ♔e7** 32...♖b6 33.♘e5 ♔e7 34.♖e1 ♔f8 (34...♘e4 35.♕h7++−) 35.♕f4 gewinnt. **33.♘g5 ♖b2 34.♖e1+ ♔f8 35.♘e6+ ♔e7** 35...♔f7 36.♘f4 gewinnt auch. **36.♘f4+ ♘e4** 36...♔f7 37.♖a1! ist ähnlich. **37.♖a1!** Ein tödlicher Schwenk. **37...♔d8 38.♖a8+ ♖b8** Degraeve krönt jetzt seinen Angriff mit einem schönen Ende: **39.♕f8+! ♕xf8 40.♖xb8+ ♔e7 41.♘g6+ 1-0**

Aufgaben

(Lösungen auf Seite 219)

E08.01

Y. Pelletier (2579) – M. Gurewitsch (2633)
Gibraltar 2006

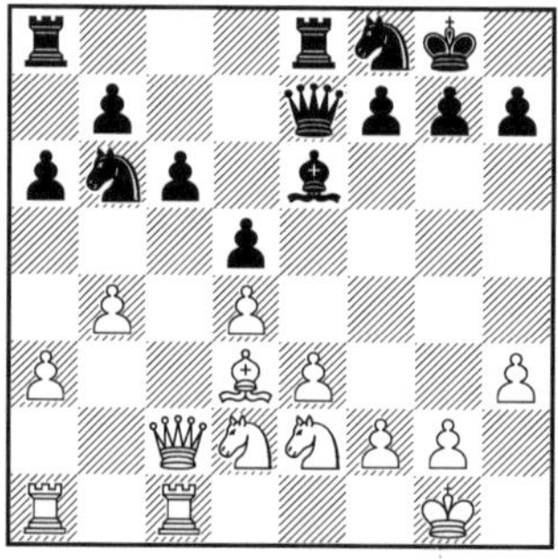

[S] Weiß macht aus seinen Ambitionen am Damenflügel keinen Hehl. Wie soll man sich verteidigen?

E08.02

R. Wojtaszek (2591) – L. B. Hansen (2567)
15. Europameisterschaft (Männer) Gothenburg 2005

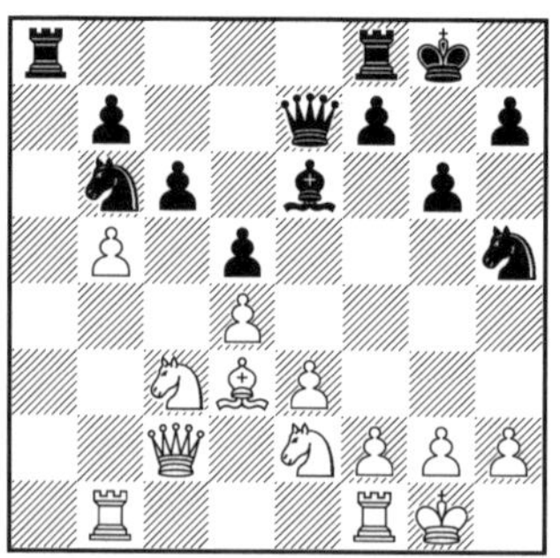

[S] Weiß hat gerade b4-b5 gespielt. Wie soll man reagieren?

E08.03

Analyse von A. Lytchak (2436) – U. Bönsch (2540)
Bundesliga 2005

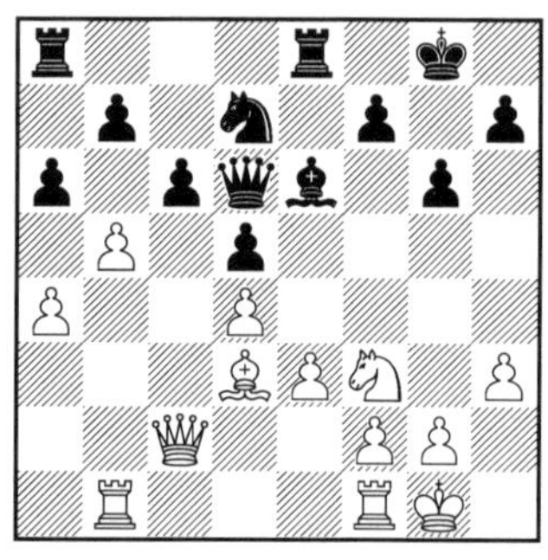

[S] Warum verzichtete Lytchak auf 20.b5?

E08.04

V. Blazos – I. Makka (2220)
Nikea 2004

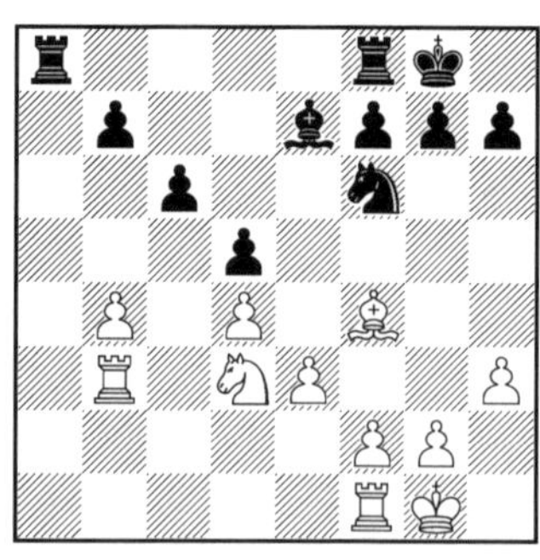

[S] Weiß möchte offensichtlich den Druck am Damenflügel erhöhen. Wie soll man mit dieser Drohung umgehen?

9. Kapitel

Schlechtere Endspiele verteidigen

Es ist sehr wichtig, immer weiterzukämpfen und nicht den Mut zu verlieren. Normalerweise steht der Gegner mit einem technisch gewonnenen Endspiel unter größerem psychologischen Druck. Der Verteidiger erzielt schon einen „Sieg", wenn er remisiert. Viele Spieler studieren heutzutage keine Endspiel-Theorie und -Strategie und konzentrieren sich mehr auf Eröffnungstheorie. So kann man immer darauf hoffen, zu entkommen. Wir konzentrieren uns hier auf sehr wenige Themen, die in der Praxis häufig vorkommen und viele wertvolle halbe Punkte gesichert oder gewonnen haben.

9a) Den Turm aktivieren

Da die relative Stärke des Turms sehr stark davon abhängt, welche Aufgabe ihm zuteil wird, ist dieses Thema sehr wichtig. Normalerweise sollte der Turm nicht passiv verteidigen oder einen Freibauern blockieren. Gemäß Dr. Tarraschs alter Regel sollte er sich hinter einem Freibauern postieren, egal ob eigener oder gegnerischer Freibauer. Generell ist der Turm eine gute Verteidigungs- und Kontereinheit, wenn er sich frei bewegen kann: Siehe Diagramm.

09.01
G. Kasparow (2805) –
N. Short (2655)
PCA-Weltmeisterschaft London (9)
1993 **[S]**

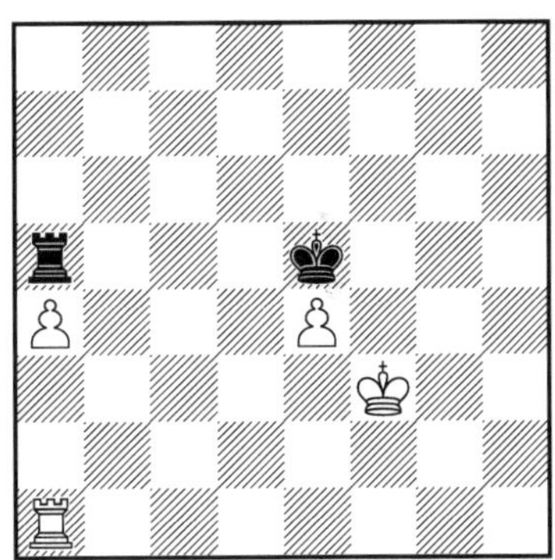

46...♔e6? Fatale Passivität. Short hatte vielleicht schon jede Hoffnung auf Rettung fahren lassen mit zwei Minusbauern. Sonst hätte er bestimmt 46...♖c5!, um den Turm für einen Gegenangriff zu benutzen, gefunden:

47.a5 (47.♔e3 ♖c4 [47...♖c3+ 48.♔d2 ♖h3 49.a5 ♔xe4 50.a6 ♖h8 remisiert ebenfalls.] 48.♔d3 ♖xe4 49.a5 ♔d5 50.a6 ♖e8 und Schwarz remisiert.) 47...♖c3+ 48.♔g4 ♔xe4 49.a6 ♖c8 50.a7 ♖a8 51.♖a5!?. Das horizontale Absperren des gegnerischen Königs ist normalerweise eine starke Angriffswaffe, aber in diesem Fall kommt der schwarze König gerade noch rechtzeitig. 51...♔d4 52.♔f5 ♔c4 53.♔e6 ♔b4 54.♖a1 ♔c5 55.♔d7 ♔b6 56.♖b1+

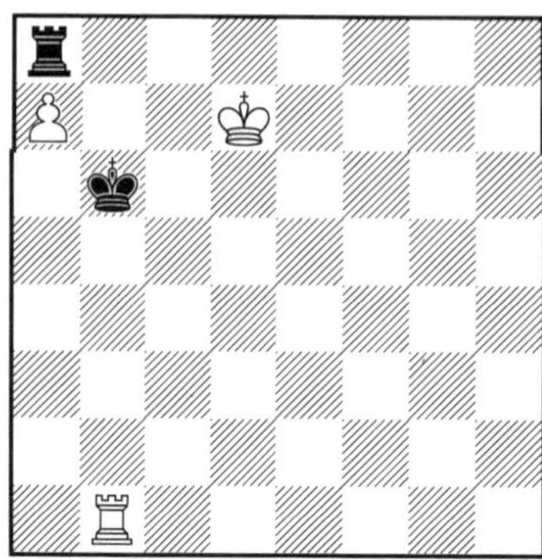

Weiß fragt den schwarzen König eine typische Frage. Wo möchtest du dich verstecken?

56...♔c5! Die aktive Lösung ist richtig, wie so häufig in Turmendspielen. (56...♔a6? verliert wegen 57.♔c7 ♖xa7+ 58.♔c6+−.) 57.♖b7 ♖h8!= und die weißen Figuren haben die Koordination verloren, so dass die aktiven schwarzen Kräfte sich verteidigen können.

47.♔e3 ♔d6 48.♔d4 ♔d7 49.♔c4 ♔c6 50.♔b4 ♖e5 51.♖c1+ ♔b6 52.♖c4 1-0 Der weiße Turm ist eine Macht, die alles kontrolliert. Short gab deswegen auf.

Im folgenden Beispiel wird sogar ein Bauer geopfert, um einen passiven verteidigenden Turm zu vermeiden.

09.02

C. Schlechter – E. Lasker

Weltmeisterschaft 1910 **[S]**

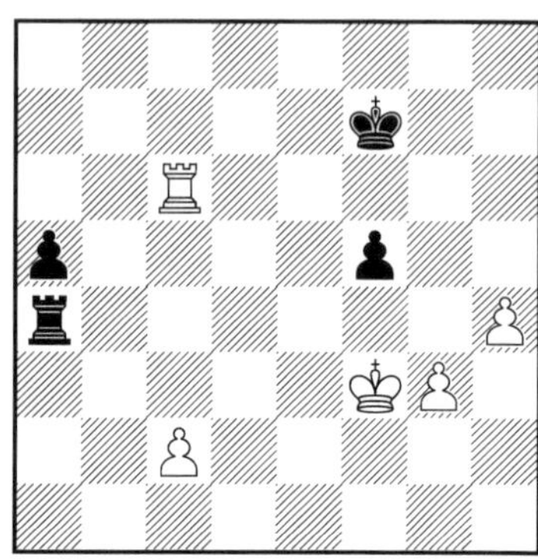

Lasker war ein sehr zäher Verteidiger, der immer bis zum letzten Atemzug kämpfte. **54...♖e4!!** Es reicht nicht aus, passiv abzuwarten, z.B. 54...♔g7? 55.c4 ♖a3+ 56.♔f4. Schwarz spielt fast ohne seinen König im Gegensatz zu Weiß. 56...♖c3 57.h5 a4 58.♖a6 a3 59.♔xf5 ♖xg3 60.♔e5 ♖h3 61.♖a7+ ♔h6 62.♔d4 und der c-Bauer wird die Partie entscheiden. **55.♖c5 ♔f6 56.♖xa5 ♖c4 57.♖a6+ ♔e5 58.♖a5+ ♔f6 59.♖a6+ ♔e5 60.♖a5+ ♔f6 61.♖a2** Weiß hat den a-Bauern gewonnen, aber der Preis war sehr hoch. Sein passiver Turm hinterlässt einen traurigen Eindruck. **61...♔e5 62.♖b2 ♖c3+ 63.♔g2 ♔f6 64.♔h3**

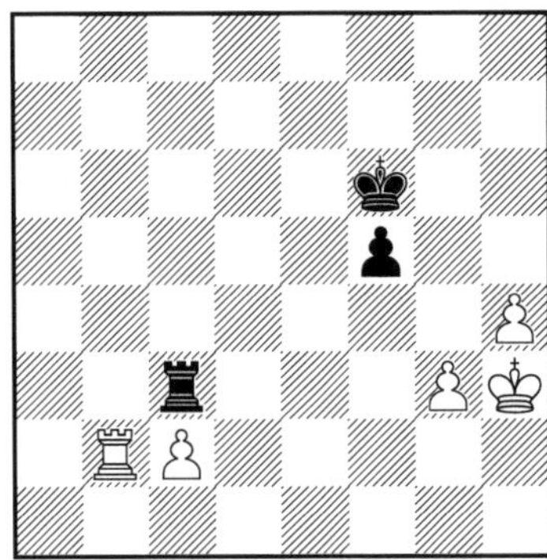

64...♖c6!? Lasker kann jetzt einfach abwarten, da Weiß keinen Weg hat, um Fortschritte zu erzielen. Es ist eine der Hauptfähigkeiten eines guten Verteidigers wie Lasker, den Unterschied zu sehen zwischen direkter Aktivität und der Möglichkeit, abzuwarten. 64...f4? ist zu voreilig wegen 65. ♖b3! ♖xc2 66. ♖f3 (Schlechter).

65. ♖b8 ♖xc2 66. ♖b6+ ♔g7 67.h5 ♖c4 68. ♖g6+ ♔h7 69. ♖f6 ♖c5 ½-½

Ein aktiver Turm auf offenem Brett kann manchmal Wunder bewirken.

09.03
Tscheparinow – Grivas
Asenovgrad 1985 **[W]**

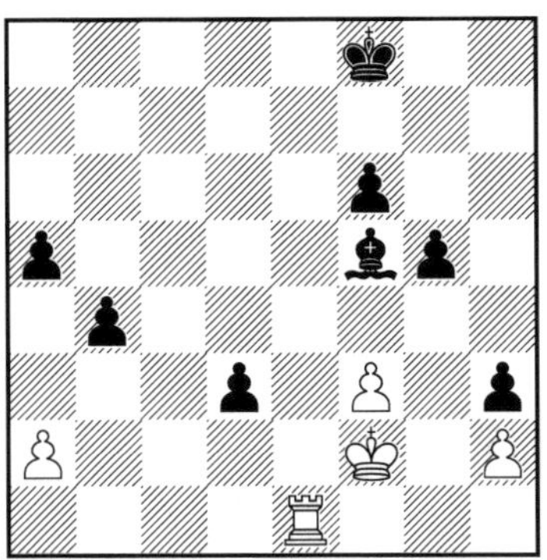

Schwarz sollte aufgrund seines materiellen Vorteils gewinnen, aber eine einzelne Leichtfigur hat häufig große Probleme, so einen Vorteil gegen einen aktiven Turm zu verwerten.

1.♖c1 ♗e6 2.♖c5 a4? 2...d2! 3.♔e2 a4 ist viel besser und sollte gewinnen, da der weiße Turm dann keine so dominante Rolle spielt. Der Unterschied ist, dass 4.♖b5?? nicht mehr möglich ist wegen 4...♗c4+. **3.♖b5 ♗xa2** Nun kann man 3...d2 mit 4.♖b8+ beantworten. ♔e7 5.♔e2 ♗xa2 6.♖xb4. **4.♖xb4 ♗b3 5.♔e3 ♗c2 6.♖b7!** Die Stellung sieht immer noch recht hoffnungslos aus, aber bis jetzt ist Weiß auf dem richtigen Weg. **6...f5 7.♖h7 g4 8.fxg4 fxg4**

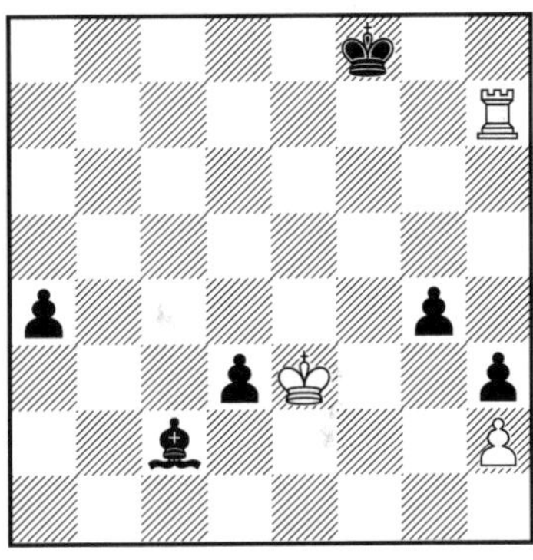

9.♖h4? Das erlaubt den Bauern durchzubrechen. Nach 9.♔d2! kann Weiß eine Festung aufbauen: 9...a3 10.♖a7 g3 11.♖xa3 g2 (11...gxh2 12.♖a1 und Weiß holt sich alle Bauern.)

12.♖a1 und Schwarz kann den Turm gewinnen, aber nicht die Partie, z.B. 12...♔f7 13.♔e3 ♔f6 14.♔f4 d2 15.♔e3 d1♕ 16.♖xd1 ♗xd1 17.♔f2= (Grivas). **9...a3 10.♖h8+ ♔g7 11.♖a8 g3 12.♖xa3 gxh2 13.♖a1 d2**

0–1

Aufgaben

(Lösungen auf Seite 219)

E09.01
S. Flohr – M. Vidmar
Nottingham 1936

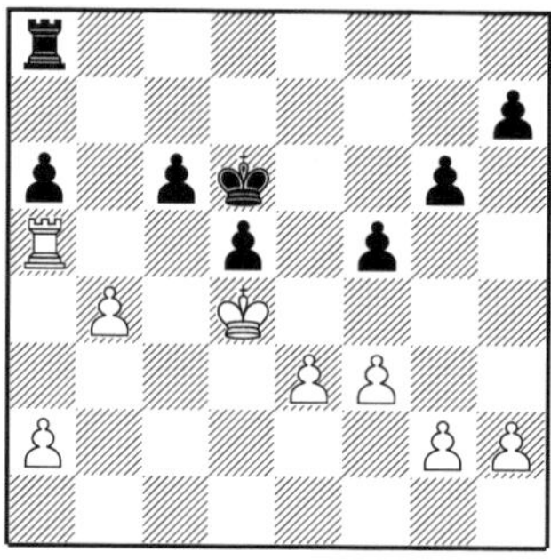

[S] Was ist hier die höchste Priorität für Schwarz in diesem berühmten Klassiker?

E09.02
V. Kortschnoi (2665) – A. Karpow (2725)
Weltmeisterschaft Baguio City 1978

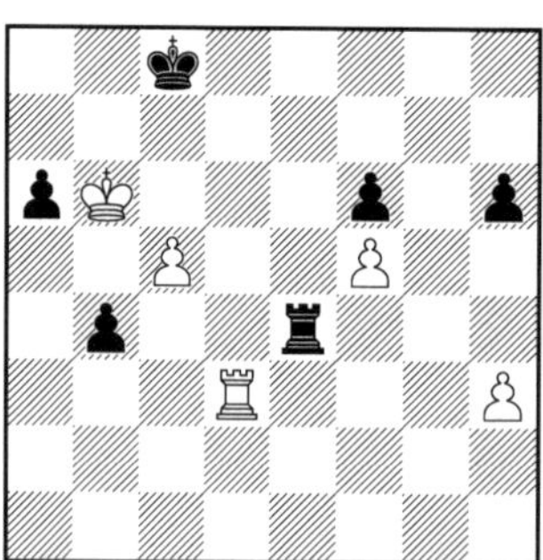

[S] In dieser sehr wichtigen Partie verpasste Karpow das Remis. Können Sie es besser?

E09.03
S. Sale (2385) – I. Armanda (2326)
Zagreb 2009

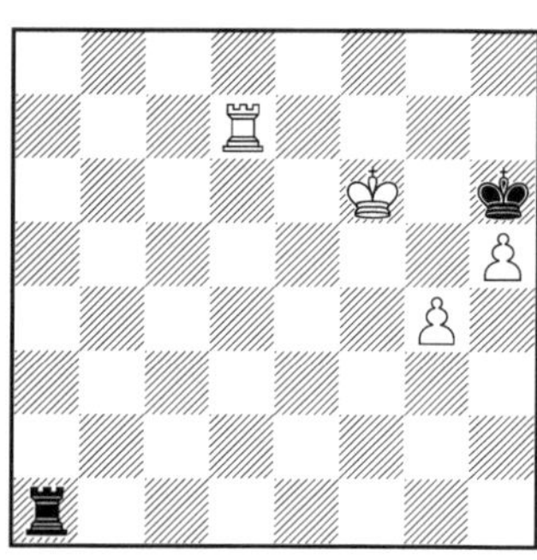

[S] Finden Sie den einzigen Weg zum Remis?

E09.04
P. Leko (2725) – V. Kortschnoi (2659)
Corus Wijk aan Zee 2000

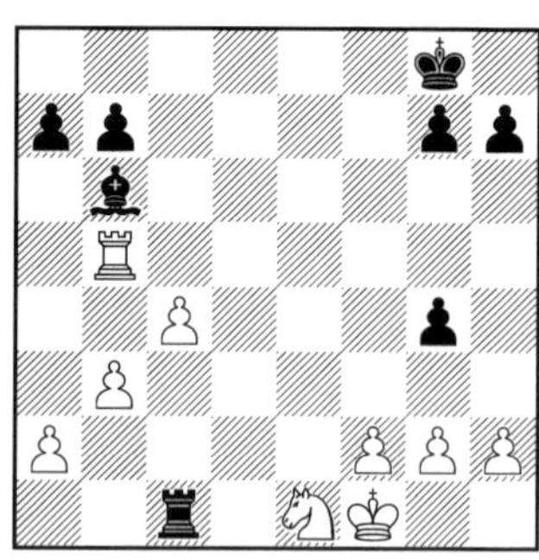

[S] Wie soll man die schwarze Aktivität vergrößern?

E09.05
R. Felgaer (2509) –
J. Rosito (2424)
72. ARG-Meisterschaft Pinamar 2002

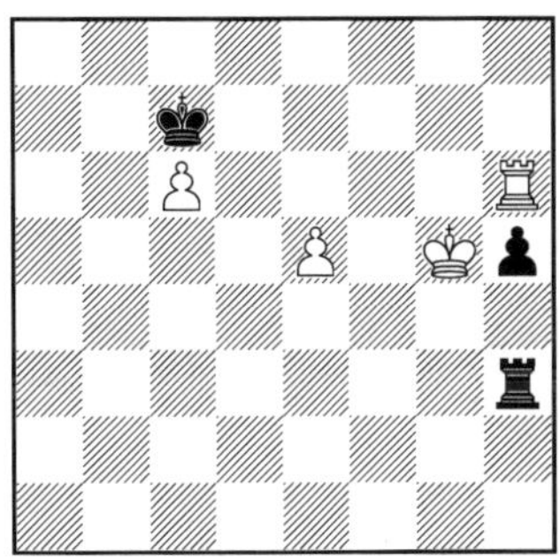

[S] Wie soll man dieses Turmendspiel verteidigen?

9b) Bauern tauschen als Verteidiger

Im 6. Kapitel bemerkten wir, dass die Seite, die materiellen Vorteil hat, generell Figuren abtauschen sollte, die andere Seite aber Bauern. Einer der Gründe dafür ist, dass man ohne Bauern einen großen materiellen Vorteil – meistens einen Mehrturm – besitzen muss, um zu gewinnen. Ein weiterer Grund ist, dass es viel einfacher ist, sich nur auf einem Flügel zu verteidigen, da keine weitere Front eröffnet werden kann. Im ersten Beispiel kann jede Figur des Verteidigers einen Flügel halten, nachdem die Bauern abgetauscht werden: Der schwarze Läufer stoppt den b-Bauern und der König den h-Bauern. Weiß kann den Läufer gewinnen, aber nicht die Partie, weil der falsche Randbauer übrig bleibt.

09.04
Li Shilong (2540) –
M. van Delft (2378)
3. ACT Amsterdam 2006 **[S]**

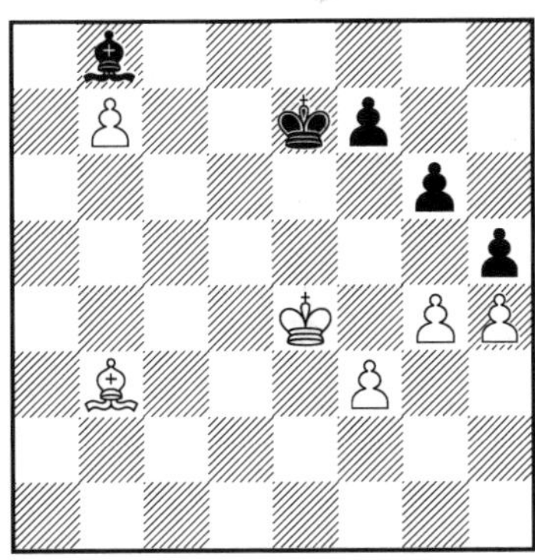

66...hxg4 Einfach abwarten reicht nicht aus, da Weiß das Prinzip der zwei Schwächen anwenden und eine zweite Front am Königsflügel eröffnen kann: 66...♗a7? 67.gxh5 gxh5 68.f4 f6 69.♔f5 ♔d6 70.♔xf6 ♔c6 71.♔e6 ♔xb7 72.f5 ♔c7 73.f6 ♔d8 74.f7 ♗c5 75.♗d1+−. **67.fxg4 f5+!** Die Pointe der Verteidigung. Jetzt hält der schwarze König alleine den Königsflügel. **68.gxf5 ♔f6!** Die Pointe des letzten Zuges. Natürlich nicht 68...gxf5+?? 69.♔xf5 ♔f8 70.♔g6+− und früher oder später wird der Läufer überlastet sein. **69.♗e6 gxf5+ 70.♗xf5 ♔g7 71.♔f3 ♔h8 ½-½**

Schwarz kann einfach seinen Läufer für den b-Bauern geben.

Manchmal kann man sogar eine Figur geben, um die letzten Bauern zu eliminieren.

09.05
S. Wolkow (2587) –
M. Kobalia (2537)
RUS-Cup Finale Ekaterinburg 1999
[S]

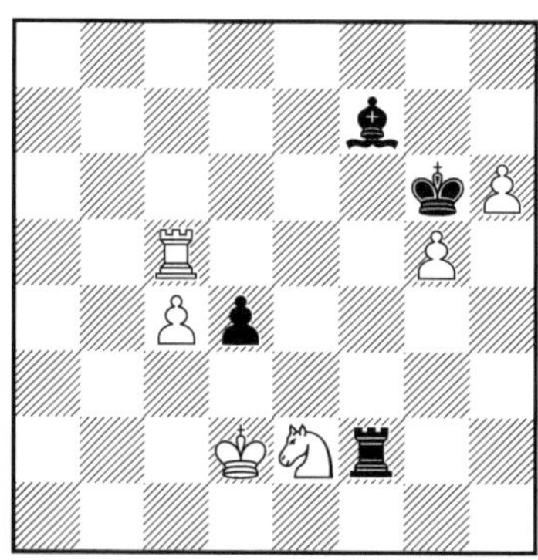

48...♗xc4!! 49.♖xc4 ♔xg5 und der weiße h-Bauer wird ebenfalls fallen, wonach das Remis unvermeidbar ist. **50.h7 ♖h2 51.♖c7 ♔g6 52.♔d3 ♖xh7 53.♘f4+ ♔h6 54.♖c6+ ♔g5!** Das musste man voraussehen, da 54...♔g7? verliert: 55.♘e6+ ♔g8 (55...♔h8 56.♖c8#) 56.♖c8+ ♔f7 57.♘g5++−. **55.♘e6+ ♔f5 56.♘xd4+ ♔e5 57.♖c5+ ♔d6 58.♖g5 ♖h1 ½-½** und die Partie endete später remis.

Aufgaben

(Lösungen auf Seite 221)

E09.06
O. Almeida (2475) – Y. Lapshun (2452)
VIII. Open Sants 2006

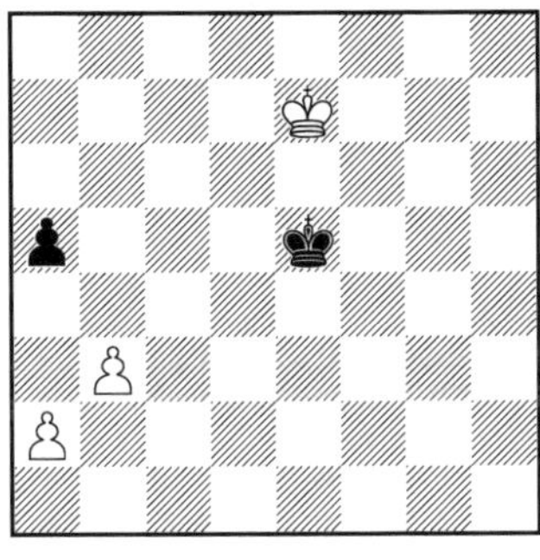

[S] Weiß hat die Opposition aber nicht die Partie gewonnen. Warum?

E09.07
I. Naumkin (2435) – M. Cornette (2447)
XIII. Luigi Serra Montecatini Terme 2006

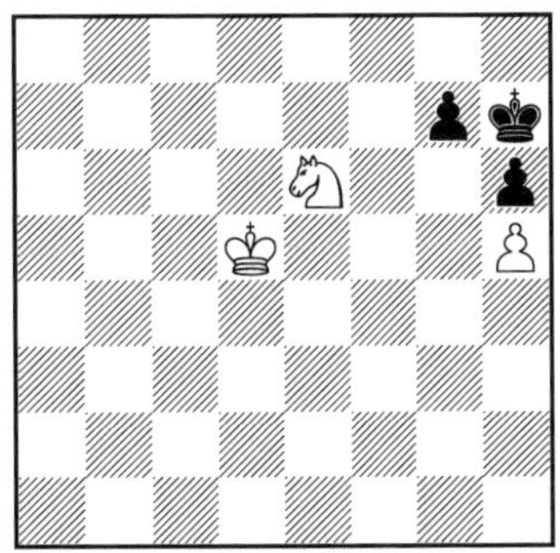

[S] Es mag überraschen, aber Schwarz konnte sich retten. Können Sie es ihm nachmachen?

E09.08
V. Potkin (2295) – V. Saizew (2425)
RUS-Cup Moskau 1998

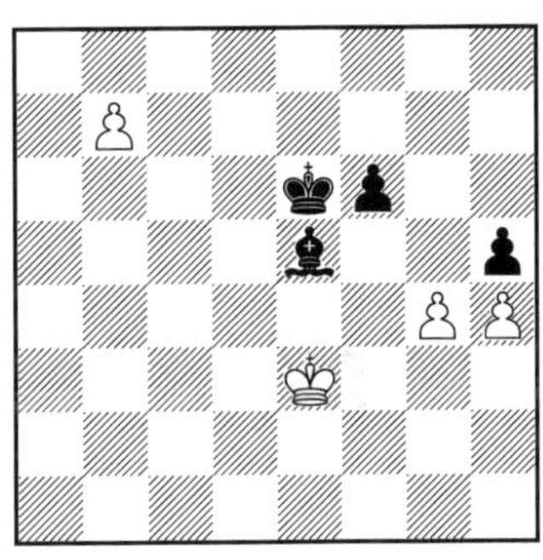

[W] Wie kann man die reduzierte Anzahl an Bauern nutzen, um zu remisieren?

E09.09
L. E. Johannessen (2534) – J. Piket (2646)
Bundesliga 2002

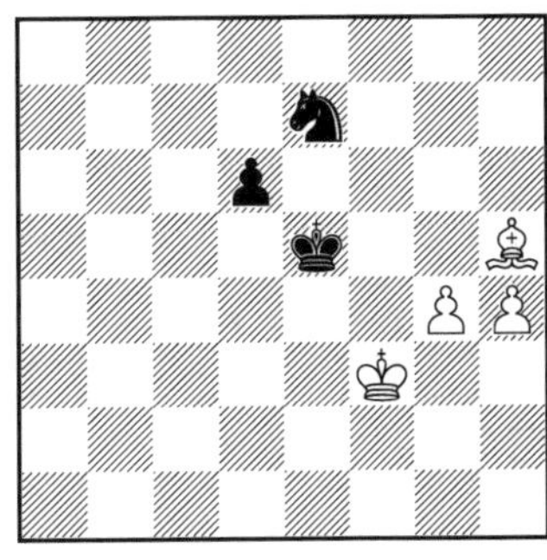

[S] Wie konnte sich Piket retten?

9c) Der mächtige Freibauer

Ein weit vorgerückter gefährlicher Freibauer ist sehr wertvoll im Endspiel. Wie gewöhnlich gehen wir selektiv vor und untersuchen zwei spezielle Fälle. Im ersten Beispiel sehen wir, dass ein einzelner Springer kein guter Verteidiger gegen einen Freibauern ist.

09.06
V. Laznicka (2637) –
V. Bologan (2692)
World Cup Chanty-Mansijsk 2009
[W]

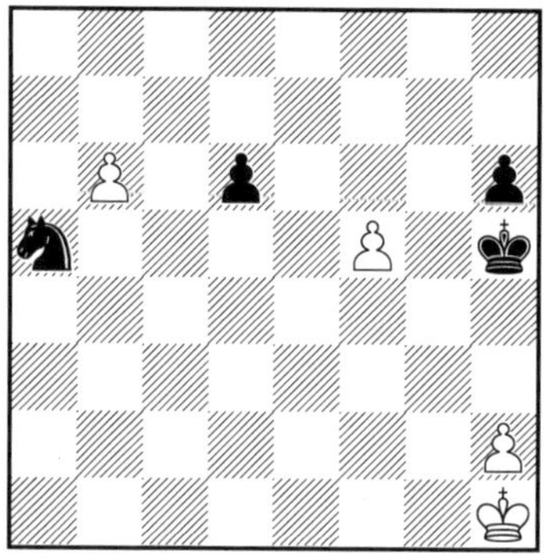

Der gefährlichste Bauer ist der Turmbauer, aber hier ist der weiße b-Bauer ebenfalls gefährlich, da nach **54.h4!** der schwarze König eingeklemmt ist und ein faszinierender Kampf zwischen dem König und dem Springer beginnt. **54...d5 55.♔g2 d4 56.♔f2 d3 57.♔e1 ♘b7 58.♔d2**

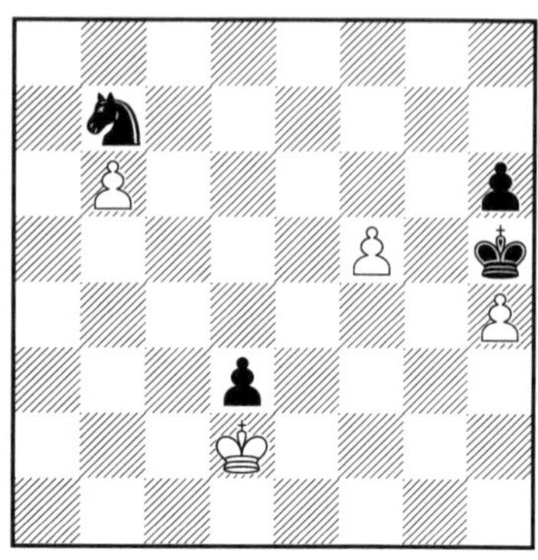

58...♘c5? Ein Sprung in die falsche Richtung. Das weiße Netz könnte man zerstören mit 58...♘d6 59.♔xd3 ♔xh4, da der weiße König auf d3 schlecht platziert ist: 60.f6 ♔g5 61.f7 ♘xf7 62.b7 ♘e5+. Dieses Schach rettet Schwarz. 63.♔e4 ♘c6 64.♔d5 ♘b8 65.♔d6

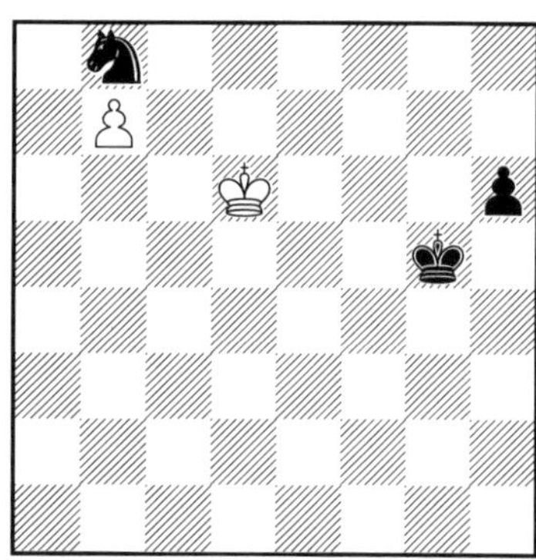

und nun remisiert Weiß durch einen „Dauerangriff" auf den Springer: 65...h5 66.♔c7 ♘a6+ 67.♔b6=. **59.♔e3 ♔g4** 59...d2 60.♔e2! (Golubew in *Chess Today* #3310) funktioniert nicht, da der weiße König um das Minenfeld herumlaufen kann: 60...d1♕+ 61.♔xd1 ♘b7 62.♔d2 ♘d6 (62...♘c5 63.♔e3+−).

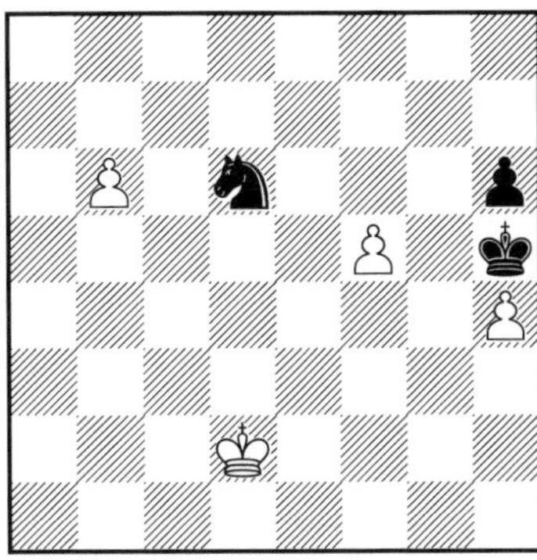

Sogar jetzt muss man Vorsicht walten lassen: 63.♔e1 (63.♔c3? ♔xh4 64.f6 ♘e4+ 65.♔d4 ♘xf6 66.b7 ♘d7=; 63.♔e2? ♘xf5 64.b7 ♘d4+ 65.♔d3 ♘c6=) 63...♘b7 64.♔f2 ♘d6 65.♔g2 ♘b7 66.♔g3 ♘d6 67.♔f4 ♘b7 68.♔e5+−. **60.f6 d2 61.♔e2!** 61.♔xd2 ♘e4+ sollte man vermeiden. **61...♘d7 62.f7 ♔f5 63.b7 ♔e6 64.f8♕ 1-0**

Das zweite Thema beinhaltet den Kampf gegen Freibauern im Turmendspiel. Wie soll man mit ihnen umgehen? Es gibt zwei wichtige Richtlinien: Der Turm sollte sich hinter dem Freibauern postieren und der König sollte ihn blockieren. Im folgenden Beispiel spielen beide Methoden eine vitale Rolle zusammen mit der weißen Bauernmehrheit:

09.07
V. Anand (2752) –
W. Iwantschuk (2711)
Eurotel Trophy Prag 2002 **[W]**

(siehe nächstes Diagramm)

42.♖d7! Das richtige Feld für den Turm (hinter dem am weitesten vorgerückten Freibauern).

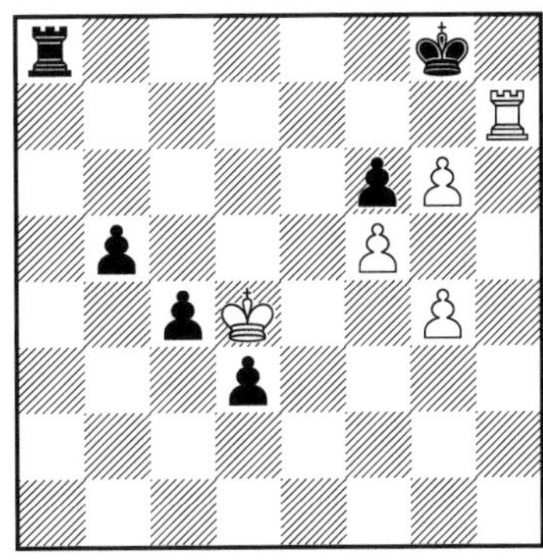

42...♖f8 Es ist sehr riskant, mit 42...♖c8?! gewinnen zu wollen, z.B. 43.g5 c3 44.gxf6 d2 45.♔e5! ♖f8 (45...c2? geht nach hinten los: 46.♖g7+ ♔f8 47.♖h7 ♖c5+ 48.♔f4+−, Postny.) 46.♖g7+ ♔h8 47.♖h7+ ♔g8 48.f7+ ♖xf7 49.gxf7+ ♔xh7 50.f8♕ d1♕=. **43.♔c3 ♖c8 44.g5!**

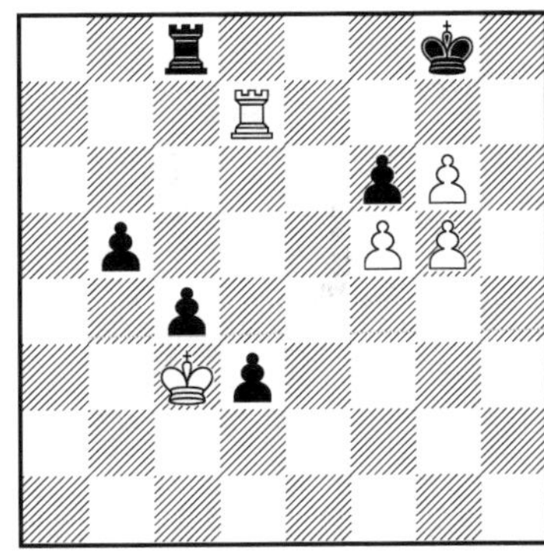

Zur richtigen Zeit und basierend auf präziser Berechnung. **44...♖f8** 44...fxg5? läuft in einen heftigen Angriff, basierend auf den mächtigen verbundenen Freibauern: 45.f6 b4+ 46.♔d2 c3+ 47.♔xd3 c2 48.♖g7+ ♔f8 49.♖h7 ♔e8 50.♖h8+ ♔d7 51.♖xc8 ♔xc8 52.♔xc2+−. Das aktive 44...b4+ funktioniert auch wegen 45.♔xb4 c3 46.gxf6 c2 47.♖g7+ ♔f8 48.♖h7 ♖b8+ 49.♔a5 und jetzt sollte Weiß nach 49...♔e8!! anfangen, ein Dauerschach zu geben mit 50.♖e7+. **45.gxf6 ♖xf6 46.♖d5 ♖b6 47.♖d8+ ♔g7 48.♖d7+ ♔g8** Nach 48...♔f6?? 49.♖f7+ setzen sich die Freibauern durch: 49...♔e5 50.g7 ♖b8 51.♖f8+− (Postny). **49.♖d8+ ♔g7 50.♖d7+ ½-½**

Aufgaben

(Lösungen auf Seite 222)

E09.10
S. Asmaiparaschwili (2676) – V. Anand (2757)
FIDE Grand Prix Dubai 2002

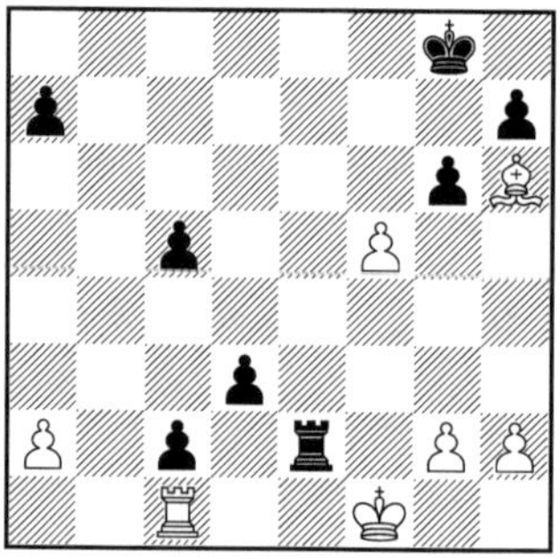

[W] Wie soll man die schwarze Ameisenarmee neutralisieren?

E09.11
J. Barejew (2675) – A. Naiditsch (2641)
FIDE World Cup Chanty-Mansijsk 2005

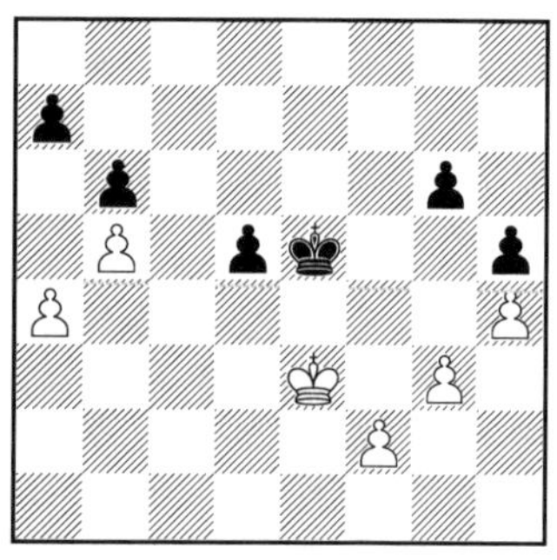

[S] Nur mit präziser Verteidigung kann Schwarz remis halten. Können Sie sehen wie?

E09.12
R. Bator (2405) – J. Barejew(2555)
Saltsjöbaden 1987

[S] Wie rettete Barejew seinen König?

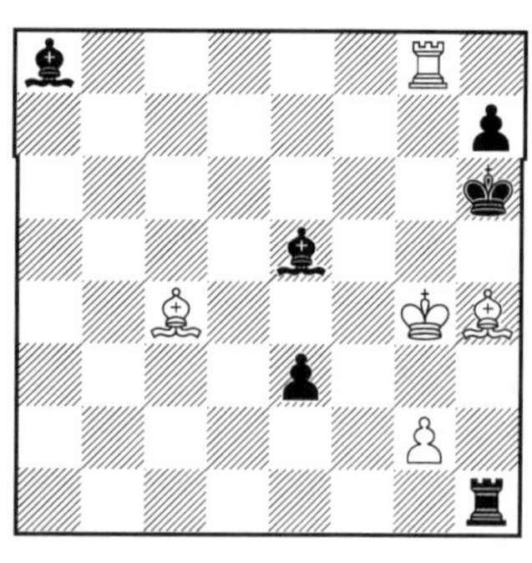

E09.13
P. Blatny (2540) – P. Haba (2520)
CZE-Meisterschaft Zlin 1997

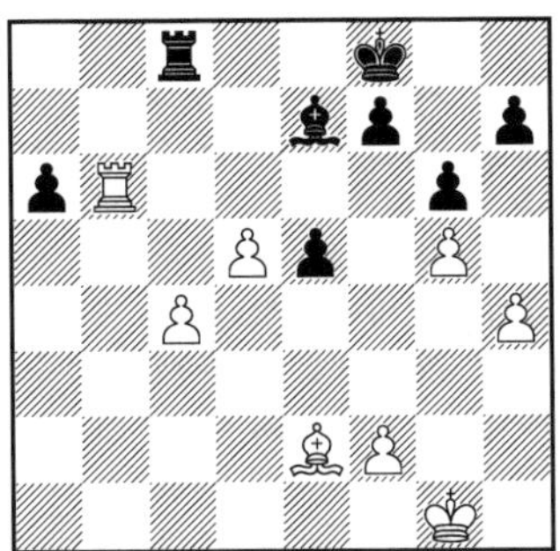

[S] Worauf soll Schwarz hier setzen?

E09.14 S. Atalik (2632) – L. Panzulaia (2611)
37. Olympiade Turin 2006

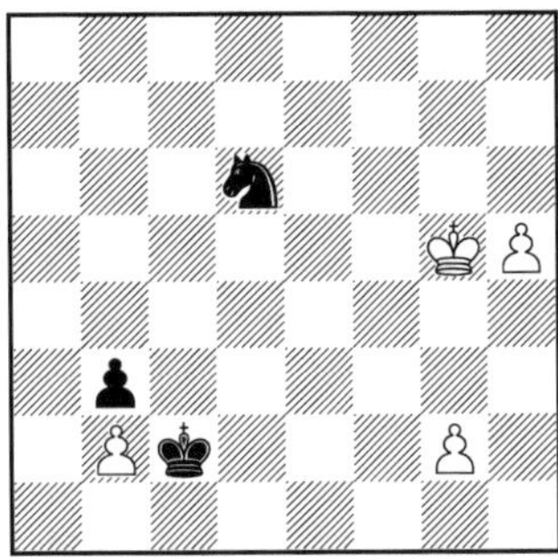

[W] Der Freibauer sichert Weiß das Remis, aber wie soll man es konkret erreichen?

9d) Festungen

Eine der Hauptwaffen des Verteidigers im Endspiel ist, einen sicheren Aufbau zu erreichen, in dem der Angreifer seinen materiellen Vorteil nicht zur Geltung bringen kann, weil es keine schwachen Punkte zum Angreifen gibt. Die folgende Festung gegen die Dame ist typisch:

09.08
Wang Rui (2474) – C. Sandipan (2560)
5. Asien-Meisterschaft Hyderabad 2005 **[S]**

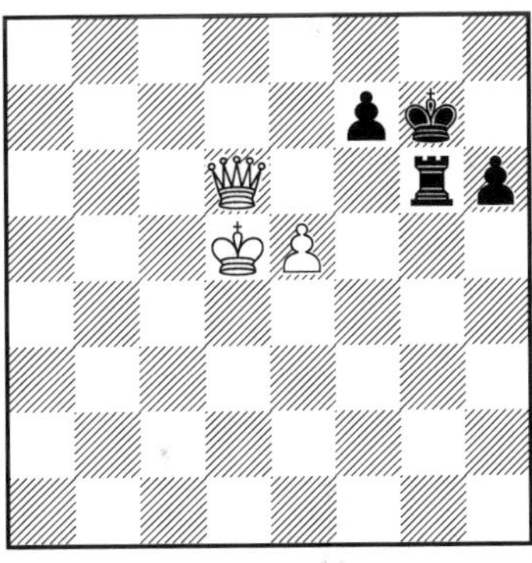

Weiß kann keinen Zugzwang forcieren, da der Turm zwei sichere Felder hat und der König sich auch bewegen kann, solange er es nicht erlaubt, dass Weiß seine Dame unter günstigen Umständen opfert oder sie über f8 ins gegnerische Lager eindringt: **88...♖e6!** Das Damenopfer funktioniert jetzt nicht. Das gierige 88...♖xd6+? ebenfalls nicht wegen 89.exd6 ♔f6 90.♔c6+−; 88...♔g8? ist auch falsch: 89.♕xg6+ fxg6 90.♔d6+−. Der Verteidiger muss immer nach solchen Opfern Ausschau halten, die seine sichere Stellung zerstören! **89.♔c6 ♖g6 90.♔d7 ♖e6 91.♕d4 ♔h7**

92.♕c3 ♔g7 93.♕b2 ♔h7 94.♕b8 ♔g7! 94...h5? erlaubt die Invasion mittels 95.♕f8+−. **95.♕b2 ♔h7 96.♕f2 ♔g7 97.♕e3 ♖g6 98.♕f3 ♖e6 99.♕c3 ♔h7 100.♕g3 ♖g6 101.♕f4 ♔g7 102.♕e4 ♖e6 103.♕f5 ♖g6 104.♕h3 ♖e6 105.♕g4+ ♖g6 106.♕f5 ♖e6 107.♕xe6 fxe6 108.♔xe6 h5 109.♔d7 h4 110.e6 h3 111.e7 h2 ½-½**

Der Angreifer braucht häufig mehr Soldaten, um eine Festung zu erstürmen. Das ist eine Ausnahme zur Regel, dass die Seite, die mehr Material besitzt, Figuren abtauschen soll (wie im 6. Kapitel beschrieben).

09.09

B. Christensen (2277) –
T. Hillarp Persson (2596)

Politiken Cup Helsingor 2009 **[W]**

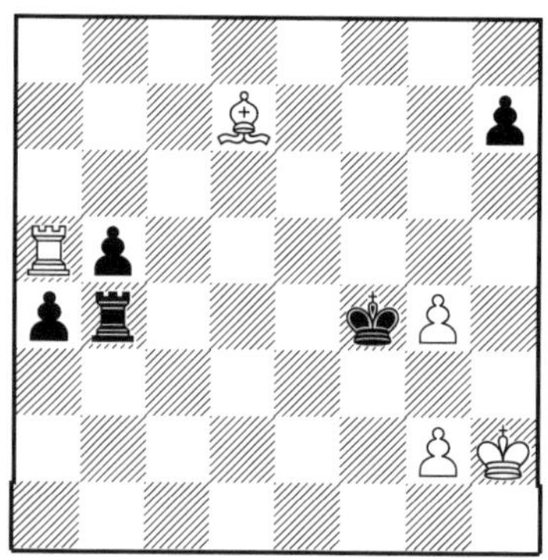

Weiß sollte seinen Turm nicht abtauschen: **59.♖xb5?** 59.♗xb5 a3 60.g3+ ♔f3 61.♖xa3+ ♔xg4 62.♖a4 (Jetzt gewinnt der Abtausch der Türme, aber falls Weiß sich diesbezüglich nicht sicher ist, sollte er 62.♗e2+ wählen.) 62...♖xa4 63.♗xa4 h5 64.♗d1+ ♔g5 65.♔h3 h4. Ein letzter Trick, aber 66.g4+− gewinnt einfach. 66.gxh4+?? ist natürlich falsch, weil Schwarz eine der berühmtesten Festungen gegen einen Läufer erreicht, diejenige mit dem falschen Randbauern. 66...♔h6 67.♔g4 ♔g7 68.♔g5 ♔h8= .

59...♖xb5 60.♗xb5 a3 61.♗c4 ♔xg4 und Schwarz hat eine Festung, da Weiß die starke Endspiel-Waffe *Zugzwang* nicht effektiv nutzen kann.

62.♗e6+ ♔f4 63.♔h3 h6 64.♗a2 ♔e3 65.♔g3 ♔e2 66.♔h4 ♔f2 67.g3 ♔f3 Nach 67...h5?? 68.♗d5+− gerät Schwarz in *Zugzwang*. **68.♗d5+ ♔f2 69.g4 ♔e3 70.♔h5 ♔f4 71.♗a2 ♔g3 72.♗b3 ½-½**

(72.♗e6 hilft auch nicht, 72...♔f4 73.♔xh6 a2 74.♗xa2 ♔xg4=.)

Reine Endspiele mit ungleichfarbigen Läufern haben eine große Remistendenz, weil die Läufer in unterschiedlichen Welten leben, wodurch der Verteidiger häufig eine Festung aufbauen kann. Bevor der Angreifer in so einem Endspiel Figuren abtauscht, muss er sich sehr sicher sein, dass das korrekt ist:

09.10

W. Malachow (2706) –
I. Smirin (2662)

World Cup Chanty-Mansijsk 2009 **[S]**

(siehe nächstes Diagramm)

47...♖d6? Schwarz muss den Turmtausch vermeiden. Die folgenden Varianten zeigen, dass er in manchen Fällen sogar den Läufer opfern kann: 47...f5! 48.b6 (48.♔c4 ♖c7+ 49.♔d3 ♖e7−+) 48...♖d6! 49.♔c2 (49.b7 ♖b6+ 50.♔c4 ♗e5 51.♔d3 ♖b2 52.♗f3

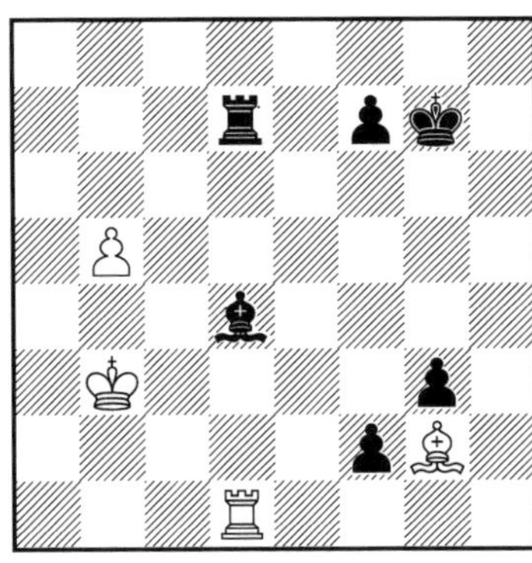

[52.♔e3 f4+ 53.♔f3 ♖xb7 54.♗f1 und mit den Türmen kann die weiße Festung erstürmt werden, z.B. 54...♔f6 55.♗c4 ♖e7 56.♗f1 ♗c7 57.♖d3 ♖h7 58.♖c3 ♗e5 59.♖c6+ ♔g7 60.♖b6 ♖h1 61.♖b1 ♔f6 62.♔e2 ♔g5 63.♖b3 ♔f5 64.♖d3 ♖g1 65.♖b3 ♗d4 66.♖a3 ♔e4−+.] 52...♔f6 53.♗g2 f4 54.♗d5 ♔f5 55.♗f3 [55.♖f1 ♖b5 56.♗g2 ♔g4 57.♔e4 ♖b4+ 58.♔xe5 f3−+] 55...♖b3+ 56.♔e2 ♖e3+−+.) 49...f4 (Schwarz kann auch seinen Läufer geben mit 49...♖xb6 50.♖xd4 ♔f6

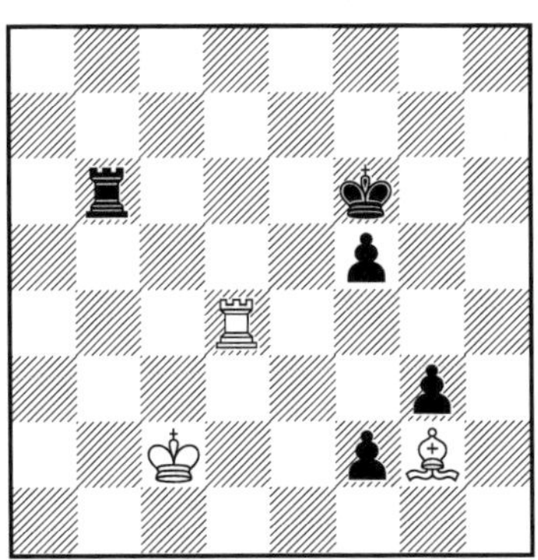

und Weiß kann sich nicht halten, z.B. 51.♖d1 f4 52.♖a1 ♖d6 53.♗f3 [53.♖d1 ♖xd1 54.♔xd1 f3−+] 53...♔e5 54.♖a5+ ♔d4 55.♖a4+ ♔c5 56.♖a1 ♖a6 57.♖c1 ♖a3 58.♔d2+ ♔d4 59.♔e2 ♖e3+−+.) 50.b7 ♗a7 51.♖xd6 f3 52.♖a6 ♗b8 53.♖a8 fxg2 54.♖xb8 f1♕ 55.♖g8+ ♔xg8 56.b8♕+ ♔f7−+. **48.♔c4 ♗e5** 48...♖h6 ist einfach zu langsam: 49.♖xd4 ♖h2 50.♖g4+ ♔f6 51.♖xg3 ♖xg2 und jetzt das coole 52.♖f3+ ♔e6 53.♔d4=. **49.♖xd6 ♗xd6 50.♔d5 ♗b8** 50...f5!? 51.b6 (51.♔xd6? f4 52.b6 f3 53.b7 fxg2 54.b8♕ f1♕−+) 51...f4 52.♔e4=. **51.♔e4 ♔f6 52.b6 ♔e6 53.b7 f5+ 54.♔f3 ♔d5 55.♔e3+ ♔c4 56.♗f1+ ♔c3 57.♔e2 ♗c7 58.♗h3 f4 59.♗f1 ♔d4 60.♔f3 ♔e5 61.♗g2 ♔d5**

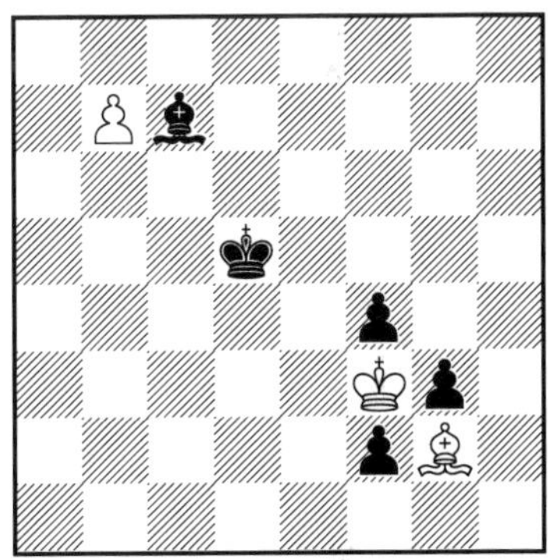

62.♗f1 In Endspielen mit ungleichfarbigen Läufern spielen positionelle Faktoren häufig eine größere Rolle als das Material. Hier braucht Malachow sogar seinen b-Bauern nicht, aber er kann ihn auch behalten mit 62.♔e2+ ♔c5 63.♔f1 ♔d4 64.♔e2 f1♕+ 65.♗xf1=. Aber 65.♔xf1? muss vermieden werden: 65...♔e3 66.♗h3 f3−+. **62...♔c6 63.♗g2 ♔xb7 64.♗f1 ♔b6 65.♗g2 ♔c5 66.♗f1 ♔d4 67.♔e2 ♗b6 68.♗g2 ♔c3 69.♗f1 ½-½**

Manchmal beginnt der Aufbau einer Festung schon im Mittelspiel.

09.11
Computer Deep Junior – G. Kasparow (2847)
Mensch – Maschine New York 2003
[W]

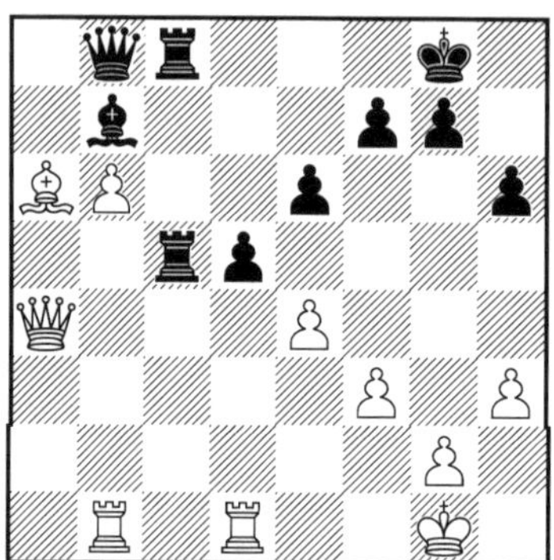

45.♗xb7?! 45.exd5 exd5 (45...♗xa6 46.♕xa6 exd5 47.b7 und der b-Bauer ist eine Macht.) 46.♗d3 (Knaak) war viel besser. Hier ist es zweifelhaft, ob Schwarz überleben wird oder nicht. Natürlich ist diese Stellung für die Maschine viel einfacher zu spielen als die Partiefortsetzung. **45...♕xb7 46.exd5 exd5 47.♕a7 ♖5c7!?** Kasparow setzt eine heimtückische Falle, in die der Computer hineintappt. Festungen sind ein Bereich des königlichen Spiels, in denen Menschen den Silikonmonstern noch überlegen sind. **48.♕xb7?!** (48.♕a5!?)

48...♖xb7 49.♖xd5 ♖c6! 50.♖db5

(siehe nächstes Diagramm)

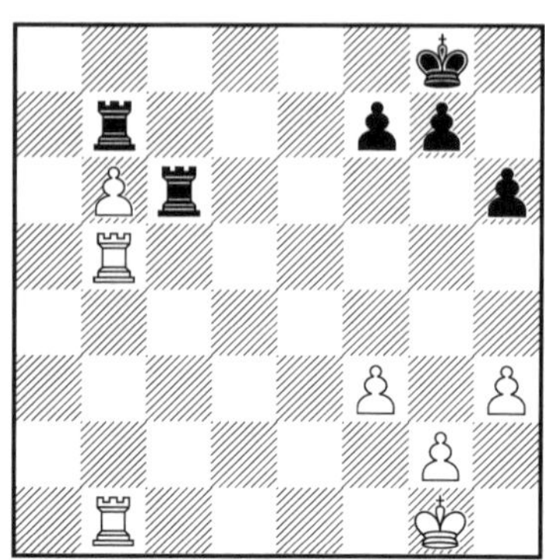

50...h5 Schwarz hat eine uneinnehmbare Festung, da die weißen Türme an die Verteidigung des b-Bauern gebunden sind. Deep Junior versteht dieses Konzept nicht und spielt weiter. **51.♔f2 ♖e6!** Sichert ab, dass der weiße König außer Spiel bleibt. **52.f4 g6 53.♔g3 ♔g7 54.♔h4 ♔h6 55.♖1b4 ♖d6 56.g3 f6** Droht ♖bxb6 ♖xb6?? g5 nebst Matt. Aber solch eine Drohung übersieht die Maschine natürlich nicht. **57.g4 hxg4 58.hxg4 ♔g7 59.♖b3** 59.f5 g5+ führt zu nichts, da 60.♔h5?? widerlegt wird durch 60...♖b8 61.b7 ♖h8#. **59...♖c6 60.g5 f5 61.♖b1 ½-½**

Aufgaben

(Lösungen auf Seite 222)

E09.15

Computer Shredder – Computer YACE

Paderborn 2003

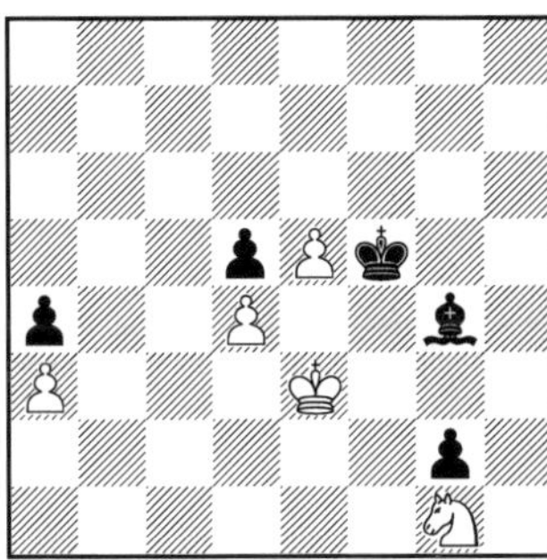

[W] Wenn der Springer eine Festung konstruieren möchte, muss er immer aufpassen, dass er nicht in *Zugzwang* gerät. Das muss man immer im Auge behalten, bevor man seine Entscheidung trifft!

E09.16

N. Churtschidse (2420) – G. Gusseinow (2667)

Open Baku 2009

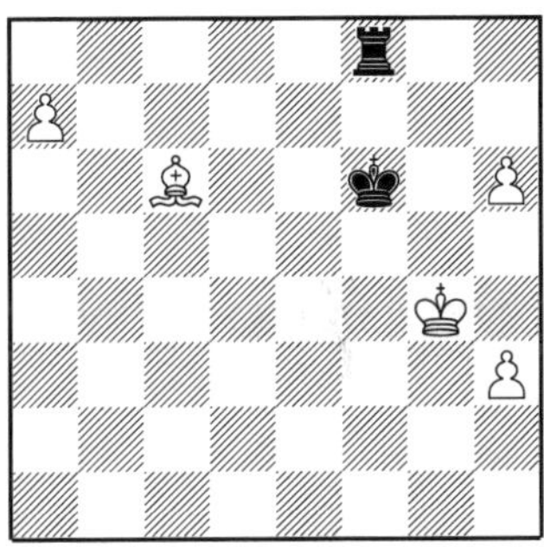

[W] Was ist die erste Priorität von Weiß?

E09.17

M. Middelveld – Z. Peng

Holländische Frauenmeisterschaft Haaksbergen 2009

[S] In Endspielen mit ungleichfarbigen Läufern spielt die Festung eine bedeutende Rolle. Normalerweise kann sich der Verteidiger halten. Dieses Beispiel ist aber eine Ausnahme, da Weiß kaum Raum hat. Wie nutzte das Peng aus?

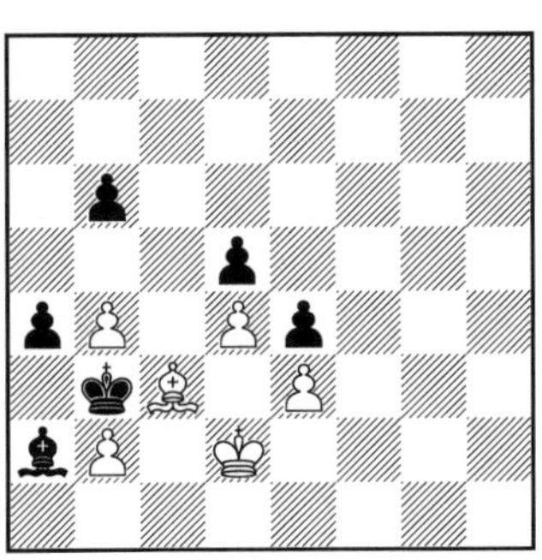

10. Kapitel

Der großartige Tigran Petrosian

Einer der besten Verteidiger war der frühere Weltmeister Tigran Petrosjan. Er war berühmt wegen seiner instruktiven Qualitätsopfer (siehe 7. Kapitel) und die Art und Weise, wie er präventives Denken einsetzte. Ein starker Verteidiger zu sein, bedeutet nicht, eine komplett passive Haltung einzunehmen – so dass man alles verteidigt und nur die gegnerischen Drohungen stoppt. Solch eine Vorgehensweise funktioniert nicht. Petrosjans Art zu spielen kann besser beschrieben werden als die Art und Weise, die gegnerischen Figuren in Sumpfgebiet zu locken, wo sie stillgelegt werden, so dass man einen mächtigen Gegenangriff starten kann. Die nächste Partie ist typisch. Petrosjan geriet früh in eine sehr schwierige Lage, aber er behielt immer Gegenspiel und machte Spasskis Arbeit so schwer wie möglich.

10.01
B. Spasski – T. Petrosjan [B14]
Weltmeisterschaft Moskau 1966

1.e4 c6 2.d4 d5 3.exd5 cxd5 4.c4 ♘f6 5.♘c3 g6!? Eine interessante Idee gegen die Panow-Variante mit der Absicht, den d-Bauern temporär zu opfern. **6.♕b3 ♗g7 7.cxd5 0-0 8.g3** Die Partie kann gut verglichen werden mit der häufigeren Zugfolge: 8.♗e2 ♘a6 9.♗f3 ♕b6 10.♕xb6 (Damals wurde 10.♘ge2!? als kritisch angesehen.) 10...axb6 11.♘ge2 ♘b4 12.0-0 ♖d8 13.d6 ♖xd6 14.♗f4 ♖d7 15.♖fd1 ♘bd5 (15...♘fd5 wurde in späteren Partien bevorzugt.) 16.♗e5 ♖d8 17.♘f4 ♘xf4 (17...♘xc3!? 18.bxc3 ♖a3 ist die Alternative.) 18.♗xf4 ♗g4 19.♗xb7 ♖a7!. Diese Neuerung haben Ruud Janssen und ich (MvD) vorbereitet. Einige Jahre später wurde wieder 8...♘a6 von den Spitzenspielern gewählt. 20.♗f3 ♗xf3 21.gxf3 ♘d5 22.♗e3

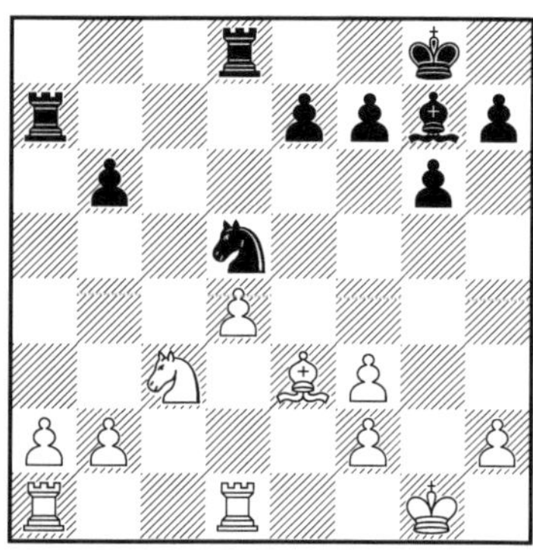

22...♘xc3! Ein Schlüsselzug für die schwarze Verteidigung. 23.bxc3 ♖a3 24.c4 (Unsere Analyse lautete 24.♖dc1 e5 25.dxe5 ♗xe5 26.♗xb6 ♖d3=, Janssen & Van Delft 1998.) 24...♖a4 25.c5 bxc5 26.dxc5 ♖c8 27.♖ac1 f5 28.c6 ♔f7 29.c7 ♗e5 30.♗b6 ♗d6 31.♖c2 ♔e6 32.h3 ♖b4 33.♗c5 ♖b7 34.♗xd6 exd6 35.♖c6 ♖bxc7 36.♖cxd6+ ♔e7 37.a4 ♖c1 38.♔g2 ♖xd1 39.♖xd1 ♖a8 40.♖d4 ♔f6 41.f4 ♔g7 42.♔f3 ♔h6 43.♔g3 ♔h5 44.♖d7 ♔h6 45.♖d4 ♔h5 46.♖c4 ♖a7 47.♖b4 ♖a8 48.♖b7 ½-½ – Solleveld – Van Delft, Holländische U20-Meisterschaft, Leiden 1999.

8...♘a6 9.♗g2 ♕b6 10.♕xb6 axb6 11.♘ge2 ♘b4 12.0-0 ♖d8 13.d6 ♖xd6 14.♗f4 ♖d7 15.♖fd1 ♘bd5 16.♗e5 ♗h6?! Normal wäre 16...♖d8 gewesen. 17.♘f4 ♘xc3 18.bxc3 ♖a3 mit Gegenspiel. **17.a3 e6?!** 17...♖d8 ist immer noch eine wichtige Option, z.B. 18.♘xd5 ♘xd5 19.♗xd5 ♖xd5 20.♘c3 ♖da5!? 21.♗c7 ♗g4 22.♖e1 e6 23.♗xb6 ♖5a6 24.♗c5 ♗f3 und die zwei Läufer kompensieren das Bauerndefizit. **18.♘xd5 ♘xd5 19.♖d3 ♗g5 20.♗xd5!?** Eine erstaunliche und interessante positionelle Entscheidung. Weiß gibt den starken Läufer, um den starken verteidigenden Springer zu entfernen. **20...exd5?!** Die Stellung trägt jetzt einen geschlossenen Charakter. Das erleichtert die weiße Aufgabe, da Weiß die komplette Kontrolle behält und seine Figuren einfach aktivieren kann. Es ist typisch, dass die Seite mit dem Springer die komplette Kontrolle übernehmen möchte. Nach 20...♖xd5 21.♘c3 ♖da5 ist es erstaunlich schwierig, die weiße Initiative zu verwerten, z.B. 22.♘e4 (22.♖ad1!? ♗d7 23.d5 h5 sieht verdächtig aus, aber wieder ist es nicht einfach für Weiß, etwas Zählbares zu erreichen.) 22...♗e7 23.♗f6 ♗f8! Ein Verteidiger von Schwächen sollte nicht abgetauscht werden! 24.♖b3 b5 25.♗e5 ♗e7 26.♗d6 ♗d8 27.♖d1 ♗d7 und die schwarzen Remischancen sind größer als in der Partie.

21.h4 ♗d8 22.♖c1 ♖e7 22...f6 trifft auf 23.♖dc3 fxe5 24.dxe5 d4 25.♖xc8 ♖xc8 26.♖xc8 d3 27.♘c3 ♔f7 28.f4 und Weiß wird den weit vorgerückten d-Bauern bald eingekreist haben. **23.♘f4 ♗e6 24.♖dc3**

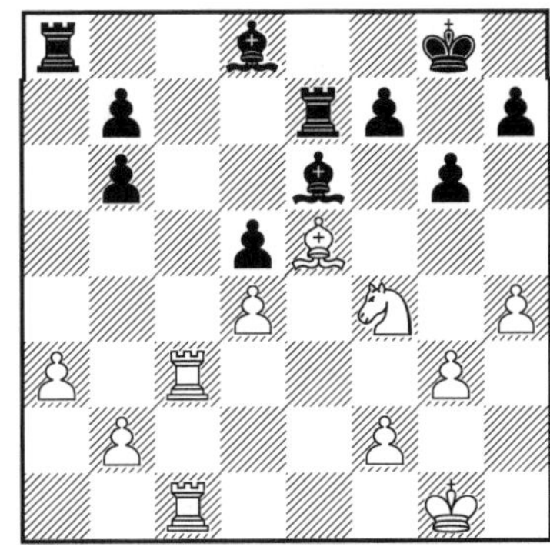

24...♗d7! Petrosjan behält seinen wertvollen Läufer. Das ist der einzige Weg, praktische Remischancen zu bewahren. 24...♖e8? 25.♘xe6 fxe6 26.♖c8 ♖xc8 27.♖xc8 ♔f8 28.♖b8+−. **25.♘xd5 ♖e6 26.♗c7 ♔g7 27.♗xd8 ♖xd8 28.♘e3 b5 29.d5 ♖b6 30.♘c2?!** Den Springer von seinem starken Posten zu entfernen, gibt Petrosjan Gegenspiel am Königsflügel. Es war besser, zuerst mit den Türmen den Damenflügel unter Druck zu setzen, z.B. 30.♖b3 ♖d6 31.♖c7 b6 32.♖bc3+− und Schwarz hat kein Gegenspiel. **30...h6!** Kreiert ein bisschen Gegenspiel am Königsflügel. **31.♘b4 g5 32.hxg5 hxg5 33.♔g2 ♖f6 34.♖e3 ♖h8 35.♘d3?** Ein ernsthafter Fehler, der einen Großteil des Vorteils vergibt. 35.♖e5! zerstört die schwarze Koordination, da 35...♖fh6 auf 36.♔f3 ♔f6 37.♔e4 ♖h1 38.♖xh1 ♖xh1 39.♘d3 ♖d1 40.f4+− trifft. **35...♖d6!** Erinnert den Springer an seine frühere Aufgabe. **36.♘e5?** Jetzt ist die Stellung mehr oder weniger ausgeglichen. Der Springer musste zurückkehren: 36.♘b4, und das schwarze Gegenspiel nach 36...♗h3+ 37.♔g1 ♖dh6 38.♖ec3 ♗f5 39.f3 ♖h2 gibt dem Nachziehenden gute Remischancen. **36...♗h3+ 37.♔f3 ♖xd5 38.♖c7** 38.g4 ♖e8 39.♖ce1 f5 und der Läufer rettet sich. **38...♗e6 39.♖xb7 ♖c5** Der aktive Zug 39...♖d2!? war eine Alternative, da Schwarz das Endspiel nach 40.♖xb5 ♗d5+ 41.♖xd5 ♖xd5 halten sollte. **40.♖a7** 40.b4 wird mit 40...♖d5 beantwortet. **40...♗d5+?** Aktiviert unnötig den weißen König. Stattdessen musste sofort 40...♖c2 geschehen. **41.♔g4 ♖c2** Petrosjans Abgabezug. Ein gut gewählter Moment, da die schwierigen Fragen zu Hause gelöst werden können. **42.♔xg5 ♖xf2** 42...♖xb2!? 43.♖d3 (Nach 43.f4?! kann sich Schwarz mit 43... ♖a8 verteidigen.) 43...♖a8 44.♖c7 ♗a2 (44...♗e6? 45.♖f3 ♖f8 46.♖f6+−) 45.f4 b4 46.axb4 ♖xb4 und mit Bauern auf nur einem Flügel hat Schwarz gute Chancen zu überleben, auch wenn die Stellung nicht komplett klar ist. Ein Vorteil der Partiefortsetzung könnte sein, dass sie schwieriger zu spielen ist für Schwarz. **43.♘d3**

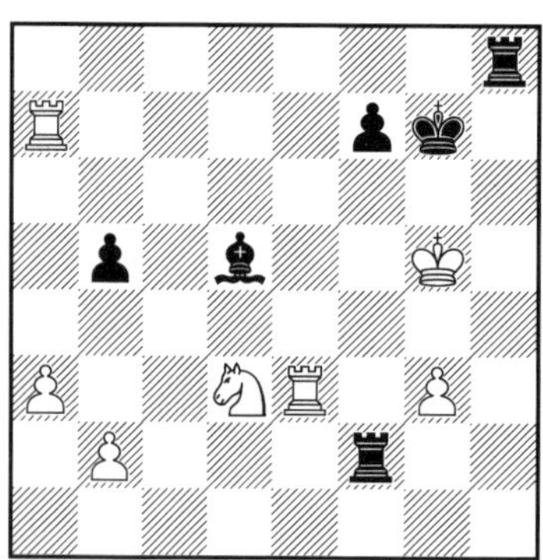

43...♖f3! Petrosjan muss das Angriffspotenzial reduzieren. **44.♖ae7?** Den Turm von der 7. Reihe zu entfernen, ist ein Eingeständnis. 44.♖xf3 ♗xf3 45.♔f4 ♗d5 46.♖d7 ♗c6 47.♖c7 mit guten Gewinnchancen war möglich. In einer praktischen Partie ist es allerdings schwierig, so einen Vorteil zu verwerten. **44...♖xe3 45.♖xe3 f6+!** Die Verteidigungsstellung ist effektiver mit diesem Bauern auf einem schwarzen Feld, um den Läufer zu unterstützen. **46.♔f4 ♔f7 47.♘b4 ♗c4 48.♖c3 ♖h2 49.b3 ♗e6 50.♘d3 ♖a2**

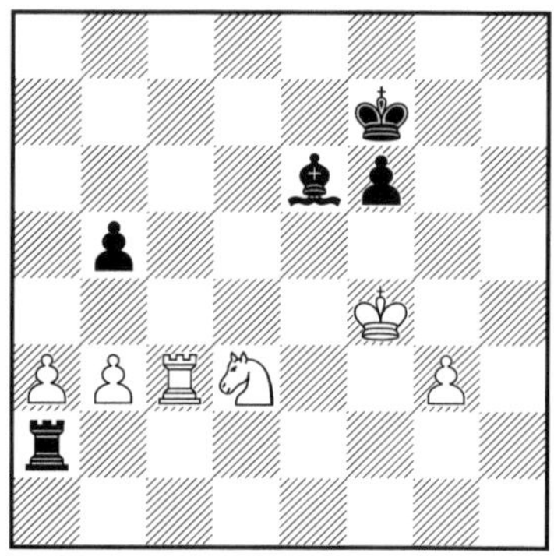

51.♖c7+? Die Alternative 51.b4!? ist logischer, da sie die Stellung geschlossener hält, z.B. 51...♔e7 52.♘c5 ♗d5 53.♖d3 und die weißen Gewinnchancen sind viel besser als in der Partie, weil der Anziehende mehr Kontrolle hat. **51...♔g6 52.♘c5 ♗f7 53.♖b7** Wegen des reduzierten Materials hat Schwarz gute Remischancen, z.B. 53.♖a7 b4 54.a4 ♖a3 55.♖b7 ♗xb3 56.♖xb4 ♗d1. **53...♖xa3 54.♖xb5 ♖a1 55.♘e4 ♖f1+ 56.♔e3 ♖e1+ 57.♔f3 ♖f1+ 58.♔e2 ♖b1 59.♘d2 ♖g1 60.♔f2 ♖c1 61.b4 ♖c2 62.♔e3 ♖c3+ 63.♔f4 ♖d3!** Zerstört die Koordination des weißen Königs und Springers. **64.♘f3** 64.♘e4 ♗d5. **64...♗d5 65.♘h4+ ♔f7 66.♖b8?!** 66.♖b6 war präziser, aber Schwarz sollte trotzdem remisieren, z.B. 66...♖c3 67.b5 ♖b3 68.♘f5 ♖f3+ 69.♔g4 ♖b3. **66...♖d4+ 67.♔e3 ♖e4+ 68.♔f2 ♔e7!**

69.♘g6+ ♔d7 70.♘f4 70.b5 ♔c7 71.♖f8 ♖b4 72.♘f4 ♖xb5 73.♘xd5+ ♖xd5 74.♖xf6 ♔d7 führt zu einem Turmendspiel, das theoretisch remis ist. **70...♗c6 71.♘d3** Die schwarze Verteidigung basiert auf 71.b5 ♔c7!. **71...♔c7 72.♖f8 ♗b5 73.♘f4**

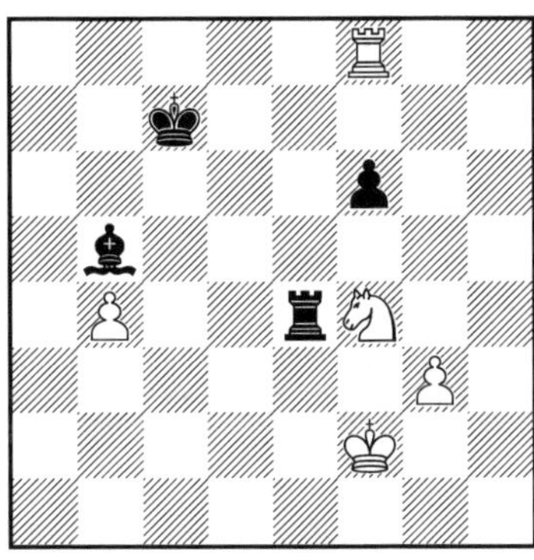

73...♔d7 74.♖f7+ 74.♘d5 trifft auf 74...♖d4. **74...♔e8 75.♖b7 ♖xb4 76.♘d5 ♖b2+ 77.♔e3 ♖b3+ 78.♔f4 ♗c4 79.♘xf6+ ♔f8 ½-½** Die Botschaft ist klar: Kämpfen Sie immer weiter!

Im nächsten Beispiel neutralisiert Petrosjan die Initiative des jungen Michail Tal, aber Misha verpasst später mehrmals den Sieg:

10.02
M. Tal – T. Petrosjan

URS-Meisterschaft Riga 1958

1.e4 e5 2.♘f3 ♘c6 3.♗b5 a6 4.♗a4 ♘f6 5.0-0 ♗e7 6.♖e1 b5 7.♗b3 0-0 8.c3 d6 9.h3 ♘a5 10.♗c2 c5 11.d4 ♕c7 12.♘bd2 ♗d7 13.♘f1 ♘c4 14.♘e3 ♘xe3 15.♗xe3 ♗e6 16.♘d2 ♖fe8 17.f4 ♖ad8 18.fxe5 dxe5 19.d5 ♗d7 20.c4 ♖b8 21.a4 b4 22.a5!

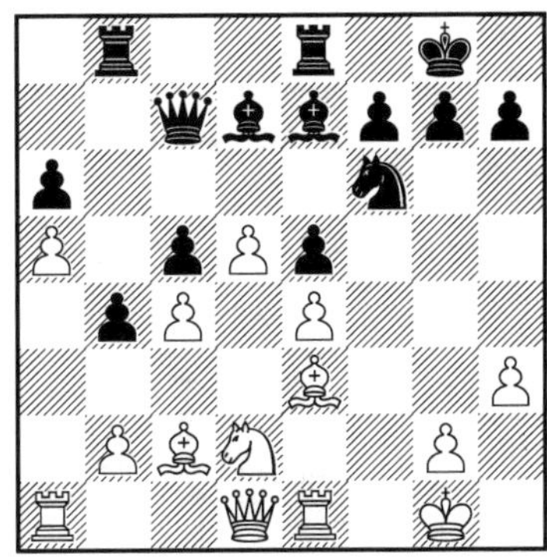

Tal hat sich einen stabilen Vorteil erarbeitet, da Schwarz am Damenflügel kein Gegenspiel hat, während er am Königsflügel langfristig gute Perspektiven besitzt, wenn Schwarz sich passiv verhält. **22...♖f8 23.♗a4 ♗xa4 24.♖xa4 ♖bd8!?** Der Beginn eines genialen Planes, um Tals Aufbau zu stören.

25.♕f3 ♖d6 Petrosjans Pointe. Der Turm wird zum Königsflügel überführt. **26.♘b3 ♘d7 27.♖aa1 ♖g6 28.♖f1 ♗d6 29.h4 ♕d8 30.h5 ♖f6 31.♕g4?!** 31.♕g3! ist präziser.

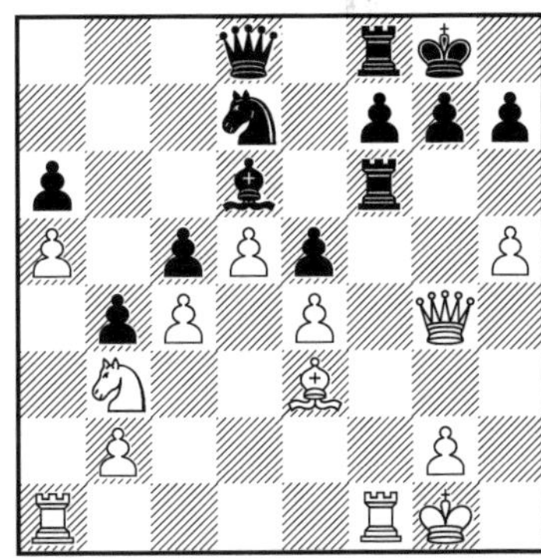

Weiß braucht nur noch den Zug g2-g3, um seinen Vorteil zu konsolidieren. Aber jetzt folgt ein weiteres Beispiel für Petrosjans berühmtes Markenzeichen, das Qualitätsopfer:

31...♖f4!! 32.♗xf4 32.♖xf4 exf4 33.♗xf4 ♕f6 34.♗xd6 ♕xd6 verschafft Schwarz eine solide Blockade. **32...exf4 33.♘d2**

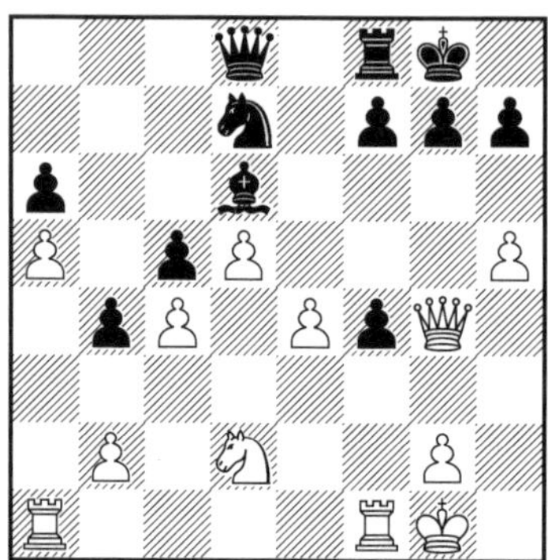

33...♘e5? Die Blockade ist natürlich das richtige Konzept, aber die schwarzen Figuren haben mehr aktivere Optionen nach 33...♗e5!. **34.♕xf4?** Weiß muss jetzt akkurat spielen, was ziemlich schwierig ist. Jeder erfahrene Spieler weiß, wie die Veränderung des Stellungscharakters die eigene psychologische Verfassung beeinflusst. „Außerdem mochte es Michail Nechemjewitsch nicht, sich zu verteidigen“ (Kasparow in *Meine großen Vorkämpfer*). 34.♕h3 limitiert das Gegenspiel und gibt Weiß einen klaren Vorteil. **34...♘xc4 35.e5**

(siehe nächstes Diagramm)

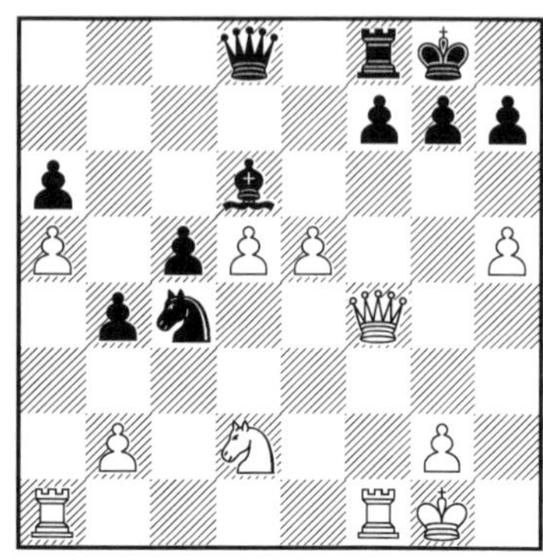

35...♘xe5! Petrosjan setzt konsequent fort. 35...♘xd2? 36.exd6 ♘xf1 37.♖xf1 h6 38.b3 gibt Weiß gefährliche Freibauern und eine Stellung, in der sich Tal wie ein Fisch im Wasser fühlt. **36.♘e4 h6 37.♖ae1?** Jetzt erhält Petrosjan sogar Chancen, um den ganzen Punkt zu spielen. Er hat Tal komplett die Initiative entrissen. Das ist definitiv keine kleine Leistung gegen den Hexer von Riga. Nach 37.b3 steht Weiß definitiv nicht schlechter. **37...♗b8! 38.♖d1 c4 39.d6 ♘d3**

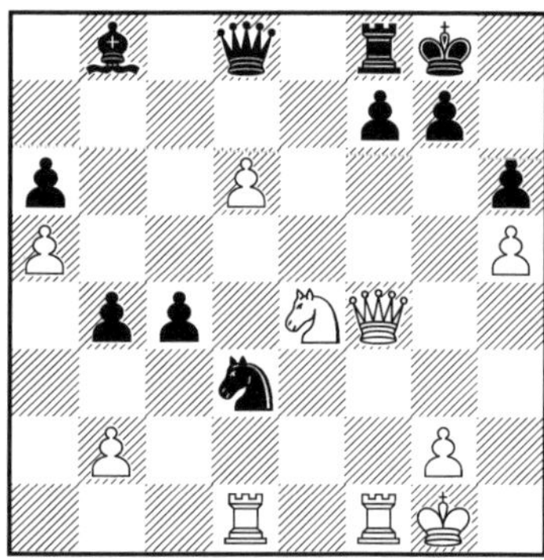

40.♕g4? 40.♕e3 war forciert, aber nach 40...♕d7 steht Schwarz weiterhin besser. **40...♗a7+ 41.♔h1 f5** Der Abgabezug. Schwarz sollte gewinnen, aber nach der Wiederaufnahme schaffte es Tal, seinen Gegner zu verwirren: **42.♘f6+! ♔h8** 42...♕xf6?? 43.♕xc4++−. **43.♕xc4 ♘xb2 44.♕xa6 ♘xd1 45.♕xa7 ♕xd6 46.♕d7**

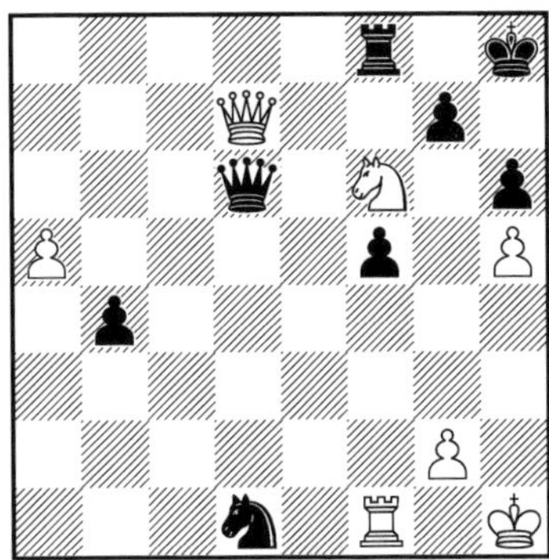

46...♕xf6?! Der überraschende Zug 46...♖d8! gewinnt einfach, da das weiße Lager zweigeteilt ist, z.B. 47.♕xd6 ♖xd6 48.a6 gxf6 49.a7 ♖d8–+. **47.♕xd1 ♖b8?** Verpasst den entscheidenden *Zwischenzug* 47...♕a6! 48.♖f4 ♖b8–+.

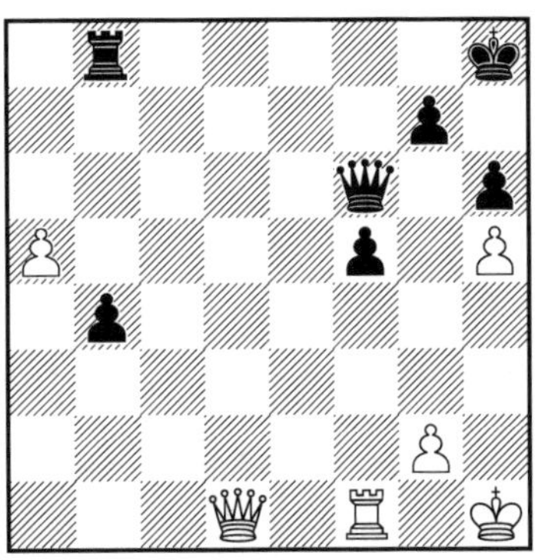

48.♖f3? Der Turm steht schon sehr gut für Angriff und Verteidigung. Die Stellung der Dame sollte verbessert werden mit 48.♕d3 b3 49.a6 (Kasparow) mit der Idee, die Bauern am Damenflügel abzutauschen und die zweite Front zu eliminieren. **48...♖a8?** Das erlaubt den weißen Verteidigungskräften, den Königsflügel zu halten. Nach 48...♖b5 49.♕e1 ♔h7 50.♖b3 ♖xa5 51.♕xb4 ♖a1+ 52.♔h2 ♖f1–+ (Kasparow) entscheidet der schwarze Angriff. **49.♕e1! ♖xa5 50.♕xb4** Mit Bauern auf nur einem Flügel kann sich Weiß halten. Ein kritischer Moment steht aber noch aus: **50...♖e5 51.♕f4 ♔h7 52.♔h2 ♖d5 53.♖f1 ♕g5 54.♕f3 ♖e5 55.♔g1 ♖c5 56.♕f2 ♖e5 57.♕f3 ♖a5 58.♔h2 ♔h8 59.♔g1 ♖a2**

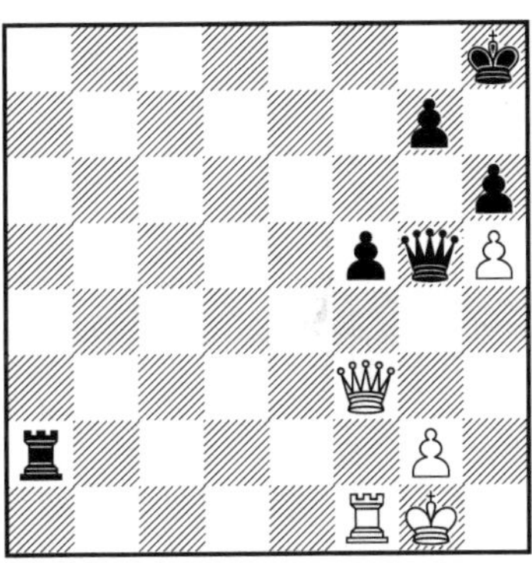

60.♕d5? Tal sucht wie üblich nach Aktivität, aber die Kontrolle über e3 zu verlieren hätte fatale Konsequenzen nach sich ziehen müssen. 60.♖e1 musste geschehen. **60...♖c2?** Kasparow zeigt den Gewinnweg: 60...♕e3+ 61.♔h2 ♖a4 62.♕d8+ ♔h7 63.♖xf5

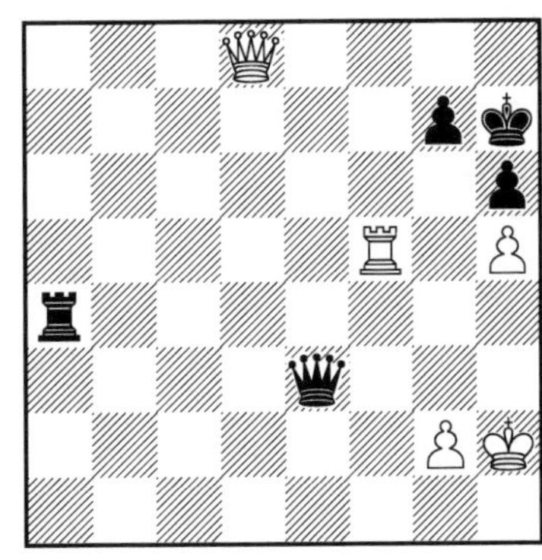

63...♖d4!!. Instruktive Geometrie! 64.♖d5 ♖g4 65.♖d3 ♕e5+ 66.♔g1 ♕e4 67.♕d5 ♖xg2+ 68.♔h1 ♕xd5 69.♖xd5 ♖g5–+. **61.♕a8+ ♔h7 62.♕f3 ♖c1 63.♖xc1 ♕xc1+ 64.♔h2 ♕c7+ 65.♔h3 ♕e5 66.g4 fxg4+ 67.♔xg4 ♕g5+ 68.♔h3 ♕f6 69.♕e4+ ♔g8 70.♕e8+ ♕f8 71.♕xf8+ ♔xf8 72.♔g4 ♔f7 73.♔f5 ½-½**

Die nächste Partie zeigt, dass Petrosjan auch ein sehr starker Taktiker war, was für zähe Verteidiger recht typisch ist:

10.03
T. Petrosjan – B. Spasski [E66]
Moskau 1966

1.♘f3 ♘f6 2.g3 g6 3.c4 ♗g7 4.♗g2 0-0 5.0-0 ♘c6 6.♘c3 d6 7.d4 a6 8.d5 ♘a5 9.♘d2 c5 10.♕c2 e5 11.b3 ♘g4 12.e4 f5 13.exf5 gxf5

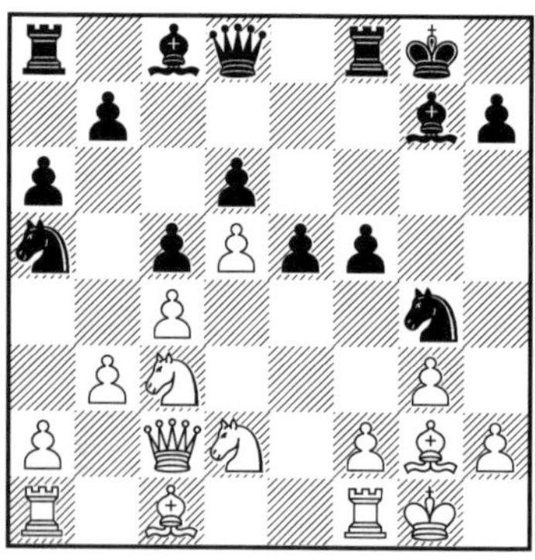

14.♘d1!? Ein Rückzug in typischer Petrosjan-Manier. Spasski wird in den folgenden voreiligen Angriff hineingelockt. **14...b5 15.f3 e4 16.♗b2 exf3 17.♗xf3 ♗xb2 18.♕xb2 ♘e5 19.♗e2**

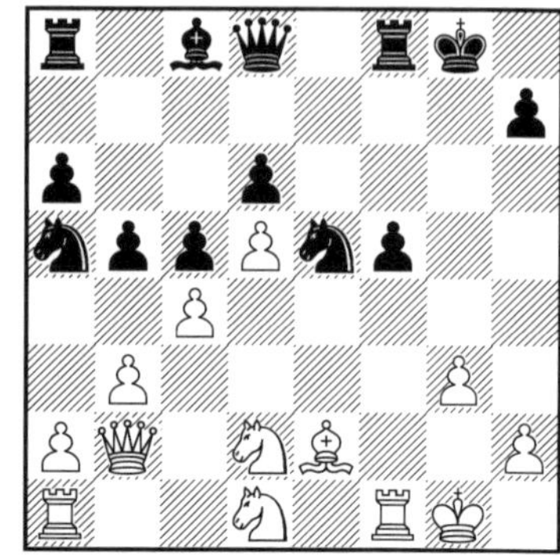

19...f4? Getreu seinem Stil beginnt Spasski einen direkten Angriff, der aber verfrüht ist. 19...♗d7 20.♘e3 ♕f6 ist besser.

20.gxf4? Es ist sogar stärker, mit 20.♖xf4 ♖xf4 21.gxf4 den aktiven Turm zu tauschen: 21...♘g6 22.♘e4 ♘xf4 23.♔h1 ♗f5 24.♘df2. **20...♗h3** 20...♖xf4 neutralisiert die weiße Initiative nicht komplett, z.B. 21.♖xf4 ♕g5+ 22.♔h1 ♕xf4 23.♘c3 ♕d4 24.♖f1. **21.♘e3!**

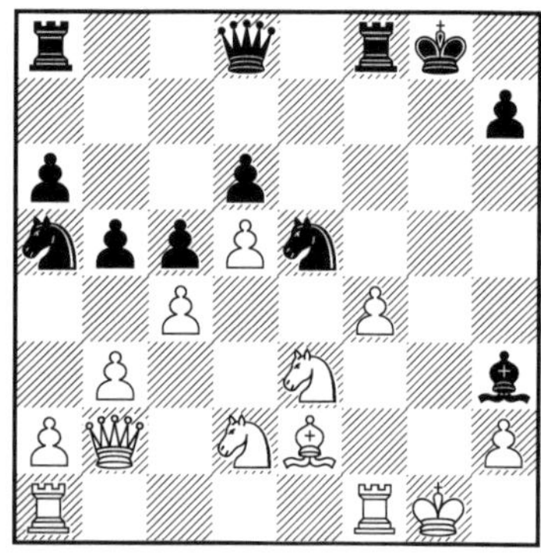

21...♗xf1? Zu gierig. Spasski tut sich offensichtlich schwer, auf Verteidigung umzuschalten. Schwarz hätte versuchen sollen, so viele Figuren wie möglich abzutauschen: 21...♖xf4 22.♖xf4 ♕g5+ 23.♖g4 ♘xg4 24.♘xg4 ♗xg4 25.♗xg4 ♕xg4+ 26.♔h1 ♕d4 27.♖g1+ ♔h8 28.♕xd4+ cxd4 29.♘e4 ♘b7 und das reduzierte Material gibt Schwarz laut Kasparow praktische Remischancen. **22.♖xf1 ♘g6 23.♗g4!** (Siehe Diagramm) Der letzte kritische Moment der Partie.

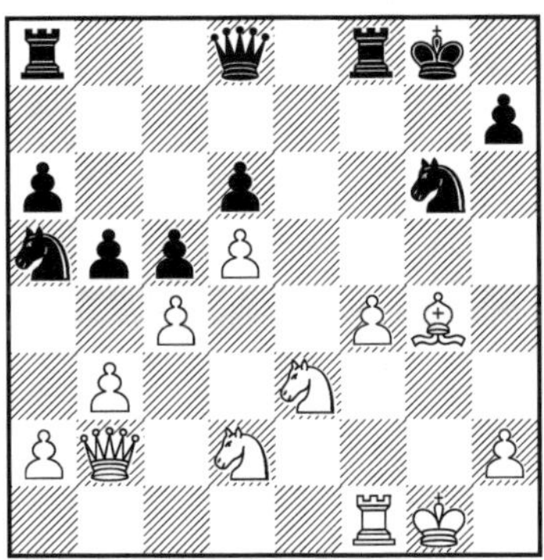

23...♘xf4? Läuft in eine verheerende Attacke. 23...♕f6! war die letzte Chance, z.B. 24.♗e6+ ♔g7 (24...♔h8 25.♕xf6+ ♖xf6 26.f5 ♘e5 27.♘e4!, Kasparow) 25.♘f5+ ♔h8 26.♕xf6+ ♖xf6 27.cxb5 ♘f8 28.♘e4. **24.♖xf4! ♖xf4 25.♗e6+ ♖f7 26.♘e4 ♕h4** 26...♖aa7 27.♘f5 ♕f8 28.♕f6+−−. **27.♘xd6 ♕g5+ 28.♔h1 ♖aa7** 28...♕xe3 29.♗xf7+ ♔f8 30.♕h8+ ♔e7 31.♘f5+ ♔d7 (31...♔xf7 32.♕g7+ ♔e8 33.♘xe3+−) 32.♗e6+ ♔c7 33.♕xh7++−.

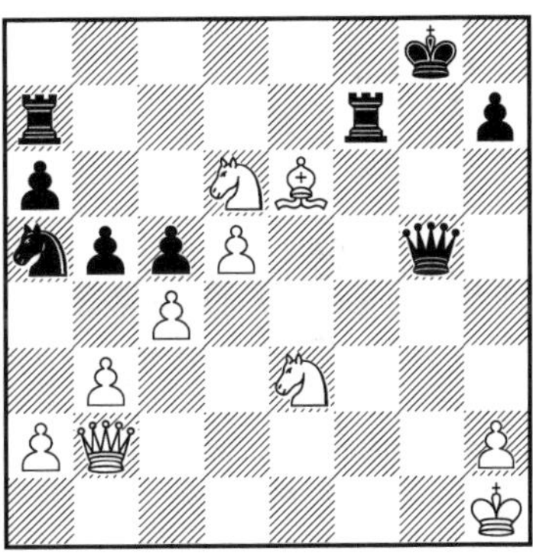

29.♗xf7+ ♖xf7 30.♕h8+! 1-0

Ein wunderschönes und passendes Ende dieser meisterhaften Partie!

Aufgaben

(Lösungen auf Seite 223)

E10.01
M. Botwinnik – T. Petrosjan
Weltmeisterschaft Moskau 1963

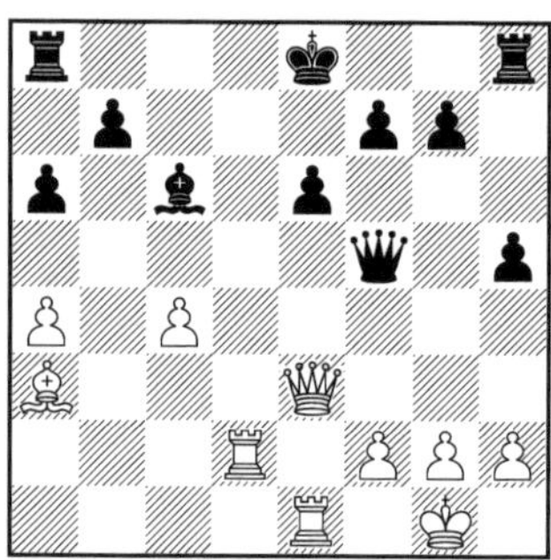

[S] Die Richtlinie, dass ungleichfarbige Läufer den Angreifer bevorteilen, spielt Weiß in die Hände. Wie ging Petrosjan das Problem an?

E10.02
R. J. Fischer – T. Petrosjan
Santa Monica 1966

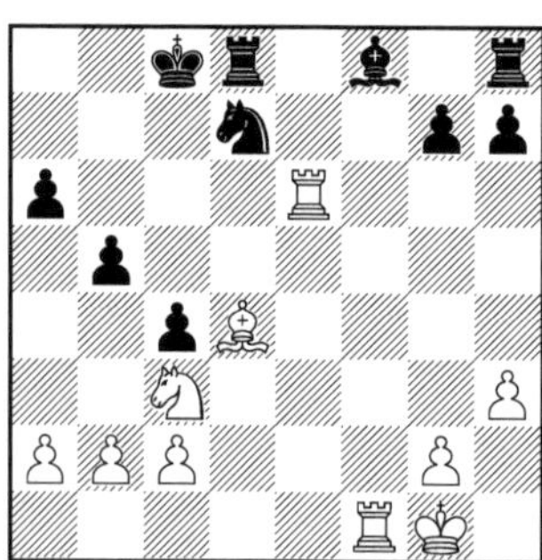

[S] Auf den ersten Blick sieht die weiße Initiative äußerst gefährlich aus. Aber Petrosjan zeigte auf, dass der Eindruck täuscht. Können Sie es ihm nachmachen?

E10.03
I. Lipnitzky – T. Petrosjan
18. URS-Meisterschaft Moskau 1950

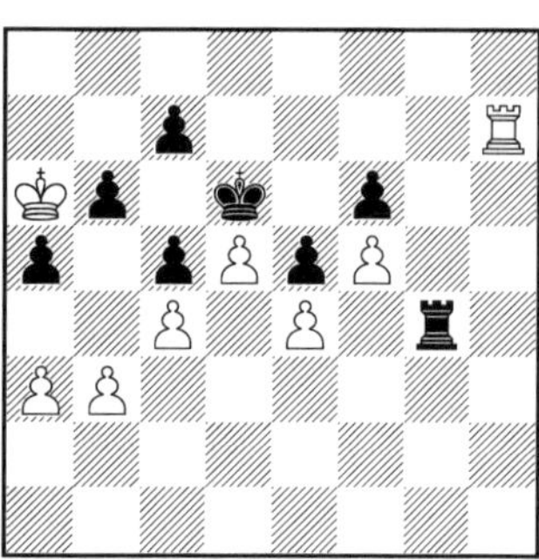

[S] Die Remistendenz in Turmendspielen hilft häufig dem Verteidiger. In diesem Beispiel fand Petrosjan allerdings nicht den Weg zum Remis. Können Sie es besser machen?

E10.04
T. Petrosjan – M. Botwinnik
19. URS-Meisterschaft Moskau 1951

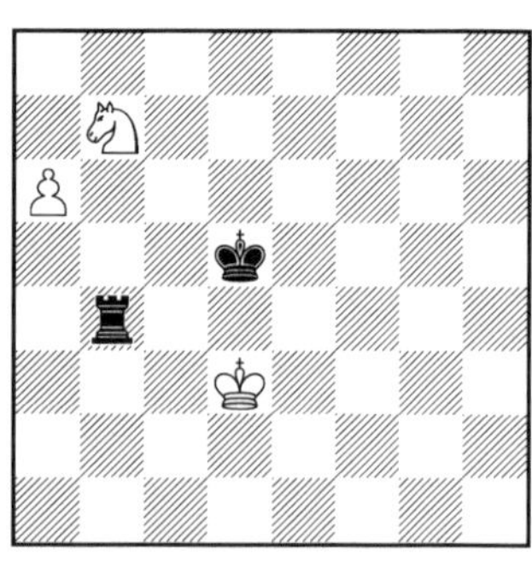

[W] Wie kann man das eigensinnige Rössel retten?

E10.05 A. Bannik – T. Petrosjan
24. URS-Meisterschaft Moskau 1957

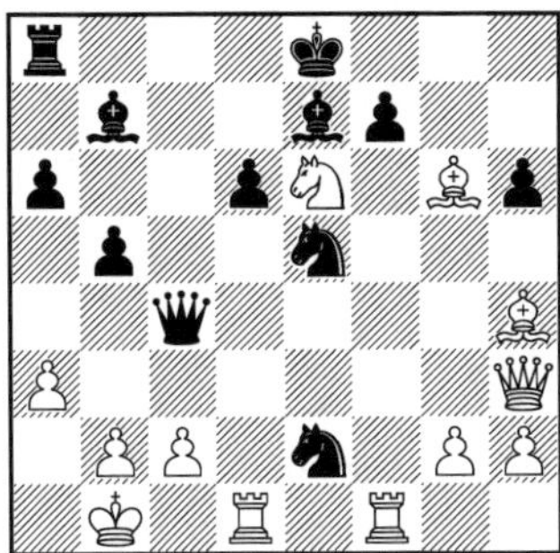

[S] In dieser sehr chaotischen und schwierigen Stellung hat Schwarz nur einen Weg, um weiterzukämpfen. Finden Sie ihn?

11. Kapitel

Einfache Aufgaben

(Lösungen auf Seite 225)

Wir kommen nun zum Kapitel mit den Aufgaben; das ist im Grunde genommen ein Aufwärmtraining für das darauf folgende Test-Kapitel. Das Test-Kapitel beinhaltet schwierigere Aufgaben als die zwei Dutzend Aufgaben, die jetzt folgen. Die „Einfachen Aufgaben" verhalten sich äquivalent zu den „Einpunktern" im Test-Kapitel. Ob Sie eine oder mehrere der „Einfachen Aufgaben" lösen und dann mit weiteren Aufgaben im Test-Kapitel weitermachen oder direkt beide Kapitel hintereinander durcharbeiten, der Wert der Arbeit ergibt sich durch die Reise: Ob Sie alles richtig lösen oder nicht, ist weniger wichtig. Wichtig ist, dass Sie sich ernsthaft mit den Aufgaben befassen und Zeit für die Lösungen der Probleme investieren.

E11.01
V. Egin (2395) – G. Serper (2590)
Usbekistan 1993

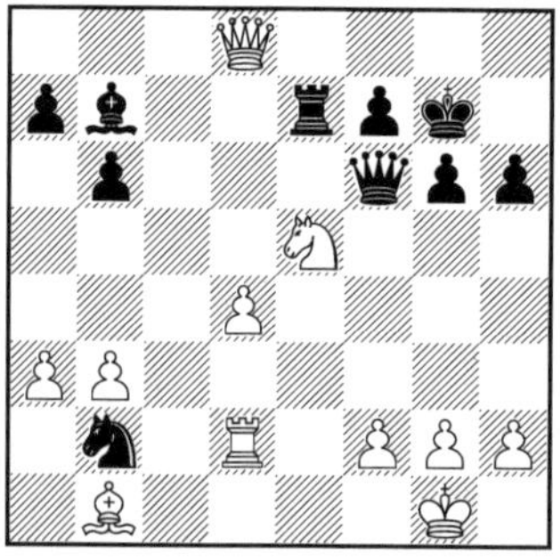

[S] Schwarz scheint sich in einer Notlage zu befinden, weil sein Springer dominiert wird, oder?

E11.02
S. Grigorjanz (2503) –
S. Wolkow (2554)
4. RUS Cup final Elista 2000

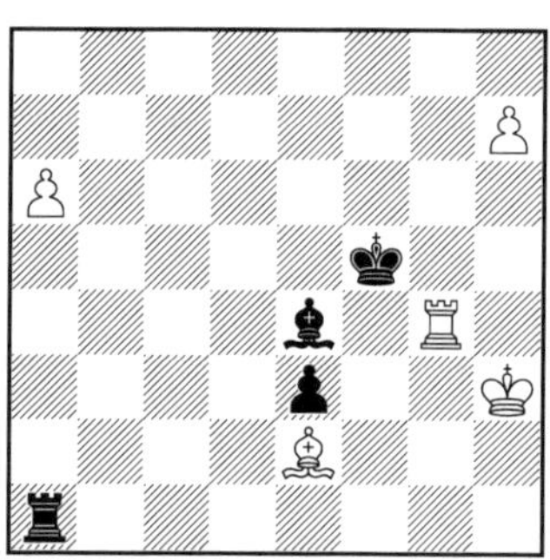

[W] Wie soll man den schwarzen Angriff abwehren?

E11.03
V. Iwantschuk (2709) –
A. Schirow (2751)
9. Amber-blind Monte Carlo 2000

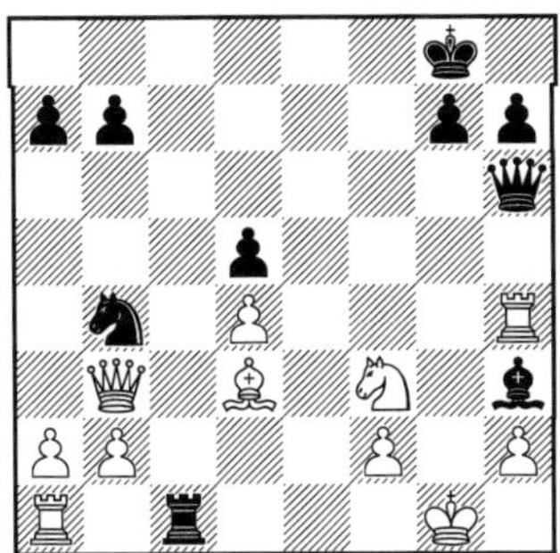

[W] Steht Weiß auf Verlust?

E11.05
A. Kowalewski (2405) –
W. Gagarin (2410)
Russland 1991

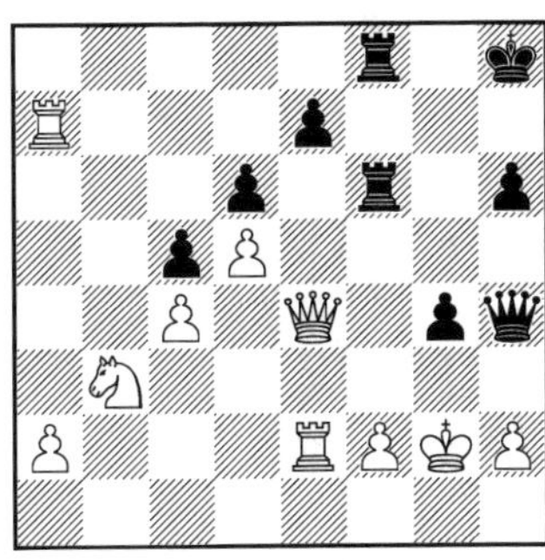

[W] Kann sich Weiß verteidigen?

E11.04
S. Kostyra (2365) –
G. Kiselew (2365)
Polen 1992

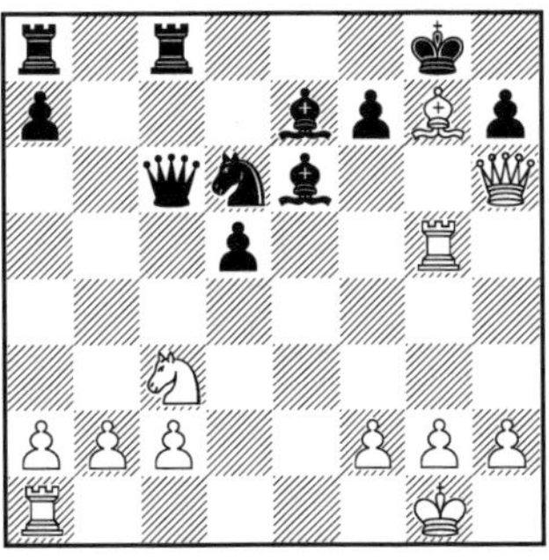

[S] Kann der weiße Angriff gestoppt werden?

E11.06
K. Sakajew – K. Müller
Bundesliga, HSK-Porz, Hamburg 2007

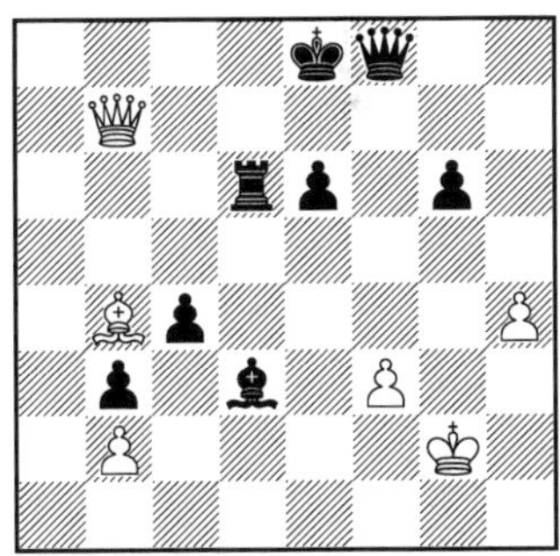

[S] Da der weiße Angriff auf den ungleichfarbigen Läufern basiert, ist er trotz des Mehrturms nicht so leicht abzuwehren. Was soll man machen?

E11.07
D. Stellwagen (2396) –
J. Delemarre (2415)
Holländische Meisterschaft, Stichkampf, Enschede 2002

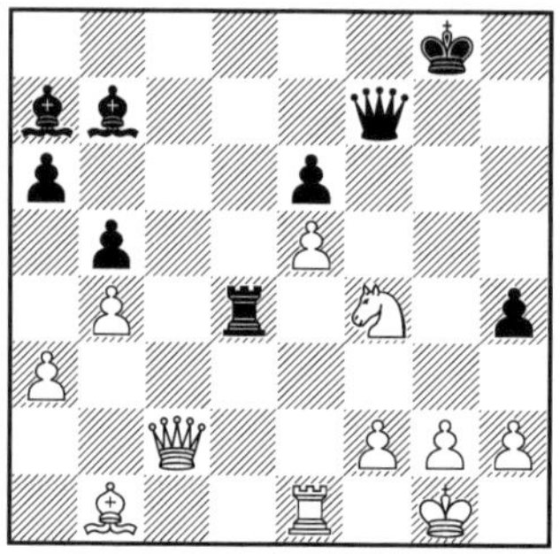

[W] Die gesamte schwarze Armee schaut auf den weißen Königsflügel. Kann man sie trotzdem aufhalten?

E11.08
I. Stohl (2534) –
E. Sutovsky (2664)
Europameisterschaft (Männer) Leon 2001

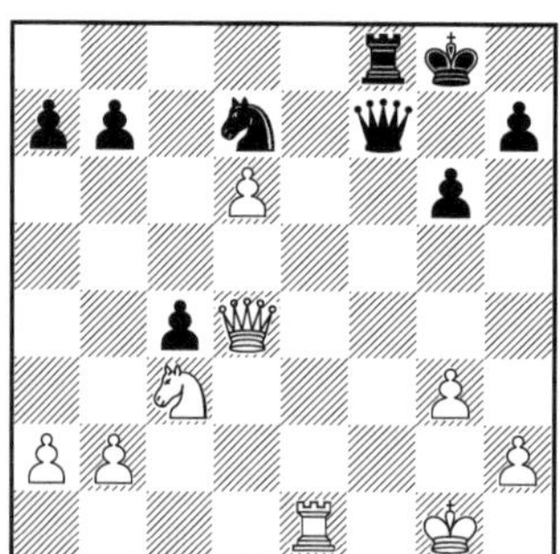

[S] Weiß möchte seinen Springer in den Angriff führen. Wie soll man reagieren?

E11.09
B. Tasic (2245) –
J. Dorfman (2555)
Nizza 1993

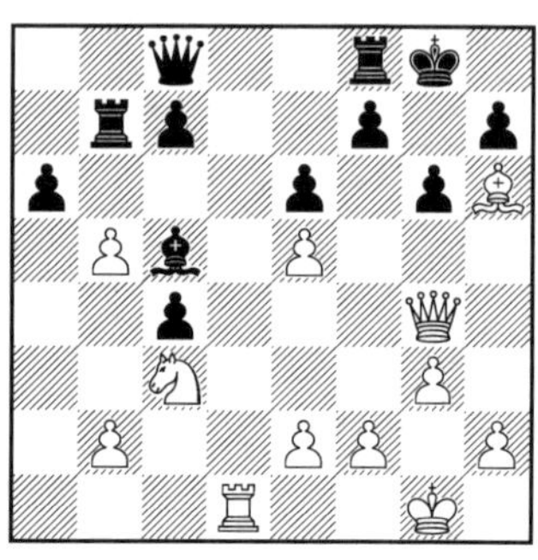

[S] Sollte Schwarz auf b5 zurückschlagen?

E11.10
T. Thorhallsson (2480) –
F. Nijboer (2580)
VISA GP Reykjavik 1998

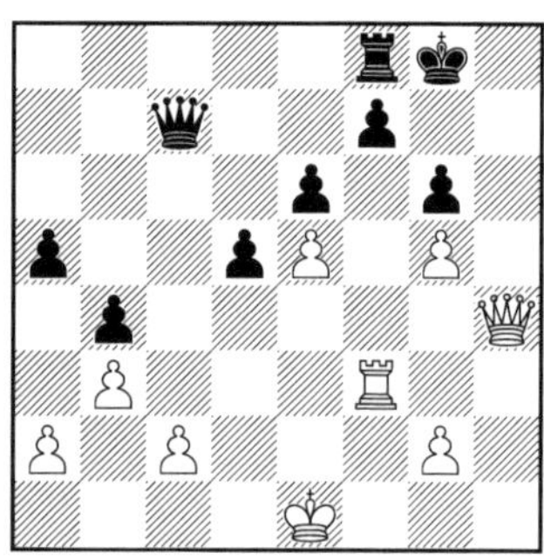

[W] Wie forcierte Weiß das Remis?

E11.11
D. Velimirovic (2535) –
I. Ivanisevic (2460)
53. YUG-Meisterschaft Belgrad 1998

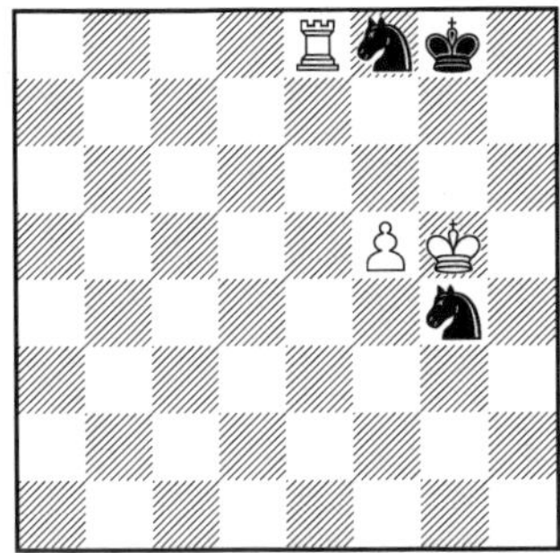

[S] Kann sich der schwarze Springer auf g4 mit dem Rest der Armee verbinden?

E11.12
A. Wohl (2438) –
D. Karatorossjan (2345)
Ubeda 2000

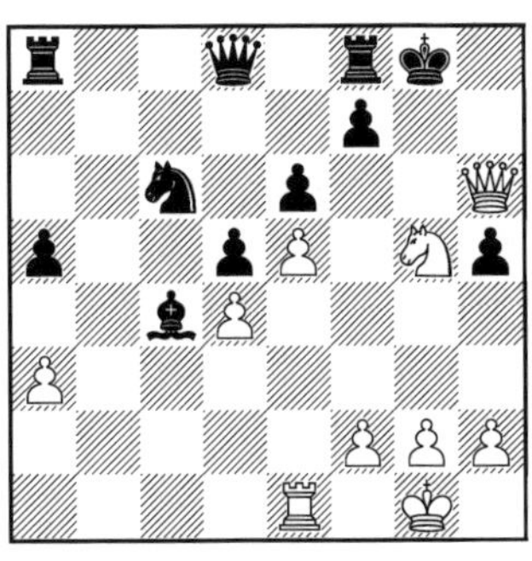

[S] Ist Schwarz ohne Verteidigung?

E11.13
Zhang Pengxiang (2360) –
Peng Xiaomin (2530)
4. Lee Cup Peking 1997

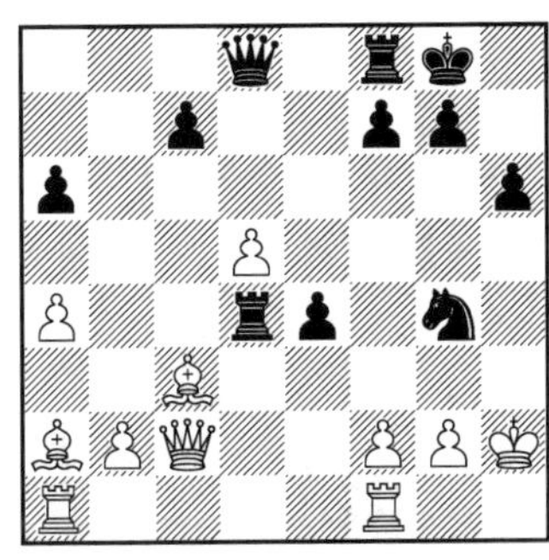

[W] Wo soll man sich verstecken?

E11.14
D. Zifroni (2500) – A. Kaspi (2525)
Czerniak Memorial, Tel Aviv 1998

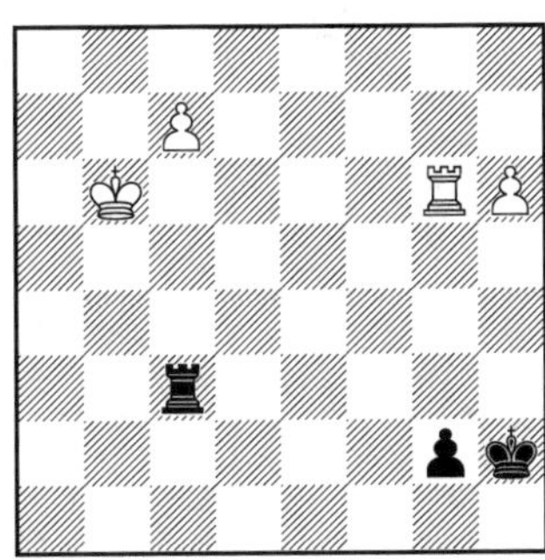

[S] Alle Turmendspiele sind gemäß Dr. Tarraschs Aphorismus remis und dieses Beispiel ist keine Ausnahme, wie Kaspi nachwies. Können Sie es ihm nachmachen?

E11.15
B. Gelfand (2700) –
W. Salow (2665)
Dos Hermanas 1997

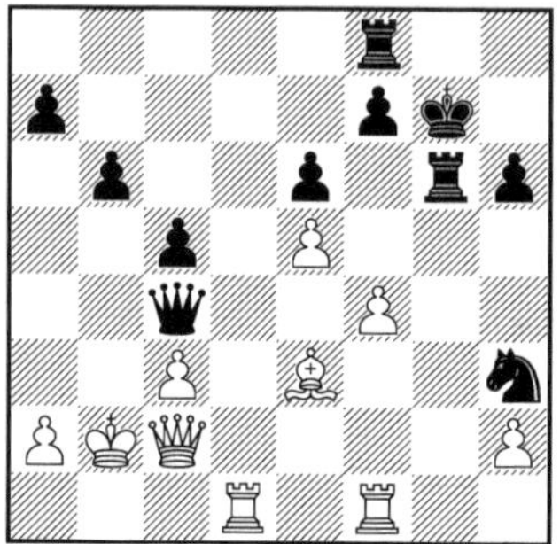

[S] Wie übernahm Salow die Initiative?

E11.16
M. M. Iwanow (2500) –
J. Dorfman (2585)
Enghien les Bains 1997

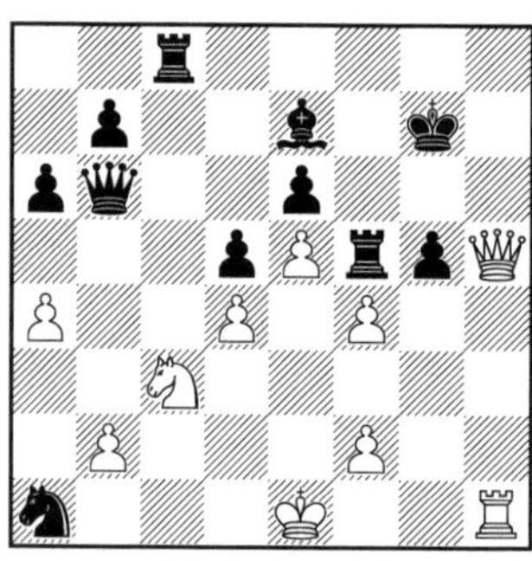

[S] Konnte Schwarz den Ansturm parieren?

E11.17
A. Fjodorow (2580) –
G. Giorgadse (2595)
RUS-Cup Krasnodar 1997

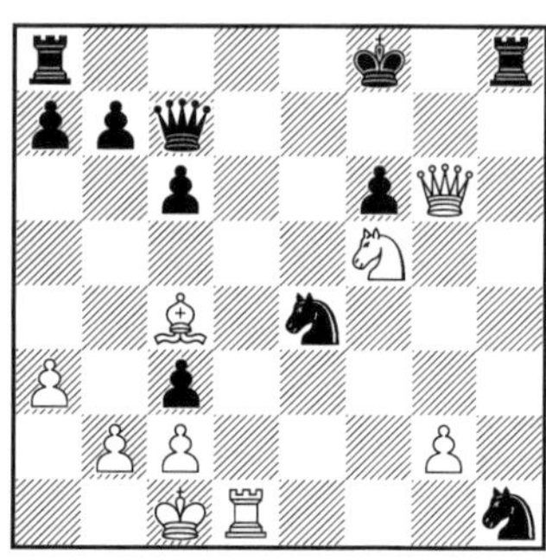

[W] Wie forcierte Weiß das Remis?

E11.18
W. Warawin (2505) –
A. Fominych (2545)
RUS-Cup Perm 1997

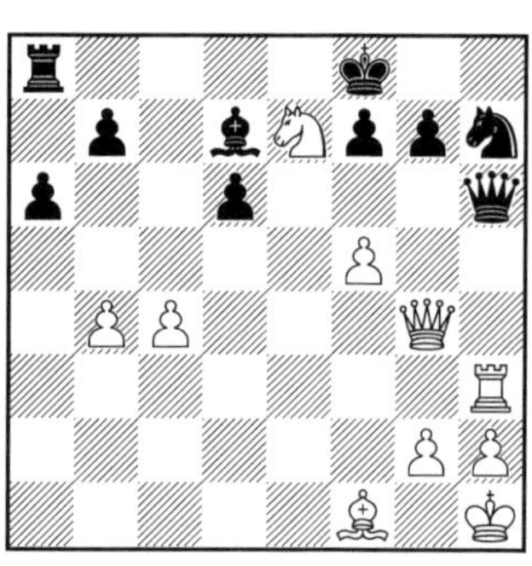

[S] Wohin sollte die Dame gehen?

E11.19
M. Illescas Cordoba (2635) – U. Andersson (2655)
Ubeda 1997

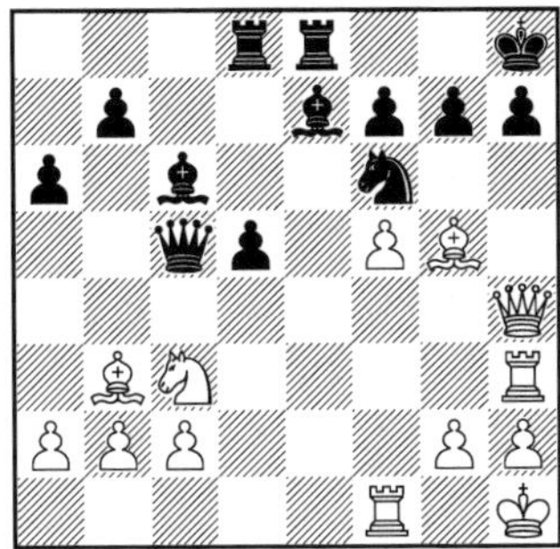

[S] Steht Schwarz auf Verlust?

E11.20
W. Iwantschuk (2730) – W. Topalow (2750)
Las Palmas 1996

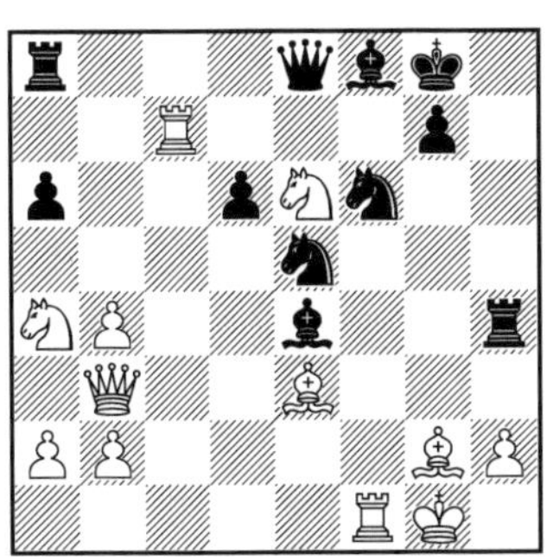

[S] Wie soll man dem weißen Angriff begegnen?

E11.21
W. Topalow (2783) – L. van Wely (2683)
Corus Wijk aan Zee 2007

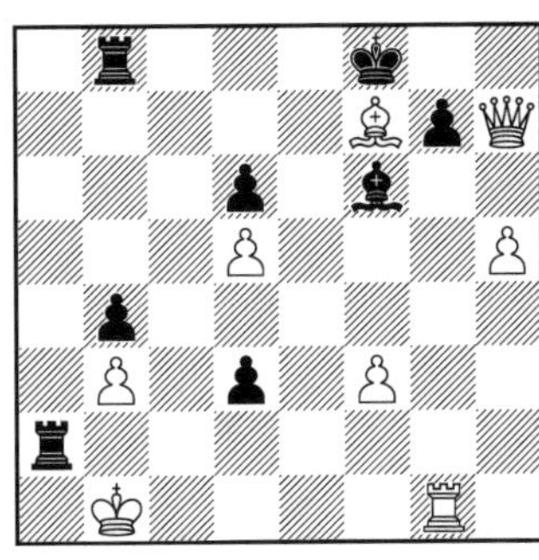

[W] Loek van Wely probierte einen letzten Trick. Wie entlarvte Topalow den Bluff?

E11.22
A. Gawrilow (2481) – F. Handke (2513)
39. Rilton Cup Stockholm 2010

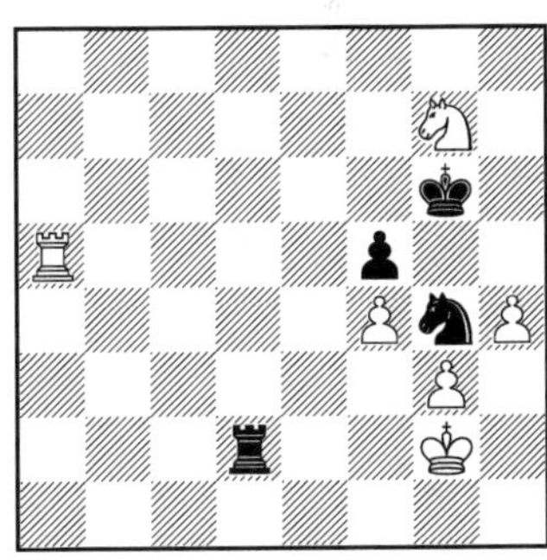

[W] Finde das einzige rettende Feld!

E11.23
K. Asrjan (2575) –
A. Nadanjan (2410)
ARM-Wettkampf Jerewan 1999

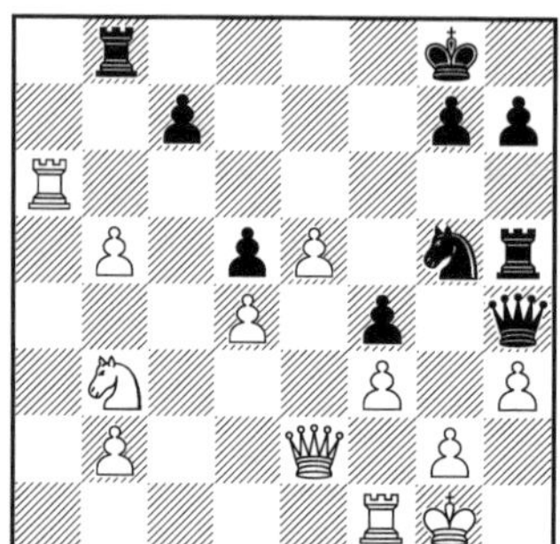

[W] Wie soll man sich gegen die schwarze Drohung, auf h3 zu schlagen, verteidigen?

E11.24
S. Sarno (2399) –
O. Touzane (2352)
Mitropa Cup, Leipzig 2002

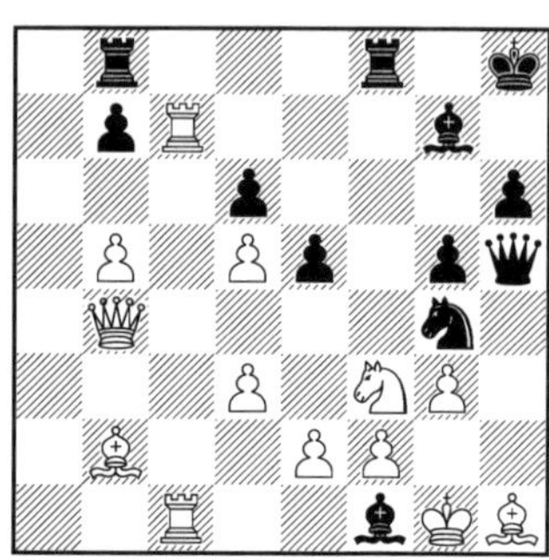

[W] Die schwarzen Angreifer sind gegenüber den weißen Verteidigern in der Überzahl. Was soll man unternehmen?

12. Kapitel

Tests

Sie haben eine Stunde Zeit für jeden der 16 Tests, eine Zeitspanne, die sie am besten mit einer Schachuhr messen, um eine Spielatmosphäre zu simulieren. Lösen Sie die Aufgaben anhand der Diagramme und notieren Sie die Züge auf einem Blatt Papier. Um einen möglichst präzisen Wert zu erhalten, raten wir Ihnen, den Durchschnitt von allen 16 Tests zu bilden. Natürlich sollten Sie die Werte (Ihr „Wert als Verteidiger") nicht zu wörtlich nehmen.

0-1:	**Studieren Sie die Kapitel nochmal!**
2-3:	**unter 1500**
4-5:	**1500**
6-7:	**1700**
8-9:	**1900**
10-11:	**2100**
12-13:	**2300**
14-15:	**2500**
16:	**Fordern Sie den Weltmeister heraus!**

Wichtiger als das Resultat ist, dass Sie sich konzentriert mit den Aufgaben beschäftigen und Spaß dabei haben. Hier weisen wir auf ein Paradoxon hin: Wenn Sie einerseits ein Buch entspannt lesen und das Gefühl haben, dass sie alles verstanden haben, kann es sein, dass Sie tatsächlich nicht alles verstanden haben. Wenn Sie andererseits sehr viel Zeit investieren und sich schlecht fühlen, weil Sie die Aufgabe nicht lösen konnten (mit Rowsons Worten ausgedrückt: „nach den Rändern der Komfortzone suchen"), kann es sein, dass Sie tatsächlich einiges gelernt haben. Eine weitere Idee ist, mit Ihren Freunden zu konkurrieren und so die Aufgaben interessanter zu gestalten. Letztendlich ist die richtige Einstellung aber der Schlüsselfaktor, um ein zäher Verteidiger zu sein!

Test 1

(Lösungen auf Seite 229)

T01.01
Minew – Keller
Bern 1977

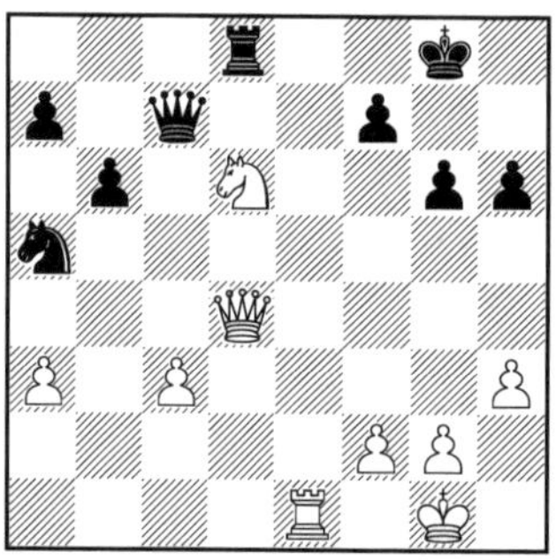

[S] Wie kann man die Fesselung entlang der d-Linie ausnutzen?

T01.02
I. Miladinovic (2565) –
L. Degerman (2490)
Sigeman & Co Malmö 1998

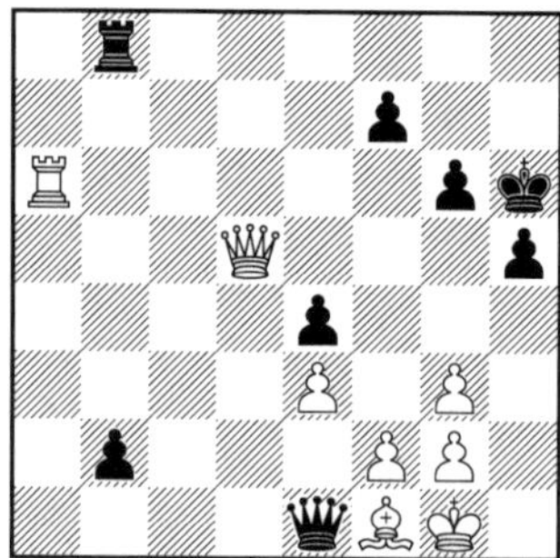

[W] Der mächtige schwarze b-Bauer scheint die Partie zu entscheiden, oder?

T01.03
D. Botto – L. Christiansen
Buenos Aires U18 1975

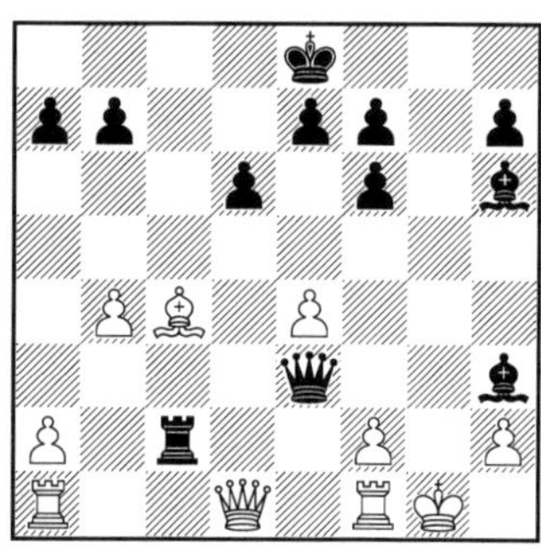

[W] Wie kontert man die gefährlich aktive schwarze Armee?

T01.04
J. Rukavina (2460) –
S. Kischnew (2370)
Sibenik 1987

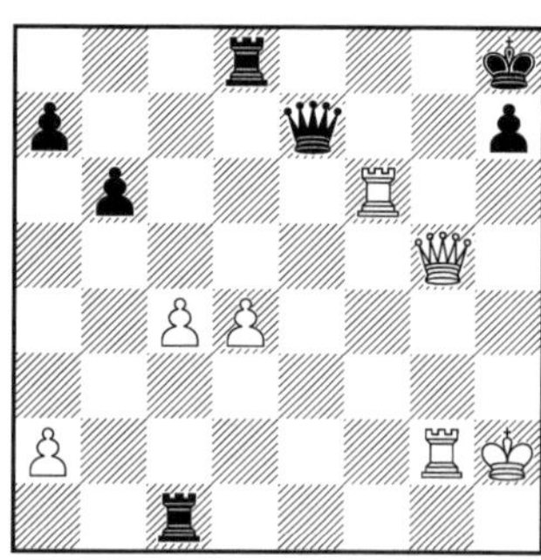

[S] Die weißen Schwerfiguren sind gut koordiniert, aber der eigene König steht exponiert, so dass es eine Verteidigung geben sollte. Können Sie sie finden?

T01.05
K. Müller (2558) –
R. Kempinski (2533)
Internationale Hamburger
Meisterschaft 1999

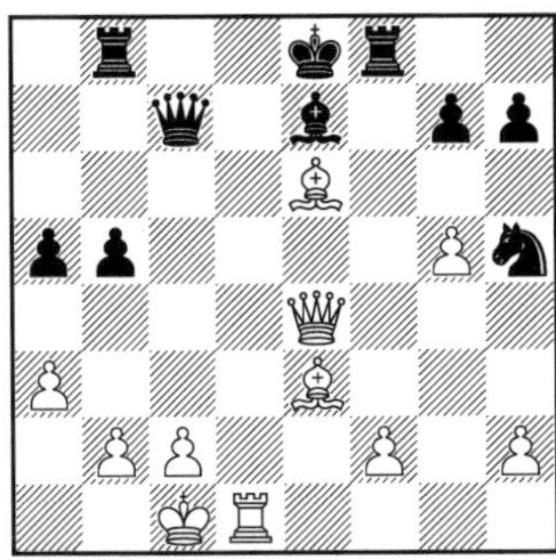

[S] Finden Sie die einzige schwarze Verteidigung!

T01.06
M. Wahls – E. Dizdarevic
Liechtenstein 1985

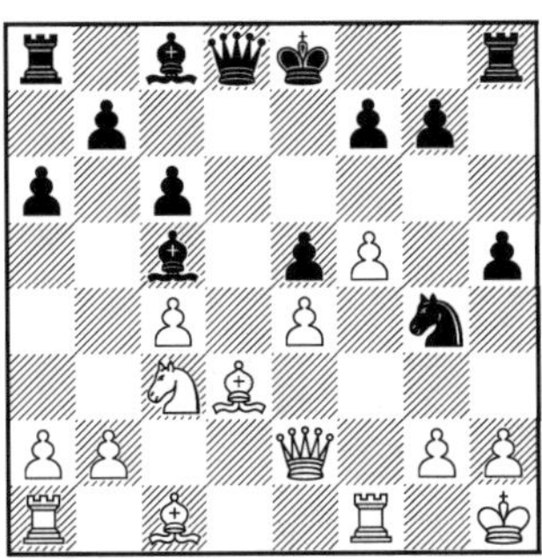

[W] Wie soll man sich gegen die verschiedenen Drohungen verteidigen?

T01.07
MacDonald – Burn
Liverpool 1910

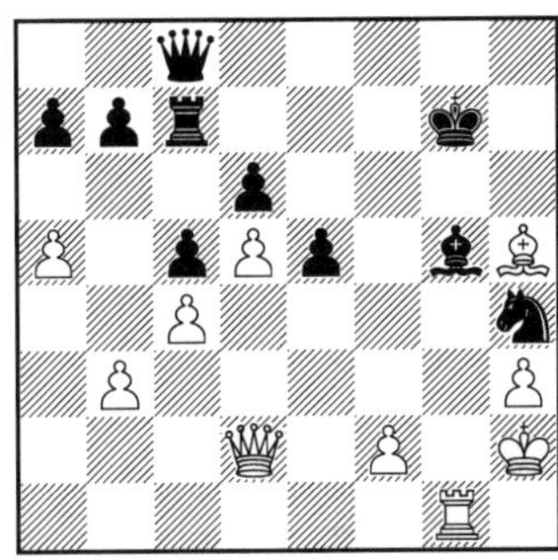

[S] Finden Sie die letzte schwarze Chance!

T01.08
D. Swetuschkin (2486) –
C. Ionescu (2446)
Ciocaltea Memorial Bukarest 2000

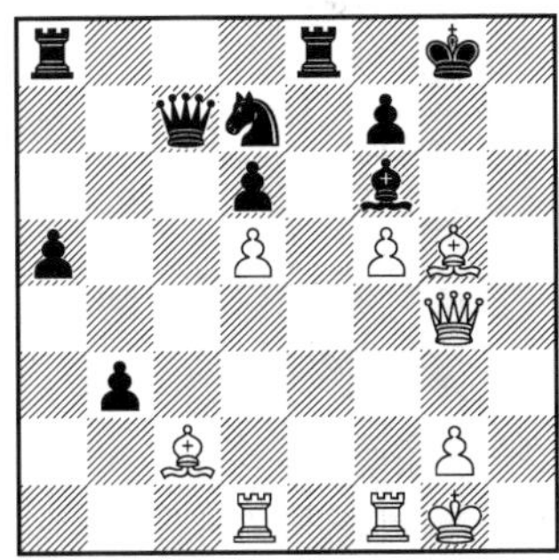

[S] Der schwarze Bauernschild vor dem König ist zerstört. Wie soll man vorgehen?

Test 2

(Lösungen auf Seite 230)

T02.01
P. Lukacs (2475) – Z. Gyimesi (2480)
Ungarische Meisterschaft Budapest 1996

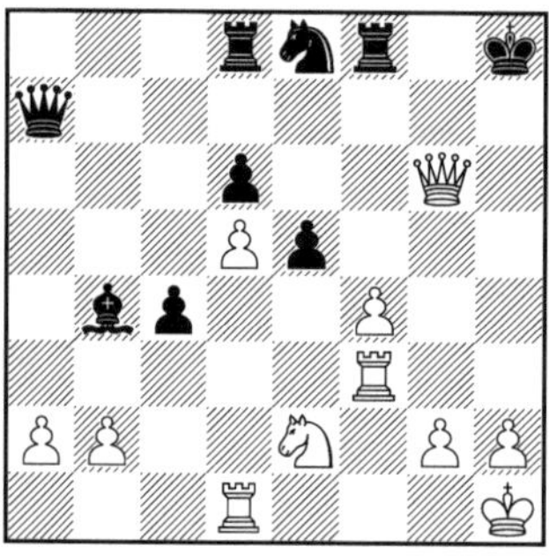

[S] Wie soll man die schwarze Verteidigung koordinieren?

T02.02
B. Damljanovic (2587) – H. Banikas (2542)
4. Europameisterschaft Istanbul 2003

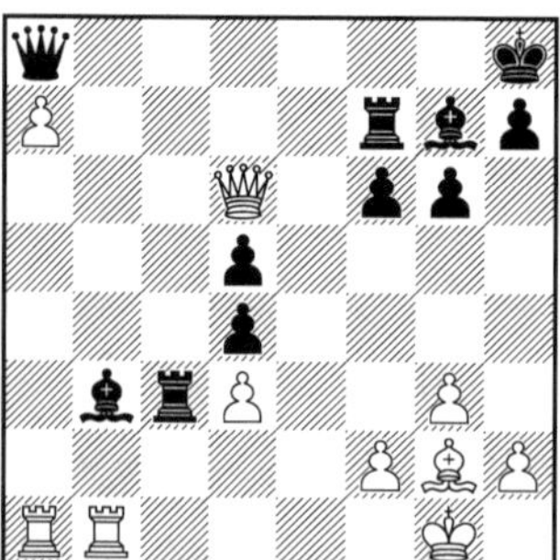

[S] Wie soll man mit dem gefährlichen weißen Freibauern auf der a-Linie umgehen?

T02.03
L. Ftacnik (2585) – S. B. Hansen (2499)
Int. Hamburger Meisterschaft 1999

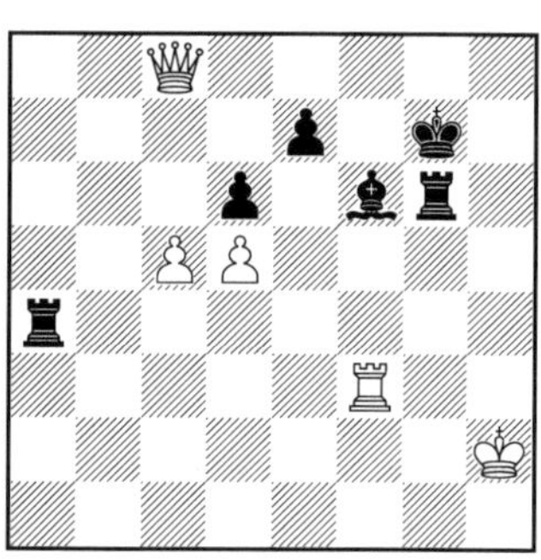

[W] Weiß muss wegen seines exponierten Königs sehr vorsichtig sein. Finden Sie die einzige Verteidigung!

T02.04
A. Schirow (2500) – J. Lapinski (2200)
Daugavpils 1990

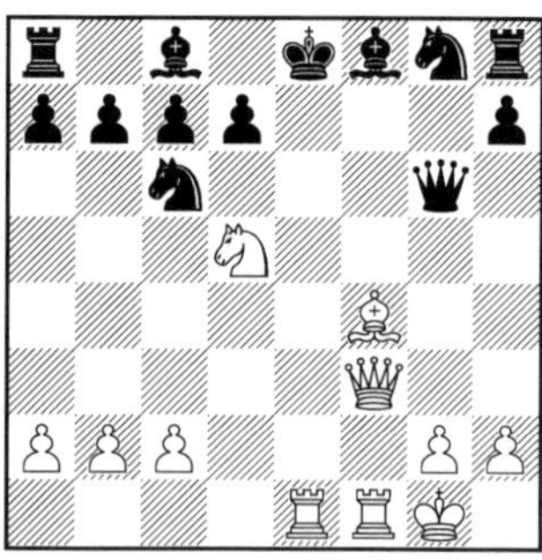

[S] In dieser scharfen Variante des Königsgambits warf Schirow alles auf seinen Gegner. Gewinnt er jetzt?

T02.05
N. Lubbe (2353) –
N. Huschenbeth (2404)
81. Deutsche Meisterschaft Bad Liebenzell 2010

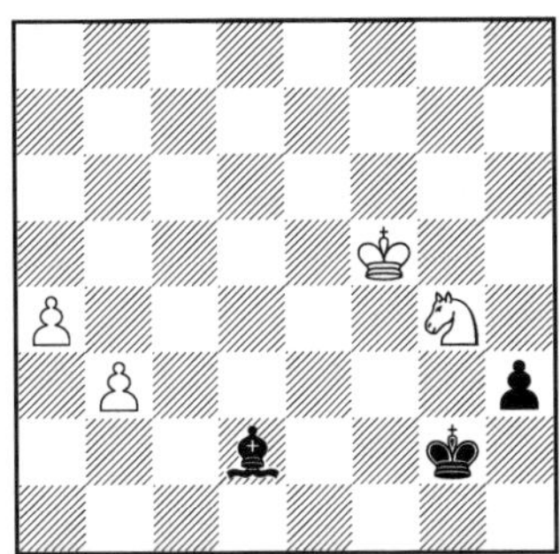

[W] Kann Weiß fatalen *Zugzwang* verhindern?

T02.06
T. Petrosjan – M. Botwinnik
25. Weltmeisterschaft Moskau 1963

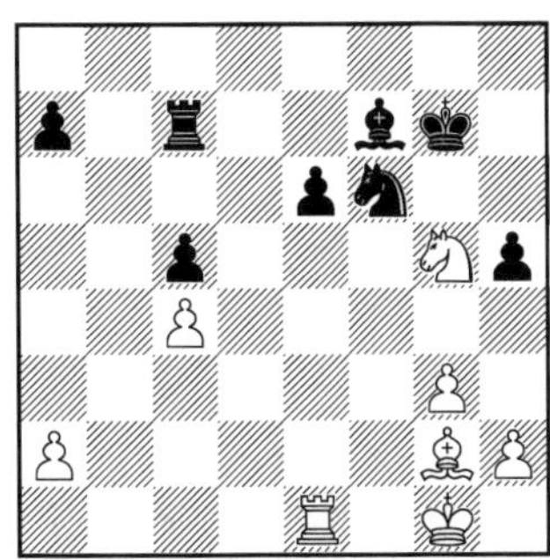

[S] Wie soll man mit der gegen den schwarzen e-Bauern aufgestellten Drohung umgehen?

T02.07
I. Tsesarsky (2430) –
A. Kaspi (2510)
ISR offene Meisterschaft Ramat Aviv 1999

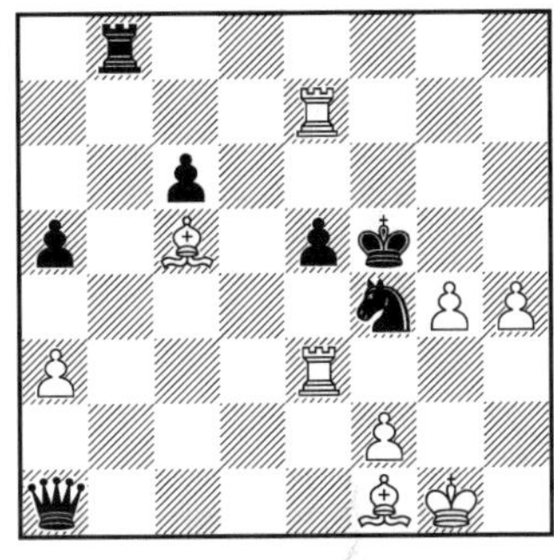

[S] Zappelt der schwarze König im Mattnetz?

T02.08
T. Todorow (2420) –
T. Balogh (2425)
Krynica Zonenturnier 1998

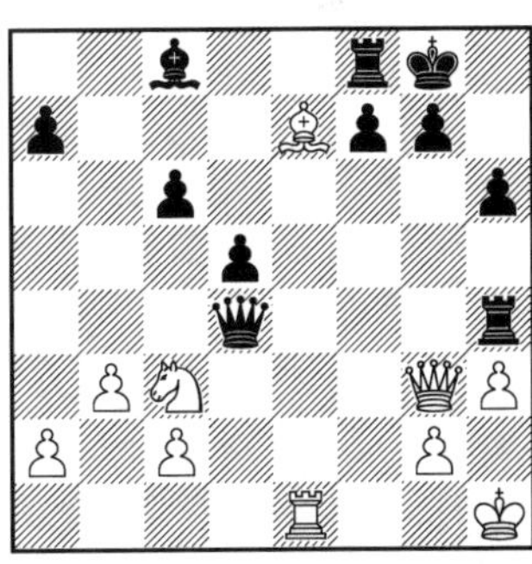

[S] Weiß hat sich auf den Rückgewinn der Qualität verlassen. Wie soll man reagieren?

Test 3

(Lösungen auf Seite 232)

T03.01
R. Cifuentes Parada – G. Milos
Santiago 1987

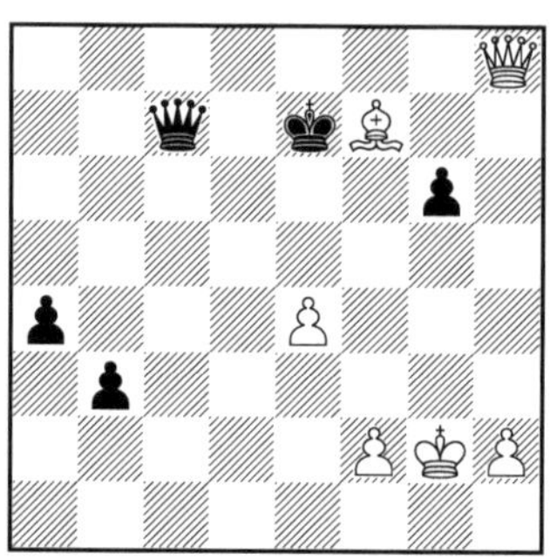

[S] Schwarz kann nicht den Läufer schlagen, ist aber trotzdem nicht verloren. Sehen Sie den Grund?

T03.02
Z. Efimenko (2439) –
I. Miladinovic (2519)
2. Europameisterschaft Ohrid 2001

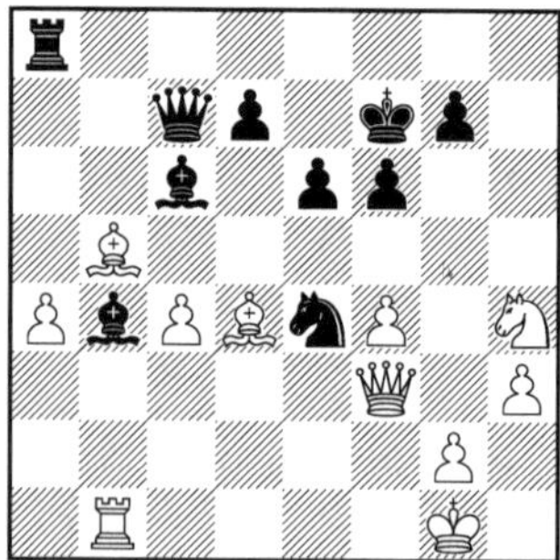

[S] Der Läufer auf b4 steht unter Beschuss und sein König steht nicht sicher. Ist Schwarz verloren?

T03.03
A. Miles (2565) –
W. Smyslow (2610)
Tilburg 1984

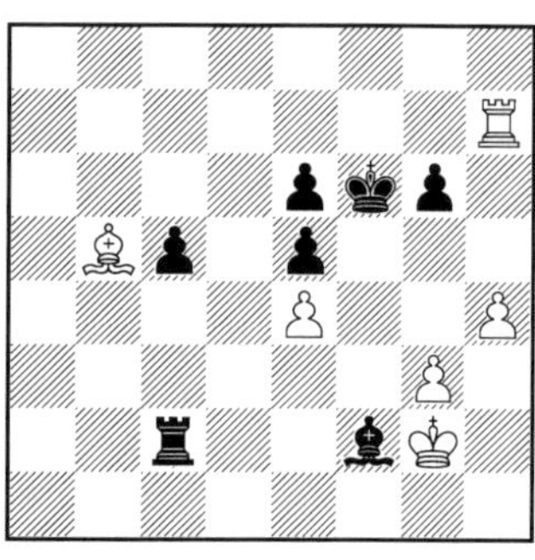

[S] Wie soll man die schwarzen Probleme lösen?

T03.04
V. Dinstuhl (2416) –
M. Mulyar (2446)
Bermuda-B 2003

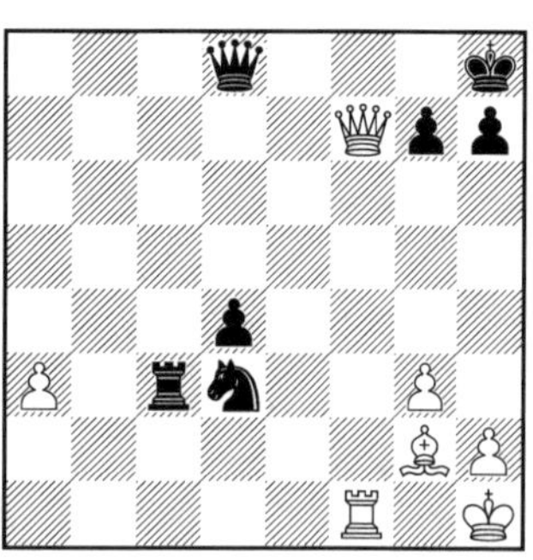

[S] Wie soll man mit dem drohenden Grundreihenmatt umgehen?

T03.05
M. Botwinnik – T. Petrosjan
25. Weltmeisterschaft Moskau 1963

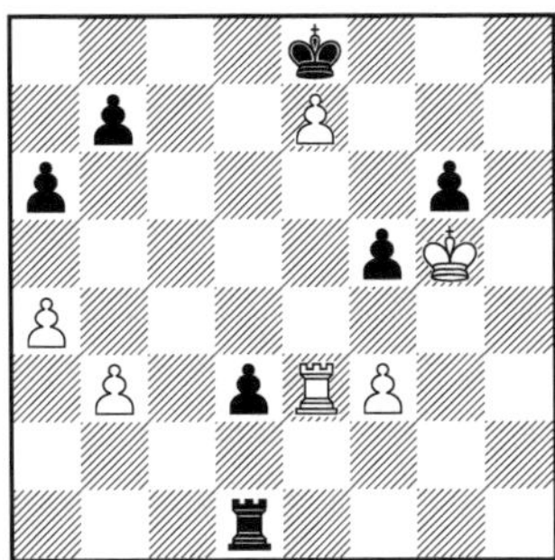

[W] Wie kann man die weiße Initiative ausnutzen?

T03.06
D. Tyomkin (2504) –
Y. Stisis (2374)
ISR offene Meisterschaft Tel Aviv 1999

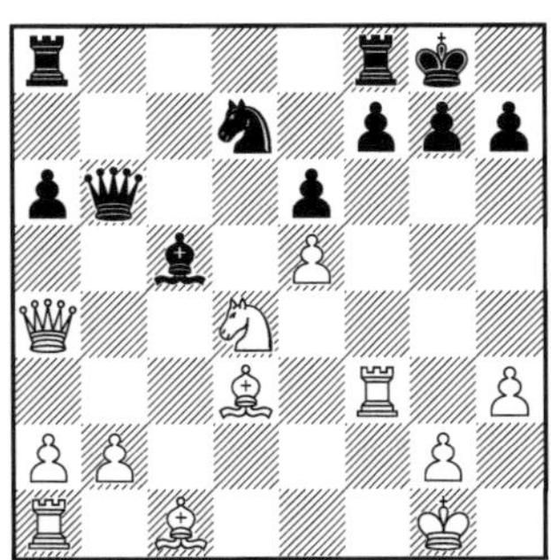

[W] Schwarz gab eine Figur für Initiative. Wie neutralisierte sie Tyomkin?

T03.07
Z. Hracek (2615) –
A. Schirow (2720)
Ostrava 1998

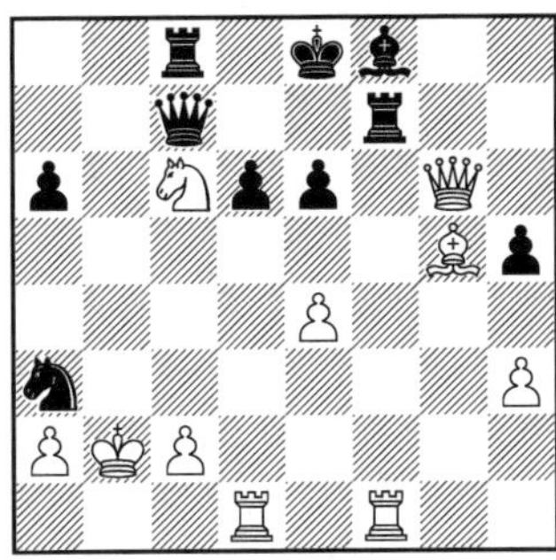

[S] Führen Sie den schwarzen Gegenangriff weiter!

T03.08
R. Waganjan (2623) –
A. Schirow (2746)
Olympiade Istanbul 2000

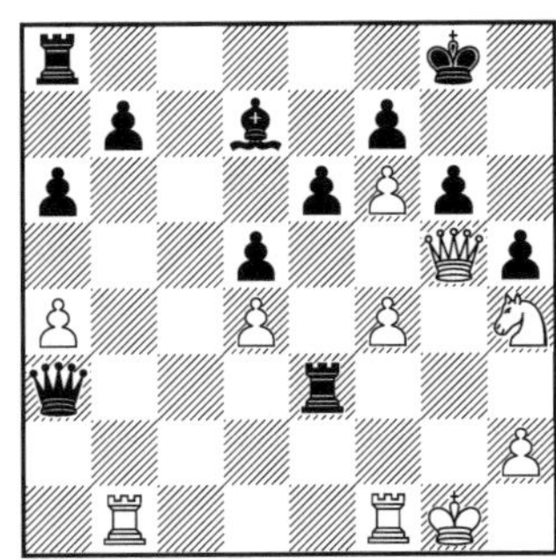

[S] Wie überlebt Schwarz trotz der vielen Drohungen?

Test 4

(Aufgaben auf Seite 234)

T04.01
L. van Wely (2645) –
A. Aleksandrow (2654)
Europameisterschaft – Chalkidiki 2002

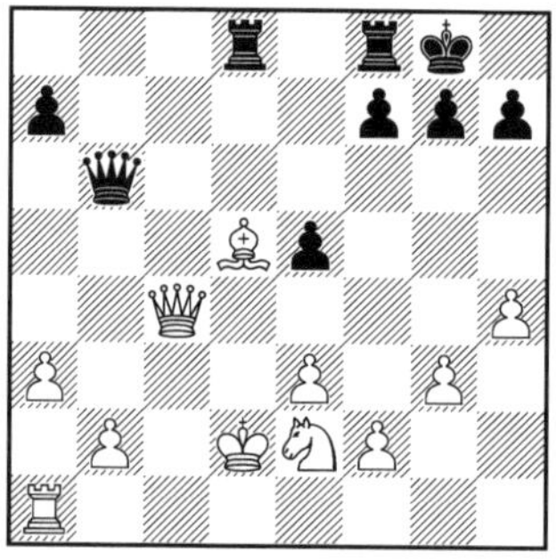

[W] Wie konsolidiert man den weißen materiellen Vorteil?

T04.02
Zhang Zhong (2530) –
Tong Yuanming (2505)
Tan Chin Nam Cup Peking 1998

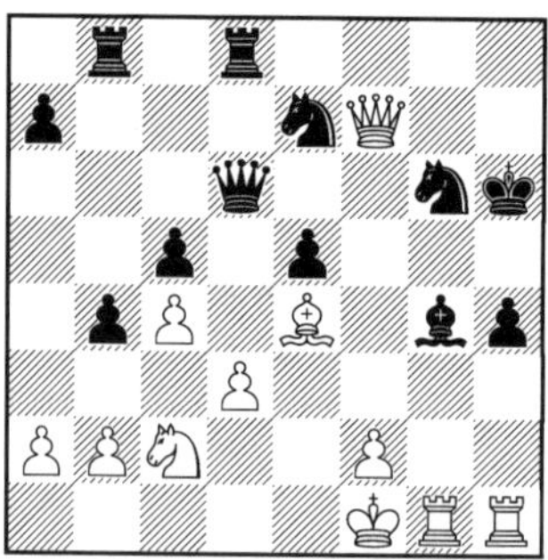

[S] Wie wehrt man den weißen Angriff ab?

T04.03
J. Zezulkin (2415) –
M. Kosakow (2265)
Polanica Zdroj 1993

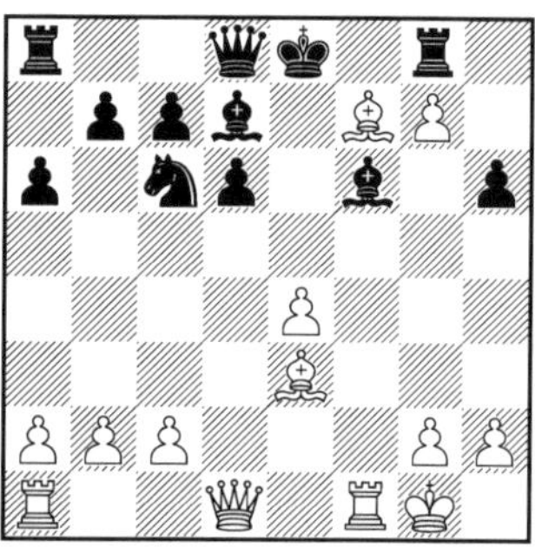

[S] Nehmen oder nicht nehmen, das ist hier die Frage.

T04.04
Linn – Rosenfield
Fernschachpartie 1987

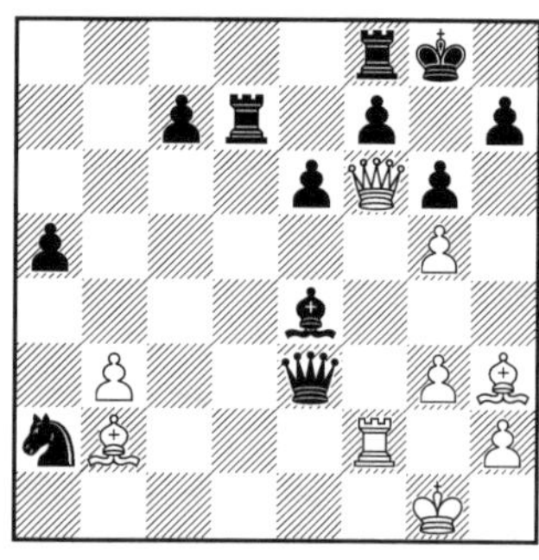

[S] Kann Schwarz überleben?

T04.05
T. Petrosjan – O. Moissejew
URS-Meisterschaft Moskau 1951

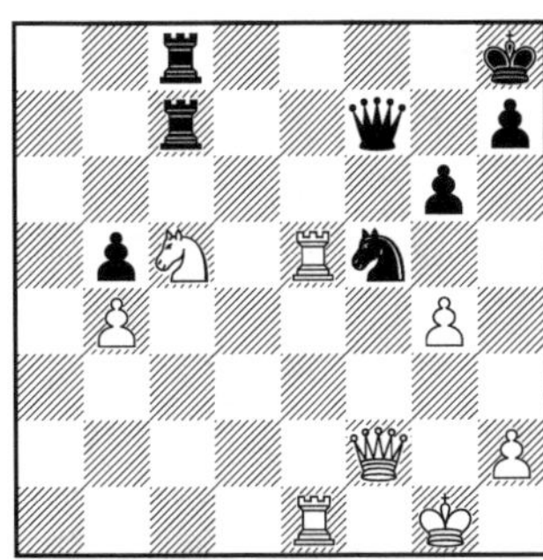

[S] Was soll man mit dem angegriffenen Springer machen?

T04.06
L. van Wely (2683) – P. Swidler (2728)
Corus A Wijk aan Zee 2007

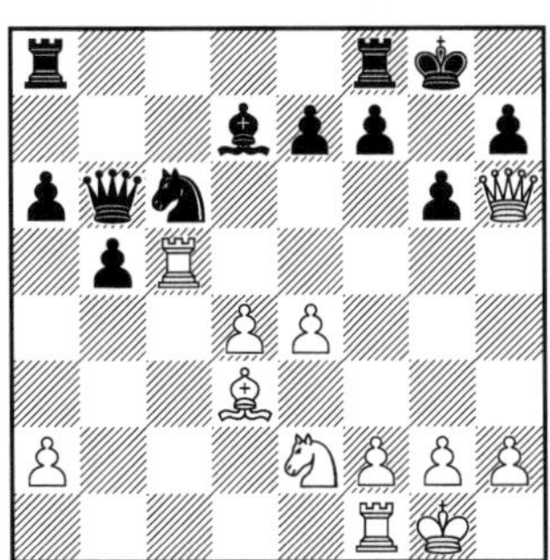

[S] Die weißen Kräfte zielen auf den Königsflügel, aber der Anziehende kann auch den Druck im Zentrum vergrößern. Wie soll man dagegen vorgehen?

T04.07
L. Gofshtein (2498) – E. Rozentalis (2620)
ISR-Meisterschaft Stichkampf Tel Aviv 2002

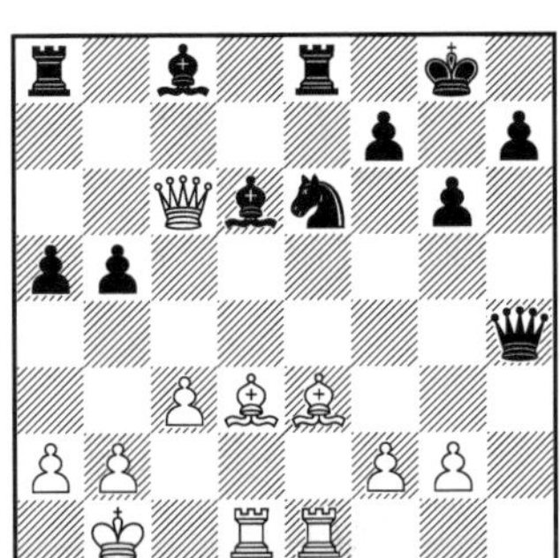

[S] Weiß opferte einen Springer, aber kann davon ausgehen, ihn wiederzubekommen. Welcher ist der beste Weg, ihn zurückzugeben?

T04.08
J. van der Wiel (2525) – M. Kobalia (2500)
Hoogovens-B Wijk aan Zee 1998

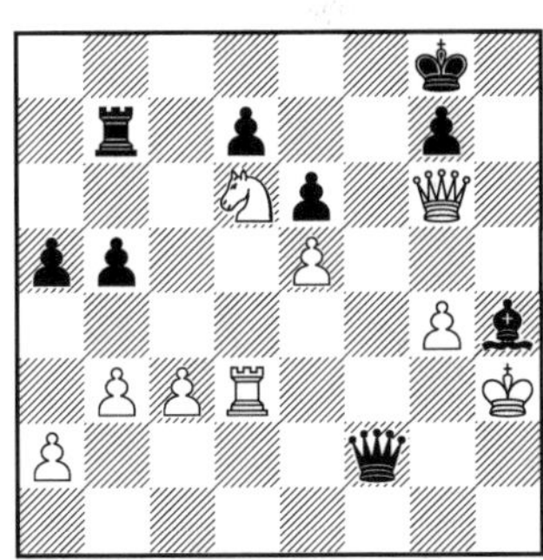

[S] Beide Könige stehen unter Beschuss, aber Weiß scheint schneller zu sein, oder?

Test 5

(Lösungen auf Seite 235)

T05.01

Z. Efimenko (2546) – G. Tunik (2469)

Moskau Aeroflot Open 2002

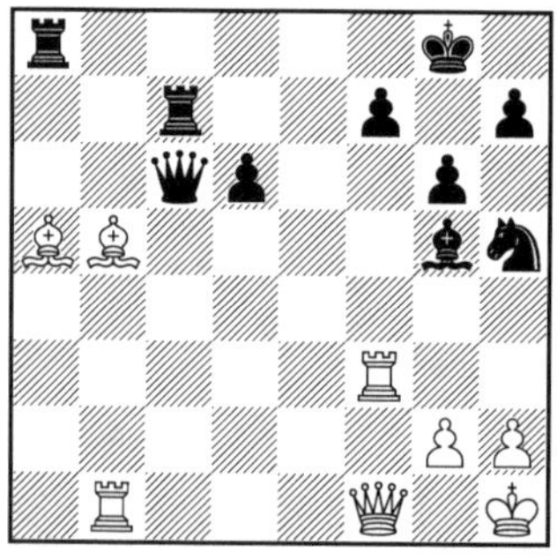

[S] Schwarz kann Materialverlust nicht vermeiden, aber muss er deswegen die Partie verlieren?

T05.02

N. Raschkowski (2530) – B. Schowunow (2320)

RUS-Meisterschaft Elista 1996

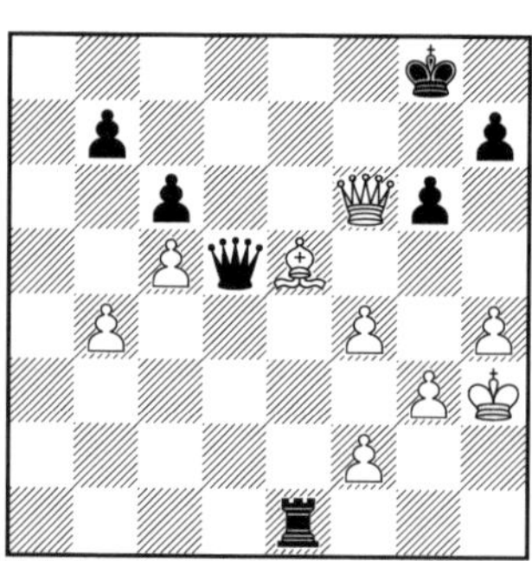

[S] Wie kann man die exponierte Stellung des weißen Königs ausnutzen?

T05.03

A. Morosewitsch (2749) – W. Topalow (2711)

Dortmund 2001

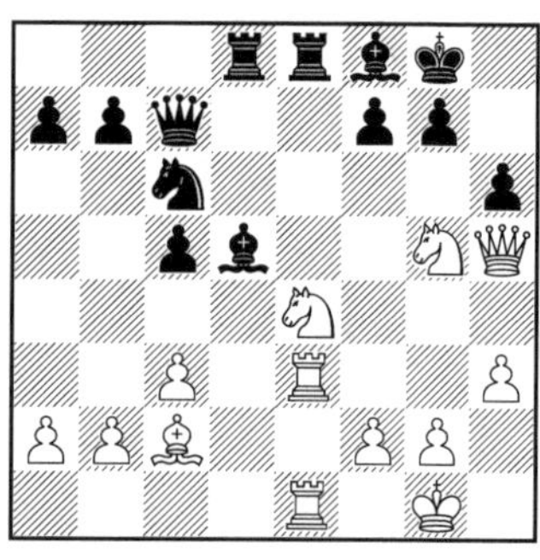

[S] Wie stoppt man den weißen Angriff?

T05.04

S. Baumegger (2456) – O. Lehner (2407)

TCh-AUT Baden 2010

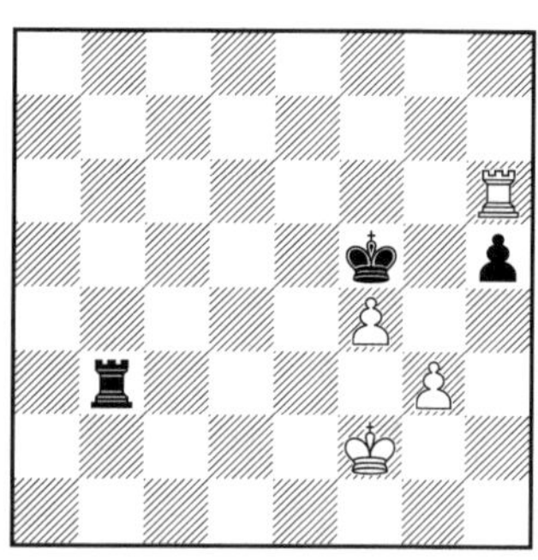

[S] Was kann Schwarz hier machen?

T05.05
W. Topalow (2801) –
T. Radjabow (2700)
Morelia/Linares 2006

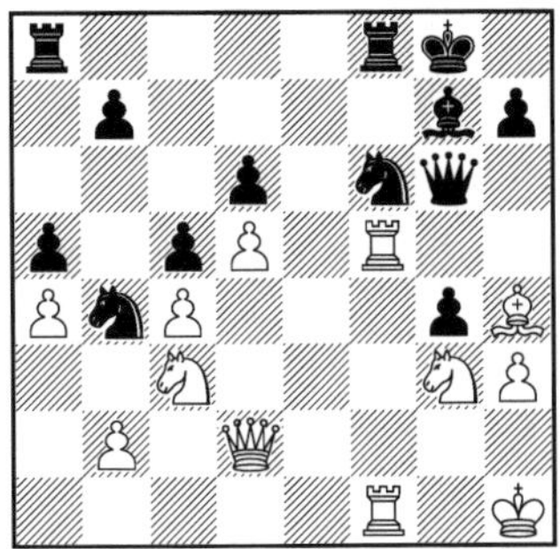

[S] Wie sollte man mit Topalows Königsangriff umgehen?

T05.06
I. Glek (2590) – A. Schirow (2706)
Corsica Masters Open Bastia 2001

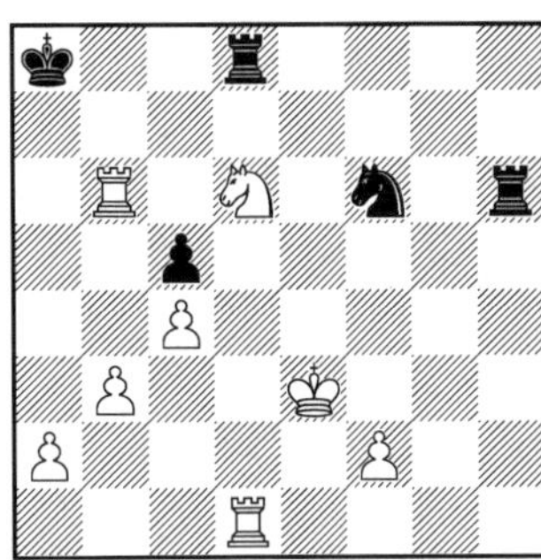

[S] Endspiele mit Turm und Springer sind häufig sehr taktisch. Wie hätte Schirow die Partie retten können?

T05.07
K. Lieder (2091) – D. Abel (2294)
Deutsche Meisterschaft U18,
Willingen 2007

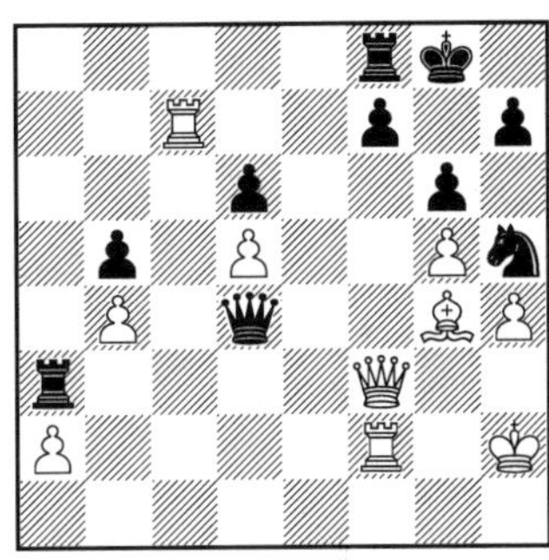

[W] Weiß zieht und remisiert.

T05.08
A. Schirow (2751) –
J. Piket (2633)
9. Amber-blind Monte Carlo 2000

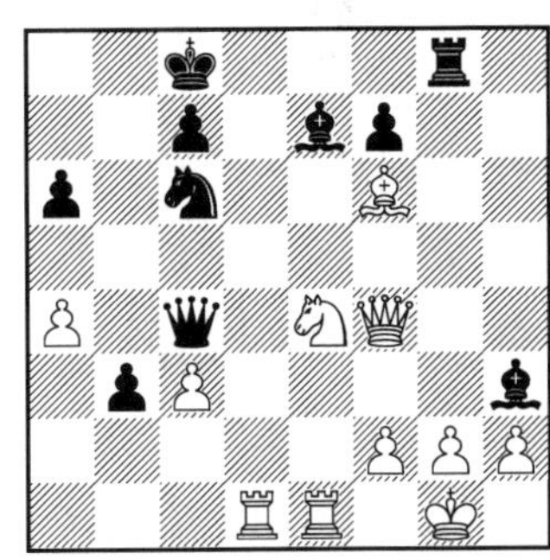

[W] Wie kontrolliert man das Chaos?

Test 6

(Lösungen auf Seite 237)

T06.01

A. Finkel (2500) –
B. Kantsler (2535)
Israel 1998

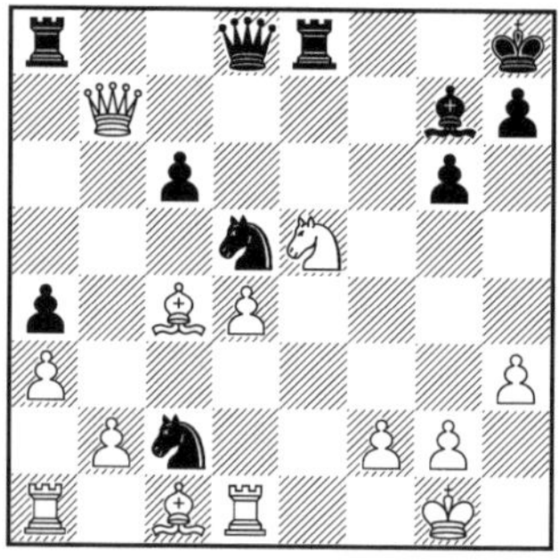

[S] Wie zieht man dem weißen Angriff den Stachel?

T06.02

M. Krasenkow (2661) –
Xie Jun (2542)
Sufe Cup Shanghai 2000

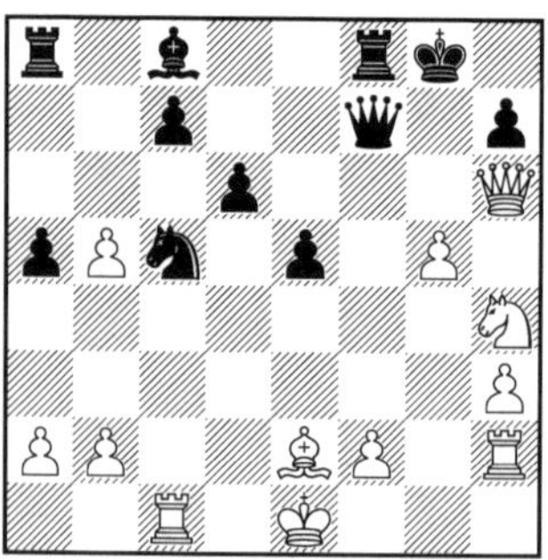

[S] Wie pariert man den weißen Angriff?

T06.03

A. Schirow (2685) –
L. van Wely (2605)
Tilburg Fontys 1996

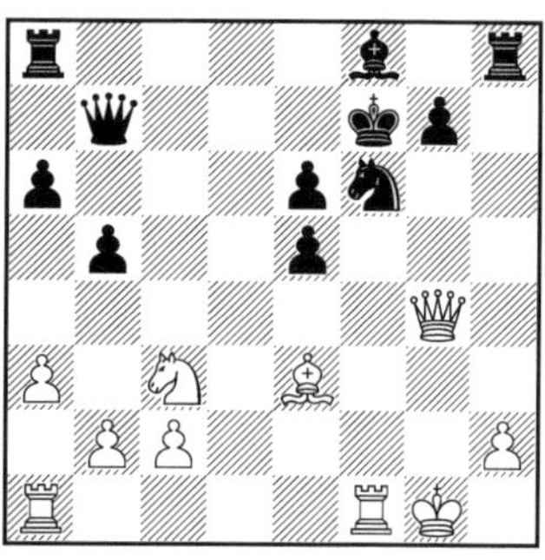

[S] Welcher König steht letztendlich exponierter?

T06.04

M. Taimanow – B. Larsen
Vinkovci 1970

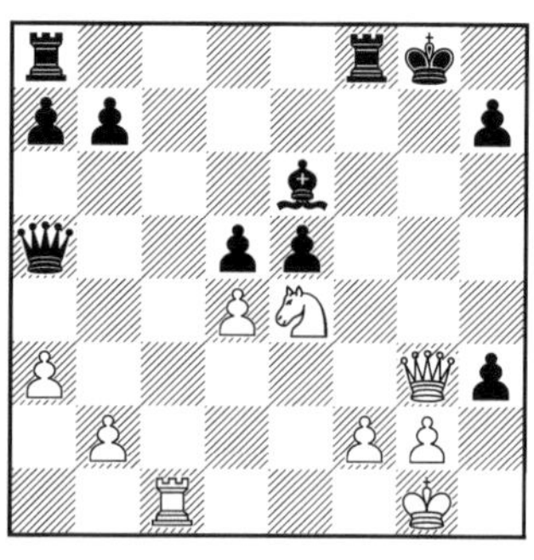

[S] Taimanow startete einen seiner gefährlichen Angriffe. Er übersah aber ein Detail. Welches?

T06.05
L. Ftacnik (2540) – J. Murey (2505)
New York Open 1987

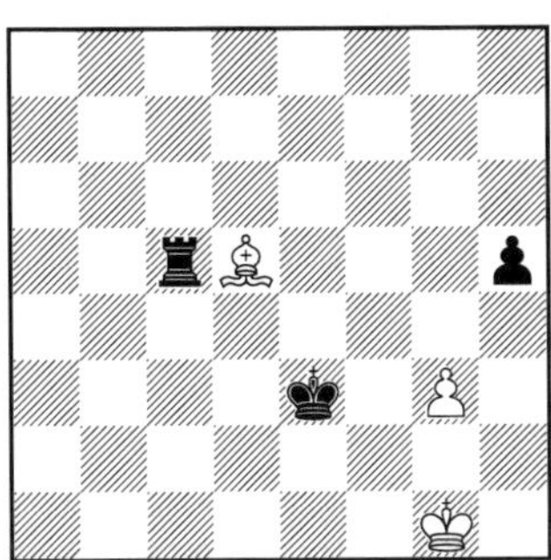

[W] Weiß spielte in dieser typischen Festung etwas unvorsichtig, aber kann sich immer noch auf studienartige Weise retten. Finden Sie den Weg?

T06.06
Grigoriev 1938

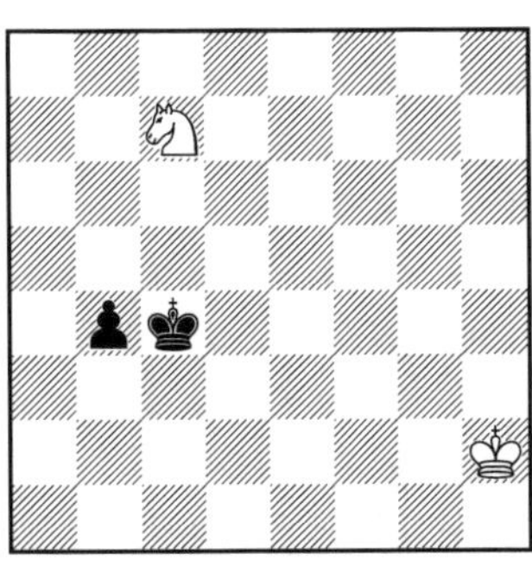

[W] Manchmal sieht ein Springer sehr hilflos aus. Aber hier erreicht er den Bauern gerade noch rechtzeitig. Sehen Sie wie?

T06.07
S. Rublewski (2639) – Peng Xiaomin (2629)
CHN – RUS Summit Men Shanghai 2001

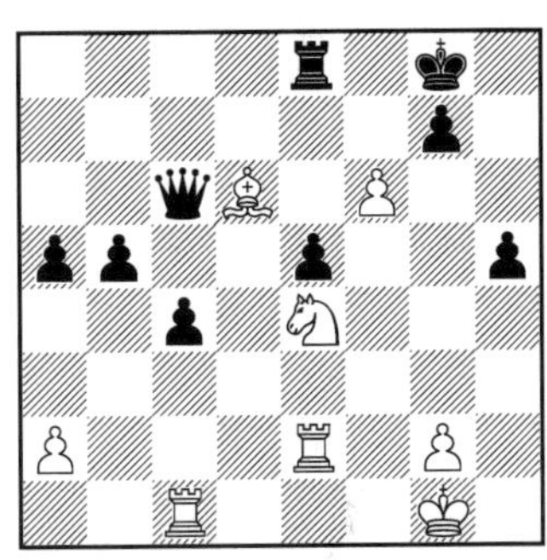

[S] Alles hängt hier von der Stärke der verschiedenen Freibauern ab. Wie lautet die schwarze Priorität?

T06.08
C. Hansen (2626) – E. Sutovsky (2651)
North-Sea Cup Esbjerg 2001

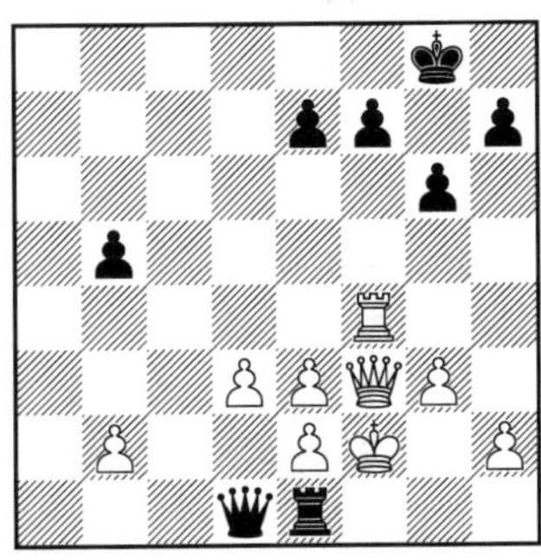

[W] Der schwarze Angriff scheint schneller zu sein, oder?

Test 7

(Lösungen auf Seite 239)

T07.01

J. Rowson (2485) – M. Adams (2670)
London 1998

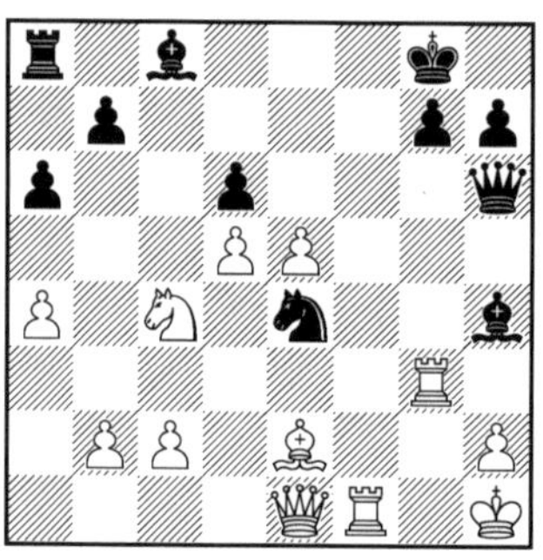

[W] Kann sich Weiß gegen die gefährliche Dame und die Leichtfiguren des Gegners verteidigen?

T07.02

J. Lautier (2658) – J. M. Degraeve (2589)
Clichy 2001

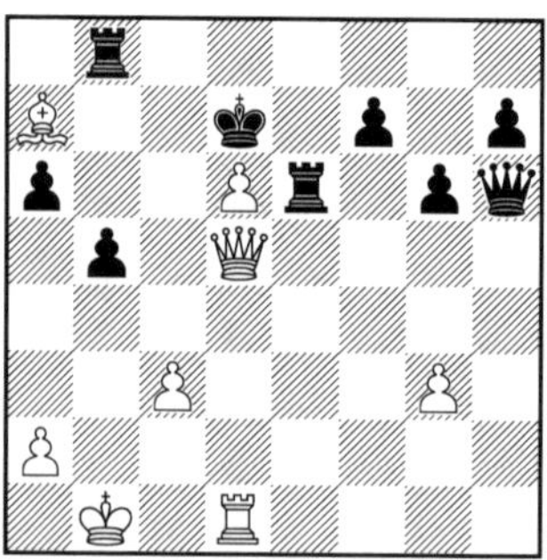

[S] Wie soll man mit der gegen den schwarzen Turm aufgestellten Drohung umgehen?

T07.03

W. Rogowski (2443) – S. Kusnezow
UKR-Meisterschaft Ordzhonikidze 2001

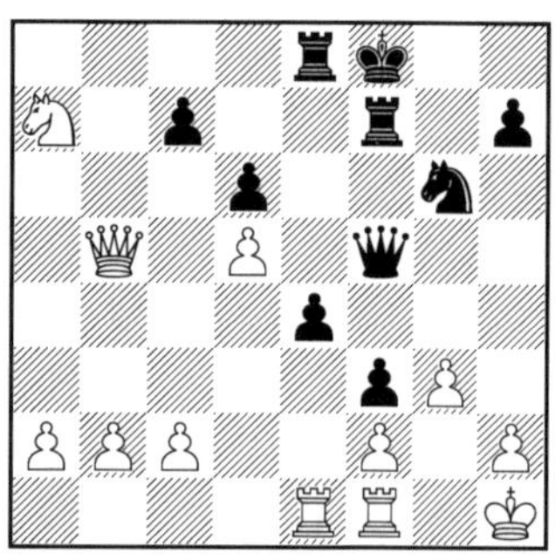

[W] Wie reagiert man auf den schwarzen Königsangriff?

T07.04

K. Müller – J. Waitzkin
Mermaid Beach GM Bermuda 1998

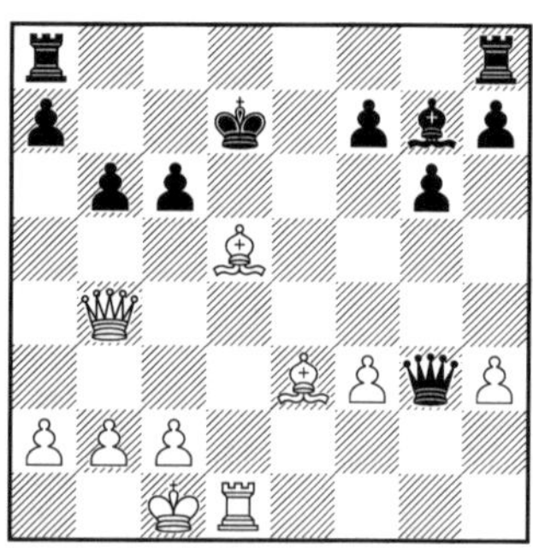

[S] Wie organisiert man die Verteidigung des exponierten schwarzen Königs?

T07.05
Y. Zilberman (2516) –
B. Awruch (2609)
Tel Aviv 1999

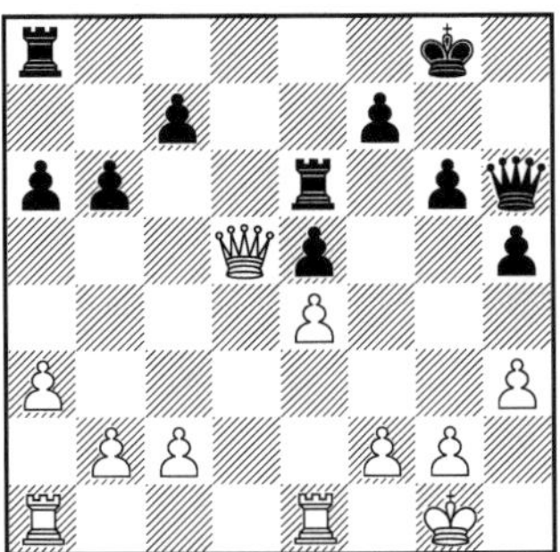

[S] Wie neutralisiert man die weiße Initiative?

T07.06
A. Schirow (2685) –
G. Kasparow (2785)
Olympiade Jerewan 1996

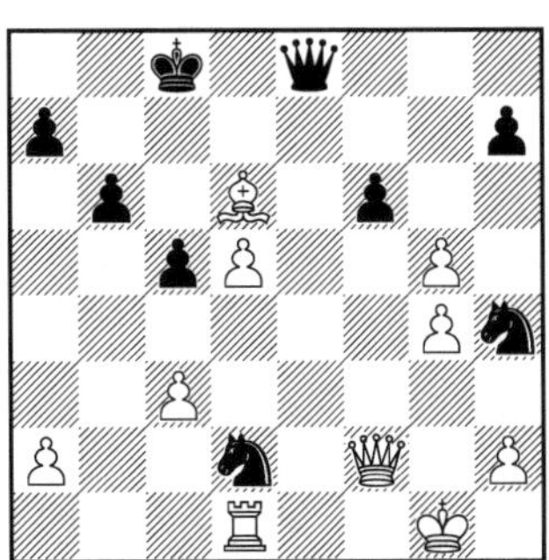

[S] Wie nutzt man die schwarze Initiative aus?

T07.07
J. Alexejew (2715) –
P. Swidler (2727)
RUS-Meisterschaft Moskau 2008

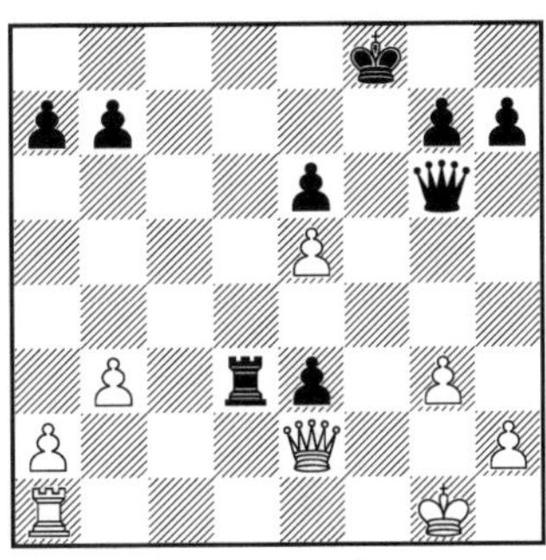

[W] Das einzige schwarze Problem ist sein deplatzierter König. Wie zieht man daraus einen Vorteil?

T07.08
J. Barejew (2688) – R. Ruck (2546)
Europameisterschaft Gothenburg 2005

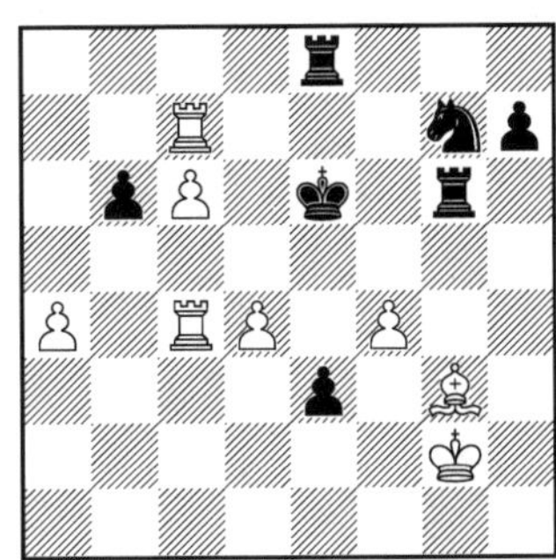

[W] Finden Sie die einzige weiße Verteidigung?

Test 8

(Lösungen auf Seite 241)

T08.01
A. Schirow (2722) –
A. Morosewitsch (2749)
Astana 2001

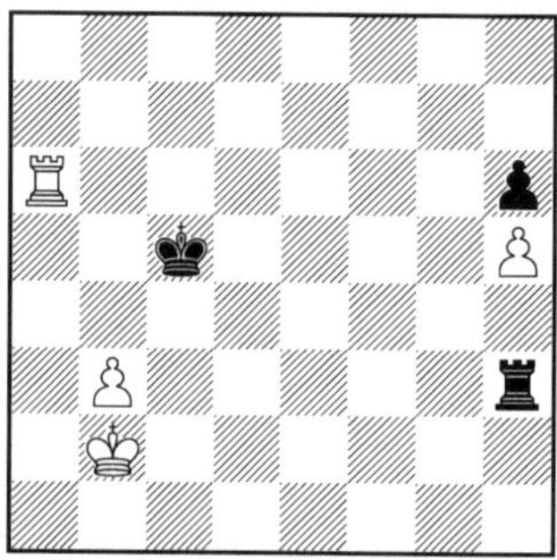

[S] Weiß scheint einen weiteren Bauern und die Partie zu gewinnen. Der Schein kann aber trügen.

T08.02
V. Kotronias (2590) –
P. Ricardi (2575)
Najdorf Memorial Buenos Aires 1997

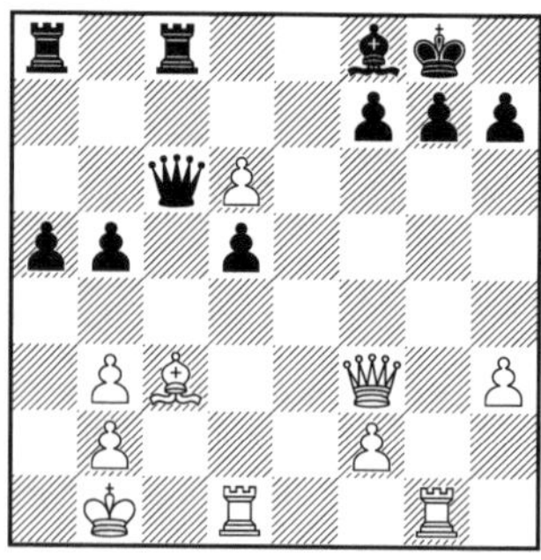

[S] Wie reagiert man auf den weißen Angriff?

T08.03
G. Vescovi (2525) –
R. Leitao (2550)
BRA-Meisterschaft Stichkampf
Itabirito 1998

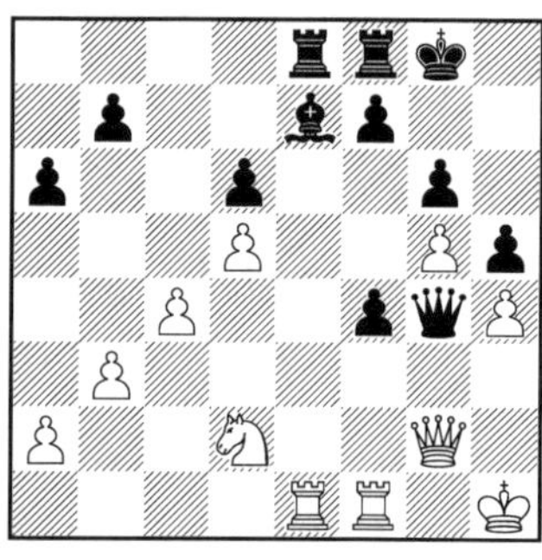

[W] Wie geht man mit der Invasion der schwarzen Dame um?

T08.04
L. Gutman – A. Vitolins
UdSSR 1979

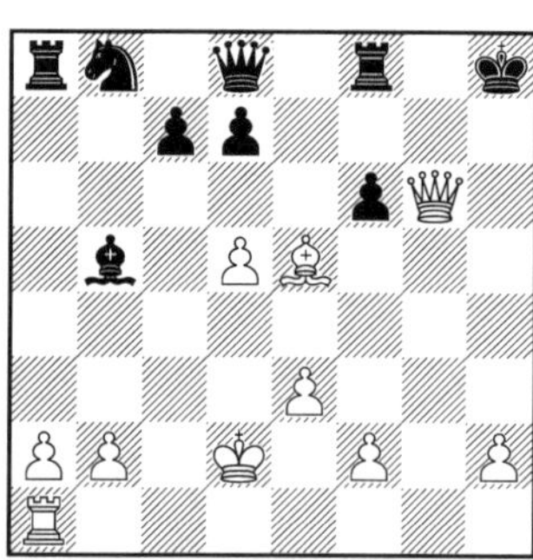

[S] Der Lette Alvis Vitolins war ein Meister von Opferangriffen, aber hier musste er sich verteidigen. Er tat das bravourös. Können Sie es ihm nachmachen?

T08.05
M. Marin (2425) –
M. Condie (2425)
Oakham 1986

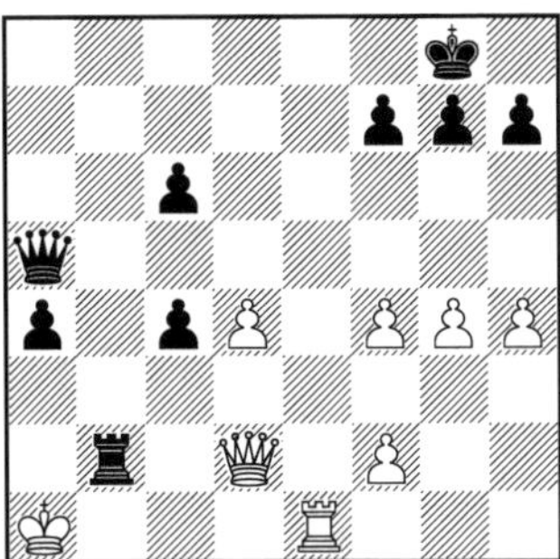

[S] Wie sollte die Partie enden?

T08.06
Priwalow – M. Hrabinska
Lwiw Rapid 2001

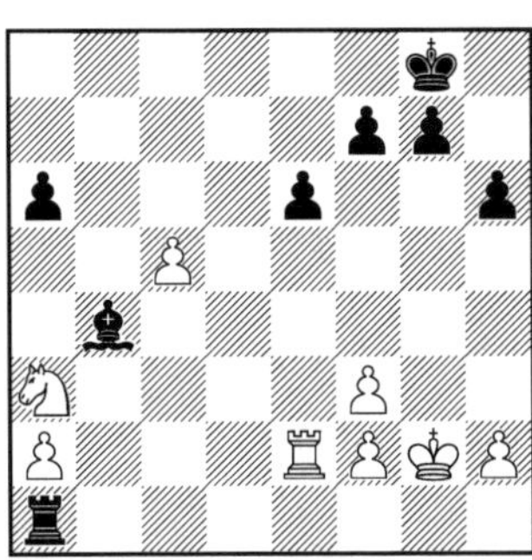

[W] Schwarz hat die bessere Leichtfigur und die bessere Struktur, aber Weiß ist am Zug.

T08.07
G. Gajewski (2540) –
S. Movsesjan (2642)
Europameisterschaft Dresden 2007

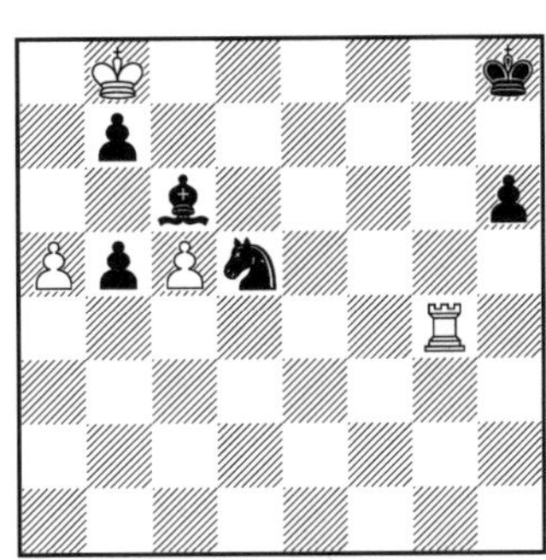

[W] Der schwarze König ist so weit entfernt, dass der aktive Turm die Stellung halten kann. Hinweis: In einer Variante entsteht das Endspiel Turm + Bauer versus Dame, das nach den Table-bases remis ist.

T08.08
R. Ruck (2548) –
D. Fridman (2661)
Bundesliga Eppingen 2009

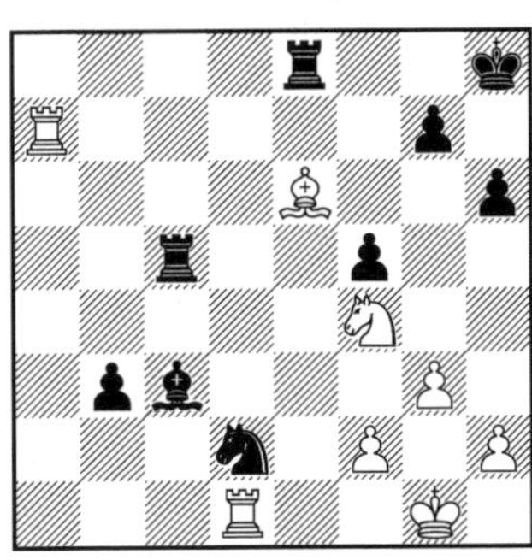

[W] Der schwarze Freibauer auf der b-Linie droht zum Sieg zu marschieren. Was kann man dagegen unternehmen?

Test 9

(Lösungen auf Seite 243)

T09.01
J. Polgar (2677) –
A. Karpow (2710)
Dos Hermanas 1999

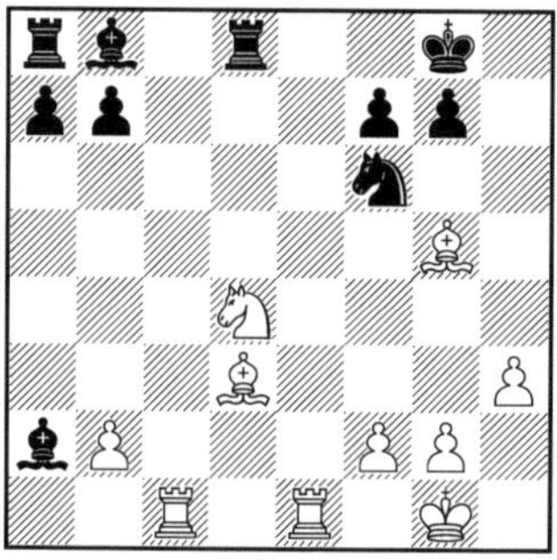

[S] Wie glich Karpow auf der Stelle aus?

T09.02
J. Timman (2590) – P. Leko (2630)
Groningen 1996

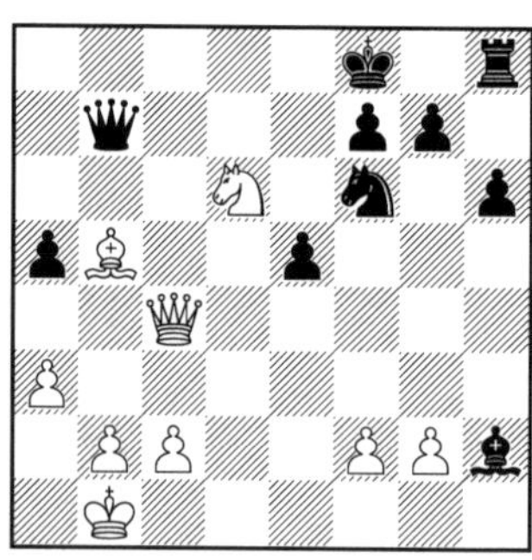

[S] Leko verpasste am Brett die einzige Verteidigung. Können Sie es besser machen?

T09.03
F. Vallejo Pons (2629) –
M. Adams (2742)
Linares 2002

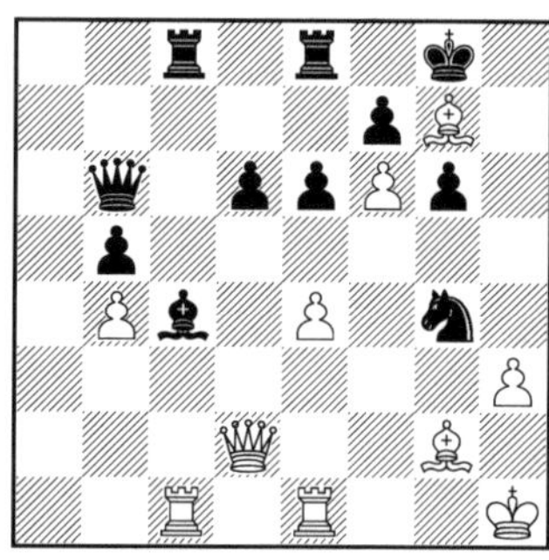

[S] Wie pariert man den weißen Angriff?

T09.04
M. Grabarczyk (2487) –
R. Wojtaszek (2569)
POL-Meisterschaft Posen 2005

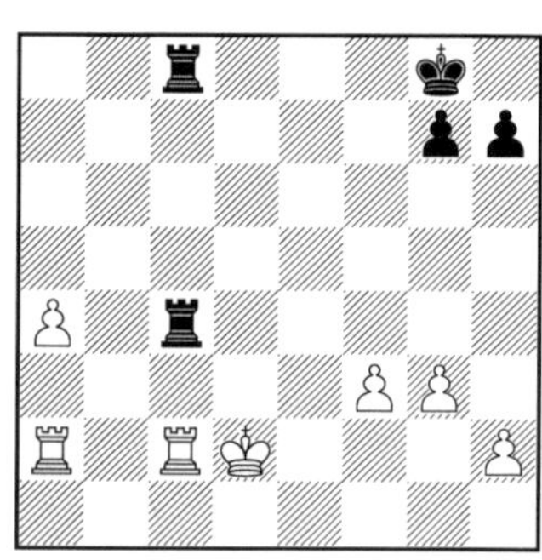

[S] Mit seinen zwei Mehrbauern würde Weiß technisch gewinnen, aber Schwarz ist am Zug...

T09.05
A. Karpow (2735) –
A. Schirow (2710)
Hoogovens Wijk aan Zee 1998

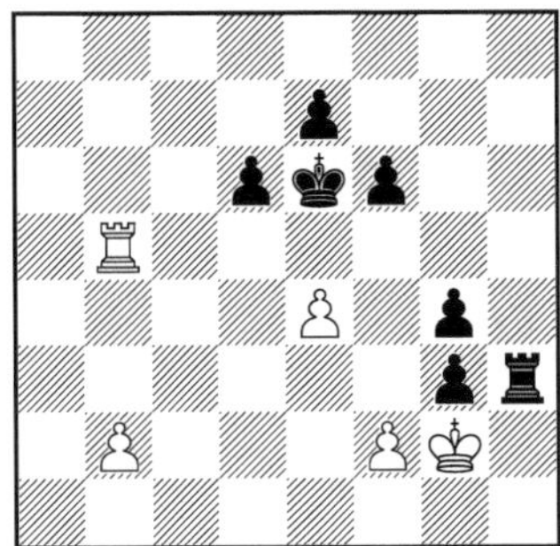

[W] Karpow remisierte einfach. Können Sie es ihm nachmachen?

T09.06
T. Markowski (2568) –
B. Gelfand (2681)
Rubinstein Memorial Polanica Zdroj 2000

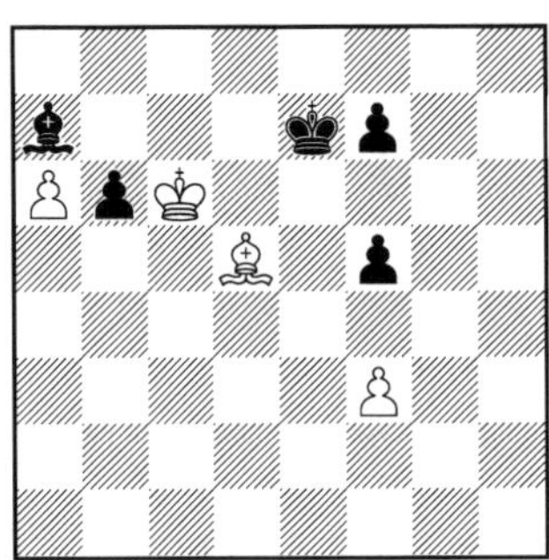

[S] Wie rettete sich Gelfand?

T09.07
D. Jakowenko (2760) –
E. Bacrot (2721)
Dortmund 2009

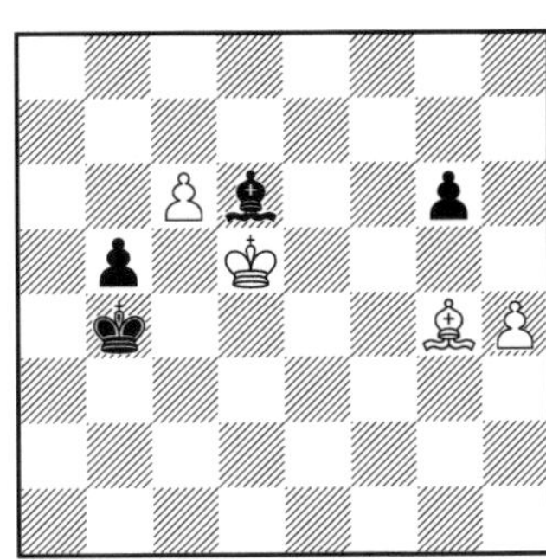

[S] Trotz der Remistendenz von Endspielen mit ungleichfarbigen Läufern sieht die schwarze Stellung hoffnungslos aus. Es gibt aber einen verrückten Weg, um zu überleben. Finden Sie ihn?

T09.08
A. Morosewitsch (2749) –
M. Adams (2744)
Dortmund 2001

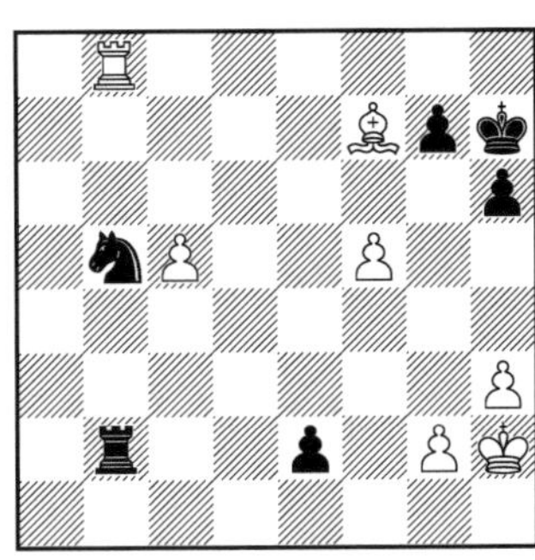

[S] Wie reagiert man auf die weiße Mattdrohung?

Test 10

(Lösungen auf Seite 244)

T10.01
D. Ntiloudi (1913) – S. Meenakshi (2310)
Kalamaria 2006

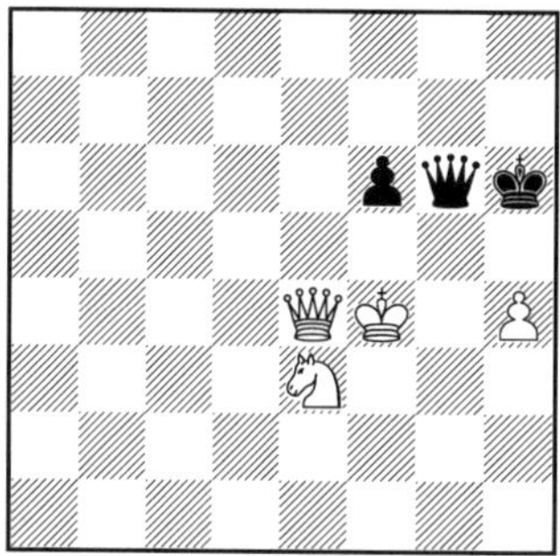

[S] Sollte Schwarz die Damen tauschen?

T10.02
Zhu Chen (2476) – F. Petritaj (2210)
Acropolis Open Athen 2006

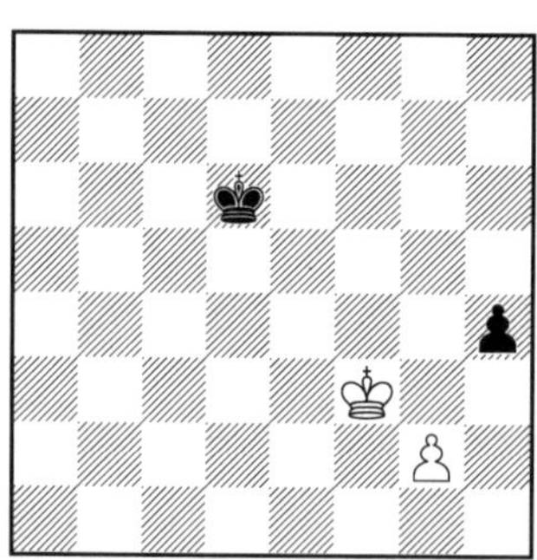

[S] Der schwarze Bauer geht offensichtlich verloren. Aber wie sieht es mit der Partie aus?

T10.03
V. Mikhalevski (2540) – L. Schmuter (2485)
Israel 1998

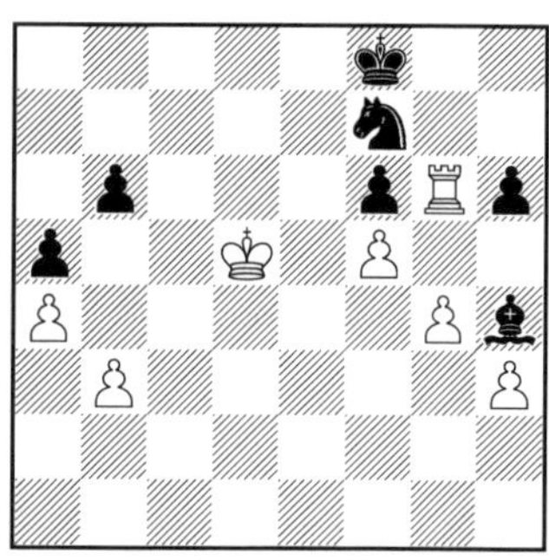

[W] Materiell kann Weiß zufrieden sein. Aber was ist mit seinem eingeklemmten Turm?

T10.04
V. Anand (2795) – L. Oll (2650)
Europameisterschaft Finale Belgrad 1999

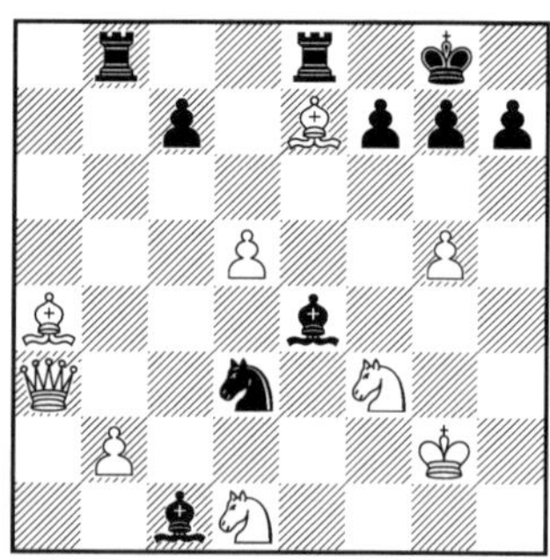

[S] Wie geht man mit der gegen den Turm auf e8 aufgestellten Drohung um?

T10.05
J. Lautier (2625) –
W. Topalow (2700)
Olympiade Elista 1998

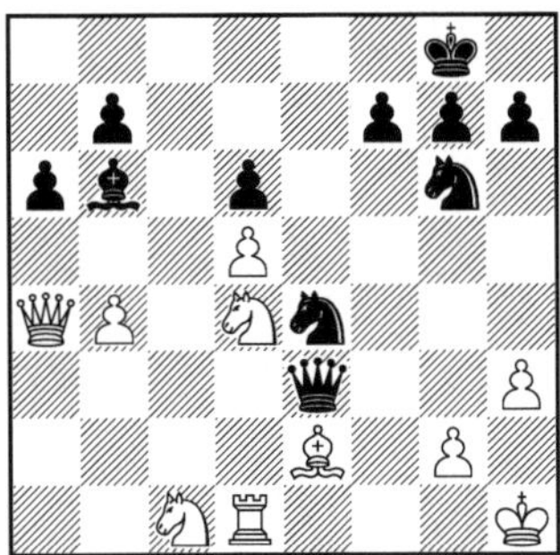

[W] Schwarz hat einen starken Angriff auf den schwarzen Feldern. Wie geht man damit um?

T10.06
A. Schirow (2699) –
M. Kazhgaleyev (2604)
Corsica Masters Bastia 2002

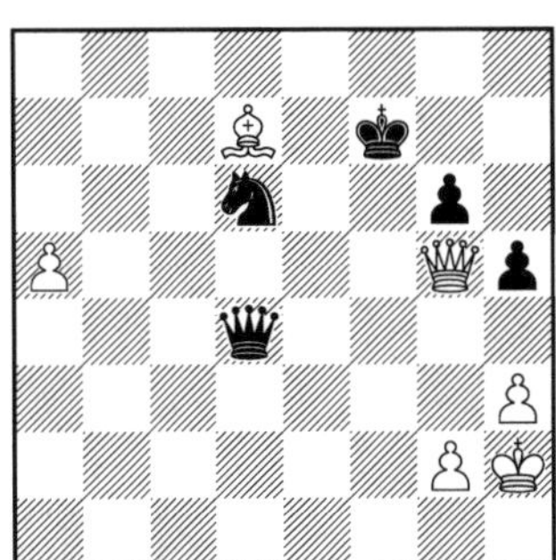

[S] Wie nutzt Schwarz das berühmte Duo Dame plus Springer, um zu remisieren?

T10.07
K. F. Foudzi –
M. Vachier-Lagrave (2358)
WYb12 Heraklio 2002

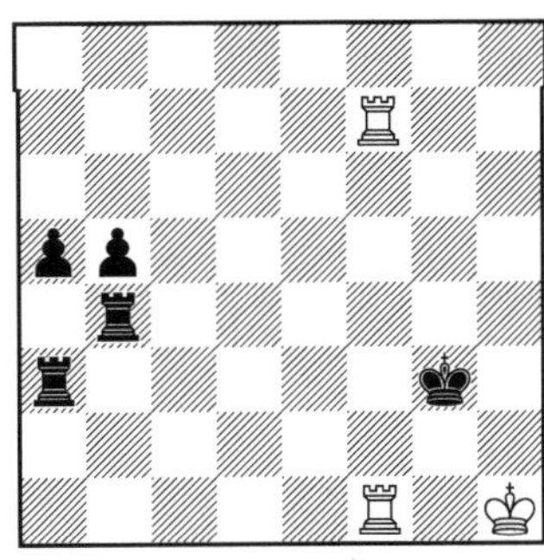

[W] Normalerweise gewinnen zwei Mehrbauern sogar in einem Turmendspiel. Aber hier ist der schwarze König so verwundbar, dass sich Weiß retten kann. Sehen Sie wie?

T10.08
P. Tregubow – K. Müller
Bundesliga 2008

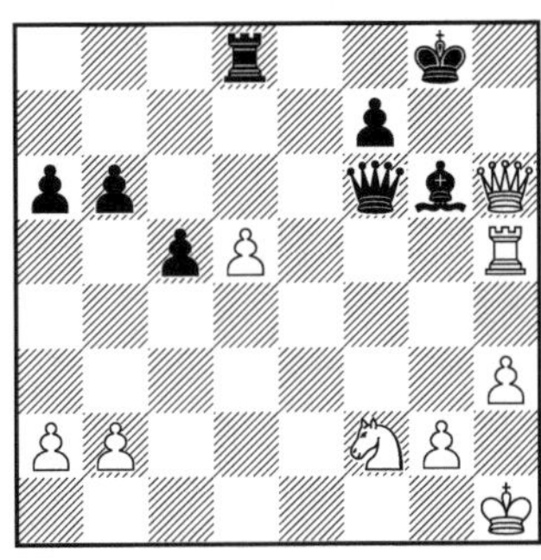

[S] Einer Ihrer Autoren verpasste hier mit Schwarz die beste Verteidigung. Können Sie es besser machen?

Test 11

(Lösungen auf Seite 246)

T11.01
K. Slechta (1935) –
P. Benes (2189)
Prag 2006

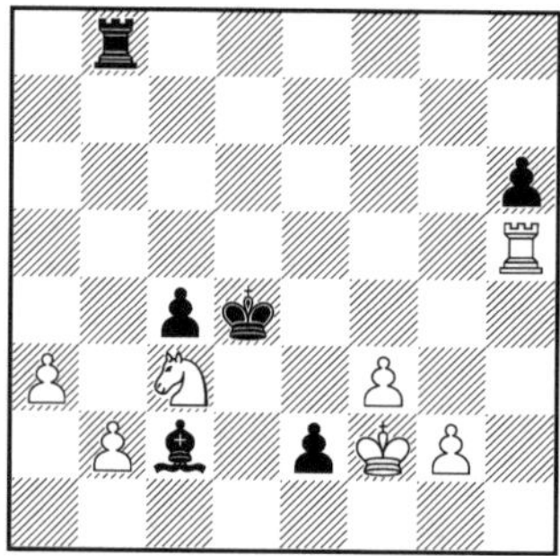

[S] Wie lautet die schwarze Priorität?

T11.02
W. Topalow (2813) –
W. Kramnik (2743)
Weltmeisterschaftskampf Elista 2006

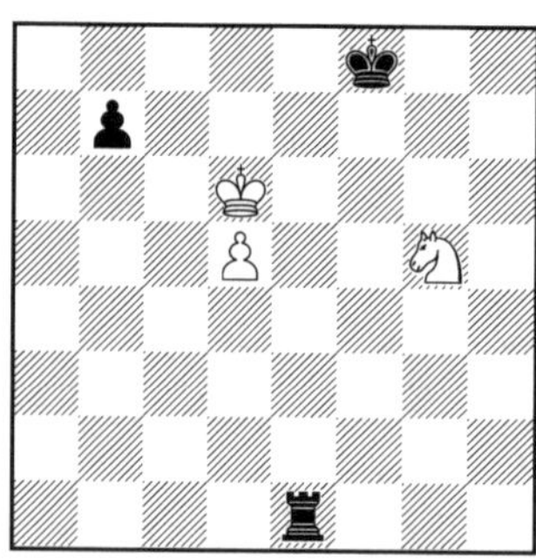

[W] Topalow verpasste hier das Remis. Können Sie es besser machen?

T11.03
A. Shabalov (2601) –
C. Lutz (2606)
Olympiade Istanbul 2000

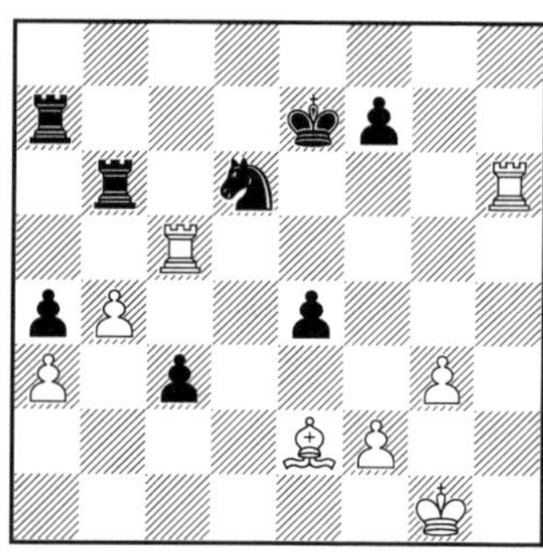

[S] Wie konnte sich Lutz retten?

T11.04
F. Vallejo Pons (2666) –
P. Swidler (2733)
Leon 2004

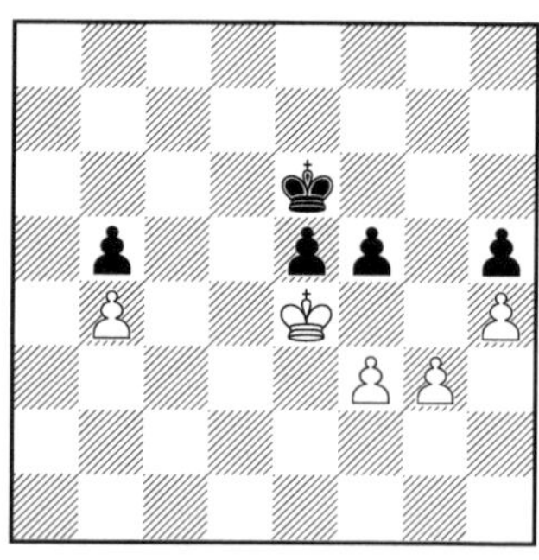

[W] Weiß hat einen studienartigen Weg, um sich zu retten. Finden Sie ihn?

T11.05
T. Petrik (2515) – I. Saric (2393)
Pula 2006

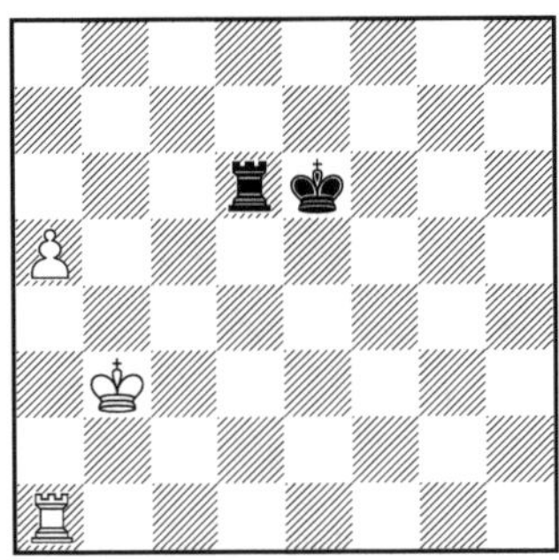

[S] Wie soll man mit dem gefährlichen weißen a-Bauern umgehen?

T11.06
I. Glek (2553) –
S. Mamedjarow (2722)
ECU Club Cup Fügen 2006

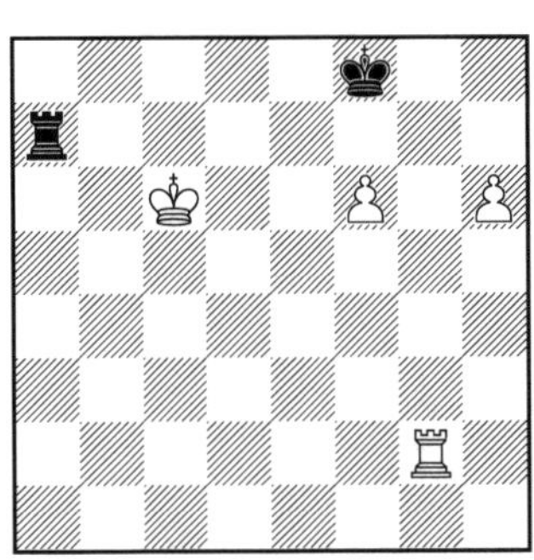

[S] Wie reagiert man auf die weißen Bauern?

T11.07
J. Timman (2635) –
L. van Wely (2605)
Breda 1998

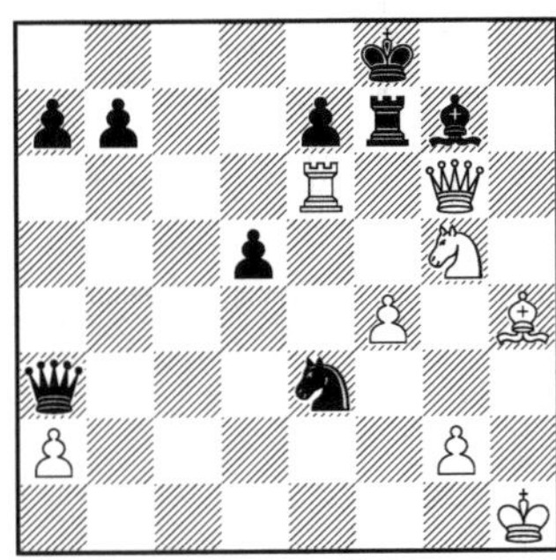

[S] Steht Schwarz auf Verlust?

T11.08
Zhao Jun (2552) –
L. D. Nisipeanu (2668)
World Cup Chanty-Mansijsk 2007

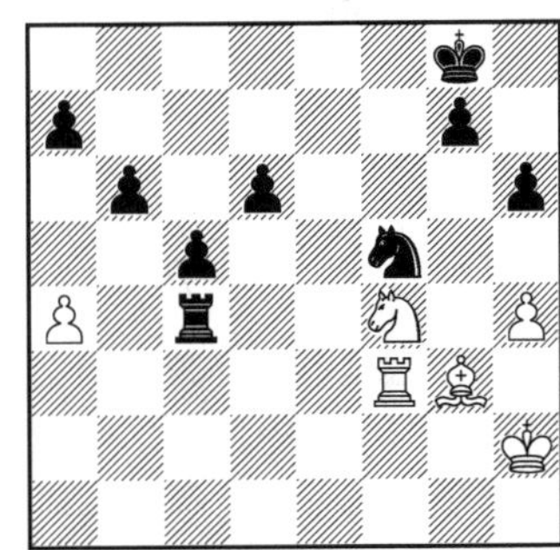

[W] Wie forciert Weiß das Remis?

Test 12

(Lösungen auf Seite 248)

T12.01

E. Berg (2610) – R. Robson (2491)
Arctic Chess Challenge Tromsö 2009

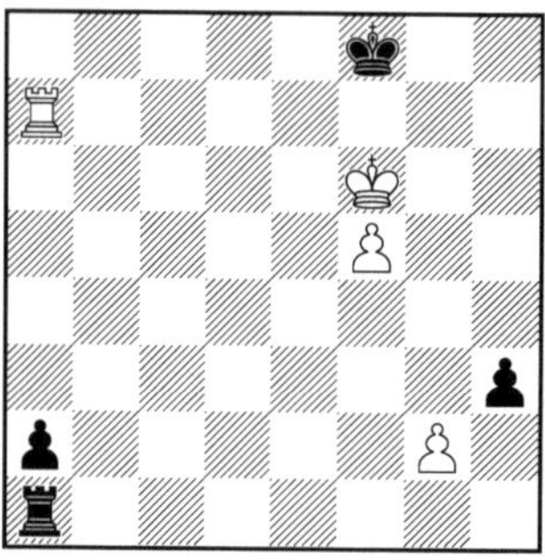

[S] Ray Robson benötigte in diesem Turmendspiel ein Remis für eine Großmeisternorm. Wie schaffte er es?

T12.02

B. Gelfand (2720) – W. Kramnik (2788)
Tal-Gedächtnisturnier, Moskau 2008

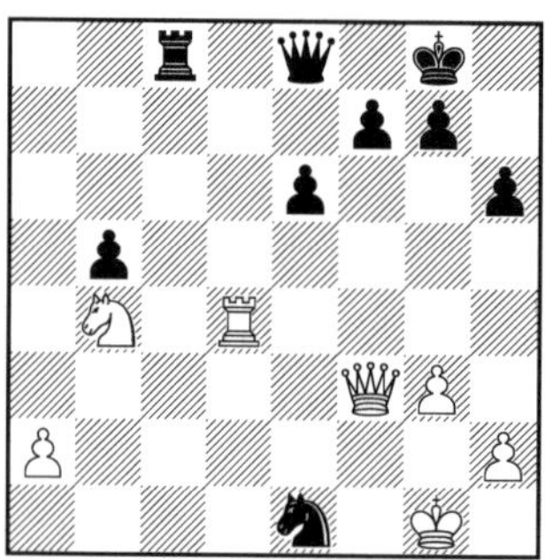

[W] Kramnik berechnete eine lange Variante, übersah aber die einzige weiße Verteidigung. Können Sie sie sehen?

T12.03

D. Jakowenko (2711) – A. Wolokitin (2684)
Foros Aerosvit 2008

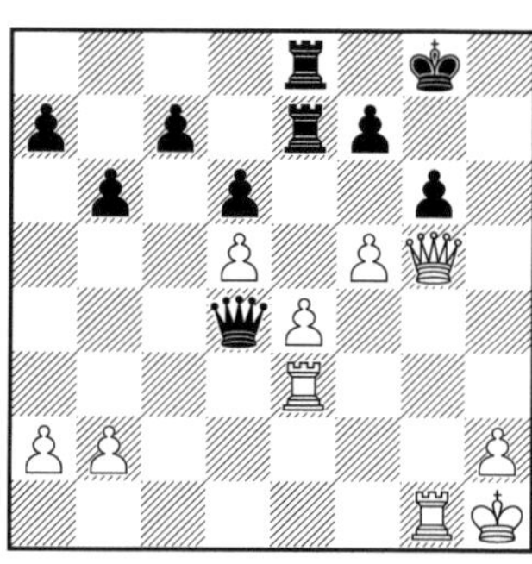

[S] Soll man sich aktiv oder passiv verteidigen?

T12.04

T. Radjabow (2751) – M. Carlsen (2765)
Baku FIDE Grand Prix 2008

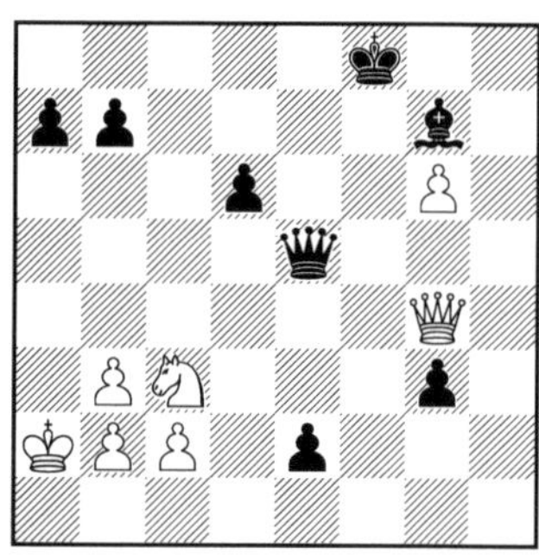

[W] Carlsens mächtige Bauern sehen unhaltbar aus. Wie soll man sich verteidigen?

T12.05
E. Postny (2616) –
D. Baramidze (2561)
Bundesliga 2007

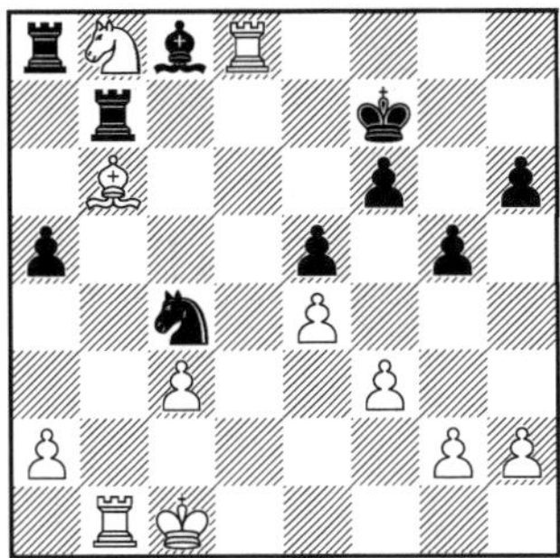

[W] Wie rettete Postny seinen Springer?

T12.06
B. Züger (2430) –
C. Landenbergue (2415)
Schweiz 1991

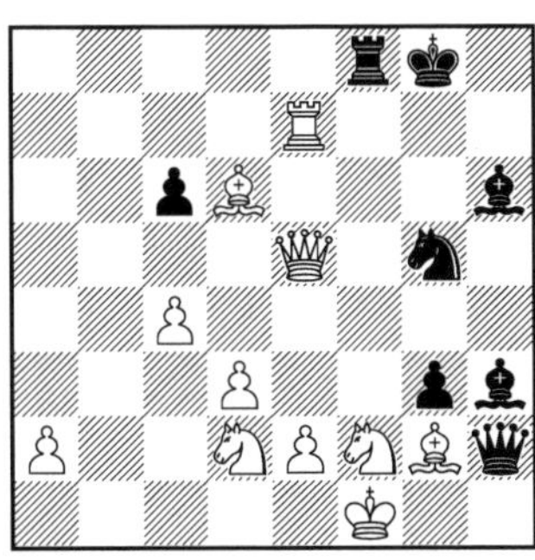

[W] Kann man den gefährlichen schwarzen Angriff stoppen?

T12.07
S. Berezjuk (2435) –
C. Joecks (2375)
Erfurt 1993

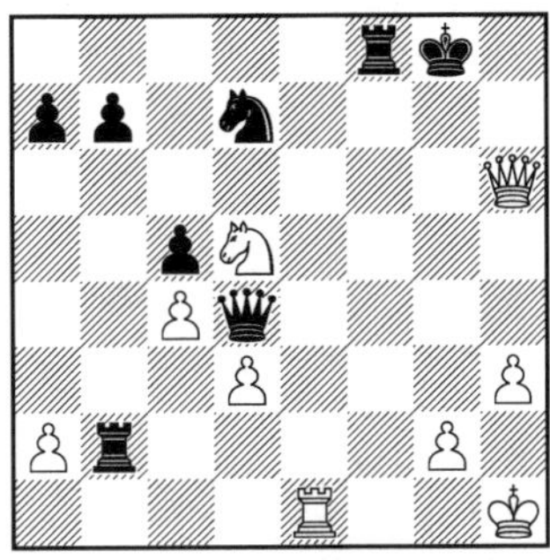

[S] Es gibt nur einen sehr engen Weg, um den Kampf fortzusetzen. Finden Sie ihn?

T12.08
W. Gaprindaschwili (2390) –
A. Rustemow (2573)
Wichern Open Hamburg 1999

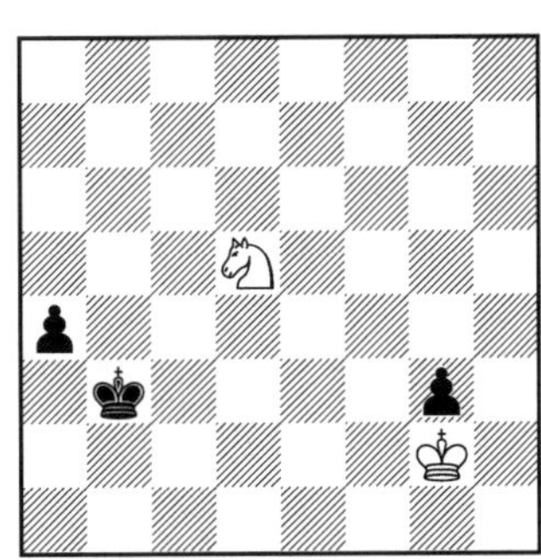

[W] Wie soll man den schwarzen a-Bauern stoppen?

Test 13

(Lösungen auf Seite 250)

T13.01
J. Timman (2578) –
L. van Wely (2617)
Corus Wijk aan Zee 2004

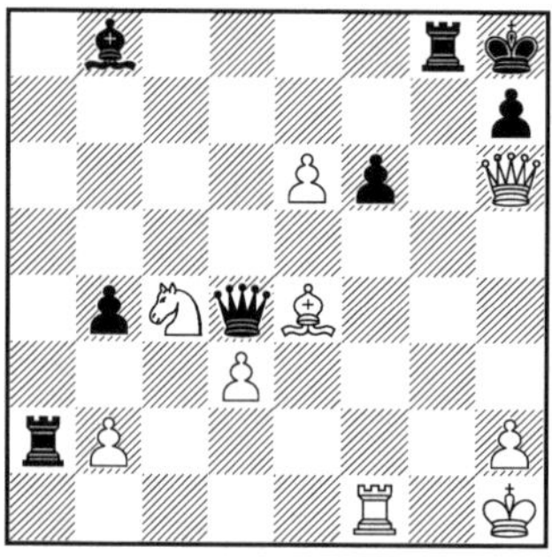

[S] Wie soll man sich mit Schwarz verteidigen?

T13.02
R. Kasimdshanow (2668) –
D. Sadwakasow (2595)
Samba Cup Skanderborg 2003

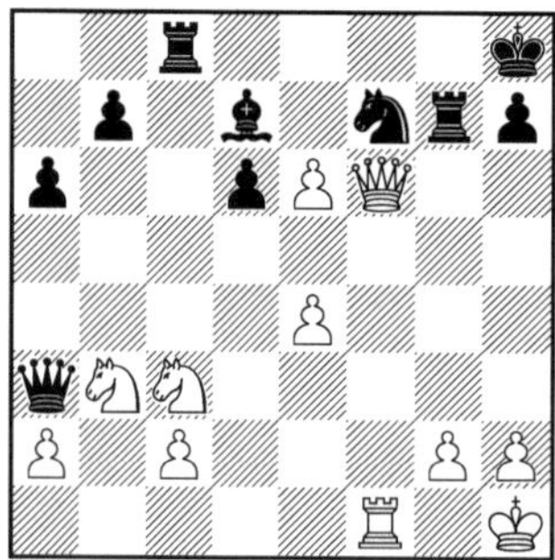

[S] Wie wies Schwarz nach, dass die weiße Kompensation ungenügend ist?

T13.03
V. Anand (2799) –
S. Mamedjarow (2760)
Corus Wijk aan Zee 2008

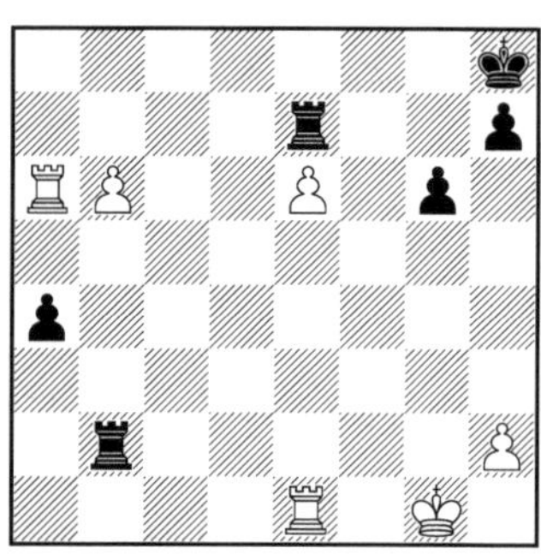

[S] Wie geht man mit den gefährlichen weißen Freibauern um?

T13.04
K. Müller – R. Appel
Bundesliga, Hamburg 2009

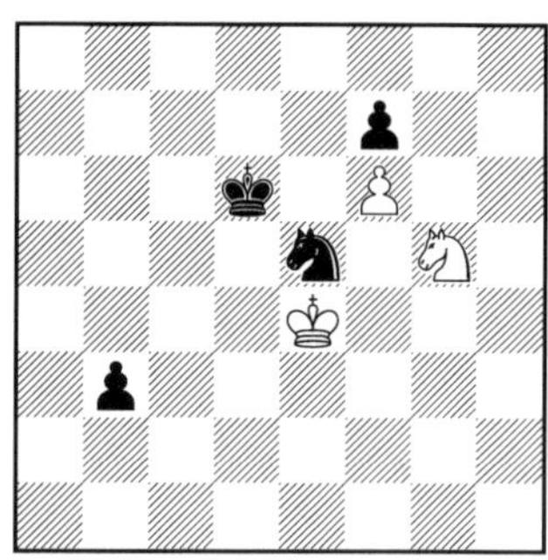

[W] Weiß hat zwei Möglichkeiten, um zu remisieren. Finden Sie eine!

T13.05
J. Piket (2640) –
G. Kasparow (2795)
Linares 1997

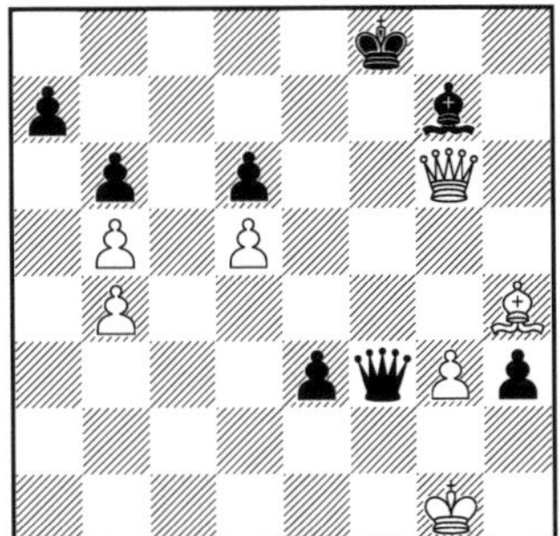

[W] Die weißen Tage scheinen gezählt zu sein, aber Piket fand eine rettende Ressource. Können Sie es ihm nachmachen?

T13.06
L. Ftacnik (2585) –
O. Cvitan (2570)
Deutschland 1997

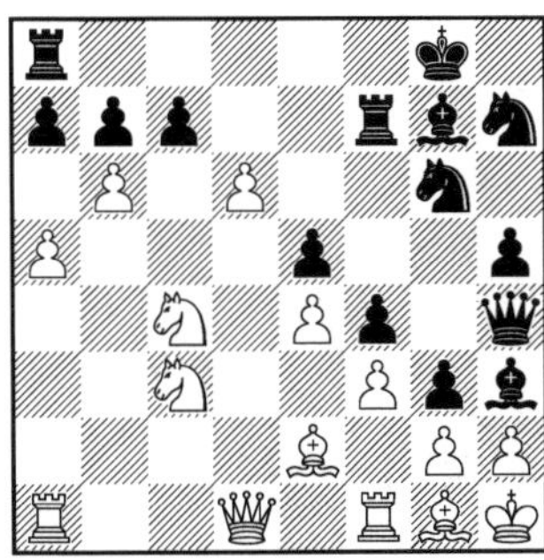

[W] In diesem typischen Königsindisch-Kampf ist ein kritischer Moment entstanden. Soll man am Damenflügel fortsetzen oder nicht?

T13.07
D. Jakowenko (2710) –
P. Leko (2755)
Moskau Tal Memorial 2007

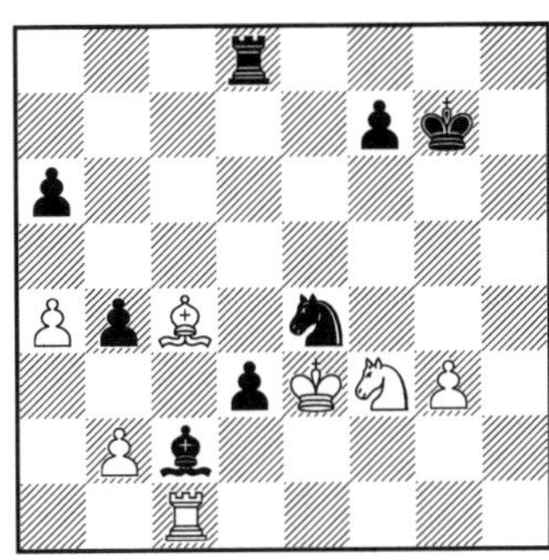

[W] Wie soll man mit dem schwarzen Freibauern auf der d-Linie umgehen?

T13.08
Analyse von G. Kasparow (2625) –
U. Andersson (2610)
Moskau 1981

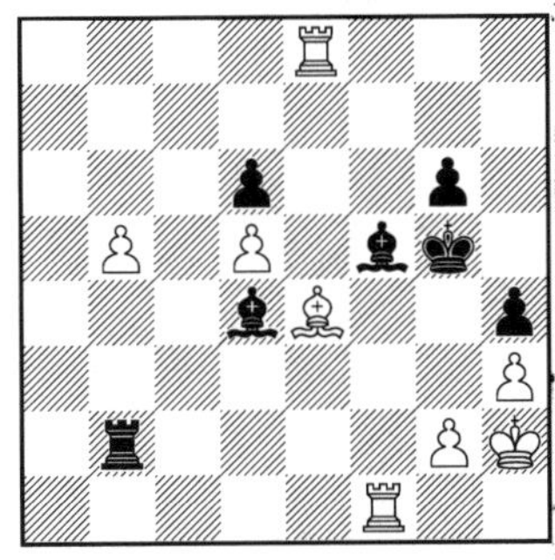

[S] Ulf Andersson hatte diese Stellung sehr wahrscheinlich am Brett gesehen. Wie rettet sich Schwarz?

Test 14 – (Lösungen auf Seite 252)

T14.01
K. Georgiev (2666) –
V. Kotronias (2587)
Europameisterschaft Gothenburg
2005

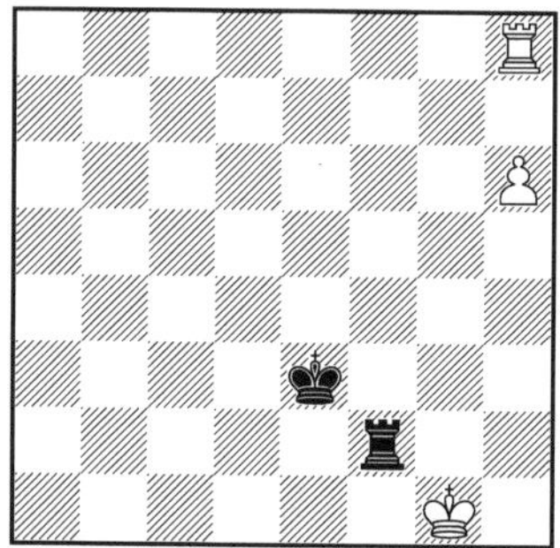

[S] Wie hält man den weißen Freibauern auf?

T14.02
A. Braun (2465) –
P. H. Nielsen (2646)
Bundesliga 2005

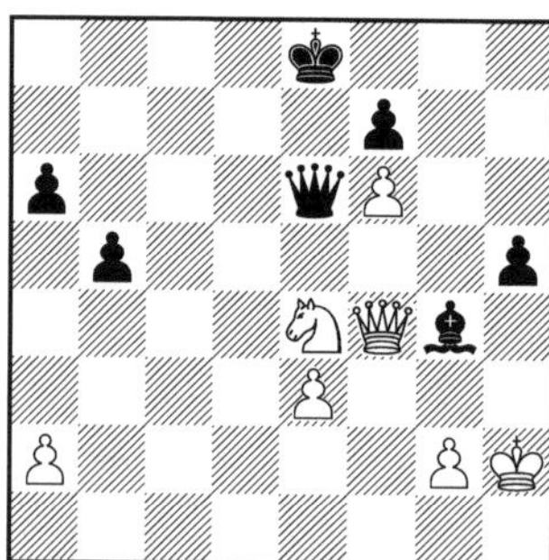

[S] Der weiße Angriff ist gefährlicher als er aussieht, aber Nielsen fand eine Verteidigung. Können Sie es ihm nachmachen?

T14.03
M. Lindinger (2322) –
A. Albers (1995)
Internationale Hamburger
Meisterschaft 2006

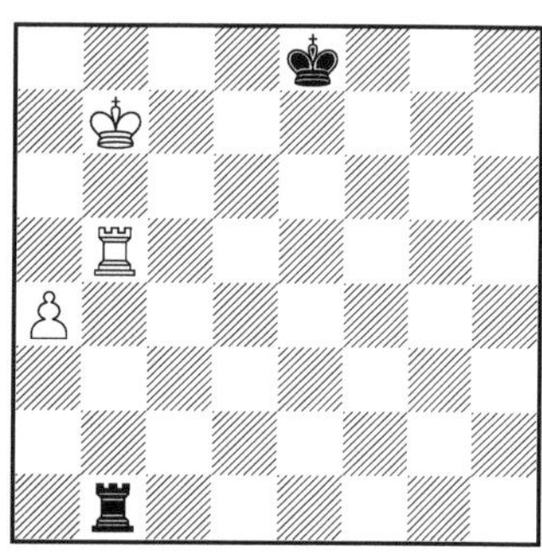

[S] Der schwarze Turm hat nur ein rettendes Feld. Finden Sie es!

T14.04
T. Wanderer (2206) –
A. Kopinits (2096)
Graz 2006

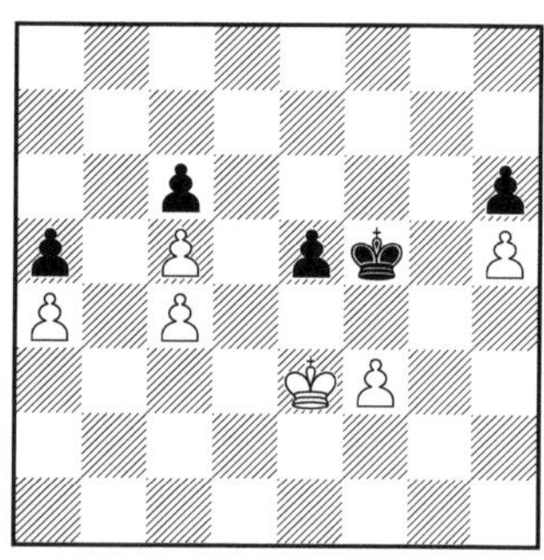

[W] Auf den ersten Blick befindet sich Weiß in *Zugzwang* und der aktive schwarze König wird sich durchsetzen. Aber der Schein trügt...

T14.05
K. Müller (2500) –
M. Hoffmann (2478)
Bundesliga 2007

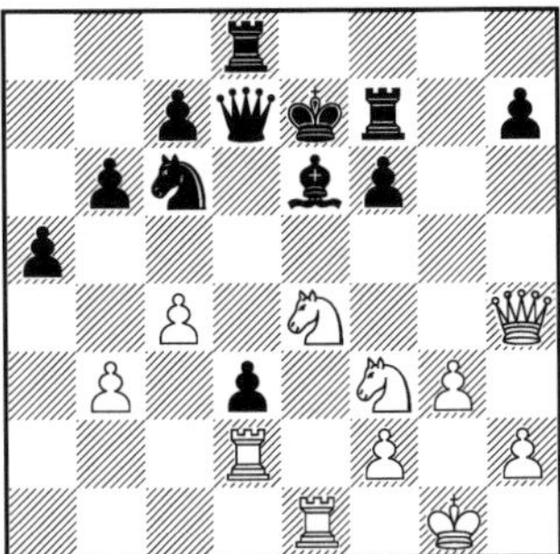

[S] Worauf sollte Schwarz setzen?

T14.06
W. Topalow (2757) –
M. Adams (2741)
Linares 2005

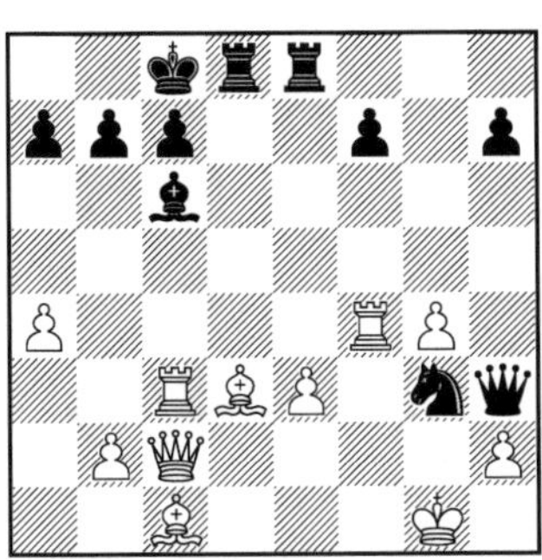

[S] Wie soll man den schwarzen Angriff fortsetzen?

T14.07
S. Karjakin (2723) –
S. Mamedjarow (2719)
World Cup Chanty-Mansijsk 2009

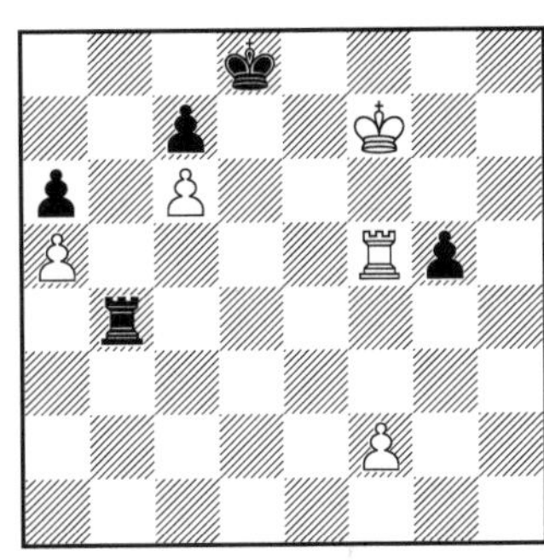

[S] Wie remisiert Schwarz dieses Turmendspiel?

T14.08
R. Ponomarjow (2739) –
E. Bacrot (2700)
World Chess Cup Chanty-Mansijsk 2009

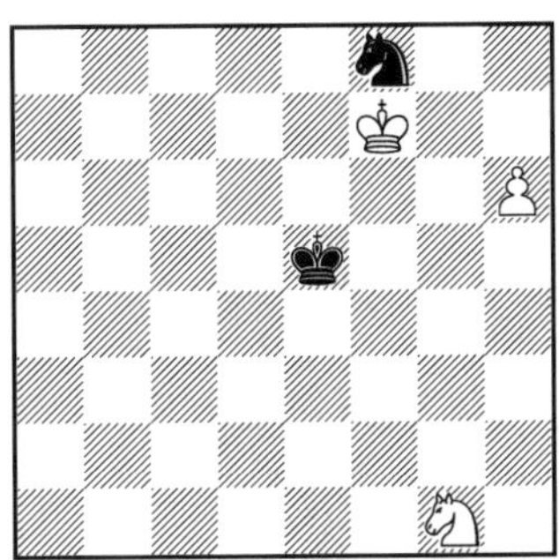

[S] Ponomarjows letzter Zug 82.♔f7 war ein Fehler. Wie nutzte ihn Bacrot aus?

Test 15

(Lösungen auf Seite 253)

T15.01
P. Keres – O. I. Kaila
Baltic-FIN U26 Tartu 1938

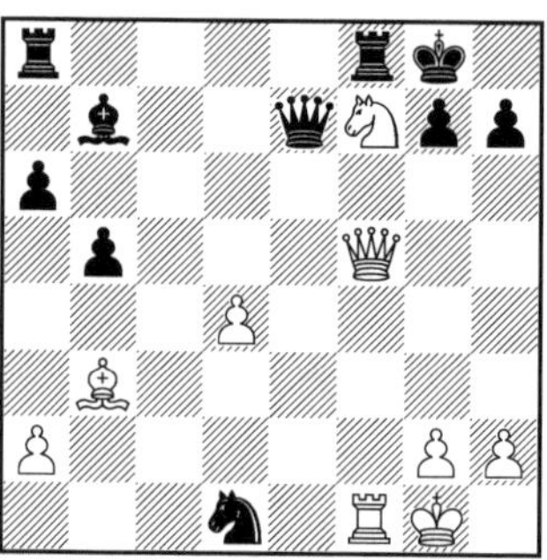

[S] Der großartige Paul Keres droht Matt in drei Zügen. Was soll man machen?

T15.02
A. Schirow (2695) – M. Kazhgaleyev (2600)
6. Corsica Masters, Bastia 2002

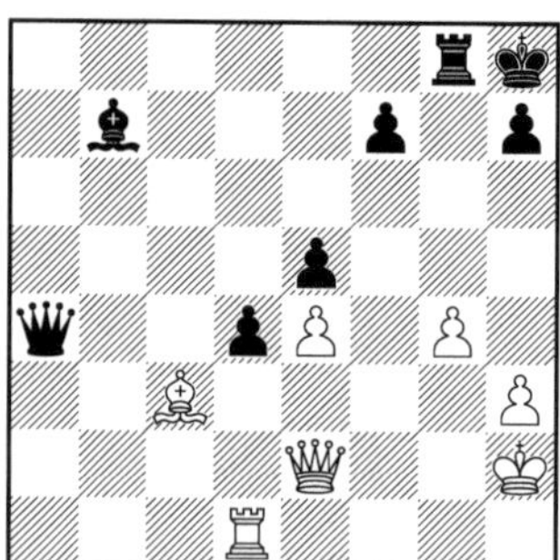

[W] Ungleichfarbige Läufer kommen dem Angreifer zugute. Wie nutzte Schirow diesen Umstand aus?

T15.03
K. Shantharam (2260) – D. Prasad (2445)
Madras 1994

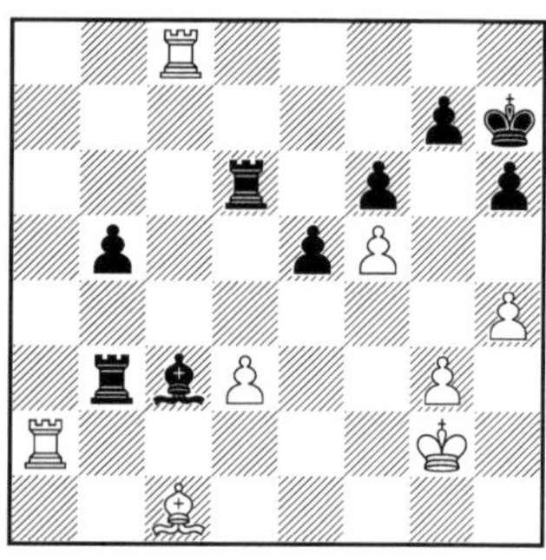

[S] Die weißen Türme drohen in die schwarze Stellung einzudringen. Was soll man dagegen unternehmen?

T15.04
A. Motyljow (2634) – J. Polgar (2681)
Europameisterschaft Chalkidiki 2002

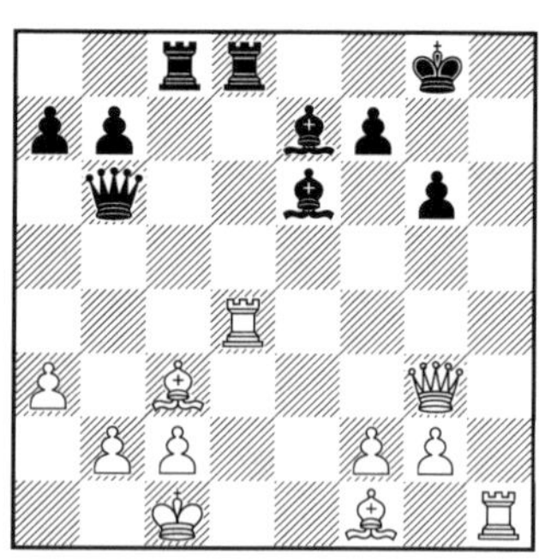

[S] Wessen Angriff ist gefährlicher?

T15.05
K. Sasikiran (2573) –
L. van Wely (2643)
FIDE-Weltmeisterschaft k.o. Neu-Delhi/Teheran 2000

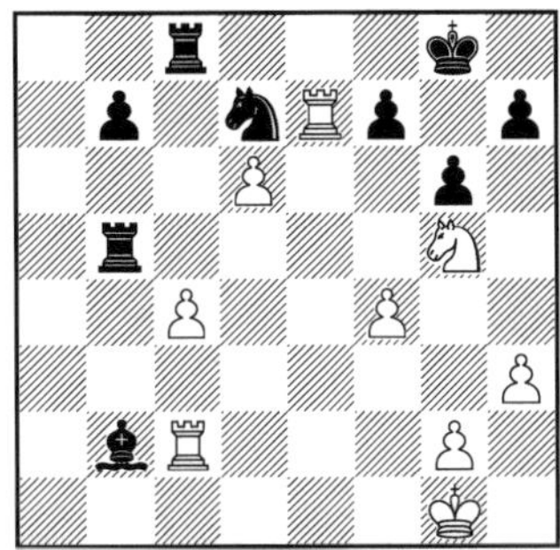

[S] Weiß hat viele Drohungen, aber Schwarz ist am Zug...

T15.06
I. Sokolov (2691) –
L. Aronjan (2724)
1. Spanische Meisterschaft, Merida 2005

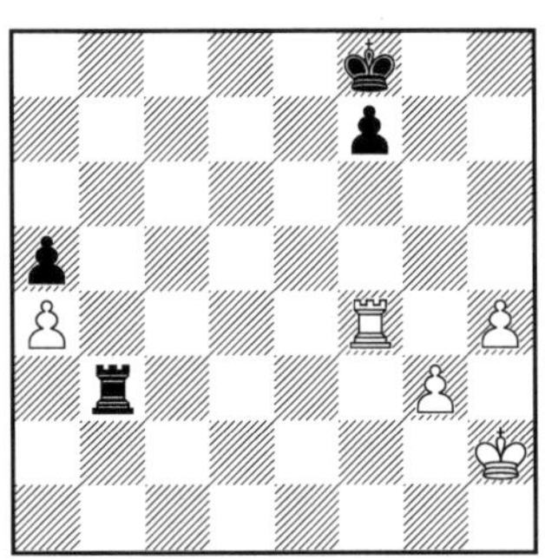

[S] Wie rettete sich Aronjan?

T15.07
F. de la Paz (2456) –
J. C. Gonzalez Zamora (2515)
18. Carlos Torre Wimbledon, Merida 2005

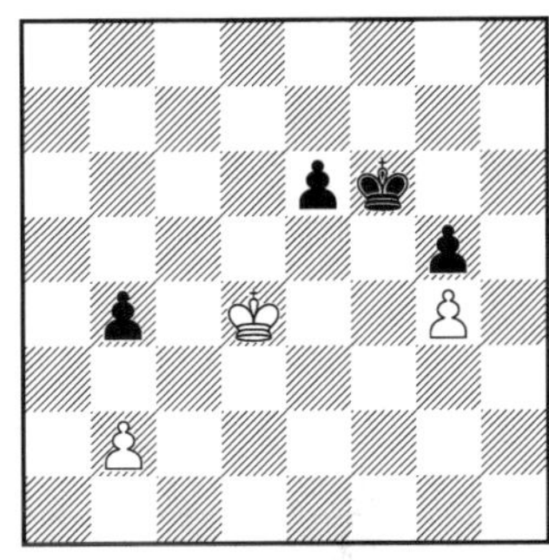

[W] Bauernendspiele kann man häufig bis zum finalen Resultat berechnen. Wie kann Weiß hier remisieren?

T15.08
J. Lautier (2676) –
V. Bologan (2679)
Poikovsky 2004

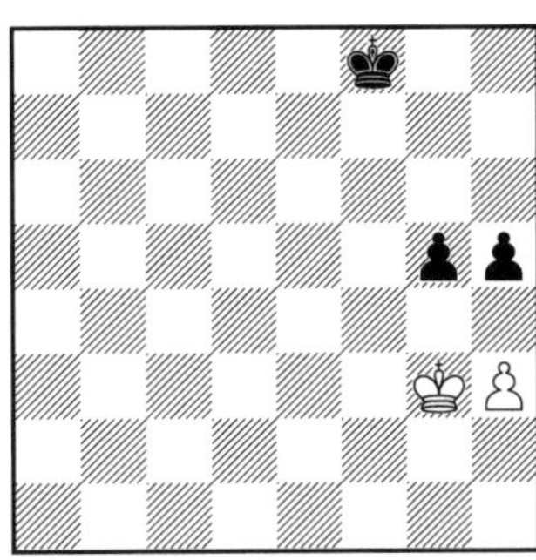

[W] Kann Weiß dieses Endspiel halten?

Test 16

(Lösungen auf Seite 255)

T16.01
R. Akesson (2486) –
T. Wedberg (2473)
Scandic Hotels CC Stockholm 2000

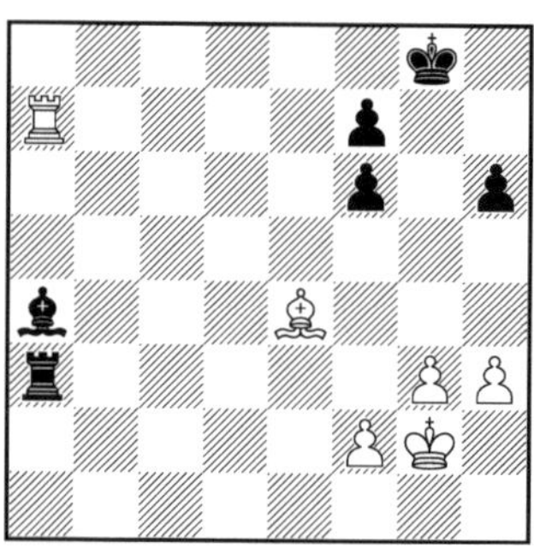

[S] Wie soll man den schwarzen Läufer entfesseln?

T16.02
A. Drejew (2615) –
L. Judassin (2615)
Manila Interzonal 1990

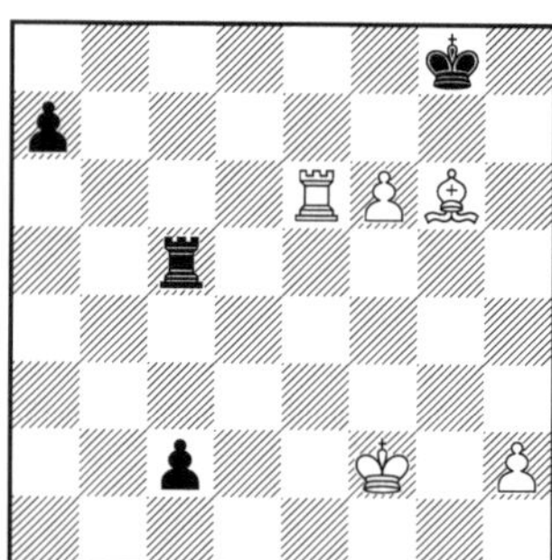

[S] Wie nutzte Judassin seinen c-Bauern aus, um sich zu retten?

T16.03
Gimpel – Schubin
UdSSR 1977

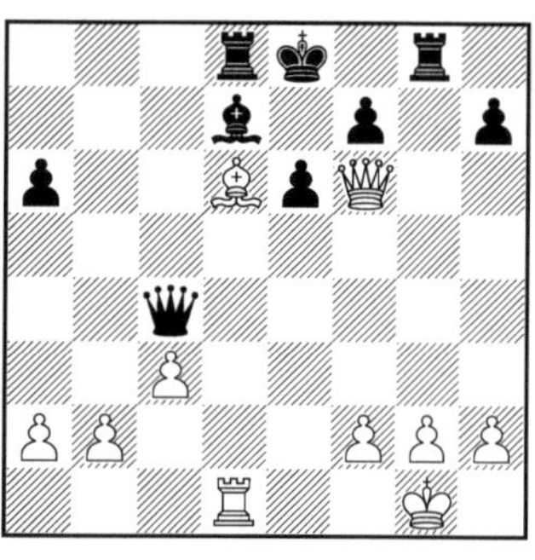

[S] Mit ungleichfarbigen Läufern anzugreifen, ist ein wichtiges Motiv. Da Weiß Fortschritte erzielt hat, ist es Zeit zurückzuschlagen.

T16.04
A. Goldin (2595) –
B. Macieja (2470)
Krynica 1997

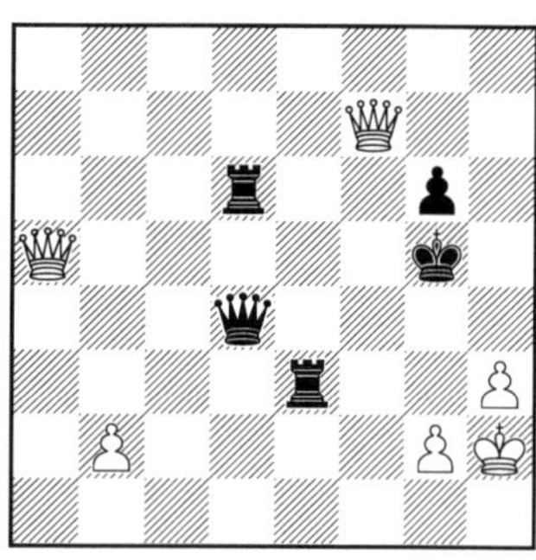

[S] Wie kann Schwarz weiterkämpfen?

T16.05
M. Illescas Cordoba (2635) – V. Anand (2765)
Leon 1997

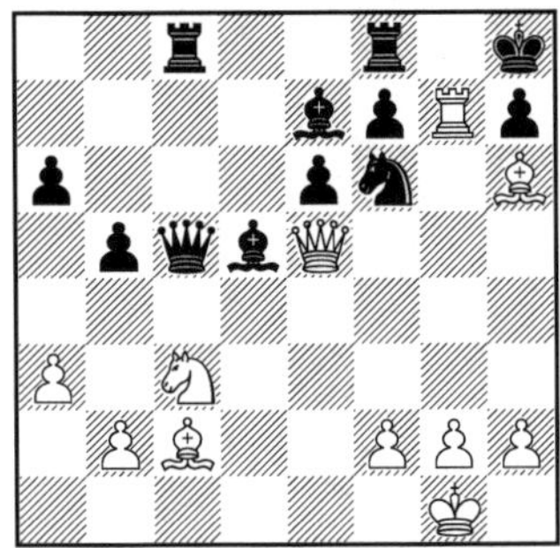

[S] Wie stoppt man den weißen Angriff?

T16.06
I. A. Nataf (2526) – A. Miles (2584)
Mondariz Zonal 2000

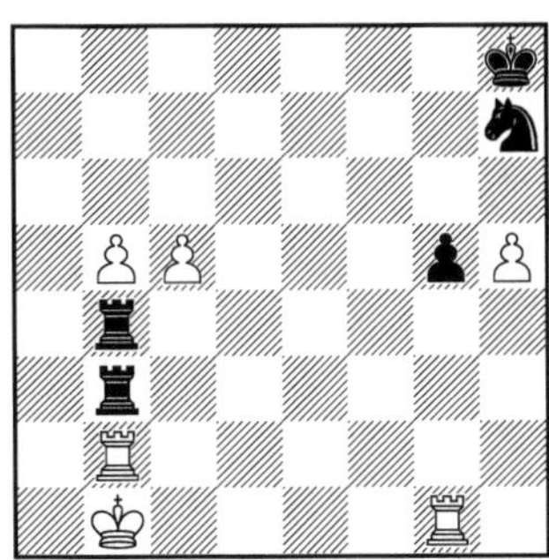

[W] Sollte Weiß nach b3 ziehen?

T16.07
S. Atalik (2595) – M. Gurewitsch (2635)
New York Open 1998

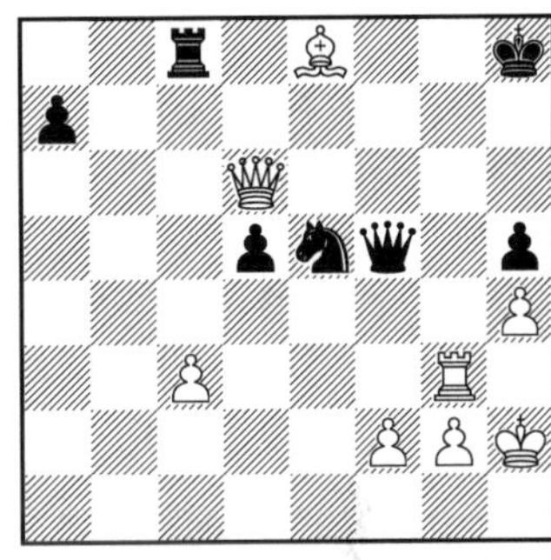

[S] Der schwarze König ist nicht mehr zu retten, oder?

T16.08
S. J. Joshi (2310) – M. Muralidharan (2330)
Indien 1993

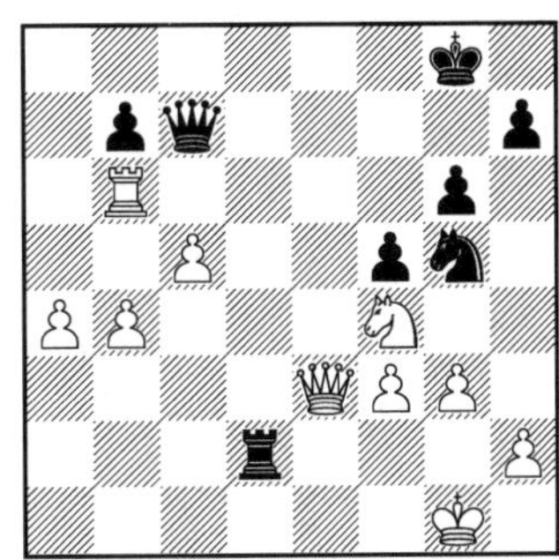

[S] Weiß scheint alles unter Kontrolle zu haben, oder?

13. Aktuelle Verteidigungsbeispiele

Für die deutsche Ausgabe haben wir einige aktuelle Verteidigungsbeispiele neu zusammengestellt.

13a) Der letzte Bauer ist sein Gewicht in Gold wert

Weil in bauernlosen Endspielen eine sehr hohe Überlegenheit notwendig ist, um zu gewinnen, oft sogar ein ganzer Turm, ist der letzte Bauer sehr wertvoll:

M. Zarkovic (2179) –
J. Heinemann (2224)
20. Europäische Damenmannschaftsmeisterschaft Reykjavik (8.4), 21.11.2015

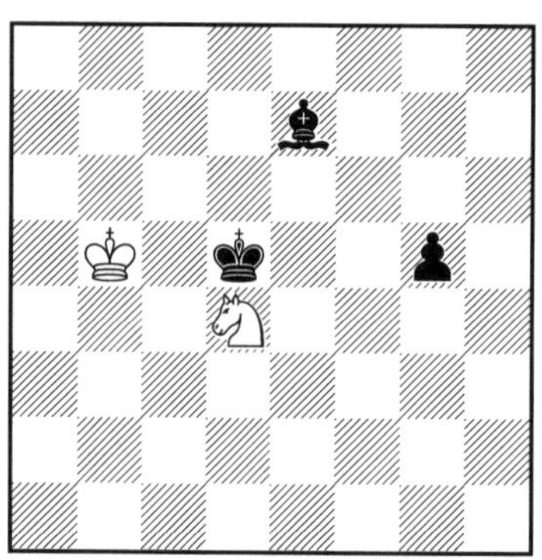

71.♘f5?

Danach wird der Springer ausmanövriert. Einzig das direkte 71.♘f3! jagd und erobert den Bauern: 71...g4 72.♘h2 g3 73.♘f1 g2 74.♘e3+=; 71.♘e2? g4 72.♘g3 ♗h4 73.♘f5 ♗f2 74.♔b4 ♔e5 75.♘e7 g3 76.♘g6+ ♔e4 77.♘h4 ♗e3 78.♔c3 ♗g5 79.♘g2 ♔f3 80.♘e1+ ♔e2 81.♘g2 ♔f2 -+; 71.♘c2? ♔e4 72.♘e1 g4 73.♔c4 g3 74.♔c3 ♔e3 75.♘g2+ ♔f2 76.♘f4 ♗d6 77.♘h3+ ♔e3 78.♔c2 g2 79.♔d1 ♗c5 80.♔e1 ♔f3-+.

71...♗d6 72.♘e3+ Auch nach 72.♘h6 kann der Springer der Jagd nicht entkommen, z.B. 72...♔e4 73.♔c4 ♗e5 74.♘g4 ♔f4 75.♘h2 *(75.♘h6 ♗g7-+)* 75...♔g3 76.♘f1+ ♔f2 77.♘d2 ♔e3 78.♘f1+ ♔e2 79.♔d5 ♗f4-+.

72...♔e4 73.♘g4

73.♘f1 ♗f4 74.♔c4 ♔f3 75.♔d3 ♔f2 76.♘d2 ♗xd2 77.♔xd2 g4-+

73...♔f4 74.♘f6

74.♘f2 ♔f3 75.♘h3 g4 76.♘g5+ ♔e3-+

74...♗e5 75.♘d5+

75.♘h5+ ♔g4 -+

75...♔e4

Der Zug 75...♔f3 in den Springerschachschatten gewinnt ebenfalls.

76.♘e7 g4 77.♘g6 ♗f6 78.♘f8 g3 79.♘d7 ♗d4 0-1

13b) Awerbachs Barriere

Auch bei wenigen Bauern kann es zu Problemen bei der Verwertung von Mehrmaterial kommen:

C. Bauer (2623) –
J. Lampert (2461)
31. EMM 2015 Skopje, 23.10.2015

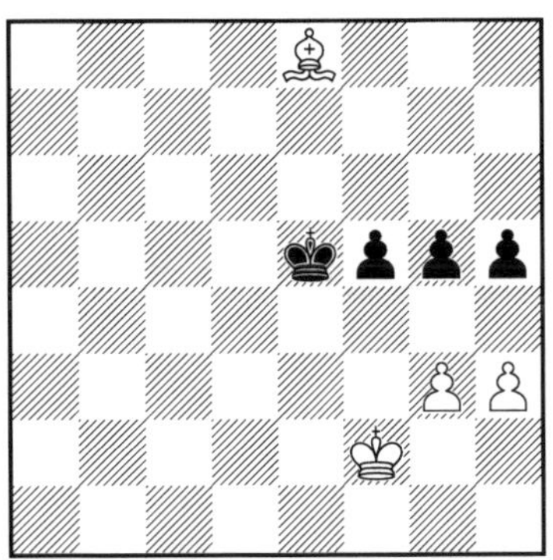

Das weiße Gewinnpotenzial reicht nicht aus:

50...h4?

Nach 50...f4! 51.g4 *(51.♗xh5 fxg3+ 52.♔xg3 ♔f6 53.♔g4 ♔g7 54.♔f5 ♔h8 55.♔f6 ♔g8 56.♗f7+ ♔h8=)* 51...hxg4 52.hxg4 ♔d4 53.♔e2 steht der weiße König vor Awerbachs Barriere, z.B. 53...♔e4 54.♗g6+ ♔d4 55.♔d2 ♔c4 56.♗f5 ♔d4 57.♗d3 ♔e5 58.♔c3 f3 59.♔d2 ♔f4 60.♗f5 ♔g3 61.♔e3 f2 62.♗d3 ♔xg4=; 50...g4? 51.♗xh5 gxh3 52.♗f3 ♔d4 53.♔g1 ♔e3 54.♗c6 f4 55.g4+-.

51.g4 ♔f4

Nun hält auch die Barriere 51...f4 nicht mehr: 52.♔f3 ♔d4 53.♗f7 ♔e5 54.♔e2 ♔e4 55.♗g6+ ♔d4 56.♔d2 ♔c4 57.♗f5 ♔d4 58.♗d3 ♔e5 59.♔c3 f3 60.♔d2 ♔f4 61.♗f1 ♔g3 62.♔e3 f2 63.♔e2+-.

52.♗d7 fxg4 53.hxg4

Natürlich nicht 53.♗xg4?? ♔e5 54.♔e3 ♔f6 55.♔e4 ♔g7 56.♔f5 ♔f7=. (In diesem Fall wäre die Ecke wegen des g-Bauern nicht sicher: 56...♔g8? 57.♔f6 ♔f8 58.♗h5 ♔g8 59.♗g6 ♔h8 *(59...♔f8 60.♗f7 g4 61.hxg4 h3 62.g5 h2 63.g6 h1♕ 64.g7#)* 60.♔f7 g4 61.hxg4+-.)

53...♔e4 54.♗c8 ♔d3 55.♔f3 ♔d4 56.♗f5 ♔e5 57.♔e3 ♔d5 58.♗e4+ ♔e5 59.♗g2 1-0

13c) Der Randbauer ist der größte Feind des Springers

A. Titus (2009) –
N. Rosenthal (2104)
US Chess League 2015, 29.09.2015

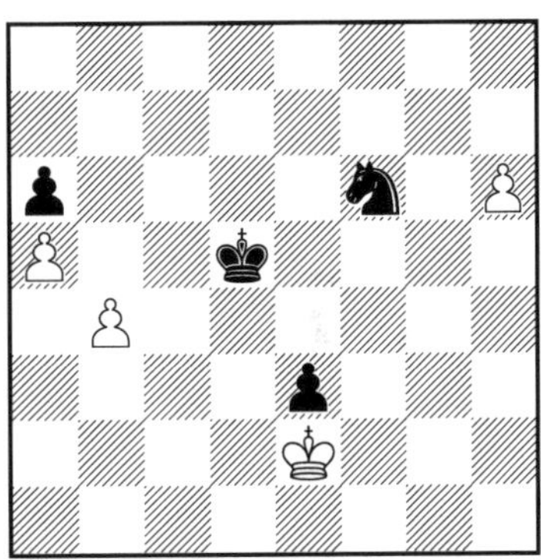

Weiß hat im folgenden Fall sogar noch zwei von der Sorte:

71.b5!

Titus setzt seinen a-Bauern entscheidend in Szene.

71.h7? ♘xh7 72.b5 axb5 73.a6 ♔c6 74.a7 ♔b7 75.♔xe3 ♔xa7-+; 71.♔xe3? ♘g4+ 72.♔d3 ♘xh6 73.b5 axb5

74.Kc3 Kc5 75.a6 Kb6 76.Kb4 Kxa6-+.

71...axb5 72.Kxe3?

Doch nun kommt er vom Kurs ab. Der a-Bauer musste zuerst vorpreschen: 72.a6! Kc6 73.a7 Kb7 74.Kxe3 Das stellt Schwarz vor die Wahl: 74...Kxa7 (Nach *74...Sg4+ 75.Kd4 Sxh6 76.Kc5 Kxa7* zieht der letzte Bauer in die ewigen Jagdgründe ein: *77.Kxb5=.)* 75.Kf4 b4 76.Kf5 Sh7 77.Kg6.

Nun wird der schwarze Springer unerbittlich für immer gejagt werden: 77...Sf8+ 78.Kf7 Sh7 79.Kg7 Sg5 (Nach *79...b3 80.Kxh7 b2 81.Kg7 b1D 82.h7=* ist der schwarze König außerhalb der Gewinnzone.*)* 80.Kg6 Se6 81.Kf6=.

72...Sg4+ 73.Kd3 Sxh6 74.Kc3 Kc6 75.Kb4

75.a6 Kb6 76.Kb4 Kxa6-+

75...Sf7 76.a6 Sd6!

76...Kb6? 77.a7=

77.Ka5 Kc7 78.Kb4 Kb6 79.a7 Kxa7 80.Kc5 Ka6 0-1

13d) Der König im Käfig

Turmendspiele haben eine hohe Remistendenz und diese Stellung ist keine Ausnahme:

M. Lomineischwili (2364) –
A. Galliamova (2478)
16. EU-Fraueneinzelmeisterschaft
2015 Chakvi, 27.05.2015

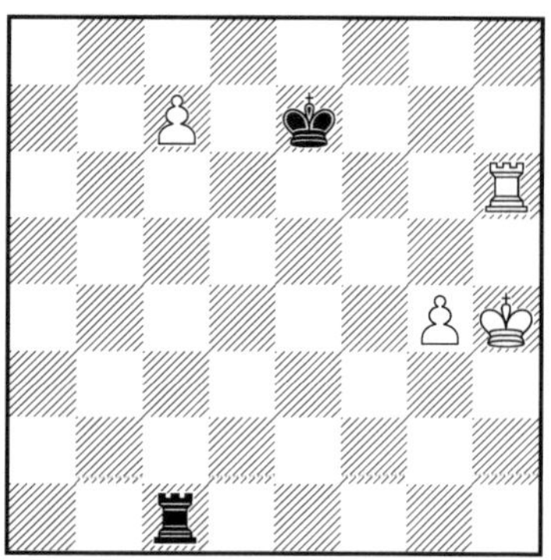

79...Kf7!

79...Txc7? 80.Th7+ Kd6 81.Txc7 Kxc7 82.Kg5 Kd7 83.Kf6 Ke8 84.Kg7+-; 79...Kd7? 80.Th7+ Ke6 81.Kg5 Tc4 82.Kh5 Tc1 83.Kg6+-; 79...Tc5? 80.Th8 Txc7 81.Th7++-

80.Th7+

80.Th8?? ginge wegen 80...Th1+-+ sogar ganz nach hinten los; 80.Kh5 Kg7 81.Tg6+ Kh7=.

80...Kg6 81.Td7 Tc3!

Der Turm schließt die Käfigtür. 81...Kf6? 82.Kg3 Kg5 83.Kf3 Tc4 84.Ke3 Kxg4 85.Td4++-

82.Te7 Kf6 83.Th7 Kg6 84.Td7 Kf6 85.Td6+ Kg7 86.Td7+ Kf6 87.g5+

87.Kh5?? Th3#

87...♔g6 88.♖d6+ ♔g7 89.♖d7+ ♔g6! 90.♔g4 ♖c4+

90...♖xc7!? remisiert angesichts von 91.♖xc7 ebenfalls, weil sich nun der schwarze König im Pattkäfig befindet.

91.♔f3 ♔xg5 92.♔e3 ♔f6 93.♔d3 ♔e6 94.♖h7

94.♔xc4 ♔xd7 95.♔c5 ♔xc7=

94...♖c1 95.♔d4 ♔d6 1/2-1/2

13e) Prophylaxe

Es ist als Verteidiger sehr wichtig, zuerst zu sehen, was der Gegner konkret droht:

Z. Urbonawisiute (1870) –
M. Ziganova (2065)
Panevezys Open, 22.08.2015

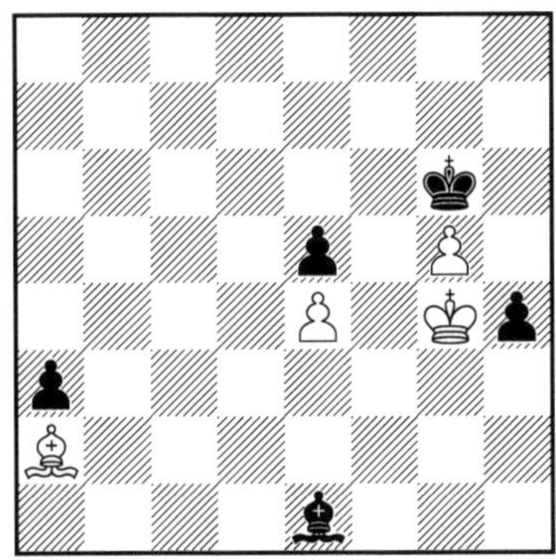

90.♗b3? Dieser reine Abwartezug verhindert das Eindringen des schwarzen Königs nicht. Nach dem prophylaktischen 90.♗d5 kann der weiße König nach 90...h3 *(90...♗f2 91.♗a2 h3 92.♔xh3 ♔xg5 93.♔g2 ♗d4 94.♔f3=)* 91.♔xh3 ♔xg5 92.♔g2 ♔f4 93.♔f1 ♗h4 mit 94.♔e2= das Festungstor schließen, weil der Fels in der Brandung auf e4 nun gedeckt ist; 90.♗b1 remisiert ebenfalls.

90...h3 91.♔xh3 ♔xg5 92.♔g2 ♔f4 93.♗d5

Jetzt kommt diese Überdeckung des Festungspfeilers e4 zu spät. 93.♔f1 hilft allerdings angesichts von 93...♗h4 94.♔e2 *(94.♗d5 ♔e3-+)* 94...♔xe4 95.♗a2 ♔d4 auch nicht, weil die schwarzen Freibauern 3 Linien Abstand voneinander haben, z.B. 96.♔d2 ♗g5+ 97.♔c2 e4 98.♗f7 e3 99.♗h5 ♔e4 100.♗e2 ♔f4 101.♗c4 ♔f3 102.♔d1 ♔f2-+.

93...♔e3 94.♔f1 ♔d2 95.♗e6 ♗g3 96.♗d5 ♗f4 97.♗e6 ♔c3 98.♔e2 ♔b2 99.♔d3 a2 100.♗xa2 ♔xa2 101.♔c2 ♗e3 102.♔c3 ♔b1 0-1

13f) Das Eliminationsverfahren

Hier ist wichtig, dass man wirklich alle relevanten Kandidatenzüge miteinbezieht:

N. Mohota (2311) –
S. Himanshu (2383)
45. ind. Meisterschaft B,
Dindigul (6), 14.06.2007

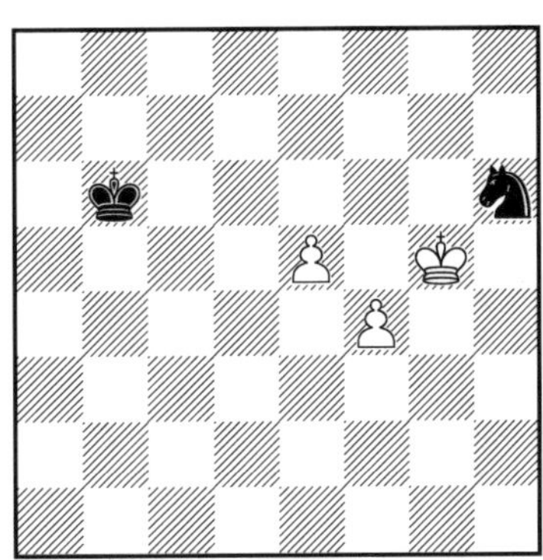

Schwarz hat zwei Springerzüge und es bietet sich an, zuerst **80...♘g8?** zu berechnen. Danach wird der Springer allerdings dominiert, wie die Partie zeigt. Wenn das durchgerechnet ist, bleibt nur 80...♘f7+! übrig: 81.♔f6 ♘d8 (Erneut können die anderen plausiblen Züge eliminiert werden: *81...♘h8? 82.♔g7+-; 81...♘h6? 82.♔g6 ♘g8 83.♔f7 ♘h6+ 84.♔f8+-.)* 82.e6 *(82.♔e7 ♔c7 83.f5 ♘c6+ 84.♔e6 ♘d4+ 85.♔f6 ♔d7 86.e6+ ♔e8=)* 82...♘b7 83.e7 ♘d6 84.♔e6. Soweit ist alles also völlig forciert. Nun hat Schwarz zwei Optionen, so dass das Eliminationsverfahren natürlich abgebrochen werden kann, wenn eine gefunden ist: 84...♔c7 *(84...♔c6 85.f5 ♘e8 86.f6 ♘c7+ 87.♔f7 ♔d7 88.♔g8 ♘e6=)* 85.f5 ♘xf5 86.e8♕ ♘g7+=.

81.f5 ♘e7

81...♔c7 82.f6 ♔d7 83.f7+-

82.f6 ♘c6 83.f7

83.e6 ♔c7 84.f7 ♘d8 85.♔f6+- Springerschachschatten.

83...♘d8 84.♔f6 Springerschachschatten **1-0**

Aufgaben

(Lösungen auf Seite 195)

E13.01
M. Ragger (2682) – M. Freitag (2367)
Graz Open A 2016, 13.02.2016

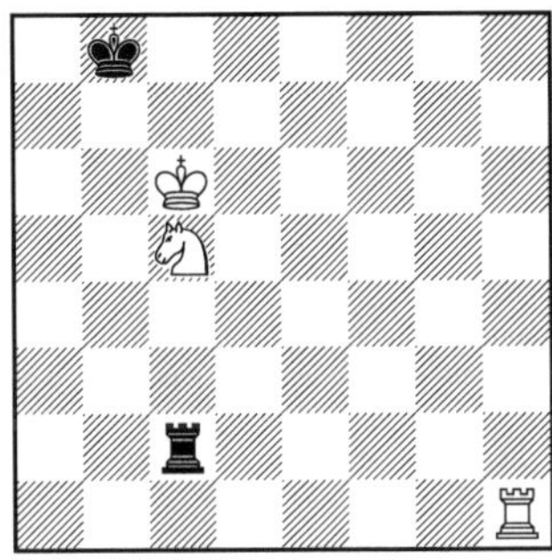

Wie hätte sich Schwarz noch verteidigen können?

E13.02
M. Dietmayer Kraeutler (2239) – M. Klekowski (2465)
26. Cracovia Open A Krakau, 31.12.2015

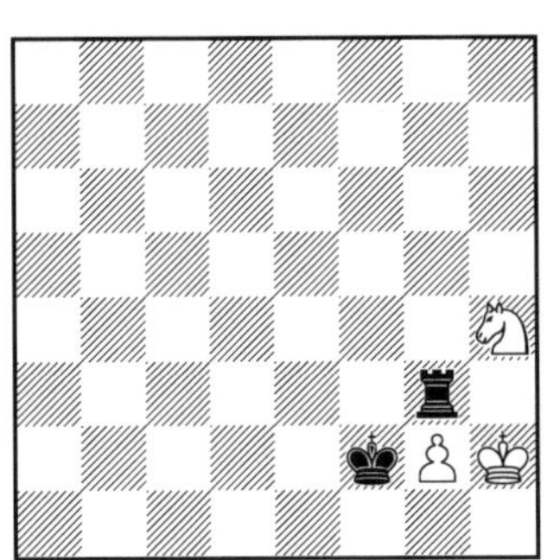

Wie kann der Randspringer sein Revier verteidigen?

E13.03
M. Kupfer – R. Stern
14. Lichtenberger Sommer Berlin, 16.08.2015

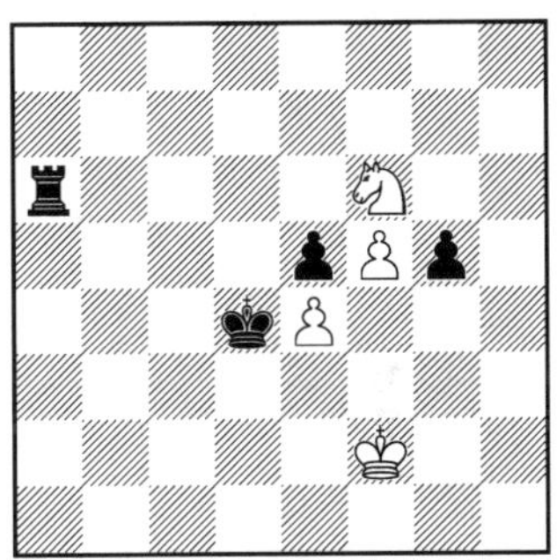

Weiß gab hier auf. Wie hätte sein Springer ihn noch retten können?

E13.04
M. Pantzar (2081) – L. Madebrink (2236)
Deltalift Open 2015 Tylosand, 14.05.2015

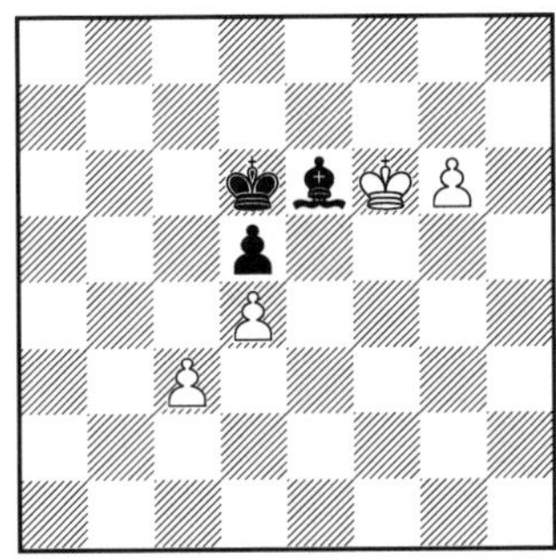

Wie kann Weiß sich über Wasser halten?

E13.05

Z. Tomazini (2346) –
R. Wiesinger (2209)

2. Österreichische Mannschaftsmeisterschaft Mitte 2014-15, 28.02.2015

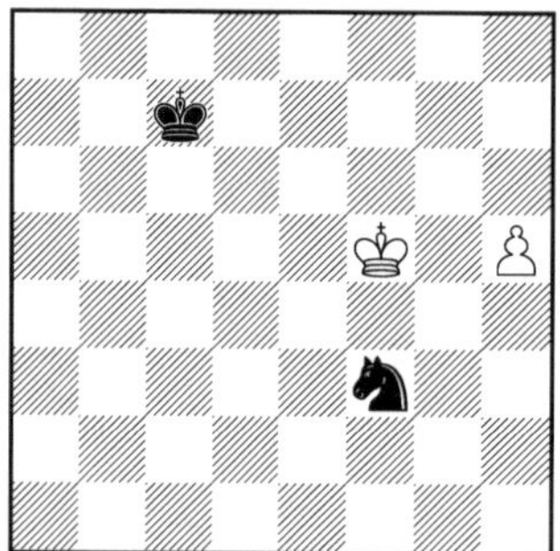

Wie kann Schwarz sich durch Bau einer Räuberleiter retten?

E13.06

D. Ladopoulos (2174) –
S. Malikentzos (2417)

65. Griechische Meisterschaft 2015, Hydra Town, 21.04.2015

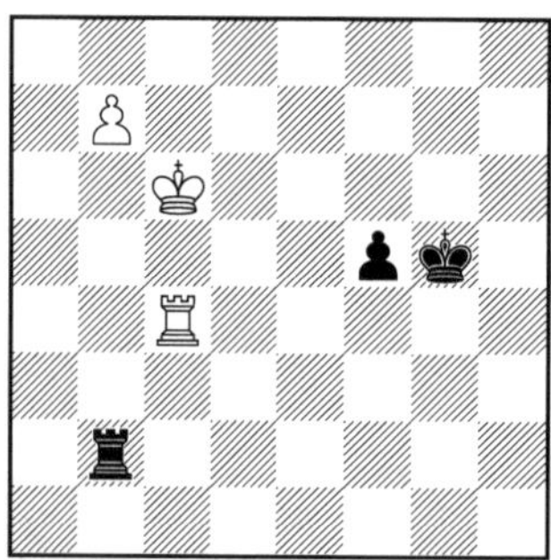

Wie kann Schwarz eine königliche Kollision herbeiführen und remis halten?

E13.07

W. Thoma (2115) –
G. Schroll (2356)

Österreichische Meisterschaft 2015 Pinkafeld Österreich (6.9), 30.07.2015

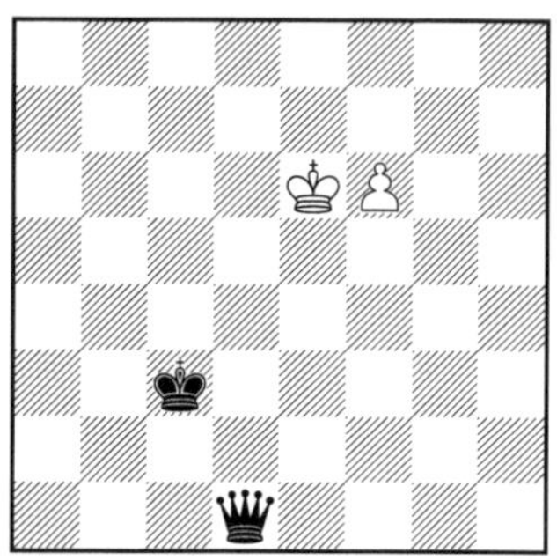

Wie kann Weiß sich retten?

Lösungen der Aufgaben

E13.01: Normalerweise ist das bauernlose Endspiel Turm und Springer gegen Turm remis. Es gibt jedoch Ausnahmen, wenn der verteidigende König in der Nähe einer Ecke eingesperrt ist:

98...♔a7?

Danach kommt der König nicht mehr aus der Ecke heraus. 98...♖b2? 99.♘d7+ ♔c8 *(99...♔a7 100.♖a1+ ♖a2 101.♖xa2#)* 100.♖h8#; einzig 98...♖c4! 99.♖b1+ *(99.♖h8+ ♔a7 100.♖h7+ ♔b8=)* 99...♔c8= verhindert die weiße Umgruppierung; 98...♖c3? 99.♔b6+-; 98...♖a2? 99.♘d7+ ♔a7 100.♖b1 ♖c2+ 101.♘c5!+-.

99.♖b1! ♔a8

99...♖c3 100.♖b5+-

100.♖b5 ♔a7 101.♔c7 ♖a2 102.♖b1 ♖a5?!

Danach kann der Springer eine Abkürzung nehmen. 102...♖a3!? zwingt Weiß, den ganzen Gewinnweg zu demonstrieren: 103.♖b2 ♔a8 *(103...♖a1?! 104.♘b3 ♖a4 105.♘d4+-)* 104.♖c2 ♔a7 105.♘d7 ♔a6 106.♖c5! ♔a7 107.♘b8 ♔a8 108.♘c6 Erneut fungiert der Springer als Schutzschild gegen die Schachs. 108...♖a1 109.♖b5+-.

103.♘d7 ♔a8

103...♖a3 104.♖b7+ ♔a6 105.♘c5+ ♔a5 106.♔c6+-

104.♖b8+ 1-0

E13.02: Das bauernlose Endspiel Turm gegen Springer ist in aller Regel remis, wenn der Springer zu seinem König finden kann:

99.♘f5!

Nur so kann der König aus der Nähe der Ecke entkommen. 99.♔h1? ♖g4 100.♘f5 ♖g5 101.g4 ♖xg4 102.♔h2 ♖f4-+; 99.♘f3? ♖xg2+ 100.♔h1 Diese Pattidee scheitert an 100...♖g3 *(100...♔xf3?? patt)* 101.♘h2 ♖g1#.

99...♖xg2+

99...♖g5 100.g4 ♖xg4 101.♔h3!=

100.♔h3! ♖g5 101.♘h4 ♖g3+ 102.♔h2 ♖a3 103.♘g2

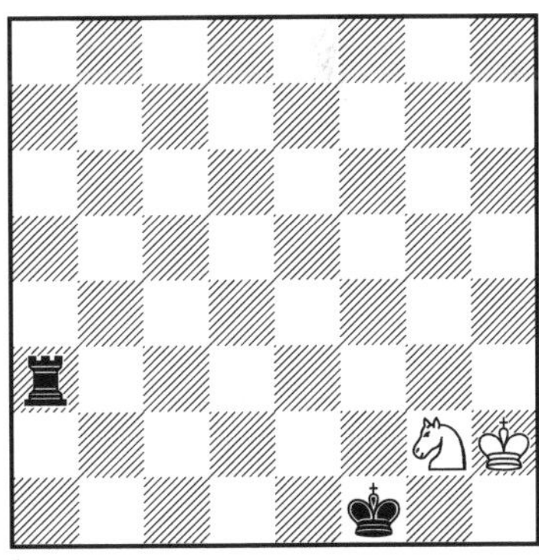

103...♔f1 103...♖a4 104.♔h3!=; 103...♔f3!? war ein guter Versuch, die beengte weiße Lage zu nutzen: 104.♘e1+! (Nicht jedoch *104.♔h3? ♖b3 105.♘h4+ ♔f4+ 106.♔h2 ♔g4 107.♘g2 ♖b4 108.♔g1 ♔f3 109.♘e1+ ♔e2 110.♘g2 ♖g4 111.♔h2 ♔f2 112.♔h1 ♖g8 113.♘h4 ♖h8-+.)* 104...♔g4 105.♔g2=.

104.♘f4 ♖f3 105.♘h3 ♖b3 106.♘f4 ♔f2 107.♘h3+ ♔f3 108.♘g1+!

108.♔h1? ♔g3 109.♘g1 ♖b2-+

108...♔g4 109.♔g2 ♖b2+ 110.♔f1 ♔g3 111.♘e2+ ♔f3 112.♘g1+ ♔e3 113.♘h3 ♖h2 114.♘g1 ♖f2+ 115.♔e1 ♖f8 116.♘h3 1/2-1/2

E13.03: Ein Turm ist einem Springer im technischen Endspiel in aller Regel haushoch überlegen. Doch mitunter kann der Springer seine Stärken ausspielen. Michael Kupfer schreibt: „Mein Körper wollte nicht mehr schachspielen und ich gab erschöpft auf. Hätte der Geist noch eine Chance bekommen, wäre jetzt die große Stunde des Springers gekommen:“

72.♘h7!!

72.♘e8? ♔xe4 73.f6 ♖a3 *(73...♖a7? 74.♘d6+ ♔f4 75.f7=)* 74.♘d6+ ♔f4 75.f7 ♖f3+ 76.♔e2 ♔g4-+; 72.♘d7? ♖d6 73.♘f8 ♔xe4-+

72...♔xe4

72...♖h6 73.♘xg5 ♖h5 74.f6 ♖xg5 75.f7 ♔xe4 76.f8♕ ♖f5+ 77.♕xf5+ ♔xf5 78.♔e3=

73.f6 ♖a7 74.♘xg5+

Natürlich nicht 74.f7?? ♖xf7+-+.

74...♔f5 75.f7 ♖a8 76.♘h7= 0-1

E13.04: Wenn alle Aufgaben eines Läufers sich auf ein und derselben Diagonale befinden, ist er ihnen ganz gewachsen und folglich sehr stark:

69.g7?

Danach hat der Läufer alles auf der Diagonale g8-a2 unter Kontrolle und Schwarz wird durch die scharfe Endspielwaffe Zugzwang früher oder später gewinnen. Das ist typisch für die Verwertung einer Mehrfigur im reinen Endspiel. 69.♔g7! remisiert dagegen, weil Schwarz den g-Bauern nicht völlig unter Kontrolle bringen kann, z.B. 69...♔e7 **a)** 69...♔c6 70.♔f6 *70.♔h8? ♔b5-+)* 70...♗g8 71.♔g7 ♗e6 72.♔f6=; **b)** 69...♗f5 70.♔f7=; 70.♔h8 ♔f6 71.g7 ♔f5 72.g8♕ ♗xg8 73.♔xg8 ♔g6!=

69...♗g8 70.♔f5 ♔e7 71.♔e5

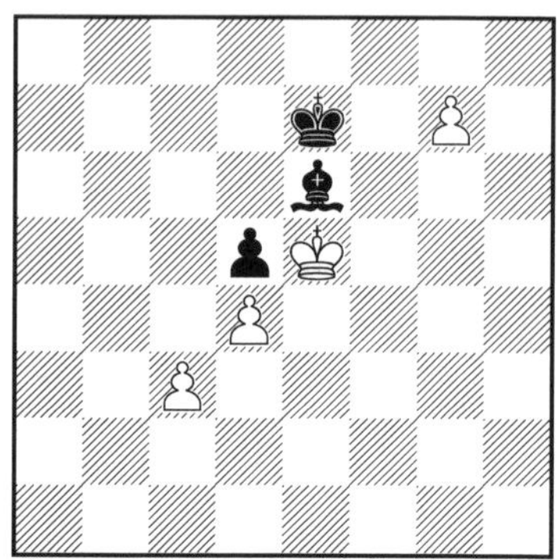

71...♗e6?

Schwarz verliert für einen Moment die Kontrolle. Nach 71...♔d7 muss Weiß aufgrund des Zugzwangs nach und nach immer weiter zurückweichen: 72.♔f6 ♔e8 73.♔e5 *(73.♔g6 ♔e7 74.♔g5 ♔f7 75.♔h6 ♔f6 76.♔h5 ♔xg7-+)* 73...♔e7 74.♔f5 ♔f7 75.c4 dxc4 76.d5 ♔xg7 77.d6 ♔f7-+.

72.♔f4?

Weiß verpasst den Moment für den Befreiungsschlag mittels 72.c4!! dxc4 73.d5 ♗xd5 74.♔xd5 ♔f7 75.♔xc4 ♔xg7=.

72...♔f6 73.c4

Verzweiflung, aber Weiß ist ohnehin verloren, z.B. 73.♔f3 ♔xg7 74.♔g3 ♔g6 75.♔f4 ♔f6 76.♔g3 ♔f5 77.♔f3 ♗f7 78.♔e3 ♔g4 79.♔e2 ♔f4 80.♔d3 ♔f3 81.♔d2 ♗g6 82.♔d1 *(82.c4 dxc4 83.d5 ♔e4 84.d6 ♗f5 85.♔c3 ♔d5-+)* 82...♔e3 83.♔c1 ♔d3 84.♔b2 ♔c4-+.

73...dxc4 74.♔e4 ♔xg7 75.d5 ♗xd5+ 0-1

E13.05: Der Randbauer ist der größte Feind des Springers. Daher ist große Genauigkeit gefragt:

74...♘h4+?

Der Springer ist alleine machtlos, daher muss ihm der König seine helfende Hand reichen: 74...♔d6! 75.h6 ♘e5 76.h7 ♘f7 77.♔f6 ♘h8 78.♔g7 Der Springer kann den Randbauern auf der 7.Reihe nicht alleine aufhalten, daher muss nun erneut der König ran: 78...♔e7 79.♔xh8 ♔f7 patt; 74...♔d7? 75.h6+-; 74...♘d4+? 75.♔f6!+-.

75.♔g5

Der Zug 75.♔f6!?+- in den Springerschachschatten gewinnt ebenfalls.

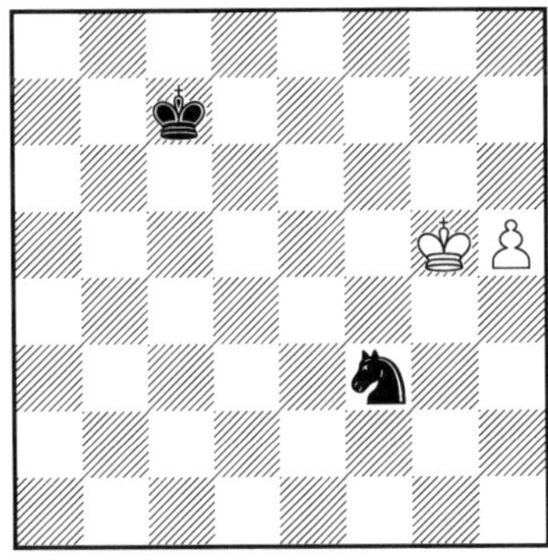

75...♘f3+ 76.♔f6

Der König zieht in die Karpow-Distanz. In direkt nördlicher Richtung ist der Springer dominiert und die beiden anderen Züge nach Nord-West-West bzw. Nord-Ost-Ost führen nur in die Springerschachschatten.

76...♘h2 77.♔f5

Natürlich nicht 77.h6?? ♘g4+ 78.♔g7 ♘xh6=.

77...♘f1 78.h6 ♘g3+ 79.♔g6 Karpow-Distanz **1-0**

E13.06: Turmendspiele haben eine hohe Remistendenz. Bauernwettrennen haben jedoch eine eigene Natur:

60...♖xb7?

Der weiße Turm kann nun gegen den Bauern gewinnen. Nach 60...f4!! 61.♖c5+ *(61.♔c7 f3 62.b8♕ ♖xb8 63.♔xb8 f2 64.♖c1 ♔f4=)* 61...♔g4 62.♖b5 ♖xb5 63.♔xb5 f3 64.b8♕ f2 kann die weiße Dame erstaunlicherweise nicht gewinnen, weil der weiße König im Weg steht, z.B. 65.♕f8 ♔g3 66.♔c4 ♔g2=. Der weiße König befindet sich gerade außerhalb der Gewinnzone; 60...♖b1? 61.♖c5 ♖xb7 62.♔xb7 ♔f4 63.♔c6 ♔e4 64.♖c4+ ♔e5 65.♔c5 f4 66.♖c1 ♔e4 67.♔c4 ♔e3 68.♔c3 f3 69.♖e1+ ♔f2 70.♔d2 ♔g2 71.♔e3 f2 72.♖e2+-; 60...♔f6? 61.♖c5! ♖xb7 62.♔xb7 ♔g5 *(62...f4 63.♔c6+-)* 63.♔c6 ♔f4 64.♔d5 ♔g3 65.♔e5 f4 66.♖c3+ f3 67.♔e4+-.

61.♔xb7 f4 62.♔c6 f3

62...♔g4 63.♔d5 ♔f3 64.♔e5+-

63.♔d5 f2 64.♖c1 ♔f4 65.♔d4 ♔f3 66.♔d3

66.♔d3 ♔g2 67.♔e2 ♔g3 68.♖f1+-

1-0

E13.07: Normalerweise gewinnt eine Dame gegen einen einzelnen Bauern auf der 6. Reihe immer, aber es gibt Ausnahmen:

68.♔e7!!

68.f7? ♕d8-+; 68.♔f7? ♕g4 69.♔e7 *(69.♔f8 ♔d4 70.f7 ♔e5 71.♔e7 ♕g7 72.♔e8 ♔e6 73.f8♕ ♕d7#)* 69...♕g5 70.♔e6 ♔d4 71.f7 ♕d8-+

68...♕e2+

Nach 68...♕e1+ 69.♔f8! steht der

schwarze König seiner Dame im Weg und verhindert so ...Db4+.

69.♔f8 ♔d4 70.f7

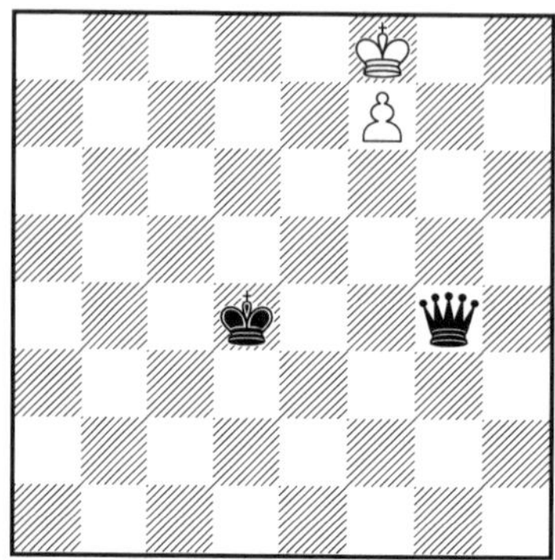

70...♕g4

Nach 70...♔e5 71.♔g7 ist der schwarze König außerhalb der Gewinnzone: 71...♕g4+ 72.♔h7 ♕d7 73.♔h8!= *(73.♔g8? ♔f6 74.f8♕+ ♔g6-+).*

71.♔e7 ♕g5+

71...♕e4+!? war einen Versuch wert, denn es muss 72.♔d8! folgen: *(72.♔d6? ♕b7 73.f8♕ ♕b4+-+; 72.♔d7? ♕h7 73.♔e8 ♔e5 74.f8♕ ♔e6-+; 72.♔f6? ♕e5+ 73.♔g6 ♕h8-+; 72.♔f8? ♕h7 73.♔e8 ♔e5 74.f8♕ ♔e6-+)* 72...♕f5 73.♔e7 ♕h7 74.♔f6!!= Ein Bodycheck gegen König und Dame.

72.♔e8 ♕b5+ 73.♔e7 ♕e5+ 74.♔d7 ♕f5+ 75.♔e7 ♕e5+ 76.♔d7 ♕f5+ 1/2-1/2

Lösungen

Kapitelaufgaben

Kapitel 1

E01.01: Der beste Weg, um den Bauern auf e6 zu verteidigen, ist der prophylaktische Zug **35...♔f7!**. Nach anderen Zügen behält Weiß einen großen Vorteil: 35...♖8c6? 36.♖xe6++-; 35...♖3c6? 36.♖xb5; 35...♖xg3?! 36.♖xe6+ ♔f7 37.♖e7+ ♔g8 38.♖7e5 ♖c4 Weiß ist vorzuziehen, aber Schwarz kann sich verteidigen. **36.♖xb5** 36.♖xe6?? geht nach hinten los: 36...♖xc2+ 37.♔b1 ♖c1+ 38.♔b2 ♖8c2+ 39.♖xc2 ♖xc2+ 40.♔xc2 ♔xe6–+. **36...♖xg3 37.♖b7+ ♔f6 38.♖h7 ♖c6 39.♖h6+ ♔f7 40.♖d2 ♔g7 41.♖xh5 ♖f3 42.♖d7+ ♔g8 43.♖g5+ ♔h8 44.♖h5+ ½-½**

E01.02: Schwarz kann **14...cxd4** spielen und nach **15.d6+** entkorkte Larsen den fantastischen *Zwischenzug* **15...♗e6!!** und eliminierte das Motiv ♗c4. 15...♕f7? 16.♗c4 dxc3 17.♗xf7+ ♖xf7 18.♗xc3 ♘bd7 ist etwas besser für Schwarz, aber nicht so gut wie die Partie. **16.♕xe6+ ♕f7 17.♕xf7+ ♖xf7 18.exd4 ♖d7 19.d5?** 19.0-0 ♖xd6 20.♖ad1 gefolgt von f3 bot bessere praktische Chancen. **19...♘xd5** und Schwarz setzte sich überzeugend durch: **20.♗c4 ♔h7 21.♗xd5 ♗xc3+ 22.♗xc3 cxd5 23.g4 ♖xd6 24.gxf5 gxf5 25.♖d1 ♘c6 26.b5 ♘d8 27.f3 ♘e6 28.fxe4 fxe4 29.♖f1 ♘g5 30.♖f5 d4 31.h4 ♘f3+ 32.♔e2 ♖c8 33.♗b4 ♖g6 0–1**

E01.03: **22...♗xb2+?** Das funktioniert nicht. Schwarz hätte die Oberhand gewinnen können mit 22...♗e5!, was ein wichtiger *Zwischenzug ist,* da es nur nach 23.f4? (23.♔b1 ♔g7 24.♖d5 ♕g5–+) möglich ist, mit 23...♖xa2! fortzusetzen. 24.♔b1 (24.♖xe8+ ♔xe8 ist jetzt harmlos.) 24...♖xb2+ 25.♔c1 ♗xf5 26.♖xe5 ♖xc2+ 27.♕xc2 ♗xc2 28.♖xe8+ ♕xe8 29.♖xe8+ ♔xe8 30.♔xc2 und Schwarz gewinnt einfach. Das sofortige 22...♖xa2? ist nicht möglich wegen 23.♖xe8+ ♕xe8 (23...♔xe8 24.♖xe7+ ♔xe7 25.♕d6+ ♔e8 26.♘c7#) 24.♕xb4++–. **23.♔xb2 ♕f6+ 24.♕d4 ♔g7 25.♖exe8 ♖xe8 26.♖xe8 ♕xd4+ 27.♘xd4 ♔f6** Schwarz ist weiterhin zusammengeschnürt und Polgar verwertet ihren Vorteil ohne Probleme: **28.f4 b6 29.♖d8 ♗b7 30.♖xa8 ♗xa8 31.♔b3 ♗d5+ 32.♔xb4 ♗xa2 33.♔b5 ♗b1 34.c3!** 34.♔xb6 erlaubt 34...♗xc2!. **34...♔e7 35.♔xb6 ♔d6 36.c4 ♗d3 37.c5+ ♔d5 38.♘c6 ♔e4** 38...♗xf5 39.♘e7+ war die letzte Pointe; Weiß gewinnt. **39.♘e7 ♗c2 40.c6 ♗a4 41.c7 ♗d7 42.♔c5 1-0**

E01.04: Nach **36...♖a3?** entging Weiß einer *petite combinaison*. Der präventive Zug 36...♔g7! hätte Schwarz exzellente Gewinnchancen gegeben, z.B. 37.♖c7 (37.♖b6 ♗d3 38.♔f2 ♖xd4 39.♔e3 ♖c4 40.♗xf6+ ♔xf6 41.♔xd3 ♖xf4 ist knapp vor dem Sieg.) 37...♖a3 38.♗b2 ♖d3 39.♘xf5+ gxf5 40.♖xe7+ ♔g6 und Schwarz steht deutlich besser. **37.♘xf5!** Ein eleganter Weg, aus der Fesselung zu gehen, mit einer einzügigen Mattdrohung. **37...gxf5 38.♗xf6 exf6 39.♖c8+ ♔g7 40.e7** Weiß kann das Remis auch mit seinem anderen Freibauern forcieren. 40.c6 ♖e3

41.c7 ♗a6 42.♖a8 ♗b7 43.♖b8 ♗a6 44.♖a8=.

40...♗b5 41.e8♕ ♗xe8 42.♖xe8 ♖c3 43.♖e7+ ♔g6 44.♖c7 ♖c2 45.c6 d4 46.♔h2 d3 47.♖d7 ♖xc6 48.♖xd3 ♖c2 49.♔g3 ♖a2 50.♖f3 ♔h5 51.♖b3 ♔g6 52.♔f3 ♖c2 53.♔g3 ♖a2 54.♖b8 ♔g7 55.♖e8 ♔f7 56.♖e1 ♔g6 57.♖g1 ♔h5 58.♖f1 ♖b2 59.♖f2 ♖xf2! Natürlich ist das Turmendspiel auch remis, aber das folgende Patt beendet die Partie schneller. **60.♔xf2 ♔h4 61.♔f3 h5 62.♔f2 ½-½**

E01.05: 24.♔c1?? Dieser natürliche Zug ist falsch, da der König den Damenflügel nicht mehr genügend verteidigt. Das verrückte **24.♔a1!** gewinnt für Weiß, z.B. 24...♗f6 25.♗xe8 ♘xd1+ 26.♗d4 ♗e6 27.♕b4 ♘e3 28.♗xg6+− (Van Delft/Ris in *Chess Vibes Openings*). **24...♗h8 25.h7 e6 26.♗g8??** „Ein Fehler kommt nie allein. Nötig war 26.♗xe8 ♘e2+ 27.♔b1 ♕f6 (27...♘c3+? funktioniert nicht wegen 28.♕xc3 ♗xc3 29.h8♕+ ♗xh8 30.♖xh8+ ♔g7 31.♗d4+ e5 32.♗xe5++−.) 28.♗h6+ ♔e7 29.♕c7+ ♔xe8 30.♕c8+ ♕d8 31.♕xd8+ ♔xd8 32.♖df1 ♘g3 33.♗g7 ♗xg7 34.h8♕+ ♗xh8 35.♖xh8+ ♔c7 36.♖xf3 ♘e4 und dieses Endspiel mit zwei Minusqualitäten sollte in Ordnung sein für Schwarz (vergleiche Karjakin – Radjabow, Sotschi 2008). (Van Delft/Ris) **26...♕a5 27.♖d3 ♘xa2+ 28.♔b1 ♘c3+ 29.♖xc3 ♗xc3 30.♗h6+ ♔e7 31.♗g5+ ♔d7 32.♕xc3 ♕xc3 33.h8♕ ♕xh8 34.♖xh8 ♖xg8! 0–1**

E01.06: 32.f3? Das entstehende Endspiel ist besser für Weiß, aber Schwarz hat sehr gute Remischancen. Weiß hatte drei Möglichkeiten sich prophylaktisch zu verteidigen: 32.♕c1 d4 und jetzt führt der starke prophylaktische Zug 33.♔h1!! gefolgt von 34.f3 zu einer fast gewonnenen Stellung (Van Delft/Ris in *ChessVibes Openings*), da 33...♖xg2? beantwortet werden kann mit 34.♖xb7+ ♕xb7 35.♗xg2+−. 32.♕h5 mit der Idee 32...♖df8 33.g3 ♖h8 34.♕d1 d4 35.♖xb7+ ist auch sehr stark. Und letztendlich sollte auch 32.♕d2 d4 33.f3 ♕xf3 34.♖b1 gewinnen. **32...♖xg5 33.fxe4 ♔b8 34.exd5 exd5 35.♖7a2 ♖g6 36.♖e1 ♖xf6 37.♖e7 ♗c8?** 37...♖b6 38.♖xf7 d4 39.cxd4 ♖xd4 40.♖c2 ♗d5 ist aktiver. **38.♖b2+ ♔a8 39.♖d2?!** 39.♗e2!?= **39...♖dd6 40.♖e5?! ♗b7 41.♖e7 ♖b6 42.♖e8+ ♔a7 43.♖a2+ ♖a6 44.♖ee2 ♖xa2 45.♖xa2+ ♖a6 46.♖f2 ♖a1 47.♖f4 ♖c1 48.h4 ♖xc3 49.h5 ♖e3?** 49...♖g3 ist zäher. **50.h6 ♖e8 51.♖xf7 ♖h8 52.♖f6 ♗c8 53.♗e2 ♔b7? 54.♗f3! ♖d8 55.h7 c3 56.♗xd5+ ♔c7 57.♖c6+ ♔d7 58.♗g8 ♔xc6 59.h8♕ c2 60.♕c3+ ♔b7 61.♕xc2 1-0**

E01.07: 23...♔g8? Aronjan hat seine Berechnungen sehr wahrscheinlich einen Zug zu früh beendet. 23...♖g7! 24.♗xf7!? (Nach 24.♕f5 erzwingt Schwarz Vereinfachungen, indem er die Figur zurückgibt mit 24...♘f6 25.♕xf6 ♕xf6 26.♖xf6 ♖d8 27.♖af1 ♖xd6 28.♖xf7+ ♖xf7 29.♖xf7+ ♔e8 30.♖xb7 ♖xe6=.) 24...♖xf7 25.♕h7 ♖f4! 26.h4 (26.g3?! ♕f6!) 26...♗f3! (der sicherste Ausweg) 27.♕h6+ (27.♖ae1?! ♕f6 28.♕xd7 gxh4) 27...♔g8 28.♕g6= (Van Delft/Ris in *ChessVibes Openings*).

24.♖xf7! ♖xf7 25.♖f1 Das verlockende 25.♕g6+?! ♔h8 26.♕xf7 funktioniert nicht wegen 26...♕f6 (Van Delft/Ris). **25...♘f8** 25...♘e5? führt zu einem forcierten Matt: 26.♖xf7! ♘xf7 27.♕g6+

♔h8 28.♕h5+! ♔g7 29.♕xf7+ ♔h6 30.♗f5 ♕g8 31.♕f6+ ♔h5 32.g4+ ♔h4 33.♕h6# (Van Delft/Ris). **26.♕f5!** Der Killerzug, den Aronjan sehr wahrscheinlich übersah, da es so aussieht, als ob Schwarz nach 25... ♘f8 seine Probleme gelöst hätte. 25...♘f8 26.♕f2 gewinnt auch, ist aber viel komplizierter: 26...♕d7 27.♗xf7+ ♔h7 28.♕g3 ♕c6 29.♖f3 ♕e4 30.♕xg5 ♕e1+ 31.♖f1 ♕xc3 32.♗g6+ ♔g8 33.d7+−. **26...♘xe6 27.♕xf7+ ♔h8 28.♖f6!** Schwarz muss seine Dame geben und wegen seiner unkoordinierten Figuren kann er den weißen Freibauern nicht aufhalten.

28...♕xf6 29.♕xf6+ ♘g7 30.d7 b4 31.cxb4 cxb4 32.d8♕+ ♖xd8 33.♕xd8+ ♔h7 34.♕b6 ♗e4 35.♕xb4 ♗d3 36.♕a5 1-0

E01.08: **19.♕xa7!** Das Opfer kann nur durch seine Annahme widerlegt werden.

19...♕c2 20.♖d2 ♕c1+ 21.♔h2 ♗g5 22.♖e2 ♗f4+ 22...♕d1 23.♖e1 ♗f4+ 24.♔g1+−; 22...♕f1 23.♖c2 ♗f4+ 24.g3 ♕d3 25.♖c3 ♕e2 26.♔g2+−. **23.g3 ♕d1**

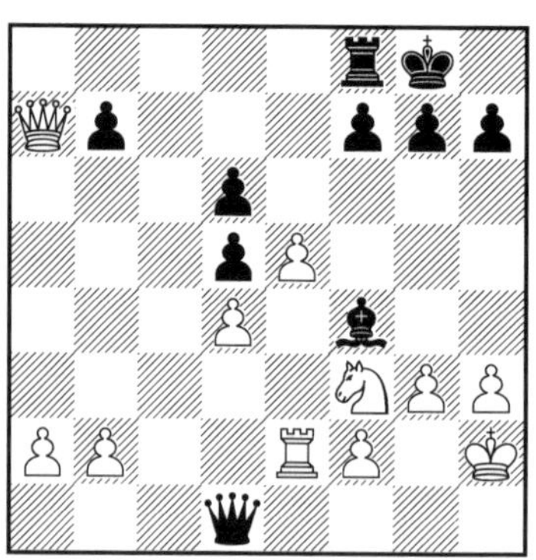

„Yermolinsky stoppte seine Analysen in einer Stellung, die sehr vielversprechend für Schwarz aussieht, aber ich setzte alles daran, einen Zug tiefer einzudringen. Das machte letztendlich den Unterschied aus.“ (Rowson) **24.♘g1! 1-0**

E01.09: **26.♔b1!** Starke Prophylaxe in typischer Manier. Jetzt schlägt der weiße Angriff durch. **26...♖f5** 26...♗xf4?? 27.♗xf4 ♖xf4 28.♘xd5+− **27.♗d4 g6** 27...♗xf4 28.♗xg7 ♖xg7 29.♘xd5+− **28.♘xd5 ♖xd5 29.♗c3 ♗c5?! 30.♖xd5 ♖xd5 31.b7! ♔f7 32.♖e1 ♗d6 33.♕xc4 ♕d7 34.♕c8 ♗xf4 35.♕xd7+ ♖xd7 36.♖f1 ♖xb7 37.♖xf4+ ♔e7 38.♗b4+ ♔e8 39.♖f8+ ♔d7 40.♖f7+ 1-0**

E01.10: **30...♗g7?** **½-½** und Schirow akzeptierte mit wenigen Sekunden auf der Uhr das Remisangebot. Aber **31.b4!** gewinnt sofort. 30...♗g7? muss deswegen durch 30...♗e5!= ersetzt werden.

E01.11: **30...f3?** 30...♕e4+! 31.f3 ♕e3! 32.♕f1 (Nach 32.♕d5? ♖g8! 33.♖xh7+ ♔xh7 34.♕xf5+ gewinnt Schwarz sogar wegen 34...♖g6!−+.) 32...♖b6! 33.♕h3 ♖xh6 34.♕xh6 ♕xf3+ 35.♖g2 ♕f1+ 36.♖g1 ♕f3+= (Inarkiew in CBM 131). **31.♕f1! ♕g7 32.♖xg7 ♔xg7 33.♖xh7+! 1-0**

E01.12: Jacob Aagaard hat dieses Beispiel detailliert erläutert und wir nutzen seine Analyse. Beginnen wir mit den schwachen Kandidatenzügen und eliminieren wir sie einen nach dem anderen: **1...♗d5?** läuft in eine Grundreihenkombination: **2.♖c2 ♕d7 3.♖c8+ ♖e8 4.♕c7 1-0**. 1...f5? 2.♕xc7 ♖xc7

3.♗c4; 1...h6? 2.♕xc7 ♖xc7 3.♖d8+ ♔h7 4.♖b8 ♖c6 5.♗b7 ♖c1+ 6.♔h2 ♗xb7 7.♖xb7+–; 1...f6? 2.♕xc7 ♖xc7 3.♗c4 ♔f7 (3...♖c6 4.f3) 4.♖d6. Es verbleiben 1...♔f8 und 1...g6. Aagaard bevorzugt den Bauernzug und wir stimmen zu, da es das schwarze Grundreihenproblem permanent löst.

Kapitel 2

E02.01: **1...♕b4+?** Schwarz verstand, dass der einzige Weg ein Gegenangriff ist, aber das ist der falsche Weg. Der richtige lautet 1...♕xg7 2.♖g6 ♔h8! 3.♖xg7 ♖c2! und plötzlich ist Schwarz zurück im Spiel: 4.♔d1 (4.♕g6 ♗b4+ 5.♔d1?? funktioniert nicht wegen 5...♖d2+ 6.♔c1 ♖c8+ 7.♔b1 ♗d3+.) 4...♗e2+ 5.♔xc2 ♗xg4 6.♖xg4 ♖xf2+ 7.♔d3 ♖f3+ 8.♔e2 ♖f7 und Schwarz sollte sich laut Aagaard halten können. **2.♔xf1 ♖xf2+ 3.♔g1 1-0** und Schwarz gab auf wegen 3.♔g1 ♖g2+ 4.♔h1 ♖h2+ 5.♖xh2.

E02.02: **26...♖f3?** In der Partie funktionierte dieser Zug. Objektiv stärker war aber das fantastische 26...♖g3+!! 27.fxg3 (27.♔h1? ♕c2 gewinnt.) 27...♕c5+ und Weiß kann den Schachs nicht entkommen:
28.♔g2 (28.♗e3?! ♘xe3 29.♖dd4 ♕c1+ 30.♔f2 ♘d5 mit Initiative, Har Zvi; 28.♖dd4 ♘xd4 29.♗e3 ♕c3 30.h6 ♕e1+ 31.♔g2 und jetzt 31...♘f5! 32.gxf5 ♕e2+ mit Dauerschach.) 28...♕c2+ 29.♖d2! ♕xe4+ 30.♔h3 ♕h1+ 31.♖h2 ♕f1+ mit Dauerschach (Har Zvi). **27.h6??** Verliert statt zu gewinnen. Nach dem starken 27.♖c1! ♕b7 28.h6 ♕xe4 29.gxf5 rettet sich Weiß vor den Schachs: 29...♕g4+ 30.♔f1 ♕h3+ 31.♔e2 ♖xf2+ 32.♔xf2 ♕h2+ 33.♔e1 ♕g1+ 34.♔e2 ♕g2+ 35.♔d3 ♕f3+ 36.♗e3 gewinnt. **27...♕c2!** Der einzige Zug, der das Bild komplett ändert. **28.♖d2 ♕b1+ 29.♔g2** Forciert, da 29.♔h2 ♖h3+! 30.♔xh3 ♕h1# zum Matt führt. **29...♕xe4 30.♖d8 ♕xg4+** 30...♖h3+! ist das gleiche Mattmuster. **31.♔f1 ♘g3+ 32.♔e1 ♖e3+ 33.♔d2 ♘e4+ 0–1**

E02.03: Schwarz rettete sich mit **42...♕c2! 43.♕f6 ♘f5!** und Weiß muss das Remis forcieren mit **44.♕xb6 ♘h4+ 45.♔h2 ♘f3+ 46.♔g2 ♘h4+ 47.♔h2 ♘f3+ 48.♔g2 ♘h4+ 49.♔h2 ½-½**

E02.04: **26...♕d7!** Es gibt keinen Grund, in Panik zu geraten. Vor allem hat Schwarz zwei Mehrbauern und eine positionell starke Stellung, wodurch der Tausch auf f8 kein Problem darstellt. Er muss nur das Schachmatt abwehren. Außerdem steht der weiße König nicht komplett sicher. Allerdings hilft es auch nicht, wenn man die Qualität sichern möchte: 26...♖e8? 27.♖xf6! und 26...♗g7? 27.♕g4. **27.♖xf6?** 27.♔h1 ♔h8 28.♗xf8 ♖xf8 29.♖g1 mit scharfem Spiel musste geschehen. **27...exf6 28.♕f3 ♘e5 29.♕xf6?** Das geht komplett nach hinten los, da Schwarz einen tödlichen Gegenangriff startet. Weiß kann noch im Endspiel kämpfen nach 29.♕g3+ ♕g4. **29...♕g4+ 30.♔f2 ♖fe8 31.♖d1** 31.♖g1 ♘d3+ 32.♔f1 ♖e1# zeigt die Pointe auf. **31...♘d3+ 32.♖xd3 ♖e2+ 33.♔f1 ♕g2# 0–1**

E02.05: **16...♔xf7?** Danach erhält Weiß einen tödlichen Angriff. Um sich erfolgreich zu verteidigen, muss Schwarz das weiße Angriffspotenzial reduzieren. Er kann das, indem er die Dame gibt: 16...♘xf4! 17.♘xd8 ♖xd8 18.♕c2 ♘fe6 19.♕xc4 ♖d4, wie von Gelfand aufgezeigt. Schwarz hat momentan den Angriff gestoppt und bedenkt man die Zeit, die er hat, um sich zu konsolidieren, steht er definitiv nicht schlechter.

17.♗xd5+ ♔g6 Nach 17...♘e6 18.♕h5+ ♔g8 19.♖xe6 schlägt der weiße Angriff durch. **18.♖e5!** Ein starker Zug, der weitere Kräfte in den Angriff führt. **18...♗f5** 18...h6 19.♕h5+ ♔h7 20.♗f7 ♖f8 (20...♖a6 21.♗xe8 gewinnt.) 21.♕g6+ ♔h8 22.♗xh6! und das Matt ist nicht weit entfernt (Gelfand). **19.♖xf5!** Entscheidet effektiv die Partie. **19...♔xf5 20.♕h5+ ♗g5 21.♕xh7+ ♔f6 22.♗xg5+ ♔xg5 23.♗f7!** Nicht der einzige Weg, um zu gewinnen, aber ein schöner.

23...♕d6 24.♕xg7+ ♔f5 25.♗xe8 1-0

E02.06: **1...♖c1!!** Ein unglaublicher Zug. Kurz zuvor sah es nach einem weißen Angriff aus, aber es stellt sich heraus, dass er seine Stellung total überzogen hat. Mit diesem starken Zug reduzierte Schwarz das weiße Angriffspotenzial und übernahm die Kontrolle. **2.♖xc1** 2.fxe6 kostet nur eine Figur und nach 2...♖xd1 3.♖xd1 ♗xe5 4.exf7 ♗xd4+ 5.♔h1 ♔xf7 steht der schwarze König sicher. **2...♕xd4+ 3.♔h1 ♗xe5 4.♕h8+** ♘ach 4.♖xe5 kann Schwarz einfach 4...♕xe5 spielen oder sogar auf mehr hoffen nach 4...♗xg2+!?. **4...♔e7 5.♕xd8+ ♕xd8 6.♖xe5 ♕d2 7.♖g1 ♕f2 0-1** Die schlecht koordinierten weißen Figuren können das Matt nicht verhindern.

E02.07: **1.♖xd7?** Das scheint viele Figuren zu tauschen, aber leider die falschen. Die verbleibenden schwarzen Figuren finden ihren Weg zum weißen König. Korrekt wäre gewesen: 1.♖xf3! ♗xf3 2.♗xe2 und nach 2...♗a8 3.♗b5 ♕c7 wird Weiß eine weitere Reihe von Figuren los mit 4.♗c6! ♗xc6 5.♘xc6 ♗xf2+ 6.♕xf2 ♕xc6, und nach 7.♕d4! befindet sich die Stellung in einem dynamischen Gleichgewicht. **1...♗xf2+ 2.♔h1 ♖xd7 3.♖xd7 ♗g3!** Der Schlüsselzug, der die Dame für ein hübsches Matt opfert: **4.♖xa7 ♖h2+ 5.♔g1 f2+!** Die finale Pointe. **6.♕xf2 ♖h1# 0–1**

E02.08: **22...♘d3+!** Ein cleveres Schach basierend auf der Tatsache, dass der Turm auf h1 angegriffen ist. Nach anderen Zügen wird Schwarz mattgesetzt: 22...♘e6? 23.♖hg1 ♕e4 24.♕h6 verliert genau wie 22...g6? 23.♕h6 ♘e6 24.h5 g5 25.♗xg5.

23.♔b1 ♘xe5 24.fxg7 24.♖hg1 wird einfach beantwortet mit 24...♕xf6.

24...f6 24...♔xg7 25.♖hg1+ ♘g4 26.♗d4+ f6 27.♕g5+ ♔f7 28.♕h5+ ♔g7 29.♕g5+ führt auch zu Dauerschach.

25.♖hg1?? Dieser ehrgeizige Zug ist zu langsam. Das richtige Ende der Partie wäre 25.♕h8+ ♔f7 26.♕h5+ ♔e6 27.♖hf1! ♘ac4 28.♕xf5+ ♔f7 29.♕h5+ mit Dauerschach gewesen. **25...♘f7 26.♗d4 ♘c4?!** Stärker wäre 26...♗e6! gewesen. 27.♖g6 ♖ac8 und Schwarz erhält Gegenspiel. **27.♖g6 ♘ce5??** Gibt Weiß eine unerwartete Chance. An dieser Stelle war Präzision vonnöten. Schwarz verteidigt sich erfolgreich nach 27...♘d2+! 28.♖xd2 (28.♔c1 ♕f3! tauscht die Damen.) 28...♖e1+ 29.♖d1 ♖xd1+ 30.♕xd1 ♗e6 mit einer gewonnenen Stellung.

28.♗xe5 ♖xe5 29.♖h6?? Zu clever und zweifellos in Zeitnot gespielt. Es gab ein simples Matt in zwei Zügen: 29.♕h7+! ♔xh7 30.g8♕#. **29...♘xh6 30.♕xh6 ♗e6 31.♖g1 ♔f7 32.b3 ♖g8** Jetzt ist es vorbei. **33.♖g6 ♔e7 34.♖xf6 ♕h1+ 35.♔b2 ♕g2 36.♖g6 ♕e4 0–1**

E02.09: Topalow sah keine Verteidigung und gab hier auf. Manchmal gibt es aber eine versteckte Rettung. In diesem Fall lautet sie: **64...♕d5+! 65.♔h2 e5!** Die Dame schaut auf g8 und steht bereit, den Rückzug anzutreten, um den Springer zu retten. **66.♕h7+ ♔f8 67.♕h8+ ♕g8** Es gibt keinen Gewinn, da die Stellung sogar nach **68.♕h6 ♕d5!** total ausgeglichen ist.

E02.10: Mit dem Standardzug **21...f5!** baut Schwarz eine Verteidigung auf der zweiten Reihe auf und verhindert unangenehme Opfer auf f6 wie 21...♖xb2?? 22.♖f6! und Weiß gewinnt.

22.e4 Nach 22.exf6 ♕g3+ 23.♔h1 gewinnt Schwarz mit dem kaltblütigen 23...♖b5! 24.fxg7 ♖xh5 25.gxf8♘+! ♔g7 und gäbe es nicht den nützlichen Verteidiger auf c8, würde 26.♘xe6+ gewinnen. Jetzt ist es aber nach 26...♗xe6 vorbei.

22...♕b6+?! Logischer war das sofortige 22...♖xb2. **23.♔h1 ♕d8 24.♘f2 ♖xb2 25.♖g1 ♕e8 26.♕h4 ♖xc2 27.♖g2 c5** Mit dem Läufer auf der langen Diagonale hat Schwarz jetzt alles unter Kontrolle. **28.♖eg1 ♖g8 29.♕g3 ♗b7 30.♕b3 ♗xe4 31.♘xe4 ♖xg2 32.♖xg2 fxe4 33.♕b7 ♕h5 34.♕xe4+ ♕f5 35.♕e3 ♖d8 36.♕g3 ♖d7 37.♔h2 ♕e4 0–1**

E02.11: **25...♕c7?** Das erlaubt die Aktivierung des Springers mit Tempo. Van Delft und Ris geben die folgende Analyse in *Chess Vibes Openings*:

25...♖d8? funktioniert auch nicht wegen 26.♕h6+ ♔g8 27.♖xe6! fxe6 (Eine bessere Verteidigung ist 27...♕d4!, aber nach 28.Rf6! mit der Pointe 28...♕xc4 29.♕g5+ ♔f8 30.♖xc6 steht Weiß immer noch besser.) 28.♕xe6+ ♔g7 29.♕g8+ ♔f6 (29...♔h6 30.♕f8+ ♔g5 31.♘e4+! fxe4 32.h4+ ♔g6 [32...♔g4 33.♕f4+ ♔h3 34.♗f1#] 33.♕g8+ und Matt auf g5.) 30.♕f8+ ♔e5 und jetzt entscheidet der fantastische Zug 31.♘b5!. Schwarz hat keine Verteidigung gegen 32.♕g7+ ♔e4 33.♘c3+ ♔f3 34.♗e2#. Korrekt war 25...♕c5!, aber nach 26.♘e4 (26.♕h6+ ♔g8 27.♖xe6 fxe6 28.♗xe6+ ♗f7 29.♘d5 ♗xe6 30.♕xe6+ führt nur zu Dauerschach.) 26...♕xc4 27.♘f6 muss Schwarz auch die fantastische Rettung 27...♔e7!! 28.♖d1 ♘d4! 29.♘xe8+ ♔xe8 30.♕g8+ ♔e7 31.♕xa8 ♘e2+ 32.♔g2 ♕e4+ 33.f3 ♘f4+ 34.gxf4 ♕e2+ finden, wonach ein remisliches Endspiel entsteht.

26.♕h6+ ♔e7 27.♕h4+ ♔f8 28.♕h6+ ♔e7 29.♘b5! ♕a5 „29...♕b6 30.♖xe6+! fxe6 31.♕xe6+ ♔d8 32.♕d6+ ♗d7 33.♗e6 gewinnt. Relativ am besten war 29...♕c8, aber nach 30.♕xh7 sieht die schwarze Stellung wirklich trostlos aus." (Van Delft/Ris). **30.b4 ♘xb4 31.♖xe6+!** Zerstört den letzten Bauernschutz vor dem schwarzen König. **31...fxe6 32.♕xe6+ ♔d8 33.♕f6+ ♔c8 34.♕xf5+ ♔d8** 34...♗d7 35.♘d6+ gewinnt die Dame. **35.♕f6+ ♔c8 36.axb4 ♕d8 37.♗e6+ ♗d7 38.♕c3+ ♔b8 39.♗xd7 1-0**

E02.12: **24...♖f7?** Das löst nicht das Problem. Nicht zufriedenstellend ist auch 24...♕g7? 25.e6! ♕xh6 26.♖xh6 ♗xe6 27.♖xg6+ ♔f7 28.f5! und Weiß behält einen klaren Vorteil, wie Ftacnik anmerkte. Die richtige Lösung lautet, einen weiteren Verteidiger heranzubringen (Zweite-Reihe-Verteidigung) mit 24... ♖b7!, wenn nach 25.♕xg6+ ♕g7 26.♕c6 ♕xg4 27.♕xd5+ ♕e6 eine extrem taktische Stellung mit beiderseitigen Chancen entsteht. Wichtig ist, dass hier alle schwarze Figuren arbeiten. **25.♕xg6+ ♖g7** 25...♔f8 26.f5! ist genauso unangenehm. **26.♖xh7!** Gewinnt die Figur zurück. **26...♖xg6 27.♖xe7 ♗xg4 28.♖c7?** Die ungleichfarbigen Läufer favorisieren fast immer den Angreifer. Solange sich Schwerfiguren auf dem Brett befinden, ist das Remis weit entfernt. Die folgenden Varianten zeigen, wie Weiß hätte fortsetzen können: 28.♔f2! ♔f8 (28...♖c8 29.e6! ♗xe6 30.♖h1 ♔f8 31.♖xe6! gewinnt.) 29.♖a7 ♖c8 30.♖h1 c3 31.e6! (Öffnet die lange Diagonale mit großer Wirkung.) 31...♖g8 32.♖f7+ ♔e8 33.♖hh7 ♗xe6 34.♖e7+ ♔f8 35.f5! und die schwarze Verteidigung fällt auseinander (Ftacnik). **28...♗f5 29.♔f2 ♖b1 30.♖xb1 ♗xb1 31.a4 ♗f5 32.a5 ♔f8 33.♗c5+ ♔e8?** 33...♔g8! war die letzte Chance auf Remis. **34.♖e7+ ♔d8 35.♖f7 ♗e4 36.f5 ♖g2+ 37.♔f1 ♖g5 38.♗e7+ ♔e8 39.♗xg5 ♔xf7 40.e6+ 1-0**

E02.13: **26...♖d6!** Beginnt mit dem „einzigen" Zug. Schwarz bringt mit jedem Zug einen Verteidiger ins Spiel. **27.exf7+ ♔xf7 28.♕e2 ♕c6** Entfesselt sich und beschützt ein weiteres Mal die sechste Reihe. **29.♘d3 ♖e4?!** 29...♗f6! wäre viel aktiver gewesen. **30.f3 ♖ee6 31.♘f4?** 31.♘f2! gibt dem Springer ein stabiles Feld auf e4 und wäre zäher gewesen. **31...♖e5 32.♕f2 ♕c4 33.g3 ♕b3!** Jetzt steht Schwarz bereit, um von Verteidigung auf Gegenangriff zu schalten. **34.♖e1 ♖d1 35.♖xd1 ♕xd1+ 36.♔g2 g5 37.♗d4 ♗c5 0–1**

E02.14: **44.♘f4!!** Streut Sand ins Getriebe, indem die schwarze Dame abgelenkt wird, so dass sie nicht den Turm mit Schach schlagen kann. Falls man sich in einer sehr schlechten Situation befindet, muss man nach allen legalen Zügen Ausschau halten, denn die Rettung kann irgendwo versteckt liegen. Nach 44.♔xg1? kann Schwarz alles mit Schach eliminieren: 44...♕xc1+ 45.♔h2 ♕c7+ 46.♔g1 ♕xb7 und gewinnt. Die Alternative 44.♕xf7+? ist der zweitbeste Zug in dieser Stellung, aber 44...♕xf7+ 45.♔xg1 ♕xb7 führt immer noch zu einer technisch gewonnenen Stellung.

44...♕xf4+ Nach 44...♘xh3+ muss Weiß den einzigen Zug 45.♔g3! finden, der den König zu einer Kampfeinheit formt, indem er den schwarzen Springer angreift. Es folgt 45...♕xf4+ 46.♔xh3 ♕f3+ 47.♔h2 ♕f2+ mit Dauerschach. **45.♔g2!** Jetzt kann Schwarz den Turm nicht mit Schach schlagen. **45...♕f3+** 45...♕f2+ 46.♔h1 ändert nichts.

46.♔xg1 und Schwarz muss das Remis annehmen: **46...♕g3+ 47.♔h1 ♕xh3+ 48.♔g1 ♕e3+ 49.♔g2 ♕f3+ ½-½**

E02.15: **22...♗f4!!** Ein großartiger Zug, der die weißen Figuren aus der Balance bringt. **23.♖hxf4** 23.♖fxf4? ♕c1+ 24.♖f1 (24.♗f1 h5! und der schwarze König kann wieder atmen.)

24...♕xf1+ 25.♗xf1 ♔xf6 und Schwarz verdient den Vorzug. **23...h5!** Ein weiterer Schlüsselzug und der einzige Weg, im Spiel zu bleiben.

24.♗xd8 ♖xd8 25.♗d3+ ♖xd3!? Kämpft gegen den Verlust an, aber es ist unklar, ob dieser Zug oder das bescheidene 25...♔g7 26.♖xf7+ ♔g8 mehr Chancen auf Rettung bot. **26.cxd3?** Weiß hätte den Bauern f7 ohne Tempoverlust gewinnen können mit 26.♖f6+! ♔g7 (Nach 26...♔g5 27.♖1f5+! ♔g4 28.cxd3 entkommt der schwarze König nicht.) 27.♖xf7+ ♔g8 28.cxd3 mit guten Gewinnchancen. **26...♕xd3** Die Dame kontrolliert das Feld f5. **27.♖f6+ ♔g5!** Das ist jetzt möglich.

28.♖xf7 h4! Schwarz kämpft mit allen Mitteln. **29.♔g1 ♕e3+ 30.♖7f2 ♔h5?** Dieser unglückliche Zug macht alle defensiven Mühen zunichte. Nach dem konsequenten 30...h3! ist es unwahrscheinlich, dass Weiß gewinnen kann, weil sein König exponiert steht: 31.gxh3 (31.g3 ♗f3! kontrolliert die weißen Figuren.) 31...♔h4! 32.♘e2 ♗b5 33.♘g3 ♔xh3! hält das Gleichgewicht, indem er den König fantastisch einsetzt.

31.♘e2 ♔h6 32.♘f4 Weiß kontrolliert wieder die Stellung und entschied die Partie nach einem langen Kampf.

32...a5 33.♖d1 a4 34.h3 ♔h7 35.♘d5 ♕c5 36.♘f6+ ♔g7 37.a3 ♔g6 38.♘g4 ♔g7 39.♖e1 ♕d6 40.♘e3 ♔g6 41.♘f5 ♕d8 42.♖e6+ ♔f7 43.♘d4+ ♔g7 44.♖e4 ♗d7 45.♘f3 ♗f5 46.♖d4 ♕e8 47.♖xh4 ♕e3 48.♖c4 b5 49.♖c3 ♗d3 50.♘d2 ♕e1+ 51.♘f1 ♕b1 52.♔h2 ♕e1 53.♖c7+ ♔g6 54.♖cf7 ♗xf1 55.♖xf1 ♕e5+ 56.♖7f4 ♕xb2 57.♖1f3 ♕e5 58.♖g3+ ♔h5 59.♖b4 ♕b8 60.♖bg4 ♕e5 61.h4 ♔h6 62.♖g6+ ♔h7 63.♖6g5 ♕e8 64.♖3g4 ♕b8+ 65.♔h3 ♕e8 66.♖f5 ♕e3+ 67.♔h2 ♕e8 68.♖b4 ♕e3 69.♖fxb5 ♕xa3 70.♖b7+ ♔g6 71.♖g4+ ♔h6 72.♖b6+ ♔h7 73.♖bb4 ♕e3 74.♖xa4 ♕e5+ 75.♖gf4 ♔g6 76.♖a6+ ♔h7 77.♖af6 ♔g7 78.♖6f5 ♕e2 79.♔h3 ♕e1 80.♖f1 ♕e3+ 81.♖5f3 ♕e5 82.g4 ♕d5 83.h5 ♕e5 84.g5 1-0

E02.16: **17...♘b4??** Falls Sie wie ich (MvD) diesen Zug wählten, gibt es keinen Punkt, da er einfach verliert.

17...♕f7 ist eine vernünftige Option und gibt einige Punkte, aber die maximale Anzahl gibt es für den starken Zug **17...♗g4!!** und plötzlich steht Weiß besser. **18.♗e3 ♘cd3+ 19.♔d2 ♘xf2 20.♕g1 ♘xh3 21.♖xg6 ♘xg1 22.♖gxg1** und bald: **1-0**

E02.17: **17...♖fe8!** Eine exzellente Entscheidung, wonach der schwarze König über f8 nach e7 fliehen kann. **18.♕e2** Für den Fall, dass Weiß trotzdem durchbrechen möchte, muss er seinen wichtigen schwarzfeldrigen Läufer geben, wonach Schwarz aber die Kontrolle über das Zentrum erhält, während sein König sicher stehen wird: 18.♗xf6? ♗xf6 19.♖xh7+ ♔g8 20.♕h5 ♕xf4+ 21.♔b1 ♔f8 und Schwarz steht klar besser.

18...h6! Basiert auf kühler Beurteilung, da Weiß seinen wichtigen Läufer nicht auf h6 geben wird.

19.♖f1 ♔g8! Jetzt muss Weiß über die Zukunft des Läufers entscheiden. **20.♗h4 ♘d5** Es ist klar, dass Schwarz den Eröffnungskampf gewonnen hat und seine Stellung leicht den Vorzug verdient.

E02.18: **21.♖d8+!!** Ein fantastischer Weg, um für den König eine Fluchtroute zu schaffen. Eine schöne Idee von Gelfand, bedenkt man, dass es sich um eine Schnellschachpartie handelt. Es gab sicherlich auch andere Züge, aber alle führen zu starkem schwarzen Angriff. Das sofortige Schlagen auf b7 erlaubt ein zweizügiges Matt: 21.♕xb7?? ♗e3+ 22.♔b1 ♕a2#. **21...♔xd8** Nach 21...♕xd8? 22.♕xb7 0-0 23.c3! steht der weiße König sicher. **22.♕xb7!** Ein doppeltes Turmopfer wie zu guten alten Zeiten! **22...♕a1+** 22...♗e3+ funktioniert nicht mehr wegen 23.♔d1 ♕a1+ 24.♔e2 und alle schwarzen Figuren hängen. **23.♔d2 ♕xh1 24.♕b8+ ♔d7 25.♕b7+** 25.♕xh8? ♕xg2+ 26.♗e2 ♕g6! überlässt Schwarz die Initiative. **25...♔d8** Die Stellung befindet sich jetzt im Gleichgewicht. Nach einem harten Kampf, in dem beide Seiten auf Gewinn spielten, setzte sich Schwarz letztendlich durch.

26.♘g5 ♗e3+ 27.♔xe3 ♕c1+ 28.♔f3 ♕xg5 29.♕b8+ ♔d7 30.♕b7+ ♔e8 31.♕b8+ ♕d8 32.♕xb4 h5 33.♗xa6 f5 34.♗b5+ ♔f7 35.♕d6 ♕g5 36.♗c4 ♕e7 37.b4 ♕xd6 38.exd6 ♖d8 39.b5 ♖xd6 40.♔e3 ♔e7 41.♗d3 g5 42.c4 f4+ 43.♔e2 e5 44.♗e4 ♖d4 45.♗d5 e4 46.b6 e3 47.b4 ♖d2+ 48.♔e1 ♔d8 49.b5 g4 50.♗e4 ♖b2 51.♗d5 h4 52.h3 f3 53.gxf3 g3 54.f4 g2 55.♗xg2 ♖xg2 56.c5 ♖b2 0–1

E02.19: 18...♗a6? Nach diesem Zug ist die Stellung sehr unklar, aber Schwarz hätte taktisch fortsetzen können mit 18...♘xe4! 19.dxe4 (19.♕f3 ♘d6! 20.♕xa8 ♗b7 und die weiße Dame überlebt nicht.) 19...♕b5 20.♕e3 und hier führt der starke Zug 20...♗a6! zu einem bösen Erwachen. Nun gewinnt Schwarz die Figur zurück, ohne dass seine Dame gefangen wird. Nach 20...♕xb2 21.♖fb1 ♕c2 22.♗b3 ist die schwarze Dame gefangen.

19.c4 ♕e7 20.♖f3 ♖ad8 21.♖g3 ♔h7 22.♖f1 ♗c8 23.♗b1 ♘e8 24.e5 g6 25.♗c1 ♖h8 26.♖g4 ♘g7 27.♘g3 ♘f5 28.♘e4 ♔g7 29.♗b2 ♗b7 30.♘d6 ♗c6 31.d4 ♗xd6 32.d5 ♗c7 33.d6 ♕e8 34.dxc7 ♖c8 35.♗xf5 exf5 36.♖g3 ♗e4 37.♕h4 ♕e6 38.♖d1 ♔h7 39.♖d6 ♕xc4 40.♖dxg6 1-0

E02.20: 39...e3! Morphy fand den einzigen Zug, um die Partie in Gang zu halten. Dieser kleine Bauernzug stört die Koordination der weißen Figuren; auf einmal machen sie einen unbeholfenen Eindruck. 39...♖c8? 40.♕f6! ist sogar stärker, als es auf den ersten Blick aussieht. 39...♔g8? 40.♖g3! ist ein weiterer unangenehmer Zug. Der Turm kann nicht genommen werden, weil der d-Bauer durchläuft. **40.♖xe3?** Anderssen fällt auseinander. Es war Zeit, den halben Punkt zu retten mit 40.♕f6 ♖xc4 41.♕f8+ ♖g8 42.♕f6+=. **40...♖xc4 41.♕f6 ♖c1+ 42.♔h2 ♕xf4+ 0–1**

E02.21: 44...♖g5!! Ein toller Zug, um Zugänge zu schließen. Entweder wird die g-Linie geschlossen oder die weiße Dame wird von der Diagonale nach b8 abgelenkt. 44...♕xh4+ 45.♕xh4 ♖fxf6 ist ungefähr ausgeglichen und das sofortige 44...♗g6 45.♕b8+ ♔g7 46.♕g8+ ♔xf6 (46...♔h6 47.♕f8# ist ein schönes Matt.) 47.♕h8+ gewinnt die Dame mit ausgeglichener Stellung zurück. **45.♕xg5** Nach 45.hxg5 ♖e3 46.♕g4 ♕e5+ 47.♔h1 ♗f7 verbleibt Schwarz mit zwei Mehrbauern. **45...♗g6 46.♘g4 ♖e8?** Unglücklicherweise kommt Schwarz vom Weg ab. 46...h5 47.♘f2 ♕f6 führt zu einer immer noch technisch gewonnenen Stellung. **47.h5 ♗e4?** Das stellt Haus und Hof ein. 47...♗f7 war nötig, so dass nach 48.♘h6 ♗e6 alle Felder überdeckt sind. Weiß hingegen kann sich mit dem kaltblütigen 49.♕f5!, basierend auf dem hübschen Mattmotiv ♘f7, retten. Schwarz hat nicht mehr als Dauerschach. **48.♘h6 1-0**

48.♘h6 ♖f8 49.♕g8+! ♖xg8 50.♘f7# ist ein hübsches Schachmatt, basierend auf dem gleichen Motiv.

E02.22: **1.♖d2?** Das wird brillant widerlegt. Die einzige Verteidigung bestand in der Schließung des Zugangs mit 1.c3! bxc3 gefolgt von 2.♖xd4 (2.♖xc3? Darauf folgt eine weitere fantastische Widerlegung: 2...♖d1+ 3.♔c2 ♖c1+!!. Der Turm ist „unantastbar", aber jetzt hat Weiß keine Wahl als ihn mit dem König zu nehmen. 4.♔xc1 ♕a1+ 5.♔d2 ♕xc3+ 6.♔d1 ♕d3+ 7.♔c1 e3!. Ohne diesen kleinen Bauern würde Weiß überleben, aber jetzt ist alles vorbei. 8.♕e1 ♗c3 und Schwarz gewinnt.)

2...♗xd4 Weiß muss hier wieder enorme Anstrengungen unternehmen, um im Spiel zu bleiben; der Schlüsselzug lautet 3.♕f5! (3.♕c2? e3 und Schwarz dominiert.) und nach 3...c2+! 4.♔xc2 ♕a2+ 5.♔d1 ♕b1+ 6.♔d2 ♕d3+ 7.♔c1 ♕c3+ 8.♔d1 ♕xb3+ 9.♔e1 ♕b1+ 10.♔d2 kämpft Weiß weiter, und auch der folgende Versuch ändert es nicht: 10...e3+ 11.♔e2 ♕b5+ 12.♕d3 ♕xd5 13.♖f4! ♕g2+ 14.♔d1=. **1...e3!** Eine wahrlich elegante Einleitung für das, was folgt. **2.♕xe3 ♖f4!! 0-1** Ein Hammerschlag der härtesten Sorte. 2...♖f4!! 3.♕xa7 ♖xf1+ 4.♔a2 ♖a1#. Was für ein Bild!

E02.23: **21.gxh3?** Jetzt wird der schwarze Angriff sehr gefährlich. Der weiße König hätte selbst das Feld f3 verteidigen sollen mit 21.♔f2!, was Schwarz das Dauerschach erlaubt nach 21...♗xg2 22.♔xg2 ♕h2+, aber nicht mehr. **21...♕xf3+ 22.♔g1 ♕xh3** 22...♘e6 zuerst war die Alternative. **23.♕e3?** 23.♗f4 war die einzige Chance, die Partie in Gang zu halten. **23...♕h2+ 24.♔f1 f5!** Die offene g-Linie entscheidet die Partie. **25.♖d2 ♕h5 26.♔g2 fxe4 27.♘g3 ♕f3+ 28.♕xf3 exf3+ 29.♔xf3 ♖f8+ 30.♔g4 ♗xc3** und Schwarz hatte keine Probleme, den Vorteil zu verwerten.

E02.24: **26...♔h8?** Oftmals ist dies das richtige Feld, da es den anderen Figuren erlaubt, auf die ökonomischste Art und Weise in die Verteidigung einzugreifen. In diesem Fall aber muss sich der König aktiv verteidigen mit 26...♔f8!, da nach 27.♕xd7 (27.exd5 ♖e8 ist jetzt klar besser für Schwarz.) der starke Zug 27...♖e8! folgt, wonach Weiß anfangen muss, Schadenskontrolle zu betreiben mit 28.♕f5 ♗c6 29.♕xc5 dxc5 30.♖c4 f5 31.♖xc5 fxe4 32.♗e2 und Schwarz steht etwas besser.

27.exd5!? Verständlicherweise sucht Weiß sein Heil im Angriff. Objektiv stärker dürfte 27.♕xd7 ♕c6 28.♕xc6 ♗xc6 29.♖d4 sein mit einem klaren Vorteil im Endspiel. **27...♕e3!** Der einzige Zug, um die Partie am Laufen zu halten. Hier verliert 27...♖e8 28.♕h4!, da die weiße Dame sowohl angreift (h7) als auch verteidigt (e1). **28.♖a1 ♖dd8 29.♕h5**

♔g7 30.♕xh7+ ♔f8 31.♖f1 Bislang hat sich Schwarz in einer schwierigen Stellung gut behauptet, aber jetzt bricht er unter dem ständigen Druck zusammen. **31...♔e7?** Nach dem kühlen 31...♕e5 ist es nicht klar, ob Weiß mehr als nur Kompensation für die Qualität besitzt. **32.♕h4 ♖h8?** Jetzt gewinnt Weiß forciert. 32...♕g5 gibt Schwarz Überlebenschancen. **33.♕xf6+ ♔d7 34.♕xf7+ ♔d8 35.♗f5 1-0**

E02.25: **22...♔f7!** Der König macht völlig unbesorgt ein Feld frei für die Dame auf g8. **23.♖h3 ♕g8 24.♖h8?** Diese Taktik funktioniert einfach nicht. Die natürliche Alternative 24.fxg6+? ♕xg6 25.♕xg6+ ♔xg6 26.♖h6+ ♔f7 27.♖h7+ ♔xf6 28.♖f1+ schlägt fehl wegen 28...♘f4 29.♗xf4 exf4 30.♖xf4+ und hier gewinnt jeder legale Königszug. Es stellt sich heraus, dass nur der bescheidene Rückzug 24.♕g2! Weiß im Spiel hält. **24...gxf5!** Und plötzlich wird klar, dass Weiß nicht die Dame gewinnt, so dass Schwarz einfach mit einer Figur mehr verbleibt. **25.♕g7+ ♕xg7+ 26.fxg7 ♗d7 0-1**

Kapitel 3

E03.01: **36...♔h7?!** Kein schlechter Zug, nach dem die Wiederholung der Züge ein natürliches Ende der Partie bedeuten würde. Wegen eines versteckten taktischen Details stand Schwarz aber eine bessere Fortsetzung zur Verfügung: 36...h3+!! wäre die Einleitung eines fantastischen Gewinns gewesen. 37.♔f1 (Den Bauern zu nehmen mit 37.♔xh3 erlaubt das brillante 37...♖xd7!! 38.♕xd7 [38.♖xd7 ♕xf3 ist das Gleiche.] 38...♕xf3 mit der tödlichen Drohung ♖h6. Nun entscheidet nach 39.♕c8+ ♔h7 40.♕f5 die ungeschützte Stellung des weißen Turmes: 40...♕xd1 mit einer technisch gewonnenen Stellung.) 37...♕xf3!! Schwarz kann hier sogar erlauben, dass sein Turm mit Schach geschlagen wird, wegen des starken kleinen Jungen auf h3. 38.♕xd8+ ♔h7 39.♕g8+ (39.♕h4+ ♖h6 40.d8♕ h2! gewinnt auch.) 39...♔xg8 40.d8♕+ ♔h7 41.♕d3 ♕g2+ 42.♔e2 und jetzt gewinnt Schwarz nur wegen 42...♖f6! (Das sofortige 42...h2 funktioniert nicht wegen 43.♕f3.) 43.♕e3 h2 und Weiß ist hilflos. Eine außerordentliche Reihe von Varianten!

37.♖h1 Verhindert den kleinen unangenehmen Bauernzug. **37...♕e7** Ebenfalls die richtige Entscheidung, die den gefährlichen d7 unter Kontrolle hält. **38.♖d1 ♕f6 39.♖h1 ♕e7 40.♖d1 ♕f6 ½-½**

E03.02: **25...fxg6??** Das stellt eine Figur ein. Mit 25...♖c6! hätte Schwarz einen „schwingenden“ Turm produzieren und Vorteil aus der schlechten Stellung des weißen Königs ziehen können. Nach der stärksten weißen Antwort 26.♗h5! (Stattdessen erlaubt 26.gxf7+ ♖xf7 27.♗xe4 dxe4 28.♕xe4?? 28...♕g5+ 29.♕g2 ♖g6! 30.♕xg5 ♖xg5+ 31.♔h2 ♖f6! nebst Matt.) kann Schwarz die Qualität geben mit 26...♖f6! 27.gxf7+ ♖8xf7! 28.♗xf7+ ♔xf7 29.♖c7+ ♔g8 und Weiß kann das Dauerschach mit ♖g6-h6 nicht verhindern.

26.a4! Eine unerfreuliche Überraschung. **26...♖c4** 26...♕d7 27.♗xe4 ♕g4+ 28.♗g2 funktioniert auch nicht. **27.♖xc4 ♕xc4 28.♕xc4 dxc4 29.♗xe4 1-0**

E03.03: 17...♗e7! Eine sehr starke taktische Verteidigung. Nach anderen Zügen gewinnt Weiß die Oberhand: 17...exf5?? 18.♖xe8+ ♔c7 19.♗d8+ ist die taktische Verteidigung, auf die Weiß sein Spiel gründete. 17...♗b4? 18.♕xf7 bxc4 (18...♗xe1 19.♗xe6! ♔b8 20.♖xd7 gibt Weiß einen gewinnbringenden Angriff.) 19.♕xd7+ ♔b8 20.♗f4+ ♔a8 21.c3 und jetzt gibt das Opfer auf c3 Schwarz nicht genügend Kompensation. **18.♗xe6?!** Das ist einfach nicht genug. Die zäheste Verteidigung wäre das Damenopfer nach 18.♗xb5!? exf5 19.♗xd7+ ♔b8 20.♗xe7 ♖xe7 21.♖xe7 gewesen und Schwarz muss noch gute Technik zeigen nach 21...♕xa2 22.c3 ♖d8 mit klar besserer Stellung. 18.♗xe7?? funktioniert nicht wegen des simplen Zuges 18...exf5.

18...fxe6 19.♕g4 ♗xg5+ 20.♕xg5 ♔b8 Es ist nichts falsch am Zug 20...♕xa2. **21.♕xg7 ♘b6 22.♖xe6 ♖xe6 23.♕xh8+ ♘c8 24.a3 ♕c7 25.♖d3 ♕f4+ 26.♔b1 ♖e1+ 27.♔a2 ♕c4+ 28.♖b3 a5 29.♕c3 ♕f1 30.♕g3+ ♔a7 31.♖d3 ♘b6 32.♔b3 ♖e4 33.♔a2 ♖e1 34.♔b3 ♘d5 35.a4 ♖e4 36.c3 bxa4+ 37.♔c2 ♖e1 38.♕g4 ♕xf2+ 39.♖d2 ♘e3+ 40.♔d3 ♕f1+ 0–1**

E03.04: 1...♖xd6? Das verliert sofort. 1...♗e7? 2.♕g3 ♗xd6 (2...♖xd6 3.♕xe5! ist das Gleiche.) 3.♖xd6! ♖xd6 4.♕xe5! ♖ff6 5.♖xd6 ♕xd6 6.♕xf6 ♕xf6 7.♗xf6 mit einem gewonnenen Endspiel gemäß Becerra Rivero und Moreno im *Informator 62*. 1...♗xd3? 2.♘xf7 ♗xe4 3.♖d8 mit einem gewinnbringenden Angriff. 1...♖d7? 2.♘c4 ♖xd3 3.♖xd3 ♗xc4 4.♖d8 ♕b4 5.♕c1!! ♔f7 (5...♗a6 6.♗a3 gewinnt.) 6.♕xc4 ♕xc4 7.bxc4 mit einer technisch gewonnenen Stellung. Ein hübsches Ende wäre 7...♖d6 8.♖xf8+! ♔xf8 9.♗a3 ♔e7 10.f4!, wie Becerra Rivero und Moreno anmerkten. Das lässt uns mit dem einzigen Zug, der noch Hoffnung gibt: 1...♖xf2!!. Der Turm, der auf f7 sowieso hing, opfert sich für einen höheren Zweck. 2.♔xf2 ♗xd3 3.♖xd3 ♗xd6 und Schwarz hat den Schaden sehr gut kontrolliert. **2.♕xe5!** Jetzt ist alles vorbei. **2...♖fd7** Nach 2...♖ff6 3.♖xd6 ♖xd6 4.♕h8+ ♔f7 steht das Schlimmste für Schwarz noch aus: 5.♗e5! und Weiß gewinnt.

3.♕h8+ ♔f7 4.♖f3+ ♔e7 5.♕g8 1-0

E03.05: 20...♗b1!! Eine sehr elegante taktische Verteidigung. Der Läufer zieht mit Tempogewinn, löst die Verbindung der weißen Türme und kreiert dadurch Grundreihenprobleme. 20...f5? sichert auch die Figur, da der weiße f-Bauer gefesselt ist, überlässt Weiß aber die Initiative nach z.B. 21.♖ad1 ♕c4 22.h3!?. **21.♕c1** 21.♖xe8+ ♖xe8 ändert nichts. **21...♗f5** Schwarz hat keine Probleme. **22.♕d1 ♕xd1 23.♖exd1 ♖ad8 24.f3 ♔g7 ½-½**

E03.06: 16.♕e3 Das kann man anhand der Ausschlussmethode finden. **16...♗c5 17.b4!** Der Schlüsselzug, der die weißen Figuren aus ihrem Gleichgewicht bringt. Die Zwillingsvarianten 17.♕xe5?? ♗xf2+ und 17.♕g5?? ♘f3+! 18.♗xf3 ♗xf2+ zeigen, dass Weiß auf einem schmalen Grat wandert. 17.♕c3 ♗b4 18.♕e3 ♗c5 führt nur zum Remis. **17...♗xb4** Nach 17...♕xb4 18.♕xe5, die zuvor genannten Varianten sind nicht mehr möglich. **18.0-0!** Jetzt hat Weiß einfach eine Qualität mehr. **18...♗c3 19.♖b1 ♗c2 20.♖b7 ♘g4**

21.♕xa7 ♕e5 21...♗xd2 22.♕xa5 ♗xa5 23.♖b5 gewinnt die Figur zurück.

22.♘f3 ♕xe2 23.♖b8 ♗b4 24.♖xb4 1-0

E03.07: 26...♕a4? Das erlaubt eine unangenehme Taktik. 26...d3! wäre ein guter Start gewesen. Nach der forcierten Sequenz 27.♖xd5+ (27.cxd3? c2 und 27.♖xd3? ♕c1+ funktionieren nicht.) 27...exd5 28.♖xd3 ♕c1+ 29.♔g2 ♕xc2 ist es Weiß, der nach einem Dauerschach Ausschau halten sollte mit 30.♕d4. **27.♖xe6!** Bricht durch. **27...♖xg3+** Das ist gute Schadenskontrolle, aber Weiß erhält immer noch eine technisch gewonnene Stellung. 27...♗xe6 28.♖xd4+ gewinnt die Dame. 27...♔xe6 28.♖e1+ ♔d7 29.♕xe7+ ♔c6 30.♕d6+ gewinnt Haus und Hof. **28.hxg3 ♘f5 29.♕h7+ ♔xe6 30.♕g6+ ♔d7 31.♕xf5+ ♔c6 32.♕f6+ ♔c5 33.♕e7+ ♔c4 34.♕e5 ♔c5 35.f4 b5 36.f5 ♔c6 37.♕f6+ ♔c5 38.♕e5 ♔c6 39.♖xd4 ♕a1+ 40.♔f2 ♕h1 41.♖xd5 ♕xd5 42.♕xc3+ ♔d6 43.♕d3 a5 44.♔e3 a4 45.♕xd5+ ♔xd5 46.♔d2 b4 47.♔c1**
1-0

E03.08: 24...g5! Vor einem Moment sah es so aus, als ob Weiß die Initiative hätte, doch jetzt muss er sich Gedanken darüber machen, wie er seinen Königsflügel zusammenhält. 24...♖hc8?! 25.♖xc8 ♖xc8 26.♖xb7 ♘d8 27.♖b6 ist immer noch unangenehm für Schwarz. **25.g3 h5!** Trifft den Nagel wieder auf den Kopf. **26.♖bxb7 ♖xb7 27.♖xb7 h4 28.♔g2 hxg3 29.hxg3 gxf4 30.gxf4 ♖h4 31.♔g3 ♖h1!** Der schwarze Turm und Springer sind in dieser Stellung ein überraschend starkes Duo, was die folgenden Varianten illustrieren. **32.♔g2** Weiß wiederholt vernünftigerweise die Züge. 32.♗b5? ♘d4 33.♗e8 wird widerlegt durch den kaltschnäuzigen Zug 33...♔f8!, und jetzt stellt 34.♗xf7?? eine Figur ein wegen 34...♖h7. 32.♖b6 ♘d4 33.♖a6?? stellt gleichfalls eine Figur ein, da nach 33...♖d1 der Läufer mitten auf dem Brett gefangen ist! **32...♖h4 33.♔g3 ♖h1 34.♔g2 ½-½**

E03.09: 29...♖h5! Schwarz behielt einen kühlen Kopf und fand ein kreatives Turmmanöver, um den Druck zu neutralisieren. **30.c6 ♖d5!** Gibt die Figur zurück, forciert aber auch den Tausch eines Turmpaares. **31.♖xd5 exd5 32.♖xd5?** Ob des zähen Widerstands geht Weiß zu weit! Das ist ein perfektes Beispiel, das zeigt, wie gute Verteidigung Partien gewinnen kann. Der normale Gang der Ereignisse wäre 32.cxd7+ ♖xd7 33.♕xa5 ♖c7+ 34.♔b1 ♕e4+ 35.♔a1 ♕c4 mit einer ausgeglichenen Stellung gewesen. **32...♘f8!** Eine unangenehme Überraschung. **33.♖xd8+** 33.♖e5 ♘e6! führt nirgends hin. **33...♕xd8 34.♕e5+ ♘e6 0–1**

E03.10: 22...♖fc8!! Eine sehr dynamische Lösung, den Bauern für Gegenspiel auf der b-Linie zu opfern. Nach 22...b5? 23.♘c5 a5 24.♔d2 genießt Weiß die bessere Leichtfigur. **23.♔d2** Weiß erkennt, dass er die Linien geschlossen halten muss. 23.♘xb6 ♖c6 24.♖xc6 ♗xc6 25.♘xc4 und jetzt gewinnt 25...♗d5! den weißen Damenflügel zurück. 23.♖xb6? ♗c6! sollte komplett vermieden werden. **23...♗c6 24.♘c3 ♔f8** und Schwarz hat sich wieder organisiert.

25.e4 ♔e7 26.e5 f5 27.♔e3 b5 28.d5 exd5 29.♖d1 b4 30.♘xd5+ ♗xd5 31.♖6xd5 ♖c7 32.♖c1 ♖b5 33.♔d4 ♖xd5+ 34.♔xd5 ♖d7+ 35.♔c5 ♖d2 36.♖xc4 ♖xb2 37.♖xb4 ♖xa2 38.g4 fxg4 39.fxg4 ♔e6 40.♔d4 ♖d2+ 41.♔e4 ♖e2+ 42.♔f4 ♖f2+ 43.♔g5 ♔xe5 44.♖a4 ♖f7 45.♖xa6 ♖b7 46.♖a8 ♔e6 47.♖a4 ♔e5 48.♔h6 ♖c7 49.♔g5 ♖b7 50.♖a1 ♔e6 51.♖f1 ♖b4 52.h5 gxh5 53.gxh5 ♖b5+ 54.♔h6 ♖b7 55.♖f6+ ½-½

Kapitel 4

E04.01: **32...♔h7!** Entfesselt den Turm. **33.♖g1?!** Stellt Schwarz nicht wirklich auf die Probe. 33.♕e7!? ♖f1+ 34.♔h2 ♖xa1 35.d8♕ ♕e3 36.♕xg7+ ♔xg7 37.♕e7+ ♔g8 38.♕f7+ ♔h8 39.♕f6+ ♔h7 40.♕xa1 ♕xe6 (Krasenkow) sollte natürlich remisieren, aber Weiß kann weiterkämpfen. **33...♖f3!** Ein schönes Turmopfer, das das Dauerschach forciert. **34.♕b8** 34.gxf3 ♕xf3+ 35.♖g2 ♕f1+ 36.♔h2 ♗e5+ 37.♖g3 ♕f2+ 38.♔h1 ♕f1+ 39.♔h2 ist ebenfalls ein Dauerschach. **34...♖xh3+ 35.gxh3 ♕e4+** mit einem Dauerschach. **½-½**

E04.02: **38...♕xc5+?** Schwarz verpasst seine Chance. 38...♗d5! forciert stattdessen das Dauerschach: 39.♕a3 ♕e3+ 40.♔b2 ♕e5+ 41.♕c3 ♕xh2+ 42.♔c1 ♕g1+, wie von Mikhalevski angegeben. **39.♔b2 ♕f2+** Jetzt ist es zu spät für 39...♗d5 wegen 40.♕a3 ♕xa3+ 41.♔xa3 ♔xe8 42.♖b7 mit einem gewonnenen Endspiel (Mikhalevski). **40.♔a3 ♔xe8** 40...♗d5 41.♖b2! und 40...♕c5+ 41.♕b4 funktioniert auch nicht.

41.♕e6+ ♔f8 42.♕f6+ ♔e8 43.♖b8+ ♔d7 44.♖d8+ ♔c7 45.♕d6+ 1-0

E04.03: **26...♖d1+!** Das aktive 26...♕c2 sollte auch remisieren, aber Pikets Zug ist überzeugender. **27.♔h2 ♕f5!** Forciert das Standardmuster. **28.♖xd1 ♕h5+ 29.♔g1 ♕xd1+ ½-½**

Kapitel 5

E05.01: **61...♘g4! 62.♘d3** 62.♘xg4 mit Patt ist die Pointe. **62...♘h2+ 63.♔e4 ♘g4** Nach 63...♔xg3? 64.♘e5 wird der schwarze Springer dominiert und 64...♔h4 kann mit 65.♘f3++− beantwortet werden.

64.♘e5 ♘f6+ 65.♔f3 65.♔f5 ♔xg3 66.♔xf6 ♔xf4= **65...♘g4 66.♘c4 ♘h2+ 67.♔e4 ♘f1 68.♘e3 ♘xg3+ 69.♔e5 ♔h2 70.♔d6 ♘h5 71.f5 ♘g7 72.f6 ½-½**

E05.02: **1...♖a7!?** Die Zweite-Reihe-Verteidigung hält die Stellung. In der Partie ging es weiter mit 1...♖b5? 2.♔g5! ♖b2?! (2...♖b8 3.♖h6+ ♔g7 4.♖h7+! ♔g8 5.♖e7! ♔h8 6.♗e6 ♖b7 7.♖e8+ ♔g7 8.♖g8+! ♔h7 9.♔f6!+−) 3.♔f6 ♖h2 4.♖g3 ♖f2 5.♖h3+ 1-0. **2.♔e5 ♖g7 3.♖a6** 3.♖h6+ ♔g8! 4.♗e6+ ♔f8! führt zur typischen Patt-Verteidigung 5.♔f6 ♖f7+!=. **3...♔g8 4.♗g6** 4.♔e6 ♖f7= **4...♔f8!=**

E05.03: **1.♔f6?** Direktes Spiel mit dem e-Bauern verliert. Zuerst muss die schlechte Stellung des Läufers ausgenutzt werden mit 1.♔h4 ♔d7 2.f3 h5 (2...♔e6 3.fxg4 ♗f1 4.♔g5 ♔xe5 5.h4 ♗d3 6.h5 ♔e4 7.♔h6 ♔f4 8.g5 ♔g4 9.g6 und der letzte schwarze Bauer wird getauscht.) 3.f4 ♔e6 4.♔xh5 ♔f5 und jetzt ist alles vorbereitet für das verrückte Patt-Finale: 5.♔h4 ♔xf4 6.e6 ♗f1 7.e7 ♗b5 8.h3 g3 9.e8♕ ♗xe8 patt (Peters).

1...♔d8 2.♔f7 ♗f1 3.e6 ♗c4 4.♔g7 ♔e7 5.♔xh7 ♔xe6 6.♔g6 ♔e5 7.♔g5 ♗e6 0–1

E05.04: 1.♘g1 ♘e3+ 1...e1♕ 2.♘f3±; 1...♘f4+ 2.♔h1 e1♘ 3.♘f3+ ♘xf3 patt. **2.♔h3 ♘f4+ 3.♔h2 ♘g4+** 3...e1♘ 4.♘f3+ ♘xf3+ 5.♔g3 gewinnt einen der Springer zurück. **4.♔h1 ♘f2+** 4...e1♘ 5.♘f3+ ♘xf3 patt; 4...e1♕ patt. **5.♔h2 e1♘ 6.♘f3+ ♘xf3+ 7.♔g3 ♔e3** patt.

E05.05: 1.g7+ ♔h7 2.g6+ ♔h6 3.a8♕ ♖xa8 und jetzt folgt der Schlüsselzug: **4.♔f7!** Der König möchte in die Ecke. **4...♖a7+ 5.♔g8 ♖xg7+** 5...♔xg6 6.♔h8 ♖xg7 patt. **6.♔h8** und so verrückt es vielleicht klingt, Schwarz kann nicht gewinnen: **6...♖a7** 6...♖xg6 patt. **7.g7 ♖xg7** patt **½-½**

E05.06: 1...♘f3+! Das richtige Springerschach. 1...♘h3+? 2.♔h2 ♕xf1 3.♕h7+ ♔g4 4.♕h4# **2.♔g2** 2.exf3 ♕xf1+ 3.♔xf1 patt; 2.♔f2 ♕e1+ 3.♔g2 ♕xe2+!! 4.♗xe2 patt. **2...♕xe2+!!** Alles passt genau. **3.♗xe2** patt **½-½**

E05.07: 42.♖xg7+ ♔xg7 43.♖a7+ ♔h8 0-1 Campora gab auf, obwohl es ein Patt gibt: **44.♖xh7+ ♔xh7 45.♘g5+ fxg5 46.♕xg6+ ♔xg6** patt.

Kapitel 6

E06.01: 54...♖g3? Dieser voreilige Turmtausch wirft den Gewinn weg. 54...♖f8! 55.♖g1 ♖b8+ 56.♔a4 ♖a8+ 57.♔b5 ♖a3 58.♔c6 ♖xb3 mit der Idee, zuerst einen Bauern zu gewinnen und danach den Turmtausch anzubieten, war besser: 59.♔d5 ♖b8! 60.♔c6 ♖f8 61.♔b5 ♖f3 62.♔c6 ♖g3 und mit dem König zurück im Spiel bereitet der Sieg keine Probleme mehr.

55.♖xg3 ♔xg3 56.b4! Das war nicht schwierig zu berechnen, weil es keine Nebenvarianten gibt. **56...cxb4 57.♔a4 ♔f4 58.c5 ♔e5 59.c6 ♔d6 ½-½** und das Remis wurde vereinbart wegen 60.♔b3 ♔xc6 61.♔c4!. Eine erstaunliche Meisterleistung des weißen Königs, der die Springer/Bauer-Konstruktion zerlegt und gleichzeitig den schwarzen König aufhält. 61...♔b6 62.♔xd3 ♔b5 63.♔c2 ♔a4 64.♔b2 und Weiß hält sich.

E06.02: 44...♖gb1! „Bedenkt man die Remistendenz von Turmendspielen, verhindert Schwarz die Turmverdoppelung seines Gegners auf der 7. Reihe." (Marin). 44...h5 45.h4 ♖gb1 funktioniert auch, aber nicht 45...♖h1+?! 46.♔g3 ♖xa4? 47.♖bb7 ♔f6 48.♖xf7+ ♔e5 49.♖b5+ ♔e6 50.♖f8, wenn die weiße Initiative und der Angriff ihm Gewinnchancen gibt. Mit vier Türmen auf dem Brett trägt die Stellung Mittelspielcharakter, was Weiß in die Hände spielt. Das gierige 44...♖h1+?! 45.♔g3 ♖xa4? läuft in 46.♖bb7+− hinein. **45.♔g3** 45.♖a5 trifft auf 45...♖d1! (Marin). **45...h5 46.h4 ♔f8 47.♖d6?** Das macht die Verteidigung sehr einfach. Die beste Chance war der Tausch der Türme: 47.♖xb1 ♖xb1 48.a5

♖a1 49.♖d5 ♖a4 (Marin) war erforderlich, sollte aber haltbar sein für Schwarz. **47...♖g1!** Dieser Gegenangriff garantiert das Remis. **48.♖db6 ½-½**

E06.03: **1...♖b1!!** Der einzige Weg, um einige Figuren zu tauschen und damit die Harmonie der angreifenden Armee zu stören. Die Alternativen sind nicht überzeugend: 1...♕g5? 2.h4 ♕xh4 3.♖e1; 1...♖xg2+? 2.♔xg2 ♕e2+ 3.♔g3 ♕e5+ 4.♔f3 ♖xc6 5.♖d8+ ♔g7 6.e8♕ (6.♗d4? läuft in 6...♖f6+ 7.♔g2 ♕xe7.) 6...♕f5+ 7.♔g3 ♕g5+ 8.♔f2 ♕f5+ 9.♔e1 ♖e6+ 10.♗e3! Solche Züge kann man im Voraus einfach übersehen. 10...♖xe8 11.♖xe8 ♕a5+ 12.♔f2; 1...♕b8? 2.♖e1+-; 1...♖xc6? 2.♖d8+ ♔h7 (2...♔g7 3.e8♕ ♖xg2+ 4.♔xg2 ♕g5+ 5.♔h1 ♕xc1+ 6.♗g1!, ein weiterer Schlüsselzug mit dem Läufer, der gewinnt.) 3.e8♕ ♕xe8 (3...♖xc5 4.♕xf7+ ♔h6 5.♕f8+ ♕g7 6.♕xc5 und Weiß gewinnt.) 4.♖xe8 ♖xa2 5.♖h8+! ♔xh8 6.♗d4++-. **2.♖d8+ ♔g7 3.♖xb1 ♕xc5+ 4.♔h1 ♕xc6 5.h3=** Aagaard erreichte diese Stellung in seiner Analyse der Partie Aijala – Sigurjonsson, Graz 1972.

E06.04: **19...♗b3!** Schwarz erkämpft sich den Weg ins weiße Lager. 19...♗e6? 20.♗xb5 ♕b6 21.♗c4 ♗xc4 22.♕xc4 ♕xb2 23.♘e3 und 19...♗xd3? 20.♖xd3 c4 21.♖dd1 ♖fd8 22.♘e3 sind sehr unangenehm wegen der weißen Initiative auf den hellen Feldern.

20.♖dc1 c4! 21.♗b1 ♘a5 „Es sieht etwas schockierend aus, dass beide Verteidiger von d5 das Schiff verlassen. Die Kontrolle über d5 für sich alleine bedeutet jedoch nicht viel. Die Selbst-Einkerkerung des Läufers auf b3 hilft den schwarzen Leichtfiguren, die weißen Türme zu kontrollieren. Schwarz gewährt die Kontrolle eines weißfeldrigen Feld-Paares, um die Kontrolle über ein anderes zu gewinnen. Für mich ist das eine exzellente und sehr originelle Verteidigung."

22.♘e3 ♗a4 23.♘d5 ♕d6 24.♖e1 ♘b3 25.♖a3 ♘c5 26.g3 ♖fd8 27.♘d2 ♗e7 28.♘f1 ♗f8 29.♘fe3 ♕e6 30.♘b4 ♘d3? Es ist nicht nötig, einen Bauern zu geben. Nach 30...♘b3 hat Schwarz eine starke Initiative. **31.♗xd3 cxd3 32.♕d2 ♗xb4 33.cxb4 ♗c2 34.♔g2 ♖dc8 35.♖c3 ♕e7 36.♘xc2 dxc2 37.♕xc2 ♖d8 38.♖c5 ♖d4 39.♕c3 ♕d7 40.♖e3?! f6 41.♖c7 ♕e8 42.h4 ♔h7 43.♕c5 ♖c4 44.♕a7 ♖xc7 45.♕xc7 ♖c8 46.♕d6 ♖d8 47.♕c5 ♖c8 48.♕d6 ½-½**

E06.05: **20.♔h1??** Das läuft in eine direkte Attacke. 20.♗xg6? ist auch falsch, da Schwarz nach 20...hxg6 die Kontrolle übernimmt. 21.♕xg6+ ♘g7 22.♔h1 ♗e8 23.♕g4 ♕f6. Das Angriffspotenzial muss reduziert werden durch 20.♘e2! ♘xe2+ (20...♘c6? 21.♘g3) 21.♗xe2 ♕c7 22.♗d3 und Schwarz hat genug Kompensation für die Qualität, aber nicht mehr.

20...♕h4! 21.♔g1 ♖f8 22.♘e2 Jetzt ist es zu spät dafür wegen **22...♘xf3+ 23.♖xf3 ♖xf3 24.♘g3 ♖xf2!? 25.♔xf2 ♕xh2+ 26.♔e3 ♕xg3+ 27.♔d2 e5 28.♖f1 ♘f4 29.♖h1 ♗h3 30.♔c1 e4 31.♗xe4 dxe4 32.♖d1 ♘e6 33.♔b1 ♘f8 34.♖d8 ♕e1+ 35.♔a2 ♗e6+ 36.b3 ♕f2 37.♖d2 ♕f3 38.♕g5 ♕c3 39.♖e2 ♗f5 40.♔b1 h5 41.♖g2 ♕f3 42.♖g3 ♘e6 0–1**

E06.06: 22...♔f7? Das erlaubt Weiß, alle Türme auf dem Brett zu behalten, und die weißen Türme sind aktiver als die schwarzen. Der taktische Trick 22...♖e8! gleicht fast vollkommen aus. Auf 23.♖xf6+?! folgt 23...♔e7 24.♖c6 ♔d7 25.♖f6 ♔e7=. Weiß muss etwas probieren wie 23.♖c6, aber nach 23...♖ad8 steht er nur etwas besser. **23.♖c6 ♖d7 24.♖e1 ♘e7 25.♖ce6 ♘d5 26.a5**

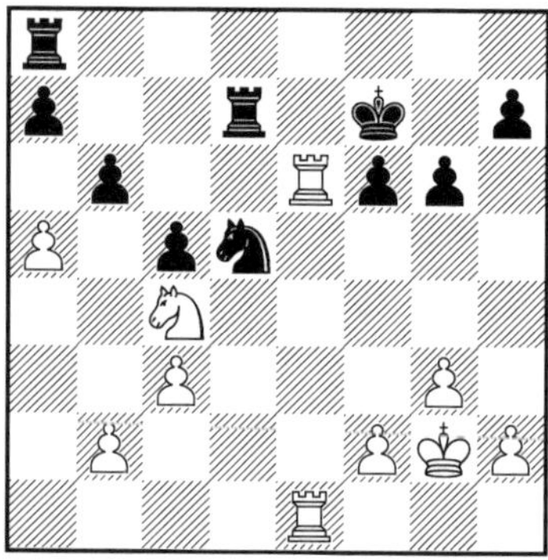

26...♖b8? Zu passiv. Schwarz muss versuchen, Bauern zu tauschen und Perspektiven für seine Türme zu erhalten mit 26...bxa5 27.♘xa5 ♖b8 28.♘c4 ♔g7, auch wenn seine Damenflügel-Struktur geschwächt wird. Aktivität ist hier aber viel wichtiger, da ein Turm normalerweise viel Kraft gewinnt, wenn er für Gegenspiel genutzt werden kann. Weiß verdient natürlich den Vorzug nach z.B. 29.h4. **27.axb6 axb6 28.♘d6+ ♔f8 29.c4 ♘c7 30.♖xf6+ ♔g7 31.♘e4 ♖e7 32.♖f3 b5 33.b3 bxc4 34.bxc4 ♖b4 35.♖c3 ♘e8 36.♖ee3 ♖c7?** 36...h5 ist zäher. **37.♘g5 ♖c8 38.h4** Sogar der Mattangriff nach 38.♖e7+!? ♔f6 39.♖xh7 ist spielbar: 39...♔xg5 40.♖f3 ♖xc4 41.h4+ ♔g4 42.♖ff7 ♖c2 43.♖f4#. **38...h6 39.♘e6+ ♔f6 40.♘f4 ♔f7 41.♖f3 ♖b7 42.♖ce3 ♘d6** 42...♘f6 43.♘d5 ♖c6 44.♖e5+− **43.♘xg6+ 1-0**

E06.07: 36...♖bb8? Zu passiv. Den weißen Druck auf f7 kann man jetzt kaum abschütteln. Man hätte mittels 36...♖xd2 37.♖xd2 g5! (Lutz in CBM 92) Gegenspiel kreieren müssen: 38.♖d5 g4 39.♘d2 ♖b8=. **37.♖xd8+ ♖xd8 38.♗c4 ♘f8?** Das verliert wertvolle Zeit. Die letzte schwarze Chance besteht darin, mit 38...b5!? Aktivität zu entfalten. 39.♗xb5 g5. **39.♖a7 ♘e6** Auf den Turmtausch 39...♖d7?! folgt 40.♖xd7 ♘xd7 41.e6! ♘f6 42.e7 ♘e8 43.♗b5+− (Lutz). **40.♖b7 ♖e8 41.♖xb6 ♘f8 42.♘g5 ♖e7 43.f4 ♘d7 44.♖b7 ♔f8 45.♘xf7 ♘xe5 46.♖b8+ 1-0**

E06.08: Schwarz muss die Türme tauschen, um eine Festung aufzubauen: Mit den Türmen auf dem Brett gewinnt Weiß einfach, z.B. **39...♖d8!** 39...♔f7? 40.♗b7 ♖d8 41.♖xb6 axb6 42.a7+− oder 39...♔e7? 40.♗b7 ♗c5 41.b6+−. **40.♖xe6 ♔f7 41.♖d6 ♖xd6 42.exd6 ♔e6 43.d7 ♔e5 44.♔d3 ♗d8 45.h4 g6 46.g3 ♗b6 47.♔c4 ♔e6 48.f4 ♔d6 49.♗d5** 49.♔d3 ♔e7 50.♔e2 h5

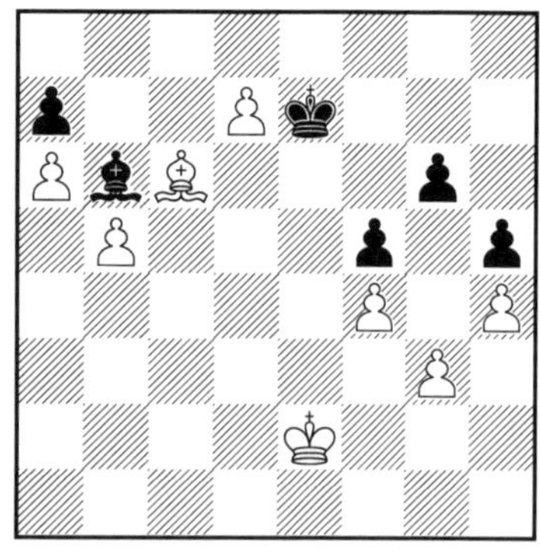

und die schwarze Festung kann nicht erstürmt werden, z.B. 51.♗d5 ♗d8 52.♔d3 ♗b6 53.♔c4 ♔xd7 54.♗f7 ♗f2 55.♗xg6 ♔c7 56.g4 fxg4 57.♗xh5 ♗xh4 58.♗xg4 ♗f2 59.♔d5 ♔d8 60.♔e6 ♔e8=. **49...♔xd7 50.♗g8 h6 51.♗h7 ♗f2 52.♗xg6 ♔c7 53.♔d5 ♗xg3 54.♔e5 ♗xh4 55.♔xf5 ♗g3 56.♔g4 ♗f2 57.♔h5 ♗e3 58.f5 ♔d6 59.♗f7** 59.f6 ♔e6 60.f7 ♔e7 61.b6 ♗xb6 62.♔xh6 ♔f8=. **59...♔e7 60.♔g6 ½-½**

E06.09: Der schwarze Turm muss auf dem Brett bleiben, da Schwarz sonst früher oder später in *Zugzwang* gerät: **48...♖b8!**

48...♖xg2+? 49.♔xg2 ♗e1 (49...♗f6 50.♔f3 ♔f8 51.♖d1 ♗e7 52.♖g1 ♗f6 53.♔e2 ♗e7 54.♖g6 ♗d8 55.♖h6 ♔g7 56.♖h5 ♗f6 57.♔d3

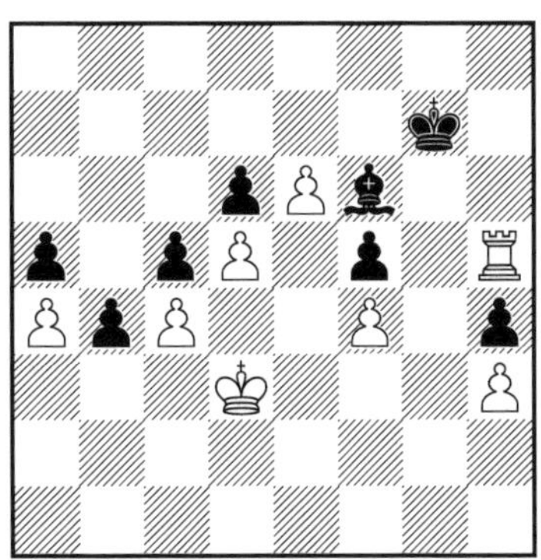

Der weiße Turm kämpft sich den Weg frei, egal was Schwarz anstellt, z.B. 57...♔g6 [57...♔g8 58.♖xf5 ♔g7 59.♔e3 ♔g6 60.♔e4 ♔g7 61.♖h5 ♗d8 62.♔e3 ♗e7 63.f5 ♗f6 64.♔e4 ♗d8 65.f6+ ♗xf6 66.♖f5+−] 58.e7 ♔f7 59.♖xf5 ♔xe7 60.♖h5 ♔f7 61.♖h7++−.) 50.♔f3 ♗g3 51.♖e3 ♗h2 52.♖e1 ♗g3 53.♖e2+−

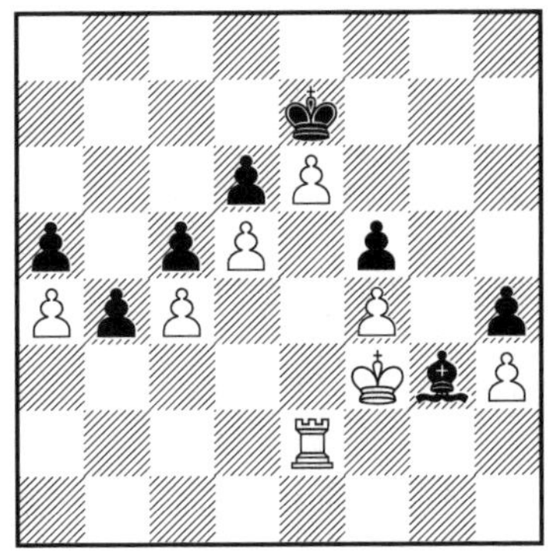

mit entscheidendem *Zugzwang*. **49.♖g1** Nach 49.♖g5 kann Schwarz sogar ins Turmendspiel übergehen mit 49...b3 50.♖xc3 b2 51.♖g1 b1♕ 52.♖xb1 ♖xb1, da der weiße König nicht rechtzeitig aktiviert werden kann, z.B. 53.♖c2 ♖b4 54.♖g2 ♖xa4 55.♖g7+ ♔e8 56.♖d7 ♖xc4 57.♖xd6 ♖d4= (Jussupow). **49...♗d4 50.♖b1 ♖g8 51.♖db3 ♗f2! 52.♖f1 ♗g3+ 53.♔h1 ♖g7 54.♖b2 ♖g8 55.♖b3 ♖g7 56.♖b2 ♖g8 57.♖bb1 ♖g7 58.♖f3 ♖g8 59.♖bf1 ♖g7 60.♖e3 ♖g8 ½-½**

Kapitel 7

E07.01: 30...♘g4! Schwarz kann die Qualität opfern. Gegen 30...♘d7? verteidigt sich Weiß mit 31.♕xb2 ♕xe1+ 32.♖f1 ♕e3+ 33.♕f2 und Schwarz steht wahrscheinlich besser, auch wenn die Stellung alles andere als klar ist. 30...♕e5?? 31.♗c3+−. **31.♕xb2 ♕xe1+ 32.♗f1 d5!** und die starken schwarzen Freibauern geben ihm einen gewinnbringenden Vorteil: **33.♕b7** 33.♕e2 ♕xe2 34.♗xe2 c4 35.♖g3 ♗c5+ 36.♔f1 ♘e3+ 37.♔e1 ♗b4+ 38.♔f2 ♘c2−+ (Ribli). **33...♕e6 34.♕b8 c4 35.a4 d4 36.a5 d3 37.♕d8 ♕e5 38.g3 ♕b2**

39.♗g2 ♕c1+ 40.♗f1 ♕d2 41.♗g2 ♕e1+ 42.♗f1 ♘e5 43.♖f6 d2 0–1

E07.02: **24...e5!** Mit der richtigen Einstellung ist dieser Zug offensichtlich. Nach 24...♘e5?! ist der weiße Raumvorteil spürbar, z.B. 25.♗e2 ♗c8 26.f4 ♘e4 27.fxe5 ♘xg5 28.♘d2. **25.♗e7** 25.dxe6 fxe6 26.♖c2 ♘b8 27.♖d2 ♖f5 28.♗e3 ♘xc6 29.bxc6 ♗xc6 30.♗xc6 ♕xc6 31.♖xd6 ♕c7 mit einer ausgeglichenen Stellung. **25...f5** Die mobile schwarze Bauernmajorität gibt ihm genug Kompensation für die Qualität. Darüber hinaus ist seine Stellung einfacher zu spielen. **26.♗xf8 ♘xf8 27.♗e2 ♗h6 28.♖c2 ♗c8 29.♘c3 ♘fd7 30.♖e1 ♘f6 31.♗f1 f4 32.♖ce2 ♖f8** Schwarz stehen sogar Alternativen zur Verfügung, um zu zeigen, dass er nicht schlechter steht: 32...f3!? 33.gxf3 ♗f5 34.♘e4 (34.♖b2 ♗f4 35.♘e4 ♘fxe4 36.fxe4 ♗xe4 37.♕g4 ♔g7 38.♕h4 h6=) 34...♘fxe4 35.fxe4 ♗g4 36.♗g2 ♗xe2 37.♕xe2 ♖f8 38.♕g4 ♕f7=; 32...♗f5!?. **33.♘a4 ♘xa4 34.♕xa4 ♘d7 35.♘e7+ ♔h8 36.♘xc8 ♕xc8 37.♕a3 ♘c5 38.♕f3 ♕f5 ½-½**

E07.03: **21...♖c4!** „Ein großartiger Tribut bezüglich der Bedeutung des Zentrums. Ein Qualitätsopfer, um ein Bauernzentrum in Gang zu setzen, ist nicht neu, aber es überrascht, dass die Kompensation hier ausreicht. Man sollte außerdem beachten, dass der Tausch des Läufers auf a2 die weißen Felder am Damenflügel des Anziehenden schwächt." (Wells) **22.♗xc4 bxc4 23.♗xh6 ♘xd5 24.♗d2 ♘c7 25.♘g3 ♕c6 26.f3 ♘e6** Der Springer strebt nach b3 oder d3. **27.♕e2 ♘c5 ½-½**

E07.04: Falls Weiß nicht auf e5 nimmt, wird Schwarz früher oder später eine gefährliche Initiative am Königsflügel entwickeln. Schirows Opfer gab ihm genug Kompensation für ein einfaches Remis: **33.♖xe5! dxe5 34.d6 ♕d8 35.♕d5** Die weiße aktive Armee im Zentrum kann nicht besiegt werden. **35...♕g5 36.♕xc5 ♕c1+ 37.♔h2** 37.♕g1 ♕d2 38.c5 e4 39.d7 e3 40.c6 e2 41.c7 e1♕ 42.c8♕ ist gemäß Ribli in CBM 69 ebenfalls spielbar. **37...♕f4+ 38.♔g1 ♕c1+ 39.♔h2 ♕f4+ 40.♔h1 ♕c1+ ½-½**

E07.05: Schwarz verdient den Vorzug nach **18...d5! 19.♗g2** 19.♘xg8 dxe4 20.♖g1 ♗f3 mit sehr starker Kompensation gemäß Rogozenko in CBM 118. **19...♗xa3! 20.bxa3 ♗e6 21.♘xg8 ♖xg8 22.♖g1 ♔c7 23.0-0-0 ♔d6** „Weiß hat furchtbare Bauern, die man sogar kaum als ‚Struktur' bezeichnen kann. Sein Hauptproblem ist aber der Mangel an Aktivität." (Rogozenko) **24.♗f3 ♖c8!** Der aktive schwarze Turm muss auf dem Brett bleiben. Das ist ein weiteres Beispiel für den Leitfaden, dass die Seite mit dem Turm den Turm tauschen und die Seite mit den Leichtfiguren ihn vermeiden möchte. **25.♔b2 ♘a5 26.♖g7?** Fehlgeleitete Aktivität, aber Weiß war um seine Aufgabe nicht zu beneiden. **26...♘c4+ 27.♔a1 ♘xa3 28.♗h5 ♖xc3 29.♗xf7 ♖c7 30.♗xe6 ♖xg7 31.♗xd5 ♘c2+ 32.♔b1 ♘d4 33.♗b3 ♖g2 34.h3 ♖xf2 35.♖g1 ♘xb3 36.axb3 ♔c5 37.♖g6 a5 38.♖xh6 ♔b4 39.♖b6 ♖f3 40.♔c2 ♖c3+ 0-1**

Kapitel 8

E08.01: **18...♘c8!** Strebt das ideale Feld d6 an. **19.♕b2** 19.♘b3 ♘d6 20.♘c5 g6 21.♘f4 ♗f5 und Schwarz steht zufriedenstellend. **19...♘d6 20.a4 ♗f5!** Ein guter Zeitpunkt, um diese Läufer loszuwerden.

21.♗xf5 ♘xf5 22.♘c3 22.b5?! läuft in 22...♘xe3!. **22...♘g6 23.b5 ♘gh4!** Plötzlich hat Schwarz eine starke Initiative auf dem Königsflügel. Jetzt wird 23...♘xe3?! mit 24.♖e1 beantwortet. **24.♘f1 ♕g5 25.f4** und jetzt hätte anstatt **25...♕d8?!**, was letztendlich in der Partie auch zum Gewinn führte, Gurewitsch 25...♘f3+! mit sehr starker Initiative spielen können nach 26.♔h1 ♘g3+ (Das fantastische 26...♕g3!? droht ♕h2!, wird aber mit dem einfachen 27.gxf3 abgewehrt, wonach Schwarz nicht mehr als Dauerschach hat.) 27.♘xg3 ♕xg3 28.gxf3 ♕xh3+ 29.♔g1 ♖xe3 30.♕g2 ♕f5 mit Ideen wie ♖e6 und ♖ae8.

E08.02: **16...c5!** Die typische Reaktion. Der schwarze Springer auf b6 steht exzellent, um den Isolani zu verteidigen und Spiel am Damenflügel zu kreieren. **17.dxc5 ♕xc5 18.♖bc1 ♖fc8 19.♖fd1 ♕b4 20.♖b1 ♕a3 21.♖b3 ♕e7 22.♘d4 ♗g4 23.♖e1 ♘f6 24.f3 ♗d7** „Alle schwarzen Figuren sind perfekt postiert, während der zentrale Bauer gut verteidigt ist. Schwarz hat keine Probleme.“ (Marin)

25.♕f2 ♖a3 26.♕b2 ♖aa8 27.♕f2 ♖a3 28.♕b2 ♖aa8 ½-½

E08.03: 20.b5? wäre voreilig gewesen, da es Schwarz erlaubt, den Damenflügel zu seinen Bedingungen zu öffnen: **20...cxb5!** Das typische 20...axb5?! 21.axb5 c5 spielt Weiß in die Hände wegen 22.dxc5 ♘xc5 23.♖a1 und Weiß hat die Kontrolle. **21.axb5 ♖ec8 22.♕b2 a5!** Mit der Idee ♘b6 und guten Perspektiven für Schwarz am Damenflügel.

E08.04: Aktivität steht auf der Tagesordnung: **23...♘e4!** 23...b5? läuft in 24.♗g5! mit starkem Druck, z.B. 24...♖a6 25.♖c1 ♖c8 26.♖bc3 ♔f8 27.♗xf6 gxf6 28.g3. **24.♖c1?!** 24.♖b2 g5 25.♗h2 ♘c3 ist das kleinere Übel. **24...♘d2 25.♖bc3 ♘c4** und jetzt ist **26.b5?** schlecht wegen **26...cxb5 27.♖b3 ♖a5 28.♗c7 ♖a3 29.♖xa3 ♗xa3 30.♖b1 ♖c8** und Schwarz verwertete später seinen Vorteil. Dementsprechend ist 26.♘e5 zäher, aber Schwarz verdient den Vorzug nach 26...♘a3.

Kapitel 9

E09.01: **36...♖b8?** Schwarz musste den Turm von der Verteidigung von a6 entbinden und ihn für Aktivität nutzen, was in Turmendspielen häufig von essenzieller Bedeutung ist. 36...♔c7! 37.♔c5 ♔b7 38.♔d6 ♖e8 39.♖a3 g5! (39...f4? 40.exf4 ♖e2 41.g4+−; 39...d4?! 40.exd4 ♖e2 41.♖c3 ♖xg2 42.♖xc6 ist nicht überzeugend, da die weiße Aktivität noch sehr gefährlich ist.) 40.g3 (40.♖c3 f4 41.exf4 gxf4 42.♖xc6 ♖d8+ 43.♔c5 d4=) 40...g4! 41.fxg4 fxg4 42.♖c3 ♖f8=. **37.a3 ♖a8 38.e4!** Eine typische Technik, um einen Vorteil im Endspiel zu verwerten: Flohr eröffnet eine zweite Front. **38...fxe4 39.fxe4 dxe4 40.♔xe4 ♖a7?** Diese Passivität ist fatal. Die letzte Chance, den Turm zu befreien, bestand in 40...♔c7!, aber

Weiß hat jetzt sehr viel Zeit gewonnen und seine Gewinnchancen bleiben intakt nach 41.h4! ♔b6 42.g4 ♖f8 43.h5 (Dworezki). **41.♔f4 h6 42.h4 ♔e6 43.♔g4 ♖a8 44.h5 g5** 44...gxh5+ 45.♔xh5 ♖g8 46.g4+– (Aljechin). **45.g3!?** Ein nützlicher prophylaktischer Zug, um jegliche Invasion des schwarzen Turmes via f4 zu verhindern. **45...♖a7 46.♔f3 ♖a8 47.♔e4 ♖a7 48.♔d4 ♔d6 49.♔e4 ♔e6 50.♖e5+ ♔d6** 50...♔f6 51.♖c5 ♖c7 52.♖a5 ♖a7 53.♔d4 ♔e6 54.♔c5 ♖d7 55.♖xa6 ♖d3 56.♖xc6+ ♔f7 57.a4 ♖xg3 58.♖xh6+– (Löwenfisch, Smyslow).

51.♖e8 c5 51...a5 52.♖h8 axb4 53.♖xh6+ ♔c5 54.axb4+ ♔b5 55.♖g6 und Weiß gewinnt. **52.♖d8+ ♔c6** 52...♔c7 53.♖h8 cxb4 54.♖h7+ ♔b6 55.♖xa7 ♔xa7 56.axb4 und das Bauernendspiel ist einfach gewonnen.

53.♖c8+ ♔b6 54.♖xc5 ♖h7 55.♖e5 ♔c6 56.♖e6+ ♔b5 57.♔f5 ♖f7+ 58.♖f6 1-0

E09.02: 57...a5?! Kortschnoi hat folgende Lösung parat: 57...♖c4! 58.c6 ♖c3 59.♖d6 b3 60.♖xf6 ♔d8 61.♖d6+ ♔e7 62.♖e6+ ♔d8=; 57...♖e5?! 58.♖b3 ♖xf5 59.♖xb4 ist wahrscheinlich auch remis, aber nicht so überzeugend wie Kortschnois Lösung. Zu passiv ist 57...♖e7? 58.c6 b3 (58...♖e5 59.c7 ♖e8 60.♔c6 a5 61.♖d5 und Schwarz wird mattgesetzt.) 59.♖g3 ♖e8 60.♖xb3 ♖e5 61.♖g3 ♖b5+ 62.♔xa6 ♖b1 63.♖g7 und Weiß gewinnt. **58.♖g3!** Weiß hat einen Bauern weniger, aber seine aktiven Figuren geben ihm eine Initiative. **58...b3?** Es ist jetzt zu spät für 58...♖c4? 59.c6 ♔d8 60.c7+ ♔e7 61.♖e3+ ♔d6 62.♖d3+ ♔e5 63.♖d8 b3 64.c8♕ ♖xc8 65.♖xc8 a4 66.♖c5+ ♔d4 67.♖b5 ♔c4 68.♔a5 a3 69.♖b4+ ♔c3 70.♔a4 a2 71.♖xb3+ ♔c2 72.♖a3 ♔b2 73.♔b4+– (Kasparow). Es funktioniert noch 58...♖d4!! 59.♔xa5 ♔c7 60.♔b5 ♖d7 61.♔xb4 ♔c6=. **59.♔c6 ♔b8** 59...♖d4 60.♖xb3 a4 61.♖b5 ♖h4 (61...♖f4 62.♖a5 ♔b8 63.♔d7 ♖xf5 64.c6! ist ein Trick, an den man sich erinnern sollte.) 62.♖a5 ♔b8 63.♔d7 ♔b7 64.♔e6 und der weiße f-Bauer wird die Partie entscheiden.

60.♖xb3+ ♔a7 61.♖b7+ ♔a6 62.♖b6+ ♔a7 63.♔b5 a4 64.♖xf6 ♖f4 65.♖xh6 a3 66.♖a6+ ♔b8 67.♖xa3 ♖xf5 68.♖g3 ♖f6 69.♖g8+ ♔c7 70.♖g7+ ♔c8 71.♖h7 1-0

E09.03: 66...♖f1+? Die falsche Entscheidung. Nur 66...♖a4! funktioniert: 67.g5+ (67.♔f5 kann mit der fantastischen Patt-Verteidigung 67...♖f4+! beantwortet werden oder 67...♖xg4!.) 67...♔xh5 68.♖h7+ ♔g4 69.g6 und jetzt rettet der schwarze Turm die Partie in typischer Manier: 69...♖a6+ 70.♔f7 ♖a7+ 71.♔g8 ♖a8+ 72.♔g7 ♔g5=; 66...♖a5? 67.♖d6 gewinnt für Weiß. 66...♖a6+? 67.♔f5 ♖a5+ 68.♔e4 ♖a6 (68...♖a4+ 69.♖d4 ♖a6 70.♖d5 verläuft genauso.) 69.♖d5 und Weiß gewinnt, aber nicht 69.♖d4?? ♔g5! mit einer typischen Festung. **67.♔e5 ♖e1+ 68.♔f4 ♖f1+ 69.♔g3??** Das wirft den Gewinn weg. 69.♔e3! vermeidet die Patt-Verteidigung und gewinnt: 69...♖g1 70.♖d6+ ♔h7 71.♔f4+–. **69...♖g1+ 70.♔f3 ♖xg4!** und Schwarz remisiert mit diesem hübschen Trick. ½-½

E09.04: 26...♔f8? Schwarz muss seinen Läufer sofort aktivieren. Ein typisches Szenario, wenn er gegen einen Springer kämpft: 26...♗d4! 27.♖xb7 ♖a1 28.a4 (28.♖d7 ♗c3 29.♖e7 ♗b4

30.♖e2 ♔f7 31.f3 gxf3 32.gxf3 ♗xe1 33.♖xe1 ♖xa2 und der aktive schwarze Turm kompensiert das Bauernminus.) 28...♗c3 29.♖e7 ♗b4 30.♖e5 ♔f7 31.c5 ♔f6 32.♖e4 a5 33.c6 ♔f5 34.♖e2 ♖c1 35.c7 ♖xc7 und wieder hat Schwarz exzellente Remischancen (Kortschnoi in CBM 75). **27.a4?!** 27.♔e2!? ist sogar besser: 27...♖a1 28.a4 ♖a2+ 29.♔d3 ♖xf2 30.c5 ♗d8 31.♖xb7+−. **27...♗d4 28.♔e2 b6 29.♖d5 ♗f6 30.♘d3 ♖c3?! 31.♖b5 h5 32.♔d2 h4 33.♘f4 h3 34.g3 ♔g8 35.♘d5 ♖f3 36.♔e2 ♗d4 37.♘e3 ♗c5 38.b4 ♗f8 39.a5 bxa5 40.bxa5 a6 41.♖b8 ♔f7 42.♘xg4 ♖f5 43.f4 1-0**

E09.05: **67...♖e3?** Der aktive weiße König wird in typischer Manier eine entscheidende Rolle spielen. Er muss abgeschnitten werden: 67...♖f3!, und Schwarz überlebt in allen Fällen, z.B. 68.♖e6 (68.♖xh5 ♔xc6=; 68.♔xh5 ♖f5+ 69.♔g4 ♖xe5=) 68...♖h3 (68...♖g3+ 69.♔xh5 ♖g1 funktioniert auch.) 69.♖f6 h4 70.♔g6 ♖e3 71.e6 ♔xc6 72.♔f7 h3 73.♖f2 ♔d6! (Der einzige Zug, um das Remis zu sichern.) 74.♖d2+ ♔e5 (Die passive Lösung 74...♔c7 75.e7 ♖f3+ ist ebenfalls spielbar.) 75.e7 ♔f4=. **68.♔f6 ♔xc6 69.♔e7+ ♔d5** 69...♔c7 70.♖xh5 ♔c6 71.e6 ♖e1 72.♖h2 ♔d5 73.♔d7 gewinnt. **70.e6 ♖e5 71.♔d7 ♔e4 72.e7 ♔f4 73.♖e6 1-0**

E09.06: **50...a4!** 50...♔d5? 51.a4! ♔c5 52.♔d7 ♔b4 53.♔c6 ♔xb3 54.♔b5 und 50...♔d4? 51.♔d6 a4 52.bxa4 ♔c4 53.a3! gewinnen beide für Weiß. **51.b4** 51.bxa4 ♔d5 52.♔d7 ♔c5 53.♔c7 ♔b4 54.♔b6 ♔xa4=. **51...a3! ½-½** mit Remis, weil der b-Bauer fällt. Aber nicht 51...♔d5?, da der Bauer mit Schach einzieht nach 52.a3 ♔c4 53.♔d6 ♔b3 54.b5 ♔xa3 55.b6 ♔b2 56.b7 a3 57.b8♕++−.

E09.07: **60...g6!** Nur so, denn alles andere verliert: 60...g5? 61.♔e5 ♔g8 62.♔f6 g4 63.♔g6 g3 64.♘f4 ♔h8 65.♔xh6 ♔g8 66.♔g6 ♔h8 67.h6 ♔g8 68.h7+ ♔h8 69.♔h6 g2 70.♘g6#; 60...♔g8? 61.♔e5 ♔f7 62.♔f5+−.

61.♘f8+ ♔g7 62.♘xg6 ♔f6 63.♘f4 ♔g5! Schwarz muss den h-Bauern behalten. 63...♔f5? 64.♘e6 ♔f6 (64...♔g4 65.♘g7 ♔g5 66.♔e6+−) 65.♔d6 ♔f5 66.♔e7 ♔g4 67.♘g7+−. **64.♔e5** 64.♔e6 ♔xf4 65.♔f6 ♔e4 66.♔g6 ♔e5 67.♔xh6 ♔f6 ist ebenfalls ein triviales Remis. **64...♔g4 65.♔e4 ♔g5 66.♔f3 ♔h4!** Verhindert ♔g3. Weiß kann keinen Fortschritt machen. **67.♔f2 ♔g4 68.♔e3 ♔g5 69.♔f3 ♔h4 ½-½**

E09.08: **59.g5!** Mit diesem Zug kreiert Weiß einen gedeckten Freibauern. Die anderen Züge verlieren, weil der schwarze Läufer den b-Bauern aufhält und den eigenen f-Bauern unterstützt: 59.gxh5? f5 60.h6 ♔f7 61.h5 ♔g8 62.♔d3 ♔h7 63.♔c4 ♗b8−+; 59.♔f3? hxg4+ 60.♔xg4 f5+ 61.♔g5 f4 62.♔g4 ♔f7−+. **59...f5 60.♔f3 ♔d7** 60...f4 61.♔e4 ♗b8 62.♔f3 ♔f5 63.♔g2 ♔e5 (63...♔e4?? 64.g6+−) 64.♔f3 ändert nichts.

61.♔e3 ♔e6 Nach 61...♔c7 ist es an der Zeit, den g-Bauern zu nutzen, um den Läufer abzulenken: 62.g6! ♔xb7 63.g7 ♗xg7 64.♔f4 ♗f6 65.♔xf5 ♗xh4 66.♔g6=. **62.♔f3 ♔d5 63.♔e3 ½-½**

E09.09: **56...♘f5!** 56...d5?! remisiert ebenfalls, aber ist viel komplizierter, z.B. 57.♗e8 (57.g5 ♘f5 58.♔g4 ♘e3+ 59.♔g3 ♘f5+ 60.♔h3 ♔f4 61.♗g6 ♘e7

62.♗c2 d4 63.♗h7 ♘c6 [Sogar 63...d3 64.♗xd3 ♘c6 ist spielbar.] 64.g6 d3 65.g7 ♘e7 66.♗xd3 ♔e5 67.h5 ♔f6 68.h6 ♘g8 69.h7 ♔xg7=) 57...♘f5 58.h5 ♘d4+ 59.♔g3 (59.♔e3 ♘e6 60.♗d7 d4+ 61.♔f3 ♘g5+ 62.♔g3 ♔f6 63.♗f5 ♔g7 64.♔f4 ♔h6 mit einer Festung) 59...♔f6 60.h6 ♘e6 61.♔h4 ♘g5 62.♔h5 ♘e6 63.♗a4 ♘f4+ 64.♔h4 ♘g6+ 65.♔g3 ♔g5=. **57.gxf5 ♔xf5 ½-½**

E09.10: **37.♖e1!** 37.fxg6? ♖e6 und Schwarz steht nicht schlechter angesichts seiner gefährlichen Freibauern. **37...d2?!** 37...♖xe1+ 38.♔xe1 ♔f7 39.♔d2 c4 40.♔c3 ♔f6 41.fxg6 ♔xg6 42.♗c1+− (Stohl). **38.♔xe2 gxf5** 38...c1♕ 39.♖xc1 und der Läufer verteidigt c1. **39.♔xd2 ♔f7 40.♔xc2 1-0**

E09.11: **50...d4+?** Schwarz sollte warten mit 50...♔e6! 51.♔d4 ♔d6 52.f3 ♔e6, da Weiß keine Fortschritte erzielen kann, weil 53.g4? in 53...g5!−+ läuft, wonach der zweite entstehende Freibauer entscheidend sein wird. 50...♔d6? 51.♔d4 ♔e6 52.f3 ♔d6 53.g4 ♔e6 (53...g5 54.gxh5 funktioniert hier nicht, weil der schwarze König so weit entfernt ist.) 54.gxh5 gxh5 55.f4+−. **51.♔d3 ♔d5 52.f3 ♔e5?!** 52...♔c5!? ist viel zäher, da Weiß das Damenendspiel gewinnen muss nach 53.g4 ♔d5 (53...g5 verliert wieder einfach wegen 54.gxh5+.) 54.gxh5 gxh5 55.f4 ♔c5 56.f5 ♔d5 57.f6 ♔e6 58.♔xd4 ♔xf6 59.♔d5 ♔f5 60.♔c6 ♔g4 61.♔b7 ♔xh4 62.♔xa7 ♔g4 63.a5 h4 64.axb6 h3 65.b7 h2 66.b8♕ h1♕+−. **53.♔c4 1-0**

E09.12: **1...♖xh4+! 2.♔xh4 ♗d5! ½-½** Und remis angesichts der Variante 3.♖g4 (3.♗xd5 e2−+) 3...♗f6+ 4.♔g3 ♗e5+ 5.♔h3 e2 6.♖h4+ (6.♗xe2 ♗e6=) 6...♔g5 7.♗xe2 ♗xg2+= (Barejew im *Informator 45*).

E09.13: **35...a5?** 35...♗c5! 36.♖xa6 ♔e7 (Blatny) musste geschehen, um eine solide Blockade zu errichten. Schwarz hat vernünftige Remischancen. 35...♖a8? funktioniert auch nicht: 36.d6 ♗d8 37.♖b7 ♖c8 38.♗f3 ♖xc4 39.♗d5+−. **36.d6 ♗d8 37.♖b5 a4 38.c5 a3 39.♗c4 f6 40.♗e6 fxg5** Oder 40...♖a8 41.♖b7 a2 42.♖f7+ ♔g8 43.♖a7++−. **41.♖b7 1-0** 41.♗xc8?? a2-+

E09.14: **53.♔g6?** Der weiße König läuft in ein fatales Schach. 53.♔f6! remisiert, z.B. 53...♔xb2 54.h6 ♔a3 55.h7 b2 56.h8♕ b1♕ 57.♕a8+ ♔b4 58.♕b8+ ♘b5 59.♕f4±; 53.h6? ♘f7+ 54.♔g6 ♘xh6 55.♔xh6 ♔xb2 56.g4 ♔c3 57.g5 b2 58.g6 b1♕ 59.g7 ♕b3 gewinnt elementar. **53...♔xb2 54.h6 ♔a3 55.h7 b2 56.h8♕ b1♕+ 57.♔g7 ♕b2+ 58.♔h7 ♕c2+ 59.♔g8 ♕c4+ 60.♔h7 ♕e4+ 61.♔g8 ♕d5+ 62.♔g7 ♕xg2+ 63.♔h7 ♕h3+ 64.♔g7 ♘f5+ 65.♔g8 ♕b3+ 0–1**

E09.15: **99.e6!** Die Partie ging weiter mit 99.♔f2? ♔e4 100.♔xg2 ♔xd4 101.♔g3 ♗d7 102.♔f2 (102.♔f4 ♔c3 103.♘f3 ♔b2−+) 102...♔xe5 103.♘e2 d4 104.♔e1 ♗b5 105.♘c1 ♗c4 106.♔d1 ♔f4 107.♔d2 ♔e4 108.♔c2 ♔e3 109.♔b1 0–1. **99...♔xe6 100.♔f4** und die weiße Festung kann nicht eingenommen werden:

100...♗d1 101.♘h3 ♔f6 Es ist auch nicht möglich, am Damenflügel einzudringen: 101...♔d6 102.♔e3 ♔c6

103.♔d2 ♗g4 104.♘g1 ♔b5 105.♔c3 ♗f5 106.♘f3 und Schwarz kann keine Fortschritte erzielen, da der Läufer nicht die Felder d3, e2, f3 und h3 gleichzeitig kontrollieren kann.

102.♘g1 ♗b3 102...♗c2 103.♘e2 ♗e4 104.♘g1 ♔g6 105.♔g4 ♔h6 106.♔h4 ♗f5 107.♔g3 ♔g5 108.♔xg2 ♔f4 109.♘e2+ ♔e3 110.♘c3 ♔xd4 111.♘xa4=. **103.♘f3 ♗c4 104.♘g1 ♗f1 105.♔g4 ♔g6 106.♔f4 ♔h5 107.♘h3 ♔h4** 107...♗e2 108.♔g3=. **108.♘g1** Jetzt herrscht reziproker *Zugzwang* mit Schwarz am Zug.

108...♗d3 Die Alternative ist ebenfalls remis: 108...♗a6 109.♔f3 ♔g5 110.♔xg2 ♔f4 111.♔f2 ♔e4 112.♔e1 ♔d3 113.♘e2 ♔c2 114.♘f4 ♗c4 (114...♗b7 115.♘g2 ♔d3 116.♔d1 ♔xd4 117.♘f4 ♔c3 118.♔c1 d4 119.♘e2+= und der weiße König erreicht rechtzeitig das rettende Eckfeld a1.) 115.♘g2 ♔b2 116.♔d2 ♔xa3 117.♔c3 ♔a2 (117...♗e2 118.♘e3 ♗f3 119.♘c2+ ♔a2 120.♔b4 ♔b2 121.♘a3 ♗d1 122.♘b5=) 118.♘e3=.

109.♔f3 ♗e4+ 110.♔f2 ♔g4 111.♘e2 ♗f3 112.♘c3 ♔f4 113.♘xa4 ♔e4 114.♘c5+ ♔xd4 115.♘e6+ ♔c4 116.♘g5=

E09.16: **73.♔h5!** Der schwarze König muss nicht das rettende Eckfeld h8 erreichen. Das voreilige 73.a8♕? lässt den Gewinn aus wegen 73...♖xa8 74.♗xa8 ♔g6=. **73...♔f7 74.♗d5+! 1-0** und Schwarz gab auf wegen 74...♔e7 75.a8♕ ♖xa8 76.♗xa8 ♔f7 77.♗d5+ ♔f8 78.♔g6+−.

E09.17: **58...b5!** zwingt Weiß in einen fatalen *Zugzwang.* **59.♔c1?!** Das verliert sofort. 59.♔d1! a3 60.♔c1 ist hartnäckiger, da Schwarz auch keinen Abwartezug hat. Aber der weiße Läufer ist so schlecht, dass die folgende Technik gewinnt: 60...axb2+ 61.♗xb2 ♔xb4 62.♔d2 ♔c4 63.♗c3 b4 64.♗b2 (64.♗a1 ♗b3 65.♗b2 ♗a4−+) 64...♗b1 65.♗a1 ♗d3 66.♗b2 ♔b3 67.♗c1 ♔a2−+ (Baburin in *Chess Today* #3236).

59...a3 0–1

Kapitel 10

E10.01: **21...f6!** und im resultierenden Endspiel steht Schwarz sogar etwas besser. Das Mittelspiel nach 21...♖h6? gibt Weiß einen sehr starken Angriff nach 22.♖d5! ♗xd5 23.♕c5 ♕f6 24.cxd5 ♖d8 25.♕f8+ ♔d7 26.♕b4 ♔e8 27.♕xb7 ♖d7 28.♕c6 und Schwarz kann kaum ziehen. 21...♕g4? 22.f3 und jetzt läuft das gierige 22...♕xc4?? in 23.♕g5 mit baldigem Matt hinein. **22.♕xe6+ ♕xe6 23.♖xe6+ ♔f7 24.♖e7+ ♔g6 25.a5 ♖ad8 26.♗d6 ♖he8 27.♖xe8 ♖xe8 28.f3 ♖e1+ 29.♔f2 ♖a1 30.♗b4 ♖b1 31.♗a3 ♖b3** und die Partie endete später remis.

E10.02: **20...♘c5!** Ein gut kalkulierter Zug. 20...♗c5?? läuft in 21.♗xc5 ♘xc5 22.♖c6++− und 20...h5? 21.♗e3 gibt Weiß eine dominante Stellung. **21.♖c6+** 21.♖xf8? ♘xe6−+. **21...♔b7 22.♖xc5 ♖xd4 23.♖cf5** Nach 23.♖f7+ ♔b6 24.♖c8? wird Petrosjans Pointe deutlich: 24...♗c5! 25.♖xh8 ♖f4+ 26.♔h2 ♖xf7 und seine gefährliche Aktivität gibt Schwarz die besseren Chancen. **23...♗d6 24.♖f7+ ♔c6 25.♖xg7 b4 26.♘a4 ♖d5** Natürlich gibt die bessere Leichtfigur Schwarz genügend Kompensation für den Bauern. **27.b3 ♗e5**

28.♖e7 c3 29.♖e6+ ♗d6 30.♖e4 ♖f8 31.♖xf8 ♗xf8 32.♔f2 ♗d6 33.♖e2 ♖f5+ 34.♔e3 a5 35.♖f2 ♖e5+ 36.♔f3 ♖f5+ 37.♔e2 ♖e5+ 38.♔f1 h5 39.♖e2 ♖f5+ 40.♖f2 ½-½

E10.03: **72...♖xe4?** Zuerst muss der weiße Damenflügel unterminiert werden mit 72...a4! 73.♔b7 (73.bxa4? geht sogar nach hinten los: 73...♖xe4 74.♔b7 ♖xc4 75.♖xc7 ♖xa4−+.) 73...axb3 74.♖xc7 b2 75.♖c6+ ♔d7 76.♖xb6 ♖xe4 77.♖xb2 ♖xc4 78.♖b6 ♖d4 79.♖xf6 e4 80.♖e6 ♖xd5 81.♖xe4 ♖xf5 mit Remis. **73.♔b7 ♖e3 74.♖f7 a4** 74...♖xb3 75.♖xf6+ ♔d7 76.♖f7+ ♔d6 77.♔c8 e4 78.♖xc7 ♖xa3 79.f6+−. **75.♖xf6+ ♔d7 76.bxa4 e4** 76...♖xa3 77.♖f7+ ♔d6 78.♔c8 e4 79.♖xc7 ♖xa4 80.♖c6+ ♔e5 81.d6+−. **77.♖f7+ ♔d8 78.♖xc7 ♖f3 79.d6 ♖xf5 80.♖e7 e3 81.♔c6 1-0**

E10.04: **94.♘d8!** Nach 94.♘a5? wird der Turm die Oberhand behalten: 94...♖b5 95.♘b7 ♖b3+ 96.♔c2 ♖a3 97.♘d8 ♖xa6 98.♘f7 ♖g6 99.♔d3 ♖g7 100.♘h6 ♖g3+ 101.♔e2 ♔e6 102.♔f2 ♖g6 fängt den Springer. 94.a7? läuft in 94...♖a4 95.♔c3 ♖xa7 96.♘d8 ♖d7, fängt also erneut den Springer. **94...♖d4+ 95.♔e3 ♖e4+ 96.♔d3!** Das richtige Feld. 96.♔f3? ♖e8 97.♘b7 (97.♘f7 ♖f8−+) 97...♖a8 98.♔f4 ♖xa6 99.♘d8 ♖a7 100.♔f5 ♖d7 101.♘e6 ♖f7++−. **96...♖f4** Nach 96...♖e7 eilt der Springer seinem König bei mit 97.♘b7 ♖e6 98.♘a5 ♖xa6 99.♘b3=. **97.a7 ♖a4 98.♘f7!** Jetzt rettet sich der Springer. **98...♖xa7 99.♘g5 ♖a3+ 100.♔e2 ½-½**

E10.05: **21...♗c8?** Nur 21...♘xg6! hält die Partie: 22.♘g7+ ♔f8 23.♗xe7+ ♔xg7 24.♗f6+ ♔h7 25.♗g5 ♖h8! (25...♔g8? 26.♕xh6 ♘d4 27.♗f6 ♕xc2+ 28.♔a1 ♘f5 29.♕g5) 26.♕d7 ♖f8 27.♕xb7 hxg5 28.g3 und Weiß könnte etwas besser stehen, aber alle drei Resultate sind möglich. Falls Schwarz auf h4 schlägt, dann wird f7 immer seine Achillesferse sein: 21...♕xh4? 22.♗xf7+ ♘xf7 23.♘c7+ ♔f8 24.♕f5 ♕c4 25.b3 oder 21...♗xh4? 22.♖xf7 ♘xf7 23.♕f5 gewinnt. **22.♘g7+ ♔f8 23.♗xe7+ ♔xg7 24.♗f5 ♘f4 25.♖xf4 ♕xf4 26.♗xc8 1-0**

Einfache Aufgaben

E11.01: 1...♕c6!! 0–1 Nach diesem kraftvollen Hieb musste Weiß aufgeben.

E11.02 : 73.♖xe4! Das löst alle technischen Probleme. 73.h8♕? und jetzt hat Schwarz, anstatt die Dame mit wahrscheinlichem Remis zu schlagen, ein Dauerschach nach 73...♖h1+ 74.♔g3 ♖g1=. 73.♖g2?! ♔f4 verdirbt nichts, solange Weiß zur Ausgangsstellung zurückkehrt mit 74.♖g4+ ♔f5 und jetzt 75.♖xe4! findet. **73...♔xe4 74.♔g2 ♖a2 75.h8♕ ♖xe2+ 76.♔g3** und der Rest war einfach: **76...♖a2 77.♕h7+ ♔d4 78.a7 e2 79.♔f2 ♔c3 80.♕c7+ ♔d2 81.♕d6+ 1-0**

E11.03: Nein, er gewinnt nach **23.♕d1!**. Die Alternative verliert: 23.♗f1? ♖xa1 24.♖xh6? ♖xf1# und 23.♘e1? ♕g5+ 24.♖g4 ♕xg4+ 25.♔h1 ♕g2#. **23...♖xd1+ 24.♖xd1 ♕e6 25.♗xh7+ ♔f8 26.♖f4+ 1-0** mit Gewinn der Dame im nächsten Zug.

E11.04: Ja, Schwarz rettet die Stellung mit **1...♗xg5 2.♕xg5 ♘f5!** 2...♗f5? 3.♘xd5! ♗g6 (3...♕xd5 4.♗h6+ ♗g6 5.♕xd5 gewinnt.) 4.♘e7+ ♔xg7 5.♘xc6 ♖xc6 ist technisch gewonnen für Weiß. Jetzt hat Weiß nichts Besseres als **3.♗h6+ ♔h8 4.♕f6+ ½-½**

E11.05: 1.♕e3? Dieser logische Zug verliert ein wichtiges Tempo. Die richtige Verteidigung geschah von der Seite mit 1.♕c2! ♖f5 (1...♖f3 2.♖axe7 und Weiß hat einen gewinnbringenden Gegenangriff.) 2.♕c3+ ♔g8 3.♕g3 und Weiß hat einfach eine Figur mehr. **1...♖f3 2.♕d2?** Das verliert. Es war immer noch möglich, mit 2.♖xe7! ♖xe3 3.♖7xe3 Widerstand zu leisten, obwohl Schwarz nach 3...g3! 4.hxg3 ♕xc4 5.♖d2 einen klaren Vorteil hat. **2...♕h3+ 3.♔g1 g3!** 0–1 **4.hxg3 ♖xg3+ 5.fxg3 ♖f1#**

E11.06: 57...♕e7! Die richtige Verteidigung. **58.♕b5+** Auch nach der Umgruppierung 58.♕b8+ ♖d8 59.♕b5+ ♕d7 60.♕e5 ♔f7 61.♗c3 wird sich Schwarz durchsetzen, z.B. 61...♕e7 62.♕f4+ ♔g8 63.♕e5 ♖d5 64.♕h8+ ♔f7–+. **58...♔f7 59.♕b8 ♖d8 60.♕f4+ ♕f6 61.♕c7+ ♔e8 62.♕c6+ ♖d7 63.♗c3** Oder z.B. 63.♕c8+ ♕d8 64.♕c5 ♔f7 und es gibt keine Schachs mehr. **63...♕e7 64.♗e5 ♔f7 65.♕a8** Nach einer Serie von genauen Verteidigungszügen kann Schwarz anfangen, sich wieder Gedanken über einen Angriff zu machen: **65...♕xh4 0–1**

E11.07: 33.g3! Es sieht gefährlich aus, die lange Diagonale zu öffnen, aber Schwarz kann das nicht ausnutzen. Stattdessen läuft 33.♘xe6? in 33...♖g4 34.♘c5 ♗xg2 35.♕f5 ♗h3+ 36.♔h1 ♗g2+ mit Dauerschach hinein. Oder 33.♕g6+? ♕xg6 34.♘xg6 ♖g4 35.g3 hxg3 36.hxg3 ♖xg3+ 37.♔h2 ♖xa3 38.♖d1 ♗d5 mit einer ausgeglichenen Stellung. **33...♖xf4** 33...hxg3 34.hxg3 ♕g7 35.♘xe6 ♖h4 und hier steht Weiß die exzellente Verteidigung 36.♕c8+! ♗xc8 37.♘xg7 mit Gewinn zur Verfügung. **34.gxf4 ♕xf4 35.♕g6+ ♔f8 36.♕f6+ ♕xf6 37.exf6 ♗d5 38.♗e4 ♗c4 39.♗g6?!** Das macht es technisch etwas schwieriger, aber der weiße Sieg steht außer Frage. 39.♖d1 ♗b6 40.♖d7 war genauer. **39...♗d4 40.f7 e5** 40...♗d5 41.♖c1 ♗c4 42.♖c2 h3 43.♖d2 e5 44.♗f5 ♔xf7 45.♗xh3+− **41.♖e4 1-0**

E11.08: **36...♘e5!** Plötzlich übernimmt Schwarz die Initiative. **37.♕xe5** ½-½ und die Spieler einigten sich auf Remis wegen 37...♕f2+ 38.♔h1 ♕f3=.

E11.09: **1...axb5?** Es gab keine Zeit, um auf b5 zurückzunehmen. Schwarz besaß stattdessen den Konter 1...♖d8! 2.♖a1 (2.bxa6? ♖xd1+ 3.♘xd1 ♖a7 4.♕xc4 ♗e7 gewinnt für Schwarz.) 2...♖d4! 3.♘e4 ♖xb5 4.e3 ♖xe4 5.♕xe4 ♖xb2 6.♕xc4 ♖b5 mit einer ausgeglichenen Stellung. **2.♘e4?** 2.♕h4 gewinnt auf der Stelle. **2...♗e7 3.♗g5?!** Es war Zeit, das Remis zu forcieren mit 3.♕f3 ♖d8 4.♘f6+ ♔h8 5.♘d7! ♔g8 (5...♖xd7 6.♖xd7 ♕xd7 7.♕xf7 gewinnt.) 6.♘f6=. **3...♖d8 4.♗xe7 ♖xd1+ 5.♔g2 c5??** Schwarz verliert die Kontrolle. Mit 5...f5 6.exf6 und jetzt 6...♖d5! (neutralisiert ♘g5) 7.♕h4 ♕e8 8.♕h6 ♕f7 9.♘g5 ♖xg5 10.♕xg5 c6 hätte Schwarz, mit der Idee, die Qualität auf e7 zurückzugeben, die Kontrolle übernehmen können. **6.♘f6+ ♔g7 7.♕h4 h6** 7...h5 8.♘xh5+! gxh5 9.♕g5+ ♔h7 10.♕xh5+ ♔g8 11.♗f6 ♕c6+ 12.♔h3 führt zu Schachmatt.

8.♘g4 h5 9.♕f6+ ♔g8 10.♘h6+ ♔h7 11.♕xf7+ ♔xh6 12.♗g5+ 1-0

E11.10: **44.♕h2!** 44.♖h3 ♕xe5+ funktioniert offensichtlich nicht. **44...♕xc2** ½-½ und die Spieler vereinbarten das Remis wegen 45.♖h3, wonach Schwarz Dauerschach geben muss.

E11.11: **80...♘h2?** Dieser Springer gerät ins Abseits. Die richtige Zugfolge wäre 80...♔f7! 81.♖a8 ♘e5 82.♖a7+ ♘fd7= gewesen und Schwarz hat seine Figuren koordiniert. 80...♘f2? 81.♔f6 ♘g4+ 82.♔e7 funktioniert auch nicht. **81.♔f4 ♔f7 82.♖e2 ♘f1 83.♖f2 ♔f6 84.♖xf1 1-0**

E11.12: **30...♗d3!** Schwarz kann immer noch h7 verteidigen. Die anderen Standardzüge, um h7 zu verteidigen, mit denen der Angreifer rechnen muss, sind ♘f6, ♗f5 und ♕c2. Die Alternativen führen zum Matt: 30...♕xg5?? 31.♕xg5+ ♔h7 32.♕xh5+ ♔g8 33.♕g5+ ♔h7 34.♖e3 mit einer Standard-Mattmethode. 30...♖e8?? 31.♕h7+ ♔f8 32.♕xf7# ist sogar schneller. **31.♖e3 ♕b6!** Zuerst ein Verteidigungszug und jetzt kommt der Gegenangriff! **32.h3 h4 33.♕xh4 ♗g6 34.♕h6 ♘xd4 35.♘h7 ♕b1+** Ein weiterer Zug, mit dem potenziell h7 gedeckt werden kann! **36.♔h2 ♗xh7 0–1**

E11.13: **23.♔g1!** In diesem Fall ist die passive Verteidigung richtig. Andere Züge verlieren auf erstaunlich direkte Weise: 23.♔h3? ♕g5 24.♗xd4 ♕h5+ 25.♔g3 ♕h2+ 26.♔xg4 f5#; 23.♔g3? ♕g5 24.f4 exf3 25.♗xd4 ♘e3+−+. **23...♕h4 24.♖fe1!** Der einzige Zug, der aber ausreicht. **24...e3??** Das funktioniert nicht. Korrekt war 24...♖xa4! 25.♗e5 ♘xe5 26.♕xa4 ♘g4 27.♕xe4 (27.♕c2 ♖e8 gibt Schwarz genug Spiel für den Turm.) 27...♕xf2+ 28.♔h1 ♕h4+ mit einem Dauerschach. **25.♖xe3??** Weiß gibt das Geschenk zurück. 25.♗xd4! e2 und jetzt gewinnt das typische 26.♕xc7. **25...♕h2+ 26.♔f1 ♖f4 27.♖ae1 ♕h1+ 28.♔e2 ♕xg2 29.♕b1??** Jetzt schlägt der schwarze Angriff durch. Nach 29.♔d1 ♖xf2 30.♕c1 ♖f4 geht der Kampf weiter. **29...♘xe3 30.♔xe3 ♖e8+ 31.♔d3 ♕g6+ 32.♔d2 ♖xf2+ 33.♔d1 ♕g4+**

E11.14: 58...♖g3! Schwarz sollte ein Damenendspiel anstreben. 58...g1♕+? 59.♖xg1 ♔xg1 60.h7 ♖b3+ 61.♔c6 ♖c3+ 62.♔d5 und 58...♖b3+? 59.♔a5 ♖c3 60.h7 gewinnen für Weiß. **59.♖xg3 ♔xg3 60.c8♕ g1♕+ 61.♕c5 ♕b1+** und Schwarz hält sich relativ einfach: **62.♕b5 ♕g6+ 63.♕c6 ♕b1+ 64.♔a7 ♕h7+ 65.♔a6 ♔g4 ½-½**

E11.15: 31...♖d8! Ein trickreicher Weg, um Türme zu tauschen, da f1 hängt. **32.♖xd8?** 32.♖de1 ♕d3 33.♕xd3 ♖xd3 34.♖e2 ♖g4 wäre hartnäckiger gewesen. **32...♕xf1 33.♕a4 ♖g2+ 34.♗d2 ♕xf4 35.♕d7 ♘g5 36.♔a3 ♕xe5 37.♕e8 ♔g6 38.♕d7 ♖xh2 39.♖g8+ ♔h7 40.♖d8 ♔g6 41.♖g8+ ♔h5 42.♕d3 c4 0–1**

E11.16: 29...♖g8! Ein cooler Zug, nach dem der weiße Angriff zum Erliegen kommt. **30.♕h6+** 30.♘xd5 ♕a5+ funktioniert auch nicht. **30...♔f7 31.♕h7+ ♔f8 32.♘xd5 ♕a5+ 33.♔f1 ♕xd5 34.♕h6+ ♔e8 0–1**

E11.17: 25.♖d6!! Ein spektakulärer Zug und der einzige Weg, um die Partie in Gang zu halten. **25...♘xd6** 25...cxb2+ 26.♔b1 ♘xd6 27.♕xf6= verläuft wie die Partie. **26.♕xf6+ ♘f7** 26...♔e8? 27.♘xd6+ ♔d7 28.♕e6+ ♔d8 29.♘f7+ verliert sogar. **27.♗xf7** 27.♕g7+ ♔e8 28.♗xf7+ ♕xf7 29.♘d6+ ♔e7 30.♘f5+ führt auch zum Dauerschach. (30.♘xf7? trifft auf 30...♖ag8!.) **27...♕xf7 28.♕xh8+ ♕g8 29.♕f6+ ½-½**

E11.18:32...♕f6! Andere Züge verlieren einfach: 32...♕g5? 33.♕xg5 ♘xg5 34.♖h8+ ♔xe7 35.♖xa8+– ; 32...♕c1? 33.♕e2+–. **33.♖xh7** 33.♘d5 ♕xf5 **33...♔xe7 34.♕e4+ ♕e5 35.♕h4+** 35.♕xb7 ♕f4 36.♔g1 ♕e3+ 37.♔h1 ♕f4 ist ein weiterer Weg, um Züge zu wiederholen.

35...♕f6 36.♕e4+ ♕e5 37.♕h4+ ♕f6 38.♕e4+ ♕e5 39.♕h4+ ♕f6 40.♕e1+ ♕e5 41.♕h4+ ½-½

E11.19: 20...♔g8! Es war knapp, aber nach diesem Zug ist Schwarz weiter im Spiel. 20...h6? 21.♗xh6 ♘g8 22.♗g5+ ♘h6 23.f6 mit einem verheerenden Angriff. **21.♗xf6** Der einzige Weg, um Fortschritte zu erzielen, aber es ist offensichtlich ein ernsthaftes positionelles Eingeständnis, den schwarzfeldrigen Läufer zu geben. 21.♖g3 ♔h8! 22.♖h3 ♔g8 wäre remis. **21...♗xf6 22.♕xh7+ ♔f8** Der schwarze König ist bereit, um zum Damenflügel zu fliehen. Darüber hinaus realisiert Weiß in der Partie nicht, dass der Angriff vorüber ist – eine gewöhnliche psychologische Falle. **23.♕h8+?!** Es war an der Zeit, die Figuren mit 23.♖d3 ♖e5 24.♖dd1 umzugruppieren, wonach Weiß besser koordiniert ist als in der Partie. **23...♔e7 24.♕h5 ♖d7!** Ein weiterer Schlüsselzug der schwarzen Verteidigung. **25.♖e1+ ♔d8 26.♖xe8+ ♔xe8 27.♕h8+?** Dieses Mal sind die Konsequenzen ernsthafter. Vorzuziehen war die Zentralisierung mit 27.♕d1! ♔d8 28.♖d3. **27...♔e7 28.♘d1?** Wieder 28.♕h5, auch wenn Schwarz jetzt besser steht nach

28...♔d8. **28...d4!** Andersson hat sehr gut gerechnet und übernimmt die Initiative. **29.♕g8 ♕e5 30.♕xf7+ ♔d8 31.♖h8+** 31.♕e6 ♖e7! und die schwache Grundreihe wird Weiß die Partie kosten. **31...♔c7** Jetzt steht der König sicher. Weiß ist verloren. **32.♕e8** 32.♖e8 ♕xf5 33.♕c4 d3! 34.♖e1 ♕g5 mit einem gewinnbringenden Angriff. **32...♕xf5 33.♕e1 ♖e7 34.♕g3+ ♔b6 35.♗c4 ♕xc2 36.♗b3 0-1 36...♕xg2+ 37.♕xg2 ♖e1#**

E11.20: **21...♖g4!!** Unglaublich coole Verteidigung (d.h. Gegenangriff), die ein Abzugsschach erlaubt. **22.♖xf6** Nach den meisten Zügen antwortet Schwarz mit ♗d5, während 22.♘xg7+ ♔h8 23.♘xe8 ♖xg2+ zum Matt führt. Nach 22.♘f4+ d5 hat Schwarz einen gewinnbringenden Angriff! **22...♖xg2+ 23.♔f1 ♕b5+ 0–1**

E11.21: **34.♕g8+** 34.♔xa2?? ♖a8+ 35.♔b1 ♖a1# **34...♔e7** und jetzt konnte man den Turm nehmen: **35.♔xa2 1-0**

E11.22: **88.♔g1?** 88.♔f1! ist forciert wegen 88...♔xg7 89.♖xf5 ♘e3+ 90.♔e1=. **88...♔xg7 89.♖xf5?!** Das verliert den Turm sofort. Aber 89.♔f1 ♔g6 90.h5+ ♔f6 91.♖a6+ ♔g7 92.♖a5 ♖d5 ist auf lange Sicht ebenfalls hilflos. **89...♖d1+ 90.♔g2 ♘e3+ 91.♔f3 ♘xf5 92.h5 ♔h6 93.g4 ♘g7 94.♔e4 ♖e1+ 95.♔f3 ♖f1+ 96.♔g3 ♘e6 97.f5 ♘g5 98.♔h4 ♖f3 99.f6 ♖h3# 0–1**

E11.23: **25.♖f2!** Bringt in typischer Manier einen Verteidiger ins Spiel. 25.♖fa1? ♘xh3+! 26.♔f1 (26.gxh3? ♖g5+ 27.♔f1 ♕xh3+ 28.♔e1 ♖g1+ 29.♔d2 ♖g2–+) 26...♘g5 27.♕f2 ♖xb5= (Mikhalevski). **25...c5 26.♘xc5 ♘xh3+** Natürlich sollte Schwarz etwas probieren, aber es wird nicht genug sein. 26...♕g3 27.♔f1 gewinnt auch für Weiß. **27.gxh3 ♕xh3 28.♖h2 ♖g5+ 29.♖g2 ♖h5 30.♕f1 ♕h1+ 31.♔f2 ♕h4+ 32.♔e2 ♖xb5 33.♖a8+ ♔f7 34.♕a1 1-0**

E11.24: **26.♕e1!** Das führt einen weiteren Verteidiger heran und sichert den verwundbaren Punkt f2 ab. 26.♖7c2? ist ebenfalls besser für Weiß, gibt Schwarz aber viel mehr 28.♖xf1 ♖xf3+ 29.exf3 ♕h2+ 30.♔e3 ♕xc2 31.♕xd6 ♖e8 32.♖f2 ♕d1, und die Stellung ist wegen des exponierten weißen Königs nicht einfach zu spielen. **26...♔g8** 26...♖xf3 27.exf3 (27.♗xf3? ♕h2+ 28.♔xf1 ♖f8 29.♖c8 ♘e3+ 30.fxe3 ♕h1+ erlaubt Dauerschach.) 27...♕h2+ 28.♔xf1 ♕xh1+ 29.♔e2 und Weiß gewinnt. 26...♗h3 27.b6 überlässt Weiß klaren Vorteil. **27.b6** 27.♕xf1? ♖xf3 sollte vermieden werden. **27...♖be8 28.♖1c4 ♗h3 29.♖xb7 ♗h8 30.♖cc7 ♗f1** Der Läufer ist zurück, wird aber wieder ignoriert: **31.♖e7 ♖xe7 32.♖xe7 e4 33.♖xe4 ♗xb2 34.♕xf1** Letztendlich kann Weiß den Eindringling schlagen. **34...♖xf3 35.♖xg4 ♖xd3 36.♖b4 ♗c3 37.b7 1-0**

Test-Lösungen

Test 1

T01.01: 1...♕c6? Das erlaubt Weiß, sich zu retten. Es gewann 1...♕b8! 2.♖d1 ♘b7–+. **2.♘f5! ♖xd4 3.♘e7+ ♔f8 4.♘xc6 ♖a4 5.♘xa7 ♖xa3 6.♖b1 ½-½**

2 Punkte für 1...♕b8!.

T01.02: 45.♕xf7 ♕xf1+ 46.♔h2! Die Pointe. Schach ist nicht Dame. 46.♔xf1? b1♕+ 47.♔e2 ♖b2# **46...♕xa6 47.♕f4+ ♔g7 48.♕c7+ ♔f6** Oder 48...♔h6 49.♕f4+ g5 50.♕xb8 ♕f6 51.♔g1 und Schwarz kann keine Fortschritte machen, ohne ein Dauerschach zu erlauben. **49.♕xb8 ♕a1 ½-½**

2 Punkte für 46.♔h2!=.

T01.03: 19.♕d5? Das verliert auf der Stelle.

19.♗xf7+! ♔f8 (19...♔xf7? 20.fxe3 ♗xe3+ 21.♖f2 ♗xf2+ [21...♖xf2? 22.♕b3+ ♗e6 23.♕xe3+–] 22.♔h1 ♖c3 23.♕d2) 20.♕h5 ♕g5+ 21.♕xg5 ♗xg5 19.♕h5? ♕g5+ 20.♕xg5 ♗xg5 und dank seiner mächtigen Läufer hat Schwarz die Oberhand. 19.fxe3?? ♗xe3+ 20.♖f2 ♖xf2 21.♗xf7+ ♔f8 22.♔h1 ♗g2+ 23.♔g1 ♖e2#. **19...♕f3 20.♕xf7+ ♔d7 21.♗b5+ ♖c6 22.♕g8 ♗g5 0-1**

2 Punkte für 19.♗xf7+!.

T01.04: 1...♕c7+? Das funktioniert nicht.

1...♖e1! schützt die Dame und scheint die Stellung zu halten, z.B. 2.♖f7 (2.d5 ♖e2=) 2...♕xg5 3.♖xg5 ♖e2+ 4.♔h3 ♖xa2 5.d5 ♖g8=. Nicht genug ist 1...♖e8? 2.d5 ♖e1 3.d6 ♕e5+ 4.♕xe5 ♖1xe5 5.d7 ♖d8 6.♖f7. **2.♖f4 ♖f8 3.♖g3!** Eine unangenehme Überraschung, der Turm ist unantastbar. **3...♖c2+ 4.♔h3 ♕d7+ 5.♖gg4 ♖c3+ 6.♔h4 1-0**

2 Punkte für 1...♖e1!.

T01.05: 22...g6! Andere Züge verlieren: 22...♖d8? 23.♖xd8+ ♗xd8 24.♗c4+ ♕e7 25.♗xb5+ ♔f7 26.♗c4+ ♔e8 27.♕d5!+–; 22...b4? 23.♗b3 ♖d8 24.♗a4+ ♔f7 25.♖xd8 ♖xd8 (25...♕xd8 26.♕xh7+–) 26.♕xh7 ♗d6 27.♕xh5+ ♔e7 28.g6+–; 22...♖b7? verliert wegen 23.♗d5!; 22...♘f4? 23.♗d7+ ♕xd7 24.♖xd7 ♘e2+ 25.♔d2 ♔xd7 26.♔xe2+–. **23.a4??** Zu optimistisch. 23.♗d7+ war erforderlich, wonach die entstehenden Endspiele sich vielleicht im dynamischen Gleichgewicht befinden, aber schwierig zu bewerten sind, z.B. 23...♕xd7 24.♖xd7 ♔xd7 25.♗a7! ♗xg5+ (25...♖bd8 26.♗b6 ♗xg5+ 27.♔b1 ♖f5 28.♕d4+ ♔c8 29.♕c3+ ♔d7 30.♕d4+ ♔c8=) 26.♔b1 ♗f4 27.♕d5+ ♗d6 28.♗xb8 ♖xb8 29.♕f7+ ♔c6 30.♕xh7 ♘f4=. **23...♖f4!** Wieder findet Schwarz den besten Zug. **24.♕d5?!** 24.♗d7+ ♔f8 25.♗xf4 ♕xf4+ 26.♕xf4+ ♘xf4 27.♗xb5 war zäher.

24...♖xa4 25.♔b1 ♘f4 26.♕b3 ♖b4 27.♕a2 ♖d8 28.♖e1 ♖a4 31.♗c5 ♕xe6 32.♖xe6 ♖d1# 0-1

2 Punkte für 22...g6!.

T01.06: 14.♗c2? Das pariert nicht die zweite schwarze Drohung. Weiß hat zwei Wege, um beide Drohungen abzuwehren: 14.g3 ist der solide Weg:

14...♘f2+ 15.♔g2 ♘xd3 (15...♕xd3 16.♖xf2=) 16.♖d1=, und 14.h3 der unternehmungslustige Weg: 14...♕h4 (14...♘f2+ 15.♖xf2 ♗xf2 16.♕xf2 ♕xd3 17.♗e3) 15.♖f3 ♘f2+ 16.♔h2 g5 17.♗d2 g4 18.♖g3 ♕d8 19.♗c2 h4 20.♖xg4 ♘xg4+ 21.hxg4, in beiden Fällen hat Weiß Kompensation für die Qualität. **14...♘xh2 0-1**

2 Punkte, falls Sie entweder 14.g3 mit materiellem Gleichgewicht oder das Qualitätsopfer nach 14.h3 gesehen haben.

T01.07: **33...♕g4!!** Das kann man am Brett nur finden, wenn man mit einer sehr positiven Haltung weiterspielt. 33...♕d8? 34.♖xg5+ ♔h7 35.♗g4 ♔h8 36.♔g3+−. **34.♖xg4 ♘f3+ 35.♔g2?** Ein ernsthafter Fehler, der den Vorteil in einen Nachteil umwandelt. Der König hätte aktiviert werden müssen mit 35.♔g3 ♘xd2 36.♖xg5+, da nach 36...♔h6 (36...♔h8 37.♖g6 ♖g7 38.♖xg7 ♔xg7 39.♗d1) Weiß 37.♔g4! spielen kann. **35...♘xd2 36.♖xg5+ ♔h6 37.h4 ♘xb3 38.♖f5 ♘xa5 39.♗e2 ♔g7 40.h5 ♖f7 41.♖g5+?! ♔h8 42.h6?! ♖f6 43.♖h5 ♖f4 44.♖g5 ♘xc4 45.♗d3 ♘b2 46.♗c2 c4 47.♖g7 ♘d3 48.♗b1 ♖xf2+ 49.♔g3 ♖b2 0-1**

2 Punkte für Burns verrückten Schlag 33...♕g4!!.

T01.08: **27...♔f8!** Es wird Zeit zu verschwinden; der König wird auf e7 sicher stehen. **28.♗h6+** 28.♗b1 ♖e5! ist ähnlich. **28...♔e7 29.♖fe1+ ♘e5 30.♗xb3 ♕b6+ 31.♕d4 ♕xb3 32.♗g5 ♗xg5 33.♖b1 ♕g3 0-1** 2 Punkte für 27...♔f8!.

Test 2

T02.01: **28...♘f6!** Andere Züge verlieren ohne Kampf: 28...♕g7? 29.♕h5+ ♕h7 30.♕g5+−; 28...♖d7? 29.fxe5 ♖g8 30.♕e4+−; 28...♘g7? 29.♖h3+ ♔g8 30.♕h7+ ♔f7 31.♖g3 ♖g8 32.fxe5+−.

29.fxe5 ♘h7 30.♘d4? 30.♖xf8+ ♖xf8 31.e6 ♕e3 32.♕h5 ist kritisch und gibt Weiß einige Gewinnchancen. 32.♘g3? wird mit 32...♗e1= beantwortet. **30...♖xf3 31.♘xf3 ♕f2 32.♘g5 ♘xg5 33.♕xg5 ♖f8 34.♕h6+** 34.h3!? war die letzte Chance, um auf Gewinn zu spielen, aber Schwarz sollte sich halten können nach 34...♕e2 35.♖d4 ♖f1+ 36.♔h2 ♕xe5+ 37.♕xe5+ dxe5 38.♖xc4 ♗d6. **34...♔g8 35.♕g6+ ½-½**

1 Punkt für 28...♘f6!.

T02.02: **29...♖b7?** 29...♖c8! wäre die einzige Verteidigung gewesen: 30.♖xb3 (30.♕e6 ♖cf8 31.♖xb3 ♖xa7 32.♖xa7 ♕xa7 33.♗xd5) 30...♖xa7 31.♖xa7 ♕xa7 32.♗xd5 mit Initiative gemäß Ribli in CBM 96. Weiß behält einige Gewinnchancen, da ungleichfarbige Läufer den Angreifer favorisieren. Natürlich ist aber Schwarz weiter im Spiel. 29...♖f8? 30.♖xb3! ♖xb3 31.♗xd5 ♖b6 32.♕c5 ♖b7 33.♕xf8++−. **30.♖xb3!** Bricht auf den weißen Feldern durch. **30...♖cxb3 31.♗xd5 ♖3b5** 31...♖b1+ 32.♖xb1 ♖xb1+ 33.♔g2 ♖b6 34.♕xb6 ♕xd5+ 35.♔g1+− **32.♗xb7 ♖xb7 33.♕c6 1-0 33...♖b1+ 34.♖xb1 ♕xc6 35.♖b8+ ♗f8 36.♖xf8+ ♔g7 37.a8♕+−**

2 Punkte für 29...♖c8!.

T02.03: **51.♕f5?** 51.cxd6! ♗e5+ (51...♖h4+ 52.♖h3 ♗e5+ 53.♔h1 ♖xh3+ 54.♕xh3 exd6=; 51...♖ag4 52.♕xg4 ♖xg4 53.dxe7 ♗xe7 54.♔h3=) 52.♔h3

♖h6+ 53.♔g2 ♖a2+ 54...♖h2+ 55.♔g1 ♖axf2 56.♕g4+ (56.dxe7 ist auch spielbar, weil 56...♗d4 mit 57.♕g4+= beantwortet wird.) 56...♔h6 57.♕e6+ ♗f6 58.dxe7 ♖hg2+=; 51.c6? läuft in 51...♗e5+ 52.♔h3 ♖h6+ 53.♔g2 ♖a2+ 54.♖f2 ♖h2+ 55.♔g1 ♖hxf2 56.♕g4+ ♔f6 57.♕h4+ ♔f7 58.♕h5+ ♔f8 59.c7 ♖g2+ 60.♔h1 (60.♔f1 ♖af2+ 61.♔e1 ♗c3+ 62.♔d1 ♖g1#) 60...♖h2+−+. **51...♗e5+ 52.♔h1** 52.♔h3 ♖h6+ 53.♔g2 ♖a2+ 54.♖f2 ♖h2+−+ **52...♖h4+ 53.♖h3 ♖hg4 54.♕f2 ♗d4** 0–1 **55.♕e2 ♖g1+ 56.♔h2 ♗e5−+** 1 Punkt für 51.cxd6! und 2 mehr, falls Sie bis 54.♖f2! gerechnet haben.

T02.04: **14...♗e7?** Das verliert. 14...♘ge7! 15.♘xc7+ ♔d8 16.♘xa8 d6 und der weiße Angriff wird zurückgeschlagen. **15.♗d6! ♔d8** 15...cxd6 16.♕f8# **16.♕f8+! ♗xf8 17.♗xc7# 1-0**

2 Punkte für 14...♘ge7!.

T02.05: **61.♔e4?** Die falsche Richtung. Der König muss sich Richtung Königsflügel begeben: 61.♔g6! (Baburin) 61...♔f3

62.♔h5 ♔g3 63.b4! (63.a5? ♗xa5 64.♘e3 ♗b6 65.♘g4 ♗c5 66.♔g5 ♗b4 67.♔f5 ♗d2−+) 63...♗xb4 64.♘e3 ♗c5 65.♘f1+ ♔g2 66.♔g4 ♗f2 67.a5 ♗c5 68.a6 ♗f2 und jetzt kommt die Pointe der weißen Verteidigung, wie Markus Lammers anmerkte: 69.♔f4!! ♔xf1 70.a7 ♗xa7 71.♔g3=. **61...♔g3! 62.♔f5 ♔f3 63.♘h2+ ♔g2 64.♘g4 ♔g3** und Weiß verliert den ersten Bauern wegen *Zugzwang*. **65.a5 ♗xa5 66.♘e3 ♔f2 67.♘g4+ ♔f3 68.♔g5 ♔g3 69.♔h5 ♗d2!** Mit der gleichen Prozedur wird der zweite Bauer eingefangen. **70.b4 ♗xb4 71.♘e3 ♗d2 72.♘f1+ ♔g2 73.♔g4 ♗g5 0-1** Ein hübscher Schlusszug, der die Dominanz des Läufers unterstreicht. Niclas Huschenbeth gewann in der Folge die Deutsche Einzelmeisterschaft.

61.♔g6 gibt einen Punkt und zwei weitere Punkte gibt es, falls Sie bis 69.♔f4!! gerechnet haben.

T02.06: **38...♖d7!** Aktivität ist hier angesagt. 38...♖e7? 39.♖e5 ♘d7 40.♘xf7 ♔xf7 41.♖xh5+−. **39.♘xe6+ ♗xe6 40.♖xe6 ♖d1+ 41.♗f1** Oder 41.♔f2 ♘g4+ 42.♔e2 ♖b1. **41...a5** 41...♔f7!? 42.♖e3 (42.♖a6 ♘g4 43.♖xa7+ ♔e6) 42...♘g4 43.♖a3 ♘xh2 44.♔xh2 ♖xf1 war klarer. **42.♖e3 ♘g4 43.♖a3 a4 44.h3 ♘h2 45.♔xh2 ♖xf1 46.♖xa4 ♖f2+ 47.♔g1 ♖c2 48.♖a3 ♖xc4 49.♖f3 ♖c2 50.a4 ♖a2 51.♖f4 ♖a3 52.♔f2 ♖a2+ 53.♔e1 ♖a3 54.♖f5 h4 55.gxh4 ♖xa4 ½-½** 2 Punkte für 38...♖d7!.

T02.07: **44...♔xg4?** Das verliert.

44...♔g6! ist das richtige Feld: 45.♖3xe5 (45.h5+ ♔h6 46.♖f7 ♖b1 47.♗f8+ ♔g5 48.♗e7+ ♔h6=) 45...♖b1 46.h5+ ♘xh5 47.gxh5+ ♔f6 48.♖7e6+ ♔f7= (Tsesarsky in CBM 70); 44...♔f6? 45.♗d6 ♖b5 46.♗xe5+ ♖xe5 47.♖7xe5+−. **45.♖7xe5 ♖b3** 45...♘h3+ 46.♔g2 ♘f4+ 47.♔h2 ♕xf1 48.♖g3+ ♔xh4 49.♗e7# **46.f3+ ♔g3 47.♖g5+ ♔xh4 48.♖g4+ ♔h5 49.♖xb3 ♘h3+ 50.♔g2 ♕a2+ 51.♔xh3 ♕xb3 52.♗g2 ♕e6 53.a4 ♕f5 54.♗e3 c5 55.♔g3 ♕e5+ 56.♗f4 ♕e1+ 57.♔h3 ♕e6 58.♔g3 ♕e1+ 59.♔h2 ♕f2 60.♖g5+ ♔h6 61.♖xc5+ ♔g6 62.♖g5+ ♔f6 63.♖g4 ♔f5 64.♗g3 ♕d2 65.♖e4 ♔f6 66.♗e5+ ♔f5 67.♗f4 ♕b2 68.♗g3 ♕d2 69.♖e5+ ♔f6 70.f4 ♕b4 71.♗h4+ ♔f7 72.♖e7+ ♔f8 73.♖e4 ♕b2 74.f5 ♕b8+ 75.♔h3 ♕b3+ 76.♔g4**

♕c2 77.♗f3 ♔f7 78.♗g5 ♕b1 79.♖e7+ ♔f8 80.f6 ♕g1+ 81.♔h5 ♕h2+ 82.♔g6 ♕g1 83.♖b7 ♕g3 84.♖b8+ 1-0 1 Punkt für 44...♔g6!.

T02.08: **22...♖f4?** Das macht die Sache schlimmer. 22...g5! 23.♗xf8 ♔xf8 und Schwarz steht besser, da 24.♕d6+? ♔g7 25.♕xc6?? in 25...♗xh3!−+ läuft (Mikhalevski). **23.♗d6!** Eine unerfreuliche Überraschung. Schwarz rechnete wohl mit 23.♗xf8? ♔xf8 24.♘e2 ♕f2 (Mikhalevski). **23...♖h4?** Jetzt ist es zu spät für 23...g5? 24.♘e2+−; 23...♖f6! 24.♗xf8 ♔xf8 25.♕b8 ♔g8 26.♕xc8+ ♔h7 27.♘d1 ♕d2 28.♖g1 ♕xc2 stellt Weiß vor ernsthafte Probleme, seinen Vorteil zu verwerten.

24.♗xf8 ♔xf8 25.♕d6+?! 25.♕c7!+− **25...♔g8 26.♕d8+ ♔h7 27.♕xc8 1-0** 27...♕xc3 (27...♕f2 28.♖e8 ♕f1+ 29.♔h2 ♕f4+ 30.♔g1 ♕c1+ 31.♔f2 ♕xc2+ 32.♘e2+−) 28.♕f5+ g6 29.♕xf7+ ♕g7 30.♖e7+−. 2 Punkte für 22...g5!.

Test 3

T03.01: **1...♕d6?** Das verliert auf der Stelle. Die richtige Verteidigung wäre 1...♕d7! gewesen. Es droht ein Dauerschach und dadurch gewinnt man den Läufer sowieso: 2.♗xb3 ♕g4+ 3.♔f1 axb3 4.♕g7+ ♔e6 5.♕g8+ ♔f6 6.♕xb3 ♕xe4 und Schwarz kann das Damenendspiel halten. **2.♕e8+ ♔f6 3.e5+ ♕xe5 4.♕h8+ ♔f5 5.♗xg6+ ♔e6 6.♕xe5+ ♔xe5 7.♗f7 1-0** 1 Punkt für 1...♕d7!.

T03.02: **28...♗d2?** Dieser Zug hätte verlieren müssen. 28...♕d6! war die richtige Verteidigung: 29.♖d1 (29.♗xc6 ♕xd4+ 30.♔h2 dxc6 31.♖xb4 ♘d2 32.♕g4 f5 33.♕g6+ ♔f8 endet wahrscheinlich mit Dauerschach.) 29...♗d2 30.♗f2 ♕xf4 31.♗xc6 dxc6 32.♖xd2 ♕xd2 33.♕xe4 ♖xa4 und wieder stehen beide Seiten bereit, mit einem Dauerschach die Partie zu beenden. 28...♗xb5? 29.axb5 ♕xc4 30.♕xe4+−; 28...♘d2? 29.♕h5+ ♔g8 30.♖xb4+−. **29.♕h5+?** Das simple 29.♗xc6 ♕xc6 30.♖b6 gewinnt eine Figur.

29...♔g8 30.♘g6 ♗xf4 31.♘e7+ 31.♕h8+? ♔f7 32.♕h7 ♗h2+ 33.♔h1 ♘g3+ 34.♔xh2 ♘f1+ 35.♔g1 ♕h2+ 36.♔xf1 ♕xg2+ 37.♔e1 ♕e4+ 38.♔d2 ♕xd4+ 39.♔e2 ♕e4+−+. **31...♔f8 32.♘g6+ ♔g8 ½-½** 2 Punkte für 28...♕d6!.

T03.03: **44...g5!** Schwarz gibt den Läufer, erhält im Gegenzug aber einige Bauern. 44...♗e1+? 45.♔h3 ♖c3 46.♗e8 ♖xg3+ 47.♔h2 g5 48.♖f7+ ♔g6 49.♖f3++−; 44...♗e3+? mit der studienartigen Idee 45.♔h3 ♗h6!! erhält nur 2 Punkte, da Weiß weiterspielen kann mit 46.♖c7 ♗f8 47.♗e8 ♗e7 48.g4 ♖c3+ 49.♔g2 g5 50.hxg5+ ♔xg5 51.♖xe7 ♔xg4 52.♖f7. **45.♗e8 gxh4 46.♖f7+ ♔g5 47.♖xf2 ♖c3?** Verliert die Übersicht. Das Remis hätte mehr oder weniger die folgende Variante forciert: 47...h3+ 48.♔g1 ♖c3! 49.♔h2 ♔g4 50.♗f7 ♖xg3 51.♗xe6+ ♔h4 52.♖e2 ♖f3=. **48.gxh4+ ♔xh4 49.♗a4 ♖e3 50.♗c2?** Zu passiv. 50.♗c6 war erforderlich. **50...c4 51.♔f1 ♔g3 52.♖e2 ♖f3+ 53.♔e1 c3 54.♗b1 ♔f4 55.♖h2 ♔e3 56.♖e2+ ♔d4 57.♗c2 ♖h3 58.♔d1 ♖h1+ 59.♖e1 ♖h8?** Normalerweise ist es natürlich nicht gut, einen aktiven Turm zu tauschen, aber hier sichert Schwarz seine überlegene Aktivität das Remis nach 59...♖xe1+

60.♔xe1 ♔e3=. **60.♔c1 ♖a8 61.♖d1+ ♔c4 62.♖d6 ♖h8?** Letztendlich löst Miles das Problem seines passiven Läufers. Allerdings scheint auch 62...♔b4 zu remisieren, z.B. 63.♗d3 ♖a1+ 64.♗b1 ♖a7 65.♖xe6 ♖h7 66.♖xe5 ♖h1+ 67.♔c2 ♖e1=.

63.♗d3+ ♔c5 64.♖xe6 ♔d4 65.♖d6+ ♔e3 66.♔c2 ♖c8 67.♖d5 ♔f4 68.♔b3 ♖c7 69.♗c2 ♖c8 70.♔b4 ♖c7 71.♖c5 1-0

2 Punkte für 44...g5! und 1 Punkt mehr, falls Sie 47...h3+ gesehen haben.

T03.04: **35...♖c8?** Das funktioniert auch nicht wirklich. 35...h6? 36.♗e4 ♕g8 37.♕e7+−. Richtig ist der natürliche Zug 35...g6!, wonach der Läufer auf Granit beißt: 36.a4 (36.♖d1 ♖xa3 37.♕f3 ♘b2 38.♖xd4 ♖a1+ 39.♗f1 ♕a8!) 36...♘e5 37.♕e6 ♖c5 und in beiden Fällen steht Weiß etwas besser, aber Schwarz kann kämpfen. **36.♕f5 ♘c5?** Stellt eine Figur ein. 36...♘b2! war der einzige Weg, um die Partie in Gang zu halten: 37.♗b7 ♖b8 38.♗e4 ♕g8 39.♗d5 ♕e8 40.♖f4 h6 41.♗e4 ♕g8 42.♕e5. **37.♗h3 1-0**

2 Punkte für 35...g6!.

T03.05: **50.♔f6!** Das gierige 50.♔xg6? geht komplett nach hinten los: 50...♖g1+ 51.♔f6 d2 52.♖c3 ♖c1 53.♖d3 d1♕−+. **50...f4** 50...♖c1 51.♖xd3 ♖c6+ 52.♔g5 ♔xe7 53.f4 ♖b6 54.♖e3+ ♔d7 55.♖d3+ remisiert auch. 50...d2?? 51.♖d3 setzt im nächsten Zug matt. **51.♖e4 ♖c1 52.♖d4 ♖c6+ 53.♔g5 ♖c3 54.♔f6 ½-½**

1 Punkt für 50.♔f6!.

T03.06: **18.♔h1!** Andere offensichtliche Züge funktionieren nicht: 18.♕xd7? ♖ad8 19.♕a4 ♖xd4 20.♗xh7+ ♔h8!−+ (D. Tyomkin); 18.♖f4? ♘xe5 19.♗c2 g5 20.♖e4 f5−+; 18.♗e3? ♘xe5 19.♗xh7+ ♔xh7 20.♖f2 ♖ad8−+. **18...♘xe5** 18...♗xd4? 19.♕xd7+− **19.♘b3!** Auch 19.♗f4!? ♕xb2 (19...♗xd4? 20.♗xe5 ♗xe5 21.♕e4+−) 20.♘b3 ♘xf3 21.♖b1 ♕c3 22.♕e4 ist nicht schlecht. **19...♘xf3 20.♕e4!** Der Schlüsselzug.

20...f5 21.♕xf3 ♗d6 22.♗e3 ♕b4 23.♖d1 ♔h8 24.♗d2 ♕a4 25.♗c3 ♖a7 26.♗c2 ♗b8 27.♘d4 ♕e8 28.♗b4 ♖ff7 29.♗b3 ♖ab7 30.♘xe6 ♖fd7 31.♖xd7 ♖xd7 32.♕xf5 ♖f7 33.♕d3 ♕d7 34.♕e2 ♕c6 35.♘d8 ♕c1+ 36.♗d1 1-0

2 Punkte für 18.♔h1!.

T03.07: **28...♕b7+!** Das richtige Feld für die Dame. 28...♕b6+? 29.♔c1 ♕b1+ 30.♔d2 ♕xc2+ 31.♔e1 ♕c3+ 32.♔e2 ♕c4+ 33.♖d3 e5 34.♘b4+−. **29.♔c1** 29.♔xa3? d5+−+. **29...♖xc6 30.♕xe6+ ♕e7!** Großartige Verteidigung. Es ist alles vorbei. 30...♖e7? 31.♖xf8+ ♔xf8 32.♗xe7+ ♕xe7 33.♖f1+ ♔e8 34.♕g8+ ♔d7 35.♖f7+− (Stohl). **31.♖xd6** 31.♗xe7 ♖xc2# **31...♖xc2+ 32.♔d1 ♖xf1# 0-1**

2 Punkte, falls Sie 30...♕e7! sahen.

T03.08: **25...♔h7?** Das klappt nicht. 25...♖e2? 26.♖f3+− funktioniert auch nicht. Richtig wäre das ruhige 25...♗e8! 26.♖xb7 (26.♕h6? ♕f8) 26...♖e2 27.♕h6 ♕f8 28.♕g5 ♕a3= gewesen (Hübner). **26.♖xb7 ♖d8 27.f5 exf5 28.♖xd7 ♖xd7 29.♘xf5 1-0**

1 Punkt für 25...♗e8! und 2 weitere, falls Sie die Variante bis 27...♕f8 sahen.

Test 4

T04.01: **24.♔e1!** Die richtige Verteidigung. 24.♖d1? ♖xd5+ 25.♕xd5 ♖d8 26.♕xd8+ ♕xd8+ 27.♔e1=.

24...♕xb2 25.♕c3 ♕b5 26.e4 ♔h8 26...♕b8 27.♖c1 ♕d6 28.♕c5+− überlässt Weiß auch die Kontrolle.

27.♕xe5 ♖fe8 28.♕d4 f5 29.f3 fxe4 30.fxe4 ♖c8 31.a4 ♕a5+ 32.♕d2 ♕b6 33.a5 ♕f6 34.♖c1 ♕f3 35.♖xc8 ♕h1+ 36.♔f2 ♖xc8 37.e5 ♖f8+ 38.♘f4 ♕a1 39.e6 ♖b8 40.♔f3 g6 41.♘xg6+ ♔g7 42.♘f4 ♔f6 43.♕d3 ♕h1+ 44.♔g4 ♖g8+ 45.♔h5 ♕e1 46.♕d4+ ♔f5 47.g4+ 1-0 1 Punkt für 24.♔e1!.

T04.02: **32...♕e6?** Das wird eindrucksvoll widerlegt. Die richtige Verteidigung lautet 32...♖f8! 33.♖xh4+ ♘xh4 34.♕h7+ ♔g5 35.♘e3 und nach 35...♖f4 ist es Weiß, der aufgeben kann (Petursson in CBM 66). **33.♖xh4+! ♘xh4 34.♕h7+ ♔g5 35.♘e3** Jetzt gibt es den rettenden Zug ♖f4 nicht. **35...♖h8** 35...♘eg6 36.♘xg4 ♕xg4 37.♖xg4+ ♔xg4 38.♗xg6+−. **36.♖xg4+ ♕xg4 37.♕xe7+ ♔h5 38.♕f7+ 1-0** 1 Punkt für 32...♖f8 und 1 weiteren Punkt, falls Sie bis 35...♖f4 gerechnet haben.

T04.03: **1...♔e7?** Die falsche Entscheidung. Es war richtig, mit dem Läufer zu nehmen: 1...♔xf7 2.♕h5+ ♔e6!! (2...♔e7? 3.♕xh6 ♗xg7 4.♗g5++−) Weiß schafft es jetzt nicht, direkt im Angriff zu gewinnen: 3.♕d5+ (3.♕xh6? ♖xg7 verhindert ♗g5.) 3...♔e7 4.♖xf6! ♖xg7 (4...♔xf6? 5.♕h5! ist zu riskant.) 5.♗xh6 ♕g8 6.♗xg7 ♕xg7 7.♖af1 ♕xf6 8.♖xf6 ♔xf6 Das Schlimmste ist vorbei und Schwarz hat ordentliche Remischancen nach 9.e5+ ♘xe5 10.♕xb7 ♖g8 11.♕xc7 ♔e6. **4.♖xf6!** Das ist jetzt tödlich. **4...♔xf6 5.♕h5 ♖xg7 6.♖f1+ ♔e7 7.♕h4+ ♔f8 8.♗e6+ ♔e8 9.♕h5+ ♔e7 10.♖f7+ ♔xe6 11.♕d5# 1-0**

2 Punkte für 4...♔e6!! .

T04.04: **1...♖d1+?** Zu optimistisch. Schwarz sollte Verluste in Kauf nehmen und seine Dame für den mächtigen schwarzfeldrigen Läufer geben: 1...♕c1+! 2.♗f1 (2.♗xc1 ♘xc1 3.♖f1 ♘e2+ 4.♔f2 ♘d4 5.♕e5 ♗c6) 2...♕xb2 3.♕xb2 ♘b4 und in beiden Fällen steht Schwarz nicht schlechter. **2.♗f1 ♖xf1+ 3.♔xf1 e5 4.♗xe5 ♕c1+ 5.♔e2 ♘c3+** 5...♕c2+ 6.♔e3 ♕c1+ 7.♔xe4 ♕b1+ 8.♔f4 ♕f5+ 9.♕xf5 gxf5 10.♖xa2+−. **9.♗xc3 ♕c2+ 10.♔e3 ♕d3+ 11.♔f4 ♕d6+ 12.♕xd6 cxd6 13.♔xe4 1-0** 3 Punkte für 1...♕c1+!.

T04.05: Schwarz sollte das unnatürliche Feld anstreben mit **36...♘g7!**, da die Alternativen klar schlechter sind: 36...♘h6? 37.♕b2 ♔g8 38.♕e2 ♔h8 (38...♕f8 39.♘e6 ♕xb4 40.♘xc7 ♕d4+ 41.♔h1 ♖xc7 42.♕xb5+−) 39.g5 ♘f5 (39...♘g8 40.♕b2+−) 40.♖e8+ ♖xe8 41.♕xe8+ ♕g8 42.♕e5+ ♕g7 und jetzt das fantastische 43.♕xc7!! ♕xc7 44.♖e8+ ♔g7 45.♘e6+ ♔f7 46.♘xc7+−; 36...♘d6? 37.♕d4 ♕f6 38.g5+−. **37.♕d4 ♖f8 38.♖5e2 ♔g8 39.g5?!** 39.♖f2 ♕xf2+ 40.♕xf2 ♖xf2 41.♔xf2 ♔f7 behält noch einen kleinen Vorteil. **39...♕f5 40.♖g2 ♖cf7 ½-½ –** 1 Punkt für 36...♘g7!.

T04.06: **19...♗g4?** Schwarz verliert komplett die Übersicht. 19...♘xd4? 20.♖h5! gewinnt, da die Dame ungeschützt ist. 19...♖fd8? 20.♖h5! gxh5 21.e5 f5 22.exf6 gibt Weiß ebenfalls einen tödlichen Angriff. 19...f6 gibt nur 1 Punkt, da 20.♖fc1 (20.e5 wird mit 20...♘xe5 21.dxe5 ♕xc5 22.♗xg6 hxg6 23.♕xg6+ ♔h8= beantwortet.) 20...♖fc8 21.♕e3 Weiß eine gefährliche Initiative gibt. 19...e5! erhält 2 Punkte: 20.♖fc1 ♖ac8 21.d5 (21.dxe5 ♘b4! gibt Schwarz Kompensation für den Bauern, da der weiße Damenflügel verwundbar ist.) 21...♘b4 22.♖xc8 ♖xc8 23.♖xc8+ ♗xc8 24.♗b1 a5 und Schwarz kann zufrieden sein. 19...♖ab8!? verteidigt sich gegen die Drohung ♖h5, indem die Dame gedeckt wird, und erhält auch 2 Punkte: 20.♖fc1 ♖bc8 21.♘c3 (21.♖h5 gxh5 22.e5 f5 23.exf6 ♖f7! verteidigt sich.) 21...♕d8 und Schwarz ist noch in der Partie. **20.♘f4 ♘xd4 21.♖g5 ♗f3 22.♖g3! 1-0** Ein einfacher Zug, um die Partie zu beenden.

T04.07: 20...♗b7! 20...♗a6?! ist etwas schwächer: 21.♕xd6 ♗b7 erhält trotzdem 1 Punkt. **21.♕xb7** 21.♕xd6 ♖ad8 22.♕b6 ♗e4 23.♗xe4 ♕xe4+ 24.♔a1 b4 mit Gegenspiel (Gofshtein). **21...b4!?** Zielt konsequent auf Gegenspiel. **22.c4?!** 22.♕e4!? ♕e7 23.♗b5 ♖ed8 24.♗c6 ♖ac8 25.cxb4 ♗xb4 26.♖xd8+ ♖xd8= (Gofshtein).

22...♕f6 23.♖e2 ♖ed8 24.♖ed2 ♗c5 25.♕e4 ♖ac8 26.♗e2 ♖e8 27.♕g4 ♗xe3 28.fxe3 ♘c5 29.♗f3 ♕e5!? 30.♖e2 ♖cd8 31.♖d4 ♔g7 32.♗d5 ♖e7 33.♕f3 ♖d6 34.♖f4 ♖f6 35.♖xf6 ♕xf6 36.♔c2 ♕e5 37.g3 f5 38.♕f4 ♕xf4 39.gxf4 h6 40.♔d2 ♔f6 41.♖h2 h5 42.♔e2 ♖h7 43.♔f3 h4 44.b3 ♖h8 45.♖d2 ♖d8 46.♖h2 ♖h8 ½-½

2 Punkte für 20...♗b7!.

T04.08: 39...♗e7!! Exzellente Verteidigung von Kobalia am Brett. Andere Züge sind deutlich schlechter: 39...♖b8? 40.♘e4 ♕e1 41.g5+−; 39...♕f1+? 40.♔xh4 ♕e1+ 41.♔h3 ♕f1+ 42.♔g3 ♕g1+ 43.♔f4 ♕f1+ 44.♖f3 ♕c1+ 45.♖e3 ♕f1+ 46.♔g5 ♕c1 47.♕f7+ ♔h7 48.♕h5+ ♔g8 und jetzt folgt der brillante Abschluss: 49.♔g6! ♕xe3 50.♕h7+ ♔f8 51.♕xg7#; 39...♕e1? 40.♕f7+ ♔h7 41.♕f3 ♖b8 42.♖e3 ♕f2 43.♕e4+ ♔g8 44.♖f3 ♕e1 45.g5 ♗f2 46.♕xe1 ♗xe1 47.g6 b4 48.c4 ♗c3 49.♘f7+−. **40.♘xb7** 40.♕e8+ ♔h7 41.♕xe7 ♕f1+ 42.♔h4 ♕xd3 43.♘xb7 ♕d2! und ob Sie es glauben oder nicht, Schwarz droht ein zweizügiges Matt. Deswegen muss Weiß das Dauerschach forcieren. **40...♕f1+ 41.♔g3 ♕g1+ 42.♔f4 ♕f1+ 43.♔e4** 43.♖f3 ♕c1+ 44.♔e4 ♕b1+ 45.♖d3 ♕e1+= (Ribli). **43...♕e1+ 44.♔d4 ♕g1+ 45.♖e3 ♕d1+ ½-½** und remis wegen **46.♕d3 ♕xg4+ 47.♕e4** 47.♖e4 ♕g1+ 48.♕e3 ♕d1+= **47...♕d1+ 48.♖d3 ♕g1+ 49.♕e3 ♕g4+=** (Ribli).

3 Punkte für 39...♗e7!!.

Test 5

T05.01: 32...♕xf3! Solide Verteidigung. 32...♕c5? 33.♗xc7 ♕xc7 34.♖xf7! ♕xf7 35.♗c4 (Ribli in CBM 88). Es ist problematisch, den Bauern auf f7 zu verlieren, weil es wegen des exponierten Königs viel schwieriger ist, eine Festung ohne ihn aufzubauen. **33.♕xf3 ♖xa5** und Schwarz steht keineswegs schlechter: **34.♗f1 ♖ac5 35.♖d1 ♗e7 36.♕e3 ♔g7 37.♗e2 ♘f6 38.♗f3 h5 39.h3 ♖e5 40.♕d4 ♖cc5 41.♖b1 ♖b5 42.♖c1 ♖ec5 43.♖e1 ♖e5 44.♖c1 ♖bc5 45.♖b1 ♖b5 ½-½**

1 Punkt für 32...♕xf3!.

T05.02: 33...♕d7+? Das verliert ohne Gegenwehr. Es gab eine Rettung mit 33 ...♖h1+ 34.♔g4 ♕d1+ (34...♕d7+? 35.♔g5 ♕f5+ 36.♕xf5 gxf5 37.♔xf5 ♔f7 38.♔g5 ♖b1 39.f5 gibt nur Weiß Hoffnungen auf einen Sieg.) 35.f3 und jetzt folgt der Schlüsselzug: 35...♖xh4+!! 36.gxh4 (36.♔xh4? ♕h1+ 37.♔g4 ♕h5#; 36.♕xh4 ♕d7+ 37.♔g5 ♕f5+ 38.♔h6 ♕f8+ mit einem Dauerschach.) 36...♕g1+ mit einem Dauerschach. **34.♔h2 h5 35.♕xg6+ ♔f8 36.♗d6+ ♖e7 37.♕f6+ ♔e8 38.♕xe7+ 1-0**

2 Punkte für 35...♖xh4+!!.

T05.03: 22...♖e5! Mit diesem präzisen Zug dreht Schwarz sogar den Spieß um. Natürlich nicht 22...hxg5?? 23.♘f6+ gxf6 24.♕h7#; 22...♔h8 und 22...♖e7 erhalten jeweils 1 Punkt. **23.f4 ♖f5!** Ein seltsames Feld für den Turm, aber es basiert alles auf präziser Berechnung. **24.g3** 24.♘g3 g6 25.♕e2 ♖xf4−+. **24...g6 25.♕h4 c4!** Schwarz hat keine Eile, den Springer zu nehmen. **26.♔h2** Nach 26.♘f3 ♗e7! wird die Dame gefangen: 27.♕xh6 (27.♕g4 h5−+) 27...♗xe4 28.♗xe4 ♖h5−+. **26...♔g7 27.♕g4 hxg5!** Jetzt wird der Springer unter günstigeren Umständen geschlagen. **28.♘xg5 ♖xg5 29.♕xg5 ♕b6!** Fesselt den Turm auf e3. **30.f5 ♗e7 31.♕f4 ♕xb2 32.♖xe7 ♕xc2+ 33.♖1e2 ♕xf5 34.♕xf5 gxf5 35.♖e8 ♖d7 36.♖d2 ♔f6 37.♔g1 ♘e5 38.♔f2 ♘d3+ 39.♔e3 ♗c6 40.♖b8 ♖e7+ 0-1**

2 Punkte für 22...♖e5!.

T05.04: 104...♔e4? Die falsche Richtung. Nach 104...♔g4 105.♖g6+ ♔h3 können die aktiven schwarzen Kräfte nicht besiegt werden, z.B. 106.♖g5 (106.f5 h4 107.g4 ♖b2+ 108.♔f3 ♖b3+ 109.♔f4 ♖b4+ 110.♔e5 ♖xg4=) 106...h4 107.gxh4 (107.g4 ♖b2+ 108.♔f3 ♖b3+ 109.♔e4 ♔g3=) 107...♔xh4 108.♖g8 ♖a3 109.f5 ♖a5=. **105.♔g2!** Der König muss dem Kampf beitreten. Das gierige 105.♖xh5? ♖b2+ 106.♔g1 ♔f3 107.♖g5 ♖b1+ 108.♔h2 ♖b2+ 109.♔h3 ♖b1= wirft den Sieg weg. **105...♖b2+** 105...♖b5 106.♔h3 ♔f3 107.♔h4 ♖b1 108.♖xh5+−. **106.♔h3 ♔f3 107.♖xh5 ♖g2!?** Stellt eine Falle auf. **108.♖g5?** Jetzt versperrt der Turm die Fluchtroute. Nur 108.♔h4!! gewinnt, da Schwarz den Turmtausch nach 108... ♖xg3 109.♖g5+− nicht verhindern kann. **108...♖g1 109.♔h2 ♖g2+ 110.♔h1 ♖f2 111.♖g6!?** Weiß droht seinen Bauern in typischer Manier vorzustoßen. **111...♖a2?** Der König musste sofort zurückweichen mit 111...♔e4, um den Anmarsch der weißen Bauern zu stoppen, z.B. 112.♔g1 ♖a2 113.♖b6 ♔f3 114.♖b3+ ♔g4 115.♔f1 ♖c2 116.♖e3 ♖a2 117.♖e2 ♖a3=. **112.f5 ♖a5 113.f6 ♖f5** Nach 113...♖a8!? muss Weiß auch zuerst seinen König verbessern: 114.♔g1 (114.f7? wird widerlegt durch 114...♖f8 115.♖g7 ♔f2!=.) 114...♖b8 115.f7 ♖f8 116.♖g7 ♔e4 117.g4 ♔e5 118.g5 ♔e6 119.g6 ♔f6 120.♖g8+−. **114.♔g1!** Jetzt entscheiden die weißen Bauern die Partie.

114...♔e4 115.g4 ♖f4 116.♔g2 ♔e5 117.g5 ♔f5 118.♖g7 ♔e6 119.♔g3 ♖f1 120.♔g4 1-0

3 Punkte für 104...♔g4.

T05.05: 26...♘h5! Ein cleverer Weg, um Weiß die Initiative zu entreißen. Der Springer ist aus offensichtlichen taktischen Gründen unantastbar. **27.♘ce4**

27.♖xf8+!? ♖xf8 28.♖xf8+ ♗xf8 29.♘xh5 ♕xh5 30.♕e1 gxh3 31.♕e6+ ♕f7 32.♕xh3 ist ungefähr ausgeglichen. **27...♘xg3+ 28.♘xg3 gxh3 29.b3 ♖ae8 30.♔h2 ♖xf5 31.♖xf5?** 31.♘xf5! ♗e5+ 32.♔xh3 ♔h8 33.♕h6 gibt Weiß gute Remischancen. **31...♖e5?!** Das präventive 31...h6! wäre stark gewesen. **32.♕g5!** Reduziert durch den Damentausch den Druck. **32...♕xg5 33.♗xg5 ♘c2!** Hält den Druck aufrecht. **34.♗d8?** Das lässt einen taktischen Schlag zu. 34.♗d2 und 34.♗f4 boten bessere praktische Chancen. **34...♘d4! 35.♖f4 ♖e3 36.♖g4 ♔f7 37.♖e4 ♖xb3 0-1**

2 Punkte für 26...♘h5!.

T05.06: **32...♘e8?** Das verliert einfach.

32...♘g4+! 33.♔f3 (33.♔e2 ♖e6+ 34.♔f3 [34.♘e4 ♖xe4+ 35.♔f3 ♖ed4=] 34...♘h2+ 35.♔g3 ♖g8+! gibt Schwarz ebenfalls eine unangenehme Initiative.) 33...♖f6+!! Ein fantastisches Figurenopfer, das Schwarz eine anhaltende Initiative gibt: 34.♔xg4 ♖g8+ 35.♔h5 ♖xf2 36.♖a6+ (36.♘f5 ♖xf5+ 37.♔h6 ♖f3 38.♔h7 ♖g2 39.♖d5 ♖h3+ 40.♖h6 ♖hg3 41.♖d8+ ♔b7 42.♖d7+ ♔c8 43.♖a7 ♔b8 44.♖e7 ♖xa2=, Glek.) 36...♔b8 37.♘f5 ♖xf5+ 38.♔h6 ♖f2 39.♔h7 ♖fg2=. **33.♘b5** Entfesselt auf effektive Weise den Springer. **33...♖h3+ 34.♔e2 1-0**

2 Punkte für 32...♘g4+ und 2 weitere für 33...♖f6+!!.

T05.07: **38.♕xf7+!** Alle anderen Züge sind recht hoffnungslos, aber dieses Damenopfer rettet das Remis. **38...♖xf7 39.♖c8+ ♔g7** und die Spieler einigten sich auf Remis in Anbetracht von **40.♖xf7+ ♔xf7 41.♖c7+ ♔e8 42.♖c8+ ♔e7 43.♖c7+ ♔d8 44.♖c8+= ½-½**

1 Punkt für 38.♕xf7!.

T05.08: **27.g3!** Einfach ruhig bleiben und die g-Linie blockieren stellt sich als die effektivste Methode heraus.

Präzisere Züge gehen eher nach hinten los: 27.♘d6+? ♗xd6 28.♖e8+ ♔b7! 29.♕xc4 ♖xg2+ 30.♔h1 ♖xh2+ 31.♔g1 ♖g2+= mit Dauerschach (Mikhalevski). 27.♗xe7? ♖xg2+ 28.♔h1 ♖g4 29.♘d6+ cxd6 30.♕f5+! ♔b7 31.♕d7+ ♔a8 32.♕c8+ ♔a7 33.♕c7+ ♔a8 34.♗xd6 ♖g8 35.♗g3 ♗g4 36.♖d2 ♕xc3 ist besser für Weiß, gibt Schwarz aber zu viel Gegenspiel. **27...♖g4 28.♕f3 ♗a3 29.♘d2 ♕xa4 30.♘xb3 ♖g8 31.♘d4 ♗d7 32.♖a1! 1-0**

1 Punkt für 27.g3!.

Test 6

T06.01: **20...♕b6!** Der einzige Weg, andere logische Züge überzeugen nicht: 20...♘xa1? 21.♘f7+ ♔g8 22.♘xd8 ♖axd8 23.♕xc6+-; 20...♗xe5? 21.dxe5 ♕b6 (21...♘xa1 22.♕xc6 ♖c8 23.♕xd5 ♕xd5 24.♗xd5 ♘b3 25.♗g5+-) 22.♕xb6 ♘xb6 23.♗f7! ♘xa1 24.♗g5 ♔g7 25.♗xe8 ♖xe8 26.♖xa1 ♖xe5 27.♗e3+-. **21.♘f7+** 21.♕xc6? ♕xc6 22.♘xc6 funktioniert nicht wegen 22...♘b6! 23.♗f7 ♘xa1 24.♗xe8 ♖xe8. **21...♔g8 22.♘h6+ ♔h8 23.♘f7+** 23.♕f7? trifft auf 23...♖e7 und hier kann nur Schwarz auf Sieg spielen: 24.♗xd5 ♖xf7 25.♘xf7+ ♔g8 26.♗c4 h6!?. **23...♔g8 24.♘h6+ ♔h8 25.♘f7+ ½-½**

1 Punkt für 20...♕b6!.

T06.02: 26...♗f5? Das wird kräftig widerlegt. Der Gegenangriff 26...♕f4! remisiert forciert: 27.♗c4+ (27.♖xc5? dxc5 28.♗c4+ ♕xc4 29.g6 ♕e4+ 30.♔f1 hxg6 31.♘xg6 ♗b7−+; 27.♖c4 ♕xh2 28.g6 ♕xf2+ 29.♔d2 hxg6 30.♕xg6+ ♔h8=) 27...♗e6 28.♗xe6+ ♘xe6 29.♕xe6+ ♔h8 30.♖xc7 ♕xh2 31.♘f5 ♕g1+ 32.♔e2 ♕xg5 33.♘xd6 ♖xf2+! 34.♔xf2 ♕d2+ 35.♔f3 ♕d3+= (Ftacnik). 26...♕g7? funktioniert auch nicht: 27.♗c4+ ♔h8 28.♘g6+! ♕xg6 29.♕xf8+ ♕g8 30.♕xg8#. **27.♗c4!** Lenkt die schwarzen Figuren ab. **27...d5** 27...♗e6 28.g6 hxg6 29.♖g2+−; 27...♘d3+ 28.♔d2 d5 29.g6 ♗xg6 30.♗xd3+−. **28.g6!** Der Schlüsselzug, der Linien gegen den schwarzen König öffnet. **28...hxg6** 28...♗xg6 29.♘xg6 hxg6 (29...♕xg6 30.♗xd5+ ♔h8 31.♕xg6 hxg6 32.♖xc5+−) 30.♖g2+−. **29.♖g2 dxc4 30.♘xg6 1-0**

2 Punkte für 26...♕f4!.

T06.03: 20...♖c8! Nach diesem Konter stellt sich heraus, dass es der weiße König ist, der exponierter steht.

21.♘e4 ♖c4 22.♘g5+ ♔g6! Eine sehr coole Antwort. **23.♕g3 ♘h5!** Ein weiterer präziser Zug, nach dem Schwarz die Kontrolle behält. **24.♕f3** 24.♕xe5 ♖g4+ 25.♔f2 ♕g2+ 26.♔e1 ♖xg5 27.♗xg5 ♕xg5 überlässt Schwarz auch die besseren Karten. 24.♕h3 ♘f4! macht die Sache nur schlimmer. **24...♕xf3 25.♘xf3 ♗d6 26.♖ad1 ♗b8 27.♖d2 ♖g4+ 28.♖g2 ♖xg2+ 29.♔xg2 ♘f4+ 30.♔h1 ♘e2 31.♗f2 e4 32.♘h4+ ♔g5** Und wie man so schön sagt, sind Endspiele im Sizilianer besser für Schwarz. **33.♖e1 ♘f4 34.♖xe4 ♖xh4 35.♗xh4+ ♔xh4 36.a4 e5 37.axb5 axb5 38.c4 ♔g4 39.cxb5 ♔f3 40.♖c4 e4 41.♖c8 ♗d6 0-1**

2 Punkte für 20...♖c8!.

T06.04: 23...♗g4! Macht Weiß einen Strich durch die Rechnung. 23...♔h8? 24.♕xe5+ ♔g8 25.♕xe6+ ♔h8 26.♕e5+ ♔g8 27.♖c3+−; 23...♔f7? 24.♘g5+ ♔e7 25.♕xe5 ♖f6 26.♖c7+ ♕xc7 27.♕xc7+ ♗d7 28.♕xb7 ♖c8 29.♘xh3±. **24.♕xg4+** Und jetzt kann der König sicher in die Ecke gehen, da die weiße Dame abgelenkt ist: **24...♔h8 25.♘g5 ♕d2 26.♖c7 ♕xf2+ 27.♔h2 ♕xg2+ 28.♕xg2 hxg2 29.dxe5 ♖ac8 30.♖xb7 ♖c2 31.♘f7+ ♔g7 32.e6 ♔f6 33.e7 g1♕+ 34.♔xg1 ♖g8+ 0-1**

2 Punkte für 23...♗g4!.

T06.05: 66.♗b7? 66.♗e6! ♔f3 67.♔h2 ♖g5 68.♔h3 (68.♗f7? ♖xg3 69.♗xh5+ ♔f2−+) 68...♖xg3+ 69.♔h4 ♖g6

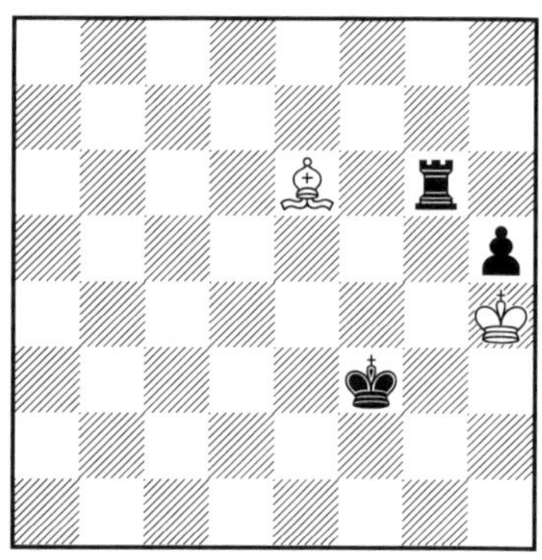

und jetzt folgt die Pointe der weißen Verteidigung: 70.♗b3! (70.♗f7? ♖g7−+) 70...♖h6 (70...♔f4 71.♔xh5 ♖g3 72.♗c2=) 71.♔g5 ♖h8 72.♗d1+ ♔e4

73.♗xh5=. **66...♖g5 67.♔h2** Nach 67.♔g2 h4 68.♔h3 hxg3 69.♔g2 ♔f4 70.♗f3 ♖c5 71.♗a8 ♖c2+ 72.♔g1 (Siehe Diagramm) durchbricht Schwarz die weiße Festung auf typische Weise mit 72...g2 73.♔h2 ♖f2 74.♗c6 g1♕+ 75.♔xg1 ♔g3–+. **67...♔f2 68.♔h3 ♖xg3+ 69.♔h4 ♖g7**

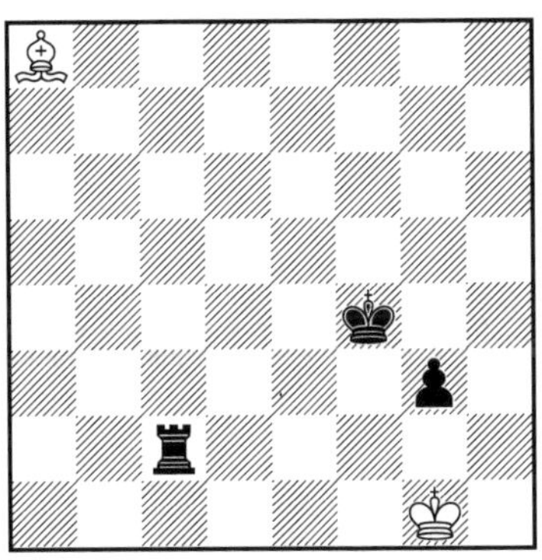

70.♗c6 ♖h7 71.♗d5 ♔e3 72.♗g8 ♖h8 73.♗f7 ♔f4 74.♗b3 ♖b8 75.♗c4 ♖c8 76.♗e6 ♖c6 77.♗d5?! 77.♗f7 ♖c7 78.♗e6 ♔e5 79.♗h3 ♖h7 80.♗g2 ♔f5 81.♗f1 ♔f6 82.♗a6 ♖a7 83.♗e2 ♖e7 84.♗f3 ♔f5 85.♗d1 ♖c7 86.♗e2 ♖d7 87.♗b5 ♖d1 88.♗c6 ♔g6 89.♗e4+ ♔h6 90.♗f5 ♖d4+–+. **77...♖c2 78.♔h3 ♔g5 0-1**

2 Punkte für 66.♗e6! und 2 weitere, falls Sie bis 70.♗b3! gerechnet haben.

T06.06: 1.♘e8! 1.♘e6? b3 2.♘g5 b2 3.♘f3 ♔c3–+; 1.♘a8? ♔c5 2.♘c7 b3 3.♘e6+ ♔c4–+. **1...♔c5** 1...b3 2.♘d6+ ♔c3 3.♘e4+ ♔c2 4.♘d6 b2 5.♘c4 b1♕ 6.♘a3+=. **2.♘f6 ♔d4 3.♘e8 ♔e5 4.♘c7 ♔d6 5.♘e8+ ♔d5 6.♘f6+ ♔d4 7.♘e8=**

1 Punkt für 1.♘e8!, 1 weiterer Punkt, falls Sie die 1...b3-Variante bis zum Ende berechnet haben und 1 Punkt, falls Sie die Hauptvariante gesehen haben.

T06.07: 34...♖e6! Die oberste Priorität für Schwarz muss sein, sich um den weißen f-Bauern zu kümmern. 34...b4? 35.♖f1 ♖f8 36.♗xf8 ♔xf8 37.f7 c3 38.♘g5+–. **35.♖f1** 35.f7+ ♔xf7 36.♘g5+ ♔g6 37.♘xe6 ♕xd6–+ ist ein sehr hübscher Fall eines Springerfangs. **35...♖xd6 36.♘xd6 ♕xd6 37.f7+ ♔f8 38.♖f5 g6 39.♖fxe5 c3 40.♖e6 c2! 0-1**

1 Punkt für 34...♖e6!.

T06.08: 32.♕a8+ ♔g7 33.♖xf7+! Weiß kommt gerade noch rechtzeitig, um das Dauerschach zu forcieren:

33...♔xf7 33...♔h6?? 34.♕f8+ ♔g5 35.♕xe7+ ♔g4 36.♕h4#. **34.♕d5+ ♔f6** 34...e6 35.♕d7+ ♔f6 36.♕d8+=. **35.♕d4+ ♔f7** 35...♔e6 36.♕e4+=. **36.♕d5+ ♔f6 37.♕d4+ e5 38.♕d6+ ♔f7 39.♕d7+ ♔f6 40.♕d6+ ♔f7 41.♕d7+ ♔f6 ½-½**

1 Punkt für 33.♖xf7+!.

Test 7

T07.01: 25.♖gf3? Es gab keinen Grund zur Panik. Mit dem coolen 25.♔g1! hätte Weiß die Oberhand behalten: 25...♗h3 26.♖ff3! Einfach verteidigen. 26...♗xg3 27.hxg3 dxe5 28.♖e3 ♘g5 29.♘xe5 und Weiß hat seine Verteidigung koordiniert.

25...♗g4 26.♖3f2 Andere Züge verlieren auch: 26.♕d1 ♗g3! 27.♖3f2 ♗h3!–+ (Petursson in CBM 65); 26.♕c1 ♗xf3+ 27.♗xf3 ♘g3+ 28.♔g1 ♗g5 29.♕d1 ♘xf1 30.♕xf1 ♗f4 31.h3 ♗xe5–+

(Petursson). **26...♘xf2+ 27.♖xf2 ♗xf2 28.♕xf2 ♖f8 29.♕e1 ♕h3 0-1**

1 Punkt für 25.♔g1!.

T07.02: 25...♕f8! Es ist die richtige Verteidigung, die Qualität zurückzugeben. Den Turm mit 25...♖d8? zurückzuziehen, verliert auf spektakuläre Weise: 26.♕b7+ ♔e8 27.♗c5! f5 28.♕c6+ ♔f8 29.♕c7 ♕g5 30.♕e7+!+−. **26.g4** 26.♗xb8 ♕xb8 27.g4 ♖xd6 28.♕xf7+ ♔c6 29.♖xd6+ ♕xd6 30.♕xh7 ♕d1+ 31.♔b2 ♕xg4 32.♕a7 und Schwarz stand etwas besser in Cuevas Rodriguez – Wallace, Jerewan 1996. **26...♕e8 27.♗xb8 ♕xb8 28.♖f1 ♕xd6 29.♖xf7+ ♔e8 ½-½**

2 Punkte für 25...♕f8!.

T07.03: 28.♕c4? 28.♘c6! gibt 2 Punkte: 28...♕h3 (28...♘e5 29.♘xe5 ♖xe5 30.g4 [M.Roiz]) 29.♖g1 ♘e5 30.♘xe5 ♖xe5 31.♕f1 und in beiden Fällen kann sich Weiß verteidigen und sogar auf mehr als Remis hoffen zu einem späteren Zeitpunkt. 28.g4 gibt 1 Punkt, z.B. 28...♕xg4 29.♖g1 ♕f4 30.♘c6 ♕d2 31.♕b4 ♕xd5 32.♕c3=. **28...e3 29.g4 ♕g5 30.♖xe3** 30.fxe3 ♖xe3 31.♘b5 (31.♘c6 ♖f4−+) 31...♖f4! 32.♘d4 ♕xg4–+ (Roiz).

30...♖xe3 31.fxe3 ♕xe3 32.♕d3 ♕e2 33.♖g1 ♘e5 34.♕b5 ♕e4 0–1

T07.04: 28...cxd5? Das verliert sofort. 28...♗e5!! ist die einzige Verteidigung: 29.♗c4+ (29.♕a4 ♔e7 30.♗xc6 ♖ad8; 29.♗e4+ ♗d6 30.♗f5+ ♔e7 31.♖xd6 ♕xd6 32.♗g5+ f6 33.♗xf6+ ♔xf6 34.♕xd6+ ♔xf5 35.♕xc6 ♔f4; 29.♗xc6+? ♔xc6 30.♕c4+ ♔b7 31.♖d7+ ♔b8 funktioniert nicht.) 29...♔e8 30.♗xf7+ ♔xf7 31.♖d7+ ♔e6 32.♕e7+ ♔f5 33.♕f7+ ♗f6 34.♖d5+ cxd5 35.♕xd5+ ♗e5 36.♕f7+ ♗f6 37.♕d7+ ♔e5 38.♕c7+ ♔d5 39.c4+ ♔e6 40.♕xg3 ♖ae8 41.c5 ♔f7 und in allen Fällen hat Schwarz gute Überlebenschancen. 28...♖ad8? 29.♗f4+−; 28...♗xb2+? hilft nicht: 29.♕xb2 cxd5 30.♖xd5+ ♔e6 31.♕b3+−. **29.♗f4!** Der Killer. **29...♕h4** Andere Züge helfen auch nicht: 29...♕xf4+ 30.♕xf4 ♔c6 31.♕xf7+−; 29...♗h6 30.♖xd5+ ♔e8 31.♖e5+ ♔d7 32.♖e7+ ♔c8 33.♕c4+ ♔d8 34.♕c7#. **30.♕d6+ ♔e8 31.♕c6+ ♔e7 32.♗d6+ ♔d8 33.♕xa8+ ♔d7 34.♕b7+ ♔xd6 35.♖xd5+ ♔e6 36.♕d7+ ♔f6 37.♕d6# 1-0**

3 Punkte für 28...♗e5!!.

T07.05: 20...♕f8! Bringt die Dame zurück ins Spiel. Andere Züge sind nicht zufriedenstellend: 20...♖ee8? 21.♕c6 ♖ac8 22.♖ad1; 20...c6?! 21.♕d7 (21.♕b3!?) 21...♕f8 22.♖ad1 ist ähnlich wie in der Partie, aber eine etwas bessere Version für Weiß, wegen des schwächenden Zuges ...c6. 20...♖ae8?! ist ebenfalls weniger präzise, z.B. 21.♕c4 (21.♖ad1!?) 21...♖d8 22.♖e3 ♖ed6 23.♖f1 und Weiß wird den Bauern gewinnen. Schwarz hat natürlich etwas Kompensation, aber Weiß verdient den Vorzug. **21.♖ad1 ♕e8 22.♕d7** 22.♖d3 ♖d6 23.♕b7 (23.♕c4 ♖xd3 24.♕xd3 ♕d8 25.♕e2 ♕e7 26.♖d1 ♖d8!=) 23...♕c8= (Awruch). **22...♖c8 23.♕xe8+ ♖exe8 24.♖d7 ♖ed8 25.♖ed1 ♖xd7 26.♖xd7 ♔f8!** Der weiße Turm wird wieder rausgeworfen. **27.g4 hxg4 28.hxg4 g5 29.♔f1 ♔e8 30.♖d5 f6 31.♖d3 ♖d8 32.♔e2 ♖xd3 33.♔xd3 ♔d7 34.♔c4 ♔d6 35.a4 c5 36.c3 ½-½**

2 Punkte für 20...♕f8!.

T07.06: 26...♕e4! Die richtige Vorbereitung, da sofortige Schachs voreilig sind: 26...♘hf3+? 27.♔h1 ♕e4 28.♕g2! (Schirow); 26...♘df3+? 27.♔f1. **27.♗g3 ½-½** und die Spieler einigten sich auf remis, da Schwarz nicht mehr als Dauerschach hat: 27.♗g3 ♘hf3+ 28.♔h1 ♘e1+ 29.♔g1 ♘df3+ 30.♔f1 ♘c2 31.d6! ♔d7 32.♗f4 ♕xf4 33.♕xc2 ♘xg5+ 34.♕f2 ♕xg4 35.♕e2! „und Weiß steht beileibe nicht schlechter" (Schirow); 27.♖xd2 ♕b1+ 28.♕f1 ♘f3+ 29.♔f2 ♕xf1+ 30.♔xf1 ♘xd2+ 31.♔e1 ♘e4=.

1 Punkt für 26...♕e4!.

T07.07: 31.♖c1? „Nerven und Zeitnot – Alexejew verpasst seine Chance, die Partie zu retten und das Turnier zu gewinnen mit 31.♕c2! ♖d8 (31...h6? 32.♕c8+ ♔e7 33.♖f1+–) 32.♕c5+ (32.♕c7!? ♔e8 33.♕xb7=) 32...♔g8 33.♕xe3=" (Stohl in CBM 127); 31.♕g2? h5 32.♖e1 ♕g4 gibt Schwarz eine starke Initiative, z.B. 33.♕xb7 e2 34.♔f2 h4 35.♖xe2 hxg3+ 36.♔e1 ♕d4 37.♕a8+ ♔f7 38.♕b7+ ♔g6 39.♕e4+ ♕xe4 40.♖xe4 gxh2 41.♖h4 ♔f5 mit guten Gewinnchancen. **31...h6 32.♖c8+ ♔f7 33.g4?** Weiß hat dafür keine Zeit. 33.♕f1+ war erforderlich, aber Schwarz behält Gewinnchancen nach 33...♕f5 34.g4 ♕xf1+ 35.♔xf1 ♖d2. **33...♕e4 34.♖c4 ♕d5 0-1**

2 Punkte für 31.♕c2!.

T07.08: 41.♖xg7? 41.♖d7! ♘f5 (41...e2 42.d5+ ♔f6 43.♖d6+ ♔e7 44.♖xg6 hxg6 45.♖e4+ ♔d6 46.♖e5! ♖f8 47.♗e1 ♖xf4 48.♖xe2+–) 42.d5+ ♔f6 43.c7 ♖xg3+ 44.♔h2 und Weiß gewinnt: 44...e2 45.♖c6+ ♘d6 46.♖dxd6+ (Ribli) 46...♔g7 47.♖e6+–. **41...♖xg7 42.c7 ♔d7 43.♔f3 ♖xg3+! 0-1**

1 Punkt für 41.♖d7! und 2 weitere, falls Sie bis 44.♔h2 gerechnet haben.

Test 8

T08.01: 55...♔b4? Morosewitsch verpasst 55...♖xh5! 56.♖a5+ ♔b4 57.♖xh5 mit Patt. **56.♖b6+ ♔c5 57.♖xh6 ♔b4 58.♔c2 ♖c3+ 59.♔d2 ♖h3 60.♖h8 ♔c5** 60...♔xb3 61.h6 ♔b4 62.h7 ♔b5 63.♖b8++–. **61.♔c2 ♔b5 62.♔d2 ♔c6 63.h6 ♔b7 64.b4 ♔a7 65.♔e2 ♖h4 66.♔f3 ♖xb4 67.♖g8 ♖h4 68.♖g6 ♔b7 69.♔g3 ♖h1 70.♔f4 ♔c7 71.♔f5 ♔d7 72.♔f6 ♔e8 73.♔g7 1-0**

1 Punkt für 55...♖xh5!.

T08.02: 26...d4! Nach dem Tausch der Damen kommt der weiße Angriff zum Stillstand, aber seine strukturellen Defizite verbleiben. 26...♕xd6? 27.♖xd5 ♕h6 28.♖dg5 spielt in die weißen Hände. **27.♕xc6 ♖xc6 28.♖xd4 b4 29.d7 ♖d8 30.♗d2** 30.♖e1 ♖c7 31.♖e8 ♖dxd7 32.♖xd7 ♖xd7 33.♗e5 f6–+. **30...♖c7 31.♖g5 ♖cxd7 32.♖xd7 ♖xd7 33.♔c2 ♖c7+ 34.♔d3 ♖c5 35.♗e3 ♖xg5 36.♗xg5 ♗c5 37.f3** 37.♗d8 ♗xf2 38.♗xa5 ♗c5 39.♔c4 ♗e7 40.♗xb4 ♗xb4 41.♔xb4 f5–+. **37...f6 38.♗f4 ♗b6 39.♔c4 ♔f7 40.♔d5 g5 41.♗d6 h5 42.♗b8 ♔g6 43.♔e4 f5+ 44.♔d3 h4 45.♔e2** 45.♗e5 g4 46.fxg4 fxg4 47.hxg4 ♔g5 48.♔e2 ♔xg4 49.♔f1 ♔f3–+. **45...♔h5 46.♔f1 ♗d4 47.♗c7 a4 48.bxa4 ♗xb2 49.♔e2 ♗d4 50.♔d3 b3 51.a5 g4 52.fxg4+ fxg4 53.hxg4+ ♔xg4 54.a6 b2 55.♔c2 h3 56.♗e5 ♔f5 57.♗h2** 57.♗xd4 h2 58.a7 h1♕ 59.♔xb2–+. **57...♔e4 58.♔b1 ♔d5 59.a7 ♗xa7**

60.♔xb2 ♔e4 61.♔c2 ♔f3 62.♔d3 ♔g2 0-1 und Weiß gab auf wegen **63.♗e5 ♗f2 64.♔e2 ♗g3 65.♗xg3 ♔xg3 66.♔f1 h2–+**.

2 Punkte für 26...d4!.

T08.03: 28.♕h2? Es wäre richtig gewesen, die Damen zu tauschen: 28.♕xg4 hxg4 29.♖e4 (29.♖xf4? ♗xg5! 30.♖xe8 ♗xf4−+. Möglich ist auch 29.♘e4!? f3 30.♖g1 ♔g7 31.♖xg4 f5 32.gxf6+ ♗xf6 33.♖f1 ♗e7.) 29...f5 30.gxf6 ♖xf6 31.♖fxf4 ♖xf4 32.♖xf4 ♗xh4 33.♘e4 und Weiß steht etwas besser (Finkel).

28...♗d8! Plötzlich startet Schwarz einen unangenehmen Gegenangriff. **29.♘e4?** Das verschlechtert die Situation. 29.♖xe8 ♖xe8 30.♖xf4 (30.♕xf4? ♕h3+ 31.♔g1 ♗b6+−+) 30...♖e1+ 31.♘f1 ♕d1 32.♕f2 ♖e2 33.♕f3 ♕e1 ist das kleinere Übel (Finkel). **29...f3 30.♖g1 ♖xe4!!** Brillante Berechnung, die alle weißen Hoffnungen, die Partie zu retten, zunichte macht. **31.♖xg4 ♖xe1+ 32.♖g1 ♖fe8 33.♕f2** 33.♕g3 ♖xg1+ 34.♕xg1 ♗a5 35.♔h2 ♖e2+ 36.♔h3 ♗c3−+. **33...♖1e2 34.♕g3** 34.♕xf3 ♖8e3 35.♕f1 ♗b6−+ (Finkel). **34...♗b6 35.♖f1 ♖8e4 36.♕h3 ♖g4! 0-1**

1 Punkt für 28.♕xg4 und 1 weiteren für 29.♖e4 oder 29.♘e4.

T08.04: 19...♗d3!! Fantastische Verteidigung! Andere Züge führen zum Matt: 19...fxe5? 20.♕h6+ ♔g8 21.♖g1+ ♔f7 22.♖g7+ ♔e8 23.♕g6+ ♖f7 24.♕xf7#; 19...♕e7? 20.♕h6+ ♕h7 (20...♔g8 21.♖g1+ ♔f7 22.♕g6#) 21.♕xf8+ ♕g8 22.♕h6+ ♕h7 23.♕xf6+ ♔g8 24.♖g1++−. **20.♔xd3** 20.♕xd3 ist viel schlechter: 20...fxe5 21.♕g6 ♖xf2+ 22.♔c3 ♖xh2 23.♖g1 ♕f8−+. **20...♕e7 21.e4** Jetzt folgt auf 21.♕h6+ das Schach 21...♕h7+. **21...♕g7 22.♕h5+** Vielleicht hätte 22.♕xg7+ ♔xg7 23.♗xc7 versucht werden sollen. **22...♔g8 23.♗d4 c5 24.♗xc5 ♖c8 25.f4** 25.♗d6 wäre viel hartnäckiger gewesen. **25...♘a6 26.♗f2 ♘b4+ 27.♔e2 ♖xa2 0-1**

3 Punkte für 19...♗d3!! 20.♔xd3 ♕e7.

T08.05: 31...♖a2+! 32.♔b1 ♖b2+! 33.♔a1 ½-½ ist total forciert und erhält 1 Punkt.

T08.06: 36.♘c2! ♖xa2 37.♘xb4 ♖xe2 38.c6 ♖e5 39.♘d3 ♖e2 40.♘b4 ½-½ und da der Springer den Turm dominiert, vereinbarten die Spieler ein Remis.

2 Punkte, falls Sie die Variante bis zum Schluss berechnet haben.

T08.07: 58.♖g6? 58.a6! bxa6 59.♖g6 ♘b4 60.♖xh6+ ♔g7 61.♖d6 (61.♖h2 a5 62.♔c7 a4 63.♖b2 a3 64.♖xb4 ist Zugumstellung.) 61...a5 (61...♗e4 62.♔a7=, Reeh) 62.♔c7 a4 (62...♗e8 63.♔b6 a4 64.♔a5 ♘c6+ 65.♔xb5 a3 66.♖d2=) 63.♖d4 a3 64.♖xb4 a2 65.♔xc6 a1♕ 66.♖xb5 Diese Stellung ist remis: 66...♔f7 67.♖b7+ ♔e8 68.♔c7 ♕a5+ 69.♔d6 ♕d2+ 70.♔c7 ♕d8+ 71.♔c6 ♕a8 72.♔c7 ♔e7 73.♔b6+ ♔e6 74.c6=. **58...♘b4!** 58...♔h7?? 59.♖xc6! bxc6 60.a6+−. **59.♖xh6+ ♔g7 60.♖d6 ♘a6+ 61.♔a7 ♘xc5 62.♖xc6 bxc6 63.♔b6 ♘a6! 0-1**

1 Punkt für 58.a6 bxa6 59.♖g6 und 2 weitere, falls Sie bis zum Endspiel ♖+♙ versus ♕ gerechnet haben.

T08.08: 44.♖e7! Nutzt überzeugend einen bekannten Remis-Mechanismus. **44...♖xe7** 44...♖a8 45.♖a7! ♖a5 46.♖xa8+ ♖xa8 47.♗xb3! ♘xb3 48.♖d3 ♗d2 (48...♘d4 trifft auf 49.♖xc3 g5 50.♖c4 gxf4 51.♖xd4 f3 52.h4=.) 49.♖xb3 ♗xf4 50.gxf4 ♖a4 51.♖f3= (Baburin in *Chess Today* #3267). **45.♘g6+ ♔h7 46.♘f8+ ♔h8 47.♘g6+ ½-½** – 1 Punkt für 44.♖e7 ♖xe7 45.♘g6+ und 1 für das Berechnen der Variante 44....♖a8 bis 47.♗xb3!.

Test 9

T09.01: **22...♗f4!** Löst alle Grundreihenprobleme. 22...♖xd4?? 23.♖c8+ ♖d8 24.♖xd8+ ♘e8 25.♖dxe8#;

22...♗e5?! 23.♖xe5 ♖xd4 24.♗f5 und 22...♗d6?! 23.♗e4! überlassen Weiß die Initiative. **23.♗xf4** 23.♗xf6? gxf6 24.♖cd1 ♖xd4 25.♗h7+ ♔xh7 26.♖xd4 ♗e5 gibt Schwarz exzellente Gewinnchancen wegen seines mächtigen Läufers. **23...♖xd4 24.♗b1! ♗xb1 25.♗e5 ♖d7 26.♗xf6 ♗d3 27.♗c3 f6 28.♖e3 ♔f7 29.g4 ½-½**

2 Punkte für 22...♗f4!.

T09.02: **30...♕e7?** Das verliert ohne Gegenwehr. Das überraschende 30...♘e4!! musste gefunden werden: 31.♘xe4 g6 32.♘d6 ♕e7 33.♕c6 (Timman im *Informator* 68/119) und Schwarz steht definitiv nicht schlechter. **31.♕c8+ ♘e8 32.♘f5 h5** 32...♕e6 33.♗d7+–. **33.♘xe7 ♔xe7 34.♕d7+ 1-0**

2 Punkte für 30...♘e4!!.

T09.03: **36...♕f2!** Äußerst zutreffend. **37.♕g5 ♗e2!** Der wahre Schlüsselzug. **38.hxg4** 38.♖xe2 ♖xc1+ 39.♕xc1 ♕xe2 40.hxg4 ♕xg4 41.♕h6 ♕h5+ 42.♕xh5 gxh5 43.♗f1 ♖a8 44.♗xb5 ♖b8 und Schwarz steht etwas besser (Stohl). **38...♗f3 39.♗xf3 ♕xf3+ 40.♔h2 ♕f2+ 41.♔h1 ♕f3+ ½-½**

1 Punkt für 36...♕f2! und 2 weitere für 37...♗e2!.

T09.04: **43...♖d4+!** Gewinnt früher oder später den a-Bauern: **44.♔e3** 44.♔c1 ♖a8 45.a5 ♖d5 46.a6 ♖d6 47.a7 ♖d7=. **44...♖xc2 45.♖xc2 ♖xa4** Das entstandene Endspiel sollte man natürlich weiterspielen, auch wenn es sich um ein theoretisches Remis handelt:

46.♖c5 ♔f7 47.g4 h6 48.h4 ♔f6 49.h5 ♖b4 50.♖d5 ♖a4 51.♖d4 ♖a3+ 52.♔e4 ♖a6 53.♔f4 ♖b6 54.♖a4 ♖c6 55.♖a5 ♖c4+ 56.♔g3 ♖c6 57.♖f5+ ♔e6 58.♖f8 ♔e7 59.♖f4 ♔e6 60.♔h4 ♖c5 61.♖f8 ♔e7 62.♖a8 ♔f6 63.♖a6+ ♔f7 64.♖a4 ♔f6 65.f4 ♖c6 66.♖a3 ♖b6 67.♔g3 ♔f7 68.♔f3 ♔f6 69.♖c3 ♖b4 70.♖c6+ ♔f7 71.♔e3 ♔e7 72.♖c7+ ♔f6 73.♖d7 ♖b3+ 74.♔e4 ♖b6 75.♖d4 ♖e6+ 76.♔f3 ♖a6 77.♖d3 ♖a4 78.♔g3 ♖b4 79.♖c3 ♖a4 80.♖c6+ ♔f7 81.g5 hxg5 82.fxg5 ♖a3+ 83.♔g4 ♖a4+ 84.♔f5 ♖a5+ 85.♔f4 ♖a4+ 86.♔f3 ♖a3+ 87.♔e4 ♖a4+ 88.♔d5 ♖a5+ 89.♖c5 ♖xc5+ 90.♔xc5 ♔e6 91.h6 gxh6 92.gxh6 ½-½

1 Punkt für 43...♖d4!.

T09.05: **45.f3!** Ein eleganter kleiner Zug. 45.fxg3? ♖h8 46.♔f2 ♖h1! (Schirow) spielt in die schwarzen Hände. **45...♖h8 ½-½**

1 Punkt für 45.f3!.

T09.06: **60...b5!** Dieser Zug kann durch die Ausschlussmethode gefunden werden. **61.♔b7 ♗e3 62.f4** 62.a7 ♗xa7 63.♔xa7 b4 64.♔b6 ♔d6

65.♗xf7 ♔e5 66.♔c5 ♔f4 67.♗d5 b3= (Ribli). **62...♔f6 ½-½**

Und remis wegen 63.a7 ♗xa7 64.♔xa7 ♔g6 65.♔b6 ♔h5= (Ribli).

1 Punkt für 60...b5!.

T09.07: 76...♗g3? Jetzt kann der schwarze König die Diagonale b8-h2 nicht direkt überqueren, was letztendlich die Partie kostet. Dementsprechend war 76...♗b8! notwendig: 77.♗e2 ♔a5! Das ist die richtige Richtung. (77...♔c3? wird widerlegt durch 78.♗xb5 ♗g3 79.♔e6 ♔d4 80.♗e2 ♔e4 [80...♔c5 81.♗f3+−] 81.♗d1 ♗c7 (81...♗e5 82.♗c2+ ♔f4 83.♗xg6 ♗c7 84.♗f5+−.) 82.♔f6 ♔d5 83.♗f3+ ♔d6 84.♔xg6 ♔e7 85.h5 ♔f8 86.♗d5+− und der König ist von der rettenden Ecke abgeschnitten. Weiß gewinnt, weil seine Bauern vier Reihen entfernt sind.) 78.♔e6 (78.♗d3 ♔b6 79.♗xg6 ♗f4 80.h5 ♔c7 81.♔c5 b4 82.♗f7 ♗e3+ 83.♔b5 ♗f4 84.♗d5 ♗d2 85.♔c5 ♔c8=) 78...♔b6 79.♔d7 und endlich kann sich der König zum Königsflügel bewegen: 79...♔c5! 80.♗d3 (80.c7 ♗xc7 81.♔xc7 ♔d5 82.♔d7 ♔e5 83.♔e7 ♔f5 84.♔f7 b4=) 80...♔d4 81.♗xg6. Jetzt kann die Diagonale überquert werden: 81...♔e5 82.♔e7 ♗d6+ 83.♔f7 ♔d5 84.♗e4+ ♔xe4 85.♔e6 ♗e5 86.h5 b4=. **77.♗f3 ♔a5 78.♔e6 b4** 78...♔b6 79.♔d7 ♔c5 hilft nicht: 80.♗e4 ♗b8 (80...♔d4 81.♗xg6 ♗b8 82.♔e6 ♔c5 83.h5 ♔xc6 84.h6 ♗a7 85.♗e8+ ♔c7 86.♔d5+−) 81.♗xg6 ♔d5 82.h5 ♔e5 83.♔e7 ♗d6+ 84.♔f7 ♔d5 85.♗e4+!!. Der c-Bauer ist hier viel wichtiger als der Läufer. 85...♔xe4 (85...♔c5 86.♔e6+−) 86.h6 ♔d5 87.h7 ♗e5 88.c7+−. **79.♗e4 ♔b5 80.♔d7 ♔c5 81.♗xg6 1-0** und Bacrot gab auf wegen **81...♔d5 82.h5 ♔e5 83.c7+−**

2 Punkte für 76...♗b8! und 2 weitere für das Berechnen bis 79...♔c5!.

T09.08: 40...g5? Es war nicht einfach vorherzusehen, dass Schwarz seinen g-Bauern loswerden muss. Die richtige Verteidigung war 40...g6! 41.♗xg6+ (41.f6 e1♕ 42.♗g8+ ♔h8 43.♗f7+ ♔h7=) 41...♔g7 42.♖e8 (Der Unterschied ist 42.♖b7+ ♔f6 43.♖f7+ und hier hat Schwarz 43...♔g5!.) 42...♘d4 43.♗h5 ♔f6 44.♔g3 ♖c2= (Ribli); 40...h5?? 41.♗g6+ ♔h6 42.h4 e1♕ 43.♖h8#. **41.♗g6+!** 41.fxg6+? ♔g7 42.♖g8+ ♔f6 43.♖e8 ♘d4 44.g7 e1♕ 45.♖xe1 ♔xf7= (Ribli). **41...♔g7 42.♖b7+ ♔f6 43.♖f7+** Hier hat Schwarz kein ♔g5 zur Verfügung. Deswegen: **43...♔e5 44.♖e7+ ♔d5** 44...♔f6 45.♖e6+ ♔g7 46.♗h5!+−. **45.f6 ♘d4 46.♗h5! ♖b1** 46...♖b8 47.f7 ♖f8 48.♖e8 g4 49.♔g3+− (Ribli); 46...g4!? 47.♗xg4! ♖b8 48.♗h5 ♖f8 49.f7 ♔xc5 50.♖e8+−. **47.f7 ♖f1 48.♖xe2 1-0 48...♘xe2 49.♗f3++−**

2 Punkte für 40...g6!.

Test 10

T10.01: 65...♕f7? Der Damentausch hätte ziemlich direkt zum Remis geführt: 65 ...♕xe4+ 66.♔xe4 ♔h5

67.♘g2 (67.♘f5 ♔g4=) 67...♔g4 68.♔d5 (68.♔e3 f5=) 68...f5 69.♔e5 f4 70.♔f6 f3 71.♘e3+ ♔xh4=. **66.♘f5+ ♔h5 67.♕e2+** 67.♘d6 war einfacher: 67...♕g7 68.♕f3+ ♔g6 69.♕g4+ ♔h7 70.♕xg7+ ♔xg7 71.♘f5+ ♔g6 72.♔g4 ♔f7 73.♔h5+−. **67...♔g6 68.♕d3 ♕c7+**

69.♘d6+ ♔h6 70.♔g4 ♔g7? 70...♕g7+ 71.♔h3 ♕g1 72.♘f5+ ♔g6 73.♕g3+ ♕xg3+ 74.♘xg3 f5 75.♘e2+−. **71.♘e8+ 1-0**

1 Punkt für 65...♕xe4+.

T10.02: **82...h3!** 82...♔e5? 83.♔g4 h3 84.♔xh3 ♔f5 85.♔h4!+−, da Weiß ein Schlüsselfeld für seinen g-Bauern erreicht hat. **83.g4** Nach 83.gxh3 ♔e5 84.♔g4 ♔f6 85.♔h5 ♔g7= erreicht Schwarz rechtzeitig die rettende Ecke. **83...♔e6** und die Spieler einigten sich auf Remis wegen **84.♔g3 ♔f6 85.♔xh3 ♔g5**. **½-½**

1 Punkt für 82...h3!.

T10.03: **48.♔c6?** Das funktioniert nicht. 48.♔e6! wäre die richtige Richtung gewesen, 48...♗g5 49.♖xf6 ♗xf6 50.♔xf6 (Mikhalevski) und Schwarz kann nicht gewinnen, z.B. 50...♘g5 51.h4 ♘f3 52.h5 ♘g5 53.♔g6 ♔e7 (53...♘f7 54.♔h7=) 54.f6+ ♔e6 55.♔g7 ♘f7 56.♔g6 ♘d6 57.♔g7=; 48.♔d4? verliert auch einfach: 48...♗g5 49.♔e4 ♘e5 50.h4 ♘xg6 51.hxg5 ♘e5 52.gxh6 ♘xg4 53.h7 ♔g7 54.♔d5 ♔xh7 55.♔c6 ♘h6−+. **48...♘e5+ 49.♔xb6 ♘xg6 50.fxg6 ♗e1 51.h4 ♗xh4 52.♔xa5 f5! 53.gxf5 ♗f2 54.♔b5 h5 55.♔c6 h4 56.f6 h3 57.♔d7 h2 58.♔e6 h1♕ 0-1** 2 Punkte für 48.♔e6!.

T10.04: **34...♘e5?** 34...♖a8! 35.♗xe8 (35.♔g3 ♖eb8 36.♘d4 h5 37.gxh6 ♖xb2 38.♘xb2 ♗xb2 39.♕b3 ♗xd4) 35...♖xa3 36.bxa3 ♘e5! (Tyomkin) und Schwarz steht in beiden Fällen besser. (36...♘e1+? 37.♔f2=); 34...♘e1+? 35.♔g3 ♗xf3 36.♗xe8 ♗xd1 37.♗b5. **35.♗xe8 ♖xe8?** 35...♗xf3+ 36.♔f1 ♖xe8 37.♕a4 ♖b8 begrenzt den Schaden. **36.♔g3 ♗xf3 37.♕c3 ♗xd1** 37...♖xe7 38.d6!! ♖e8 39.dxc7 ♖c8 40.♕xe5 ♗xd1 41.♕e7+−. **38.♕xe5 ♗a4 39.b4 1-0**

2 Punkte für 34...♖a8! und 2 weitere, falls Sie bis 36...♘e5! gerechnet haben. 1 Punkt für 34...♘e5? 35.♗xe8 ♗xf3+.

T10.05: **25.♘f5?** Das verliert einfach. Es war an der Zeit, einen Gegenangriff zu kreieren: 25.♕e8+! ♘f8 26.♘e6 fxe6 27.dxe6 ♘f2+ 28.♔h2 ♕xe6 29.♕xe6+ ♘xe6 30.♖e1 (Wells) ist besser für Weiß. 25.♘e6! fxe6 26.♕e8+ ♘f8 geht über in 25.♕e8+!. **25...♘f2+ 26.♔h2 ♕e5+ 27.♘g3 ♘e4 28.♕b3 ♗f2 29.♖d3 h5! 30.♗xh5 ♘xg3 31.♖xg3 ♕xh5! 32.♖xg6** 32.♖c3 ♕e5+ 33.g3 ♕e1−+. **32...♕xg6 33.♕f3 ♗d4 34.♘d3 ♕g5 35.♕e4 ♕e3 36.♕xe3 ♗xe3 37.♔g3 g6 38.♔f3 ♗d4 39.♔e2 ♔g7 40.♘e1 ♔f6 41.♔d3 ♗f2 42.♘f3 ♔f5 43.♔e2 ♗a7 0-1**

3 Punkte für das Berechnen bis 27.dxe6 unabhängig davon, ob Sie mit 25.♕e8+! oder 25.♘e6! begannen.

T10.06: **64...♘e4?** Das erlaubt den Damentausch, wonach der a-Bauer entscheidet. Es war Zeit für Gegenspiel mit dem typischen 64...h4! 65.♗g4 (65.a6 ♘f5=) 65...♘f5 66.♗xf5 ♕e5+ 67.♔g1 (67.g3 ♕e2+ führt ebenfalls zu Dauerschach.) 67...♕e1+ mit Dauerschach. **65.♕f4+ ♔e7 66.♗c6 ♕d6 67.♕xd6+ ♘xd6 68.a6 ♘c8 69.♔g3 ♔f6 70.♔f4 g5+ 71.♔e4 ♔e6 72.♗b7 ♘a7 73.♔d4 ♔d6 74.♔c4 h4 75.♔b4 ♔c7 76.♔c5 ♔b8 77.♔d5 1-0**

2 Punkte für 64...h4!.

T10.07: **52.♖g1+ ♔h3 53.♖h7+** Weiß kann auch abwarten mit 53.♖fg7, aber nach 53...a4 54.♖7g6 ♖ab3 55.♖g7 a3 muss er den Remis-Mechanismus 56.♖h7+ ♖h4 57.♖hg7= anwenden. **53...♖h4 54.♖hg7 ½-½** Mit Remis wegen der Drohung 55.♖7g2 nebst 56.♖h2#. Eine Beispielvariante lautet **54...♖h8 55.♖7g2 ♔h4 56.♖g4+ ♔h5 57.♖g5+ ♔h6 58.♖g6+ ♔h7 59.♖g7+ ♔h6 60.♖7g6±**.

1 Punkt für das Finden des Remis-Mechanismus.

T10.08: 1...♖e8? Der Damentausch mit 1...♕g7! verhindert viel Stress, da im entstehenden Endspiel das Dreamteam König + Turm + Läufer das Bauernminus kompensiert: 2.♕xg7+ ♔xg7 3.♖e5 ♗b1 4.a4 ♗a2 5.a5 bxa5 6.♘e4 ♗xd5 7.♘xc5 ♗c4=; 1...♕xb2? 2.♘g4 ♕g7 ist zu riskant: 3.♕g5 ♖d6 (3...♗xh5? 4.♕xd8+ ♔h7 5.♕h4 ♔g6 6.d6+−) 4.♖h6 und Weiß hat gefährlichen Angriff, z.B. 4...f5 5.♘e3 ♕a1+ 6.♔h2 ♕e5+ 7.♔g1 ♕a1+ 8.♔f2 ♕b2+ 9.♔f3 ♕f6 10.♕f4; 1...♖d6?! ist nicht so gut wie 1...♕g7!, aber bietet noch Rettungschancen an nach 2.♘g4 ♕g7 3.♕xg7+ ♔xg7 4.♘e3, so dass es 1 Punkt wert ist. **2.♘g4 ♖e1+ 3.♔h2 ♕d6+** Ich hatte eigentlich 3...♕d4? geplant, aber sah dann, dass 4.♖e5+− sofort gewinnt. **4.♘e5 ♕f6 5.♘g4 ♕d6+ 6.♘e5 ♕f6 7.♘xg6 fxg6 8.♕h7+ ♔f8 9.♕h8+ ♕xh8 10.♖xh8+** und Tregubow gewann die Partie.

2 Punkte für 1...♕g7!.

Test 11

T11.01: 49...♖xb2? Schwarz muss das Mattnetz um jeden Preis zerstören: 49...e1♕+ 50.♔xe1 ♖xb2 51.♘e2+ ♔e3 52.♖e5+ ♔d3 mit exzellenten Remischancen. **50.♘xe2+ 1-0** und Schwarz gab auf wegen **50...♔d3 51.♖d5#**.

1 Punkt für 49...e1♕+.

T11.02: 55.♘e6+? Das erlaubt dem schwarzen König, zum Damenflügel zu fliehen. 55.♔d7! stoppt den direkten Weg des schwarzen Königs und hält die Partie: 55...b5 (55...♖e7+ 56.♔c8 b5 57.d6 ♖e3 58.d7 ♖c3+ 59.♔d8 b4 60.♘e6+ ♔f7 61.♘g5+=; 55...♔g7 56.♘e6+ ♔f6 57.♘c5 b6 58.♘a6=) 56.♘e6+ ♔f7 57.♘d8+ ♔f6 58.♘c6 Schließlich hat der Springer alles unter Kontrolle, z.B. 58...♖e4 59.d6 b4 60.♔c7=. **55...♔e8 56.♘c7+ ♔d8 57.♘e6+ ♔c8 58.♔e7 ♖h1 59.♘g5** Die Alternative funktioniert auch nicht: 59.♘f8 ♖h8 60.♘e6 b5−+; 59.d6 ♖h7+ 60.♔f6 (60.♔e8 ♖d7−+) 60...b5 61.♘d4 b4 62.♔e6 ♖b7 63.♘b3 ♖b5 64.♔e7 ♖e5+ 65.♔f6 ♖e3 66.♘c5 b3−+. **59...b5 60.d6 ♖d1! 61.♘e6 b4 62.♘c5 ♖e1+ 63.♔f6** 63.♘e6 ♖xe6+ 64.♔xe6 ♔d8−+. **63...♖e3 0-1**

2 Punkte für 55.♔d7!.

T11.03: 53...♖xb4!! Der richtige Zug im richtigen Moment, da er genug Gegenspiel kreiert. **54.axb4 a3 55.♔g2 a2 56.♖h1 a1♕ 57.♖xa1 ♖xa1 58.♖c7+ ♔d8 59.♖xc3 ♖b1 60.♖c6 ♔e7 61.b5 ½-½**

2 Punkte für 53...♖xb4!!=.

T11.04: 39.♔e3? 39.♔d3! ♔d6 (39...♔d5 40.♔e3 e4 [40...♔c4? 41.g4+−] 41.fxe4+ fxe4 42.g4!=) 40.♔d2 e4 41.f4 ♔d5 42. ♔c3 e3 43.♔d3 e2 44.♔xe2 ♔c4 45.♔e3 ♔xb4 46.♔d4!

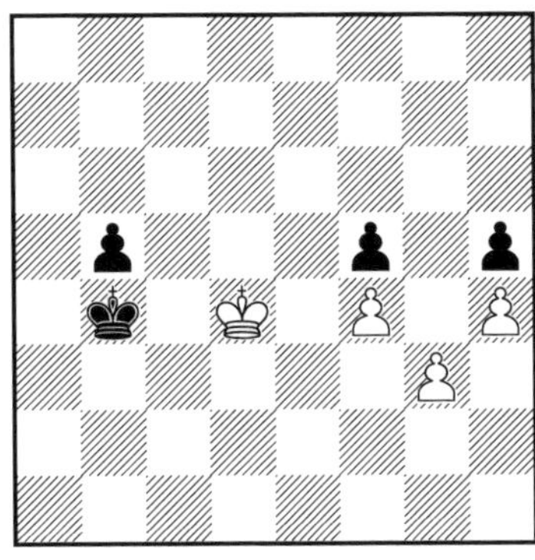

Die versteckte Pointe. 46...♔a3 47.g4! hxg4 48.h5 b4 49.h6 b3 50.h7 b2 51.h8♕ b1♕ 52.♕a8+ ♔b2 53.♕b7+ ♔c2 54.♕g2+=. **39...♔d5 40.♔d3 e4+ 41.fxe4+ fxe4+ 42.♔e3 ♔e5 43.♔e2 ♔f5 44.♔e3 ♔g4 45.♔xe4 ♔xg3 46.♔f5 ♔xh4 47.♔f4 ♔h3 48.♔f3 h4 49.♔f2 ♔g4 50.♔g2 ♔f4 0-1**

1 Punkt für 39.♔d3! und 2 weitere, falls Sie 46.♔d4! fanden.

T11.05: **64...♔d7?** Der König kann den Bauern nicht alleine aufhalten. Dementsprechend war der Bodycheck 64...♔d5! 65.a6 (65.♔b4 ♔c6 66.a6 ♖d4+ 67.♔a5 ♖d5+ 68.♔b4 ♖d4+ 69.♔c3 ♖d8=) 65...♖b6+ 66.♔c3 ♖b8 67.a7 ♖a8 68.♔b4 ♔c6= besser. Andere Züge verlieren ebenfalls instruktiv: 64...♖a6? 65.♔c4 ♔d6 66.♔b5 ♖a8 67.a6 ♔c7 68.♖c1+ ♔d7 (68...♔b8 69.♖h1 ♔c7 [69...♖a7 70.♖h8+ ♔c7 71.♖g8+−] 70.♖h7+ ♔d6 71.a7+−) 69.♖h1 ♖b8+ 70.♔a5 ♖g8 71.a7 ♔c7 72.♖h7+ ♔c6 73.♔a6 ♖f8 74.♖h1 ♖g8 75.♖c1++−; 64...♖d8? 65.a6 ♖a8 66.♔b4 ♔d6 67.♔a5 ♔c7 68.♖c1++−. **65.a6 ♖b6+ 66.♔c4 ♖b8 67.a7 ♖a8 68.♔b5 ♔c7 69.♔a6 ♖h8 70.♖c1+ ♔d7 71.♔b7 ♖h2 1-0**

1 Punkt für 64...♔d5!.

T11.06: **65...♖h7!** 65...♖a6+? 66.♔b5 ♖xf6 (66...♖a7 67.♖g7+−) 67.h7 ♖h6 68.♖g8+ ♔f7 69.h8♕+−. **66.♖g6 ♖h8!** und die Drohung ♔f7 forciert das Remis. **67.♖g2 ½-½**

1 Punkt für 65...♖h7! 66.♖g6 ♖h8!=.

T11.07: **33...♕c1+?** Dieses natürliche Schach reicht nicht aus. Schwarz hatte eine fantastische Verteidigung zur Verfügung: 33...♖xf4! 34.♘h7+ ♔g8 35.♘f6+ exf6!. Die Pointe ist das folgende Damenopfer, das das weiße Angriffspotenzial reduziert. Es ist einfach, diesen Zug zu übersehen, weil das menschliche Auge diagonale Damenrückzüge häufig übersieht. (35...♖xf6? 36.♗xf6 ♕c1+ 37.♔h2 ♘g4+ 38.♕xg4 exf6 39.♕g6 ♕h6+ 40.♕xh6 ♗xh6 41.♖e7+−) 36.♖e8+ ♕f8 37.♖xf8+ ♔xf8 38.♗g3 ♖e4= (Har Zvi). **34.♔h2 ♘g4+** Andere Versuche retten Schwarz auch nicht: 34...♘f1+ 35.♔h3 ♖xf4 (35...♕c3+ 36.♔g4 ♘h2+ 37.♔h5+−) 36.♘h7+ ♔g8 37.♘f6+ ♖xf6 38.♗xf6+− (Har Zvi); 34...♖xf4 35.♘h7+ ♔g8 36.♘f6+ ♖xf6 37.♗xf6 ♘g4+ 38.♕xg4 exf6 39.♖e8+ ♔h7 40.♕h5+ ♕h6 41.♕xh6+ ♔xh6 42.♖e7+− (Har Zvi).

35.♔h3 ♖xf4 36.♖e1 ♕c3+ 37.g3 ♖f6 38.♘h7+ ♔g8 39.♘xf6+ ♘xf6 40.♖xe7 ♕c8+ 41.♔g2 1-0

Das Damenopfer beginnend mit 33...♖xf4 erhält 4 Punkte.

T11.08: **39.♘e6?** Das generiert nicht genügend Gegenspiel. Weiß hätte ein Remis forcieren können mit 39.♘g6! ♘xg3 (39...♔f7 40.h5! ♔e6 41.♘f8+ ♔f6 42.♘h7+=) 40.♔xg3 h5 (40...♔h7? 41.h5 verliert sogar.) 41.♘e7+ ♔h7 42.♖f5 ♖g4+ 43.♔h3 ♔h6 44.♘g8+=

(Nisipeanu). **39...♘xg3** 39...♘xh4 40.♖f8+ ♔h7 41.♔h3 ♖e4 ist die Alternative. **40.♔xg3 ♖xa4?** Schwarz musste zuerst Maßnahmen gegen den weißen Angriff ergreifen: 40...♖e4 41.♖f8+ (41.♘f4 ♔f7 42.♘h5+ ♔g6 43.♘f4+ ♔f5 44.♘h5+ ♔e5 45.♘xg7 d5) 41...♔h7 42.♘f4 g5 43.hxg5 hxg5 44.♘h3 ♔g6 und in beiden Fällen behält er Gewinnchancen. **41.h5 ♖e4 42.♖f8+ ♔h7 43.♘f4 ♖e5 ½-½**

1 Punkt für das Berechnen der Variante 39.♘g6 ♔f7 und 1 für das Berechnen von 39.♘g6 ♘xg3.

Test 12

T12.01: **55...♖e1!** Der einzige Weg, da der a-Bauer gegeben werden muss. Königszüge verlieren: 55...♔e8? 56.gxh3 ♖h1 57.♖xa2 ♖xh3 58.♖a8+ ♔d7 59.♔f7 und der schwarze König ist auf der falschen (langen) Seite des Bauern, so dass Weiß Lucenas berühmte Gewinnstellung erreicht: 59...♖h7+ 60.♔g6 ♖h1 61.f6 ♖g1+ 62.♔f7 ♖f1 63.♔g7 ♖g1+ 64.♔f8 ♖g2 65.f7 und jetzt gewinnt Weiß durch den Brückenbau, 65...♖g1 66.♖a4 ♖g2 67.♖d4+ ♔c7 68.♔e7 ♖e2+ 69.♔f6 ♖f2+ 70.♔e6 ♖e2+ 71.♔f5 ♖f2+ 72.♖f4+−; 55...♔g8? 56.♖a8+ ♔h7 57.gxh3 ♖b1 (57...♖h1 58.♖xa2 ♖xh3 59.♔f7 ist verloren, da der schwarze Turm deplatziert ist und die h-Linie nicht schnell verlassen kann.) 58.♖xa2 ♖b6+ 59.♔g5! und der schwarze König ist entweder auf der 8. Reihe abgeschnitten, wonach das Endspiel verloren ist, oder der schwarze Turm verbleibt passiv, was allerdings auch verliert, z.B. 59...♖b7 60.h4 ♖g7+ 61.♔f6 ♖b7 62.♖e2 ♔h6 63.♖e6 ♖a7 64.♖d6 ♖b7 65.♔e6 ♖a7 66.f6 ♖a1 (66...♔g6 67.h5++−) 67.♔e7 ♖a7+ 68.♖d7 ♖a1 69.f7 ♖e1+ 70.♔f8 ♔h7 71.♖d5 ♖e2 72.♖h5+ ♔g6 73.♖h8 ♖e1 74.♔g8+−. **56.♖a8+** 56.♖xa2 hilft nicht: 56...hxg2 (Sogar 56...h2 57.♖a8+ ♖e8 58.♖a1 ♖e7= ist spielbar.) 57.♖xg2 ♖a1 58.♖e2 ♖a6+ 59.♖e6 ♖a7=. **56...♖e8 57.♖xa2 hxg2 58.♖xg2 ♖a8 59.♖e2 ♖a6+ 60.♖e6 ♖a7!?** Umsichtige Verteidigung. Robson möchte den König mit Schachs abdrängen. **61.♖b6 ♖f7+ 62.♔g6 ♖g7+ 63.♔f6 ♖f7+ 64.♔g5 ♖g7+ 65.♖g6 ♖a7 66.♖f6+ ♔g7** Natürlich nicht 66...♔e7? 67.♔g6 ♖a1 68.♔g7 ♖g1+ 69.♖g6 ♖f1 70.♖e6+ ♔d7 71.♔g6+− und der schwarze König ist abgeschnitten. **67.♖c6 ♔f8 68.♖h6 ♖g7+ 69.♖g6 ♖a7 70.♖f6+ ♔g7 71.♖h6 ♖a1 72.♖g6+ ♔f7 73.♖f6+ ♔g7 74.♖g6+ ½-½**

1 Punkt für 55...♖e1!.

T12.02: **37.♕e2!** 37.♕d1? ♖c1!−+. **37...♖c1 38.♖d1 ♕c8 39.♖xe1 ♕c5+ 40.♔h1 ♖c4 41.♘d3 ♕c6+ 42.♕g2 ♕xg2+ 43.♔xg2 ♖c2+ 44.♘f2 ♖xa2 45.♖b1 f5 46.♖xb5 ♔f7 47.h4 ½-½**

1 Punkt für 37.♕e2! ♖c1 38.♖d1.

T12.03: **35...♖xe4?** Diese aktive Verteidigung geht nach hinten los. Passive Verteidigung war erforderlich: 35...♖e5! 36.♖ge1 (36.♕h6 ♖xf5 37.♖xg6+ fxg6 38.♕xg6+ ♔f8 39.♕xf5+ ♔e7=, Ftacnik) 36...♕d2 37.♕g3 ♔f8 38.fxg6 fxg6 39.♕xg6 ♔e7=. **36.fxg6!** Eine unerfreuliche Überraschung. **36...f5** 36...♖xe3? läuft in 37.gxf7+ ♔xf7 38.♖f1++− (Ftacnik). **37.♕xf5 ♖4e7** 37...♖xe3? ist wieder nicht empfehlenswert: 38.♕f7+ ♔h8 39.♕h7#. **38.♖f3?** Das erlaubt eine zähe Verteidigung. Ftacnik gab den Gewinnweg an: 38.♖ge1! ♖f8 39.♕h5 ♖g7 40.♖f3 ♖xf3 41.♕xf3+−. **38...♕e4!**

und Weiß gewann trotzdem. Aber die Stellung ist jetzt nicht 100%ig klar.

2 Punkte für 35...♖e5!.

T12.04: **32.♕f3+?** Dieses Schach ist nicht stark genug. Forcierteres Spiel war vonnöten: 32.♕d7! ♔g8 (32...♕e7 33.♕c8+ ♕e8 34.♕f5+ ♔g8 35.♕d5+ ♔h8 36.♕h1+ ♔g8 37.♕d5+=) 33.♕c8+ ♗f8 34.♕xb7 ♗e7 (34...♕e7 35.♕d5+ ♔g7 36.♘xe2! ♕xe2 37.♕f7+ ♔h6 38.♕xf8+ ♔xg6 39.♕xd6+=) 35.♘xe2 (35.♕h1 remisiert ebenfalls.) 35...♕xe2 36.♕d5+ ♔g7 37.♕f7+ ♔h6 38.g7 g2 39.g8♕ ♕a6+ 40.♔b1 ♕f1+= (Stohl). **32...♔e8 33.♕f7+ ♔d8 34.♕g8+ ♔d7 35.♕f7+ ♕e7 36.♕f5+** 36.♘xe2 ♕xf7 37.gxf7 g2 38.♔b1 ♔e7 39.♔c1 ♗h6+ 40.♔d1 ♗e3−+. **36...♔d8 37.♕a5+ b6 38.♕d5 e1♕ 39.♕a8+ ♔d7 40.♕b7+ ♔e8 0-1**

1 Punkt für 32.♕d7!.

T12.05: **29.♗a7!** „Der einzige Zug, der den Springer rettet. Eine amüsante Stellung mit vielen Figuren in der Ecke ist entstanden." (Postny in CBM 118) 29.♖xc8? ♘xb6 30.♖xb6 ♖xb6 31.♖c7+ ♔e6 32.♘d7 ♖b5 33.c4 ♔d6 34.cxb5 ♔xc7 35.♘xf6 ♔d6 gibt Schwarz einige Gewinnchancen, da der Turm in solchen Endspielen sehr stark ist. **29...♖c7** 29...♖axa7 30.♖xc8 ♖xb1+ 31.♔xb1 ♖b7+ 32.♔c1 ♘a3 33.♘c6 ♖b1+ 34.♔d2 ♖b2+ 35.♔d3 ♖xg2 36.♖c7+ ♔e6 37.♘d8+ ♔d6 38.♖f7= (Postny). **30.♗b6 ♖b7 31.♗a7 ♖c7 32.♗b6 ♖b7 ½-½**

2 Punkte für 29.♗a7!.

T12.06: **1.♕xg3??** 1.♖g7+!! ♗xg7 2.♕xg7+ ♔xg7 3.♗xf8+ ♔xf8 4.♘xh3 ♘xh3 (4...♔e7 5.♘f3 ♘xf3 6.exf3+− und Weiß wird nicht in der Lage sein, die schwarze Dame zu gewinnen. Aber er muss es auch gar nicht, da sie niemals wieder rauskommt!) 5.♘f3 ♕xg2+ 6.♔xg2 ♘f4+ 7.♔xg3 ♘xe2+ 8.♔f2 ♘c1 9.♘e5+− (Züger im *Informator* 53/665). **1...♕h1# 0-1**

2 Punkte für 1.♖g7+!! und 2 weitere, falls Sie gesehen haben, dass Weiß nach 4.♘xh3 gewinnt, weil die schwarze Dame für immer eingesperrt bleibt.

T12.07: **1...♘e5?** Das verliert. Zuerst einige weitere Versuche, die auch nicht funktionieren: 1...♕g7? 2.♘e7+ ♔f7 3.♕h5+ ♔f6 4.♕f5#; 1...♖b6? 2.♘e7+ ♔f7 3.♕h7+ ♕g7 4.♕h5+ ♖g6 5.♕d5+ ♔e8 6.♘c6++−; 1...♖xg2? 2.♘e7+ ♔f7 3.♕h7+ ♕g7 4.♕h5++−; nur 1...♕xd3! hält Schwarz im Spiel: 2.♘e7+! (2.♕g5+?! ♔h8 3.♖e6 läuft in das hübsche 3...♕xh3+! 4.gxh3 ♖f1+ 5.♕g1 ♖xg1+ 6.♔xg1 ♘b6=.) 2...♔f7 3.♕h5+ ♔g7 4.♕g4+ ♔h7 5.♘f5 ♕xf5 6.♖e7+ ♕f7 7.♕xd7 ♔g6 8.♕g4+ ♔f6 9.♕h4+ ♔g6 19.♖xf7 ♖xf7 und Schwarz ist am Leben und kämpft, obwohl man zugeben muss, dass Weiß die Oberhand hat. **2.♘e7+ ♔f7 3.♘f5! ♕c3 4.♖f1 1-0 4...♖f2 5.♖xf2 ♕e1+ 6.♔h2 ♕xf2 7.♕g7+ ♔e6 8.♕e7+ ♔xf5 9.♕xf8++−**

1...♕xd3! erhält 2 Punkte und 2 weitere, falls Sie 6.♖e7+ ♕f7 gesehen haben.

T12.08: **77.♘f4!** Der korrekte Weg. **77...♔c2** Oder 77...♔c4 78.♘e2 a3 79.♘c1=. **78.♘d5!** Der letzte Schlüsselzug. 78.♘e2? verliert: 78...a3 79.♘d4+ ♔b2−+. **78...a3 79.♘b4+**

♔c3 80.♘a2+ ♔b2 81.♘b4 ♔c3 ½-½

1 Punkt für 77.♘f4!.

Test 13

T13.01: 40...♖a7! 0-1 Eine klassische Siebte-Reihe-Verteidigung mit der Idee, mit ♖a7-g7 den Angriff zu übernehmen. 40...♖g7? verliert sogar: 41.e7 ♕d7 42.♕xf6 ♕xe7 43.♕xe7 ♖xe7 44.♖f8++−. Nach 40...f5? 41.e7 ♖a7 hat Weiß 42.♕f8! ♖xe7 43.♕xe7 fxe4 44.♕xe4, wonach er bestimmt nicht schlechter steht. Die weiße Resignation ist offensichtlich etwas verfrüht, aber nach **41.♕e3 ♗e5 42.♕xd4 ♗xd4** ist der schwarze Sieg nur eine Frage der Zeit.

1 Punkt für 40...♖a7!.

T13.02: 25...♘e5! Der Springer wird auf d7 landen, wo er bis zum Ende der Partie ein starker Verteidiger sein wird. Stattdessen gibt 25...♗xe6? 26.♕xe6 Weiß Vorteil und 26...♖xc3? läuft in 27.♖xf7 ♖xf7 28.♕xf7 ♖c8 29.♕f6+ ♔g8 30.♕e6++−; 25...♗e8? reicht nur zum Remis, z.B. 26.♘d5 ♖xc2 27.♕e7 ♘h6 28.♖f8+ ♘g8 29.♖xg8+ ♖xg8 30.♕f6+ ♖g7 31.♕f8+=. **26.exd7 ♘xd7 27.♕d4 ♕b2 28.♘d5 ♖xc2 29.♘e3 ♖cxg2 30.♕xd6 ♕f2! 0-1**

1 Punkt für 25...♘e5!.

T13.03: 36...♖e8! ½-½ Der einzige – aber ausreichende – Weg, um die Drohung ♖a8+ gefolgt von ♖a7 zu parieren. 36...a3? 37.♖a8+ ♔g7 38.♖a7 ♔f6 39.♖f1+ ♔xe6 40.♖e1+ ♔f6 41.♖exe7 a2 42.♖e1 ♖b1 43.♖f1++−.

1 Punkt für 36...♖e8!.

T13.04: 57.♘xf7+!? Aus praktischer Sicht ist dieser spektakuläre Zug wahrscheinlich der beste, aber 57.♔d4 b2 58.♘e4+ ♔e6 59.♘c3 (Nach 59.♘d2? erliegt der Springer einer Springergabel: 59...♘f3+ 60.♔c3 ♘xd2−+.) 59...♔xf6 60.♘b1 ist ebenfalls remis und dafür gibt es auch 3 Punkte, z.B. 60...♔f5 61.♔c3 ♔e4 62.♔xb2 ♔d3 63.♘c3! f5 64.♘d5=. **57...♔c7** Nach 57...♔e6 zeigte Appel den Weg zum Remis direkt nach der Partie: 58.♘g5+ ♔d7 (58...♔xf6 59.♔d4 b2 60.♘e4+ ♔e6 61.♘d2 ♘f3+ 62.♔c3 ♘xd2 63.♔xb2=) 59.♔xe5 (Aber nicht 59.f7? ♔e7 60.♘e6 ♔xf7 und die weißen Kräfte können den b-Bauern nicht stoppen.) 59...b2 60.♘h7!! (Notwendige Präzision; 60.f7? ♔e7 verliert ohne Kampf.) 60...b1♕ 61.f7 ♕xh7 62.f8♘+= (62.f8♕ remisiert auch.) ; 57...♘xf7 verliert direkt den d-Bauern: 58.♔d3 ♔c5 59.♔c3=. **58.♔xe5 b2 59.♘g5 b1♕** 59...♔d7 ist Zugumstellung und fordert wieder 60.♘h7!!. **60.f7** Schwarz kann wegen der unglücklichen Stellung seines Königs nicht gewinnen. **60...♕b2+ 61.♔f5 ♕f2+** 61...♔d7 62.♘h7= (Appel gab korrekt an, dass 62.f8♘+ ebenfalls remisiert. Aber es macht keinen Sinn so zu spielen, da Schwarz sogar eine Dame einstellen und remisieren kann.) **62.♔g6** Aber nicht 62.♔e6? ♕f4 63.♘h7 ♕h6+ 64.♔e5 ♕g7+ 65.♔e6 ♕g6+ 66.♘f6 ♕h6 67.♔e5 ♕f8 68.♔e6 ♔d8 69.♘d5 ♕g7 70.♘f6 ♕h6 71.♔f5 ♕f8 72.♔e6 ♕e7+−+. **62...♔d7 63.♘h7 ♔e7 64.f8♕+ ♕xf8 65.♘xf8 ♔xf8 ½-½**

1 Punkt für 57.♘xf7+ ♘xf7 58.♔d3, 1 Punkt für das Berechnen der Variante 57...♔c7 und 1 weiteren für 60.♘h7!! in der Variante 57...♔e6.

T13.05: 45.♗e7+! Nur auf diesen Weg. 45.♕xd6+? ♔g8 46.♕e6+ ♔h7 47.♕xh3 ♕f2+ 48.♔h1 e2 49.♗d8+ ♔g8 50.♕e6+ ♕f7 51.♕xe2 ♕xd5+−+. **45...♔g8** 45...♔xe7 46.♕e6+! Dieses Schach forciert das Remis. (Nach 46.♕xg7+? ♕f7 47.♕g5+ ♔d7 48.♕xe3 ♕xd5 kann Schwarz weiter um den vollen Punkt kämpfen, obwohl Weiß mit bester Verteidigung die Stellung vielleicht noch halten kann.) 46...♔f8 49.♕xd6+ ♔c8 50.♕c6+=. **46.♕e6+ ♕f7 47.♕c8+ ♗f8 48.♕g4+ ♗g7 49.♕c8+ ♔h7 50.♕xh3+ ♗h6 51.♗g5! ♕f2+ ½-½**

1 Punkt für 45.♗e7+ und 1 weiteren Punkt für 45...♔xe7 46.♕e6+!.

T13.06: 23.bxc7?? Darauf folgt eine unangenehme Überraschung. 23.♖e1?? pariert die Drohung auch nicht: 23...♗xg2+! 24.♔xg2 ♕h3+!! 25.♔xh3 ♘g5+ 26.♔g2 ♘h4+ 27.♔f1 g2+ 28.♔f2 ♘h3#. Eine fantastische Zwillingsvariante! Weiß muss die Qualität geben mit 23.gxh3! ♕xh3 24.♖f2, um den Angriff ein für alle Mal zu stoppen: 24...gxf2 25.♗xf2 axb6 (25...cxb6? 26.axb6 a6 27.♗f1 ♕d7 28.♘a4) 26.♘d5! b5 (26...c6? 27.♗f1 ♕e6 28.♘c7 ♖xc7 29.dxc7+−; 26...bxa5? 27.dxc7) 27.♘xc7 ♖d8 28.♘xb5 (Ftacnik im *Informator* 71/623) mit exzellentem Spiel für die Qualität. **23...♗xg2+!** Das ist mehr oder weniger Standard. **24.♔xg2 ♕h3+!!** Nicht schwierig, sobald man es sieht, aber immer noch sehr hübsch. **25.♔xh3 ♘g5+ 26.♔g2 ♘h4+ 0-1**

3 Punkte für 23.gxh3 ♕xh3 24.♖f2.

T13.07: 44.♗xd3! Die sofortige Eliminierung ist am besten. 44.♘d2? läuft hinein in 44...♘c3! 45.♖f1 ♘d1+ 46.♔e4 ♖e8+ 47.♔d4 ♘xb2 48.♖xf7+ ♔g6−+; 44.♗xa6? erhält 1 Punkt, da Weiß weiterkämpfen kann: 44...♘c5 (44...b3 45.♘d2 ♖e8 46.♗b5 ♘xd2+ 47.♔xd2 ♖e2+ 48.♔c3 d2 49.♖xc2 bxc2 50.♔xc2) 45.♗b5 ♘b3 46.♖f1 d2 47.♘xd2 ♖xd2 48.♖f4, aber Jakowenkos Zug ist zweifellos stärker. **44...♗xd3** 44...♖xd3+ 45.♔xe4 ♖c3+ 46.♔d4 ♖xf3 47.♖xc2 ♖xg3 48.♔c5 b3 49.♖f2= (Postny). **45.♘e1 ♗f1** 45...♘xg3 46.♘xd3 ♘f5+ 47.♔e4 ♔f6. **46.♔xe4 ♖d2 47.♖b1 ♗c4 48.b3 ♗e6 49.♔e3 ♖d8 50.♖b2 ♖c8 51.a5 ♗f5 52.g4 ♖e8+ 53.♔f4 ♖xe1 54.gxf5 ♖a1 55.♖g2+ ♔f8 56.♖c2 ♖xa5 57.f6 ♔g8 58.♖g2+ ♔f8 59.♖c2 ♔e8 60.♖e2+ ♔f8 ½-½**

3 Punkte für 44.♗xd3! ♗xd3 45.♘e1=.

T13.08: 80...♖e2! Die rettende Ressource. 80...♗e5+? läuft in das verrückte 81.♖xe5 dxe5 82.♖b1!! (82.♗xf5? gxf5 83.♖d1 ♖xb5 84.d6 ♖b8 85.d7 ♖d8 86.g3 e4=) 82...♖xb1 83.♗xb1 ♗xb1 (83...e4 84.b6 e3 85.♔g1 ♗c8 86.d6+−) 84.b6+−. **81.♗xf5** 81.♖d1 ♗xe4 82.♖xd4 ♖xg2+ 83.♔h1 ♗f3=. **81...♖xe8 82.♗e6 ♖a8 83.♖b1 ♗b6=**

2 Punkte für 80...♖e2.

Test 14

T14.01: 76...♖f7! Nun kann sich der König vor Schachs auf der f-Linie verstecken. **77.♔g2 ♔e4 78.h7 ♔f5 ½-½**

1 Punkt für 76...♖f7!.

T14.02: 45...♕d5! Der einzige Zug, um in der Partie zu bleiben. Der schwarze König wird ein sicheres Plätzchen am Königsflügel finden. Andere Züge verlieren: 45...♕xa2?? 46.♕c7 ♕e6 47.♘d6+ ♔f8 48.♕d8+ ♕e8 49.♕xe8#; 45...♕d7? 46.♕b8+ ♕d8 47.♕e5+ ♗e6 (47...♔d7 48.♕d5+ ♔c7 49.♕xf7+ ♕d7 50.♕f8+−) 48.♘c5 ♕b6 49.♔g3+−; 45...♔d8? 46.♘g5 ♕d5 47.e4 ♕b7 48.♕d6+ ♔e8 49.♔g3+−. **46.♕b8+ ♔d7 47.♕a7+ ♔e6 48.♕xa6+ ♔f5 49.♘d6+ ♔g6 50.♘xb5??** Weiß stellt jetzt die Partie ein. Nach 50.♕b6 geht der Kampf weiter. **50...♗e2 51.a4? ♗f1 52.♔g3 ♕g5+ 53.♔f3 ♕g4+ 0-1**

1 Punkt für 45...♕d5!.

T14.03: 55...♖d1? 55...♖c1! Der einzige Weg, um die Partie zu retten: 56.a5 ♔d7 57.♖d5+ (Oder 57.a6 ♖c7+ 58.♔b6 ♖c6+ 59.♔a5 ♔c7 60.a7 ♖c1! 61.a8♘+ ♔c6=.) 57...♔e6 58.♖h5 ♖b1+ 59.♔c6 ♖c1+ 60.♖c5 ♖xc5+ 61.♔xc5 ♔d7 62.♔b6 ♔c8=. **56.a5 ♔d8 57.a6 ♖d7+ 58.♔b8 1-0**

1 Punkt für 55...♖c1!.

T14.04: 39.♔d3?? Das verliert ohne Gegenwehr. Mit 39.♔e2! erringt Weiß immer die Opposition, was ihn rettet: 39...♔f4 (39...e4 40.♔e3! exf3 41.♔xf3 ♔e5 42.♔g4 ♔e4 43.♔g3 ♔f5 44.♔f3=) 40.♔f2 e4 (40...♔g5 41.♔e3 ♔xh5 42.♔e4 ♔g6 43.♔xe5 h5 44.f4 h4 45.♔e6 ♔g7 46.♔e7 ♔g6 47.♔e6=) 41.fxe4 ♔xe4 42.♔g3 und da Weiß in allen entstehenden Rennen schnell genug ist, sieht das wahrscheinliche Ende folgendermaßen aus: 42...♔f5 43.♔f3 ♔e5 44.♔e3=; nicht gut genug ist auch 39.♔f2?? ♔f4 40.♔g2 (40.♔e2 e4 41.fxe4 ♔xe4−+) 40...♔g5−+.

39...♔f4 40.♔e2 e4! Gibt Schwarz die Opposition. **41.fxe4 ♔xe4 42.♔f2 ♔d4 43.♔f3 ♔xc4 44.♔e4 ♔b4 0-1**

3 Punkte, falls Sie sahen, dass Weiß nach 39.♔e2! immer die Opposition erhält und immer schnell genug ist in den Rennen.

T14.05: 23...♕e8? Das löst nicht die schwarzen Probleme. 23...♘d4! ist der richtige Zug, um in der Partie zu bleiben: 24.♖xd3 (24.♘e5? ♘f5 25.♘xf6 ♘xh4 26.♘fxd7 ♖xd7 27.gxh4 ♖g7+ 28.♔h1 ♖d6 29.♖xd3 ♖xd3 30.♘xd3 ♖g4 ist sogar besser für Schwarz; 24.♘xd4 ♕xd4 25.♕f4 ♕e5 26.♕f3 ist eine Alternative.) 24...♘e2+ 25.♖xe2 ♕xd3 26.♖e3 ♕d1+ 27.♔g2 ♖d3! (Ein weiterer Schlüsselzug; 27...♕d7? 28.♘eg5 fxg5 29.♘xg5 ♕c6+ 30.f3 ♖d2+ 31.♔g1 ♔d7 32.♘xf7 ♗xf7 33.♕e7+ ♔c8 34.♕xf7.) 28.♘c3 ♖xc3. **24.♖e3 ♕g8 25.♘c3 ♔d7 26.♕e4 1-0**

2 Punkte für 23...♘d4! und 1 weiterer, falls Sie bis 27.♔g2 ♖d3! gerechnet haben.

T14.06: 26...♖e6?? Das verliert wegen der starken weißen Antwort. 26...♖xd3!!. Das injiziert das Thema der ungleichfarbigen Läufer in die Stellung. 27.♖xd3 (27.♖xc6? ♖d7−+) 27...♖g8! Der Turm schaut in die richtige Richtung. (27...♗e4? ist nicht überzeugend:

28.♕d2 ♗xd3 29.♕xd3 f5 30.hxg3 ♕xg3+ 31.♔f1.) 28.e4 ♗xe4 29.♖xg3 (29.♖xf7?! trifft auf 29...♘e2+!! 30.♔f2 ♕xh2+ 31.♔e1 ♖e8! 32.♕xe2 ♕xe2+ 33.♔xe2 ♗d5+ 34.♖e3 und sollte ebenfalls remisieren.) 29...♕xg3+ 30.hxg3 ♗xc2 31.♖xf7= (Tyomkin). **27.e4!** Jetzt funktioniert die Taktik zugunsten von Weiß. **27...♘h5** 27...♖xe4 28.♗f1! ♖e1 29.♖xg3+− (Tyomkin). **28.♗c4 ♕h4 29.♗xe6+ fxe6 30.gxh5 ♕xh5 31.♖d3 ♖g8+ 32.♖g3 ♖d8 33.♗e3 e5 34.♖f1 h6 35.b4 a6 36.b5 axb5 37.axb5 ♗xb5 38.♖g7 c6 39.♕a2 ♗a6 40.♕e6+ ♔b8 41.♕d6+ 1-0** und Schwarz gab auf wegen **41...♖xd6 42.♖f8+ ♕e8 43.♖xe8+ ♖d8 44.♖xd8#.**

2 Punkte für 26...♖xd3!! und 2 weitere für 27...♖g8!.

T14.07: **49...♖b2?** Darauf folgt ein toller Gegenschlag. Die coole Entgegnung 49...g4! 50.♖d5+ ♔c8 51.♖g5 ♔b8 52.♖g8+ ♔a7 53.♔e7 ♖d4 54.♖d8 ♖f4 55.♔d7 ♖xf2 56.♖g8 ♖f7+ 57.♔c8 ♖h7 58.♖xg4 ♖h8+ 59.♔xc7 ♖h7+ remisiert, da der weiße König keinen Schutz vor den Schachgeboten findet. **50.f4!!** Plötzlich ist Schwarz total verloren. **50...♖f2** Nach 50...gxf4 51.♖h5 schirmt der schwarze f-Bauer den weißen Monarchen wie ein Regenschirm vor einem Schachregen ab (Mark Dworezki prägte diesen angemessenen Begriff). **51.♖d5+ ♔c8 52.♔e7 1-0** und Schwarz gab auf wegen 52...♖e2+ 53.♖e5 ♖c2 54.f5 ♖xc6 55.f6+−. 2 Punkte für 49...g4!.

T14.08: **82...♔f5!!** Da Weiß den Springer nicht nehmen kann, nutzt der schwarze König den Moment aus, um nach g5 zu marschieren, wonach die Stellung remis ist. Stattdessen verliert 82...♘h7?: 83.♔g6 ♘f8+ 84.♔g7 ♘e6+ (84...♔f5 kann beantwortet werden mit 85.♘f3! ♘e6+ 86.♔g8 ♘f8 87.♘e5! ♔g5 88.♘f7+ ♔g6 89.♔xf8+−.) 85.♔g8 ♘g5 86.♘f3+! ♘xf3 87.h7+−. **83.♘f3** 83.♔xf8 ♔g6 verliert den g-Bauern. **83...♘h7 84.♔g7 ♘f6 85.♘d4+ ♔g5 86.♘e6+ ♔h5 87.♘c7 ♔g5 88.♘d5 ♘e8+ 89.♔h7 ♘d6 90.♘c3 ♘f7 91.♘e4+ ♔f4 92.♔g7 ♘xh6 93.♔xh6 ♔xe4 ½-½**

1 Punkt für 82...♔f5!!.

Test 15

T15.01: **21...♕e3+** Schwarz setzt fröhlich auf Gegenangriff. Es gibt keinen Grund zur Panik mit 21...♖xf7? 22.♕xf7+ ♕xf7 23.♖xf7 ♗xg2! 24.♔xg2 ♘e3+ 25.♔f3 ♘c4 26.♖c7=; 21...g6?? 22.♘d8++−. **22.♔h1 ♗xg2+!** 22...♕xb3? 23.axb3 ♗xg2+ ist die falsche Zugfolge wegen 24.♔g1 ♗xf1 25.♕d5 h6 26.♘e5+=. **23.♔xg2 ♕xb3!** und die Springergabel auf e3 entscheidet die Partie zugunsten von Schwarz: **24.♕e4** 24.♘h6+ gxh6 25.♕g4+ ♔h8 26.♖xf8+ ♖xf8 27.axb3 läuft immer noch in 27...♘e3+−+. **24...♕d5!?** Andere Züge gewinnen ebenfalls, aber das passt zum Thema. **25.♘h6+ ♔h8 26.♘f7+ ♖xf7 27.♕xd5 ♘e3+ 28.♔g3 ♘xd5 29.♖xf7 ♘c3 30.♖e7 ♘xa2 31.d5 ♔g8 32.d6 ♖d8 33.♖e6 ♔f7 0-1**

3 Punkte für das Berechnen bis 23...♕xb3!.

T15.02: **35.♕f2!** Die richtige Einleitung. **35...♕c6** Alle anderen Züge scheinen zum Dauerschach zu führen: 35...♖e8 36.♕f6+ ♔g8 37.♖xd4! exd4 (37...♕c2+ 38.♔g1 ♕c1+ [38...♕xc3

39.♕g5+ ♔f8 40.♕h6=] 39.♔f2=) 38.♗xd4 ♕c2+ 39.♔g1 ♕c1+ 40.♔f2 ♕d2+ 41.♔g3 ♕e1+ 42.♔h2=; 35...♕xd1 36.♕f6+ ♖g7 37.♕d8=; 35...♖g7 36.♕f6 ♕c6 37.♕xe5 ♕xc3 38.♕e8+ ♖g8 39.♕e5=. **36.♖xd4!** Schirow tut es wieder. „36.♕xf7? ist der falsche Weg: 36...dxc3 37.♖d7 ♕h6! 38.♕f5 (38.♖xb7 ♖f8−+) 38...♕f4+! 39.♕xf4 exf4 40.♖xb7 ♖c8 41.♖b1 c2 42.♖c1 ♔g7–+ gefolgt von ♔f6, ♔e5 und Schwarz gewinnt." (Golubew). **36...exd4 37.♕xd4+ f6 38.♕xf6+ ♕xf6 39.♗xf6+ ♖g7 40.e5 ♔g8 41.♗xg7 ♔xg7**

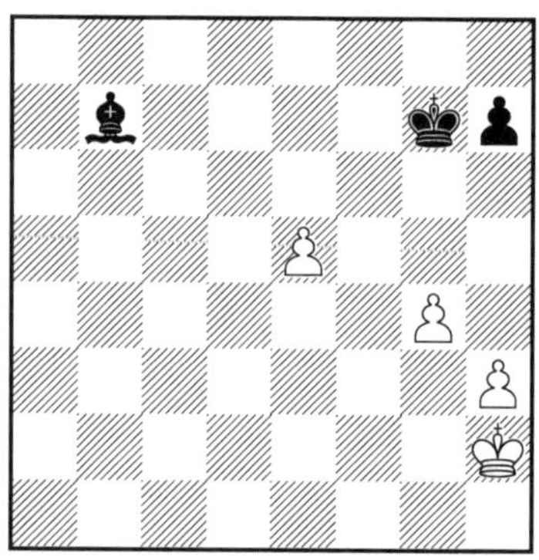

Das verbliebene schwarze Potenzial reicht nicht zum Sieg aus: **42.♔g3 ♗c8 43.♔f4 ♔g6 44.h4 ♗e6 45.♔g3 ♗b3 46.♔f4 ♗c2 47.♔g3 ♔f7 48.♔f4 ♔e6 49.♔g5 ♔xe5 50.h5 ♔e6 51.♔h6 ♔f6 52.g5+ ½-½**

1 Punkt für 35.♕f2! und 2 weitere für 36.♖xd4!.

T15.03: 1...♗a5! Die einzige Verteidigung besteht in der Öffnung der dritten Reihe für die Türme.

1...♖xd3? 2.♖aa8+−; 1...♖d7? 2.h5+− (Prasad im *Informator* 60/603). **2.♖xa5 ♖dxd3 3.g4 ♖g3+ 4.♔f2 ♖bf3+ 5.♔e2 e4!** Es passt alles sehr genau. **6.♖aa8 ♖g2+ 7.♔e1 ♖g1+ 8.♔e2 ♖g2+ ½-½**

2 Punkte für 1...♗a5! 2.♖xa5 ♖dxd3=.

T15.04: 20...♖xc3! Der schwarzfeldrige Läufer musste natürlich entfernt werden. Die Alternativen funktionieren nicht sehr gut: 20...♖xd4? 21.♕e5 ♗g5+ 22.♕xg5 ♖xc3 23.bxc3 ♖d5 24.♕h6 ♖h5 25.♖xh5 gxh5 26.♕xh5; 20...♗f6? 21.♖xd8+ ♕xd8 22.♗xf6 ♕xf6 23.♗d3. **21.bxc3** 21.♖xd8+? ♕xd8 22.♕xc3 ♗g5+−+; 21.♕e5? ♗f6! 22.♕xf6 ♖xc2+! 23.♔xc2 ♗b3+−+. **21...♖xd4** 21...♗xa3+ 22.♔d2 ♖xd4+ „ist auch möglich, aber der Partiezug sprüht vor Gelassenheit und betont das schwarze Selbstbewusstsein, dass die schwarzfeldrige Dominanz den Tag für ihn entscheiden wird" (Wells). **22.cxd4 ♕xd4** Es wird deutlich, dass Schwarz den gefährlicheren Angriff besitzt. **23.c3 ♕c5 24.♔d2 ♗g5+ 25.♔c2?!** 25.♔e1 war erforderlich. **25...♔g7** „Die Geduld, die von der qualitativen Überlegenheit der Kräfte herrührt. Ich bin mir sicher, dass Judit den materiellen Nachteil nicht gespürt hat. Ihre Figuren besitzen eine langanhaltende Überlegenheit, was aufzeigt, dass der simple numerische Wert einer Armee täuschen kann." (Wells) **26.♗d3 ♗f6 27.♖b1?** 27.c4 begrenzt den Schaden. **27...♕xc3+ 28.♔d1 ♗g5 29.♔e2 ♗g4+ 30.♔f1 ♗f4 0-1**

2 Punkte für 20...♖xc3!.

T15.05: 33...♗d4+ Rettet zuerst den Läufer mit Tempogewinn. **34.♔h2 ♖xg5!** Simpel und elegant. 34...♘f8? 35.d7 ♘xd7 36.♖xd7 ♗e3 37.g3 (Ftacnik) 37...♖b4 38.♖e2 ♖cxc4

39.♘xf7. **35.fxg5** 35.♖xd7? ♖gc5 36.♖xb7 ♖d8 37.d7 ♔f8–+ (Ftacnik). **35...♖d8 36.♖d2 ♗c5 37.♖d5 b6** Van Wely hat es geschafft, die Stellung zu stabilisieren, und die überlegene Anzahl an Figuren setzt sich letztendlich durch: **38.g3 ♔f8 39.♖e2 ♘b8 40.♖ed2 ♖d7 41.♖a2 ♘c6 42.♖a8+ ♖d8 43.♖xd8+ ♘xd8 44.♔g2 ♘b7 45.d7 ♔e7 46.♖e5+ ♔xd7 47.♖e4 ♘d6 48.♖h4 ♗e3 49.♖xh7 ♗xg5 50.h4 ♗f6 51.g4 ♔e6 52.g5 ♗e5 53.♔f3 ♘xc4 54.h5 gxh5 55.♖xh5 ♔f5 56.♖h7 ♘d6 57.♖h5 ♗g7 0-1**

2 Punkte für 33...♗d4+ 34.♔h2 ♖xg5!.

T15.06: **36...♖b4!** Exzellente Bewertung. Sowohl das Damen- als auch das Bauernendspiel sind remis. **37.♔h3** 37.♖xb4 axb4 38.a5 b3 39.a6 b2 40.a7 b1♕ 41.a8♕+ ♔g7 und es entsteht ein ausgeglichenes Endspiel. **37...♖xf4 38.gxf4 f5 39.♔g3** 39.h5 ♔g7! und Weiß macht keinen Fortschritt. **39...♔g7 40.h5 ♔h7! 41.♔h3 ½-½**

1 Punkt für 36...♖b4!.

T15.07: **47.b3!** Die richtige Entscheidung. Andere Züge verlieren: 47.♔c5? ♔e5 48.♔xb4 ♔d4 49.♔b3 ♔d3 50.♔a4 e5 51.b4 e4 52.b5 e3 53.b6 e2 54.b7 e1♕ 55.b8♕ ♕a1+ 56.♔b5 ♕b2+–+; 47.♔e4? e5 48.♔d5 b3 49.♔c4 e4 50.♔d4 e3 51.♔xe3 ♔e5 52.♔d3 ♔f4 53.♔c3 ♔xg4 54.♔xb3 ♔f3–+. **47...e5+!** Jetzt war Schwarz an der Reihe, den einzigen Zug zu finden. Dieses Hin und Her setzt sich noch einige Zeit fort (angezeigt durch die Ausrufezeichen). 47...♔e7? 48.♔c5 e5 49.♔xb4 ♔d6 50.♔c4 ♔c6 51.b4 ♔d6 52.b5 ♔c7 53.♔d5 ♔b6 54.♔xe5 ♔xb5 55.♔f5+–. **48.♔d5! e4! 49.♔xe4! ♔e6! 50.♔d4! ♔d6! 51.♔e4** 51.♔c4 ♔e5 52.♔xb4 ♔f4 53.♔c4 ♔xg4 54.b4 ♔f3=. **51...♔e6! 52.♔d4! ♔d6! 53.♔e4 ♔e6! ½-½**

2 Punkte für 47.b3!.

T15.08: **59.♔f2!** Ja, durch die Fernopposition. 59.♔f3? ♔f7 60.♔e3 ♔e7 61.♔f3 ♔d6 62.♔e4 ♔e6 63.♔d4 ♔f5 64.♔e3 ♔e5 65.♔f3 ♔d4 66.♔e2 ♔e4 67.♔f2 ♔f4 68.h4 g4 69.♔g2 ♔e4 70.♔f2 ♔d3 71.♔g2 ♔e2 72.♔g1 (72.♔g3 ♔f1–+) 72...♔f3 73.♔h2 ♔f2–+. **59...♔e8 60.♔e2 ♔d8 61.♔d2 ♔c7 62.♔e3!** 62.♔c3?? g4 63.hxg4 h4–+. **62...♔d6 63.♔d2! ♔e5 64.♔e3 ♔d5 65.♔d3 ♔e5 ½-½**

1 Punkt für 59.♔f2!.

Test 16

T16.01: **31...♖a2!** Mit der Idee ...♗b3. 31...♖a1? 32.♖a6 (32.♗c2?? ♗c6+ wäre zu hastig.) 32...♔g7 33.♗c2+. **32.♖b7** Die schwarze Pointe wird deutlich in der Variante 32.♗d5 ♗c6!!. Ein Hammerschlag, nach dem Weiß einen kühlen Kopf bewahren und 33.♖d7! (33.♖xa2? ♗xd5+–+) 33...♖xf2+ 34.♔xf2 ♗xd7= finden muss. **32...♖d2 ½-½**

3 Punkte für 31...♖a2 32.♗d5 ♗c6!!.

T16.02: **1...♖f5+!!** Der einzige Ausweg. 1...♖c8? 2.♖e8+! ♖xe8 3.f7+ ♔g7 4.fxe8♕ c1♕ 5.♕f7+ ♔h6 6.♕h7+ ♔g5 7. h4+ ♔f6 (7...♔g4 8.♗f5+ ♔f49.♕h6++–) 8.♕f7+ ♔e5 9.♕e7+ ♔d5 10.♕g5++– Judassin, Nekrasow im *Informator* 49/782. **2.♔e2** 2.♗xf5?

c1♕ kann nur gut für Schwarz sein, weil 3.♗g6? in 3...♕f4+ 4.♔e1 ♕h4+ 5.♔d2 ♕b4+ 6.♔d1 ♕b3+−+ läuft; 2.♔g3 ♖g5+ 3.♔f3 ♖xg6 4.♖e8+ ♔f7 5.♖c8 ist total remis. **2...♖xf6 3.♖e8+ ♖f8 4.♖xf8+ ♔xf8 5.♗xc2 ½-½**

2 Punkte für 1...♖f5+.

T16.03: **1...♖xg2+! 2.♔h1** 2.♔xg2? ♕g4+ 3.♗g3 ♗c6+ 4.f3 ♖xd1−+. **2...♖g1+! 3.♖xg1** 3.♔xg1? ♕g4++−. **3...♗c6+ 4.f3 ♗xf3+ 5.♕xf3 ♖xd6 ½-½**

1 Punkt für 1...♖xg2+ und 1 weiteren für das Berechnen bis 5...♖xd6.

T16.04: **47...♔h6?** Das verliert. 47...♖e5! 48.♕e7+ ♔f5! (Nach 48...♔f4? 49.♕f8+ ♖f5 50.♕h6+ g5 51.♕c7 wird der schwarze König sein Verderben sein, z.B. 51...♖ff6 52.♕c1+ ♔e4 53.♕h7+ ♖g6 54.♕b7+ ♔f5 55.♕f7+ ♖gf6 56.♕c8+ ♔e5 57.♕fe8+ ♖fe6 58.♕b5+ ♕d5 59.♕c3+ ♔f5 60.♕f3+ ♔e5 61.♕be2+ ♔d4 62.♕c3#.) 49.♕f8+ ♖f6 50.♕ab4 ♕xb4 51.♕xb4 ♖fe6 und Schwarz kann noch kämpfen, obwohl der weiße Vorteil nicht infrage steht. Aber jetzt steht ihm ein technisch schwieriger Job bevor, während er die Partie mit einigen gut kalkulierten Zügen beendete. Das Gegenschach 47...♕e5+? forciert den wünschenswerten Tausch der Damen, aber 48.♕xe5+ ♖xe5 49.h4+! ♔h5 50.♕f3+ ♔h6 51.♕f4+ gewinnt einen Turm. **48.♕f8+ ♔h7 49.♕g5 ♖xh3+ 50.♔xh3 1-0** und da Weiß immer verhindern kann, dass Schwarz Dame und Turm für ein Patt geben kann, gab Macieja auf. Natürlich nicht 50.gxh3? ♕xb2+ 51.♔g3 ♖d3+ 52.♔h4 ♖xh3+ 53.♔xh3 ♕h2+ 54.♔xh2 patt.

2 Punkte für 47...♖e5!.

T16.05: **21...♗e4! 0-1** Das verhindert nicht nur die Niederlage, sondern gewinnt auf der Stelle. 21...♗e4 22.♕xc5 ♖xc5 23.♗xe4 ♖xc3 24.bxc3 ♘xe4 25.♖g4 f5 26.♗xf8 ♗xf8−+.

1 Punkt für 21...♗e4.

T16.06: **52.♖gg2!** Nein, schlagen wäre schlecht: 52.♖xb3? ♖xb3+ 53.♔a2 ♖xb5 54.♖c1 ♔g7 55.c6 ♖b8 56.♔a3 ♘f6 57.c7 ♖c8 58.♔a4 ♔h6 59.♖c6 ♔xh5 60.♖xf6 ♖xc7−+. **52...♘f6** 52...♖xb5 53.c6! ♖xb2+ 54.♖xb2 ♖c5 55.♖c2 ♖b5+ 56.♖b2 ♖c5 57.♖c2= (Mikhalevski in CBM 79). **53.b6** Jetzt wäre das Schlagen auch in Ordnung gewesen: 53.♖xb3 ♖xb3+ 54.♔c2 ♖xb5 55.♖xg5=. **53...♘e4 54.♖xb3 ♖xb3+ 55.♔a2 ♖b5 56.♖g4 ♘c3+ 57.♔a3 ♘b1+ 58.♔a2 ♘c3+ 59.♔a3 ♘b1+ 60.♔a2 ♘c3+ ½-½**

3 Punkte für 52.♖gg2!.

T16.07: **50...♕f4!** Das ehrgeizige 50...♘g4+? geht furchtbar nach hinten los: 51.♖xg4 ♕xg4 52.♗d7 ♕xh4+ 53.♔g1 und Weiß gewinnt wegen der Drohung ♕h6+ gefolgt von ♗e6#. **51.♔h3** 51.♕e6?? verliert sogar: 51...♘g4+ 52.♔h3 ♘xf2+ 53.♔h2 ♘g4+ 54.♔h3 ♖xc3−+. **51...♕f5+** 51...♘d3 remisiert auch: 52.♕g6 ♘xf2+ 53.♔h2 ♘g4±; nach 51...♖c4?! 52.♕d8 ♕f5+ 53.♔h2 ♘g4+ 54.♖xg4 ♕xg4 55.g3 steht Weiß wegen des exponierten schwarzen Königs besser. **52.♔h2 ½-½**

1 Punkt für 50...♕f4!.

T16.08: **1...♕e5!!** Dieser elegante Damenzug remisiert sofort. Mit 1...♘xf3+? in Panik zu geraten, ist schlecht wegen 2.♕xf3 ♕e5 3.♖d6

♕e1+ 4.♕f1 ♕e3+ 5.♔h1 ♕e4+ 6.♘g2 ♖xg2 und jetzt 7.♕d3!+−; das coole 1...♕d7? scheint eine vernünftige Option zu sein, aber nach 2.♘e2 ♕xa4 3.♔f2 ♕d1 4.♕e8+ ♔g7 5.♖xb7+ ♔h6 6.♕f8+ ♔h5 7.g4+ fxg4 8.fxg4+ ♔h4 und jetzt 9.♖xh7+! ♘xh7 10.♕h6+ ♔xg4 11.♕xg6+ ♔h4 12.♕xh7+ ♔g5 13.♕e4 erhält Weiß gute Gewinnchancen. **2.♕xe5 ♘xf3+ 3.♔f1 ♘xh2+ 4.♔e1 ♘f3+ 5.♔f1 ½-½**

2 Punkte für 3...♕e5!!.

Bibliographie

Aagaard, J., *Practical Chess Defence*, Quality Chess 2006

Bologan, V., *The King's Indian – A Complete Black Repertoire*, Chess stars 2009

Christiansen, L., *Storming the Barricades*, GAMBIT 2000

Comas Fabrego, L., *True Lies in Chess*, Quality Chess 2007

Dvoretsky, M., *Dvoretsky's Endgame Manual*, Russell Enterprises, Inc., 2003

Emms, J., *The Survival Guide to Competitive Chess*, Everyman 2007

Franco, Z., *Counterattack!*, GAMBIT 2009

Grivas, E., *Chess College 1: Strategy*, GAMBIT 2007

Hodgson, J., *Attack with GM Julian Hodgson 1-2*, Hodgson Enterprises 1996

Kasparov, G., *On my Great Predecessors 1-5,* Everyman 2004-2006

Kasparov, G., and Keene, R., *Kasparov on the King's Indian*, Batsford 1993

Korchnoi, V., *Practical Rook Endings*, Olms 1999

Marin, M., *Secrets of Chess Defence*, GAMBIT 2003

Meyer, C.D., und Müller, K., *The Magic of Chess Tactics*, Russell Enterprises, Inc., 2002; und als **ChessBase** Fritztrainer DVD, 2009

Müller, K., and Pajeken, W., How to Play Chess Endgames, GAMBIT 2008

Nunn, J., and Galagher, J., *Beating the Sicilian 3*, Batsford 1995

Rowson, J., *Chess for Zebras*, GAMBIT 2005

Rowson, J., *Seven deadly chess sins*, GAMBIT 2000

Stohl, I., *Instructive Modern Chess Masterpieces*, GAMBIT 2001

Volokitin and Grabinsky, *Perfect your Chess*, GAMBIT 2007

Zeitschriften und Periodika

Chess Informant

ChessBase MEGABASE 2009

ChessBase Magazine

ChessVibes Openings von Merijn van Delft und Robert Ris wöchentliche Internetzeitschrift

Chess Today tägliche Internetzeitschrift von Alexander Baburin et al.

New in Chess Magazine (esp. Rowson's Review of Practical Chess Defence in Nr. 1/2007)

Endgame Corner@Chesscafe.com von Karsten Müller

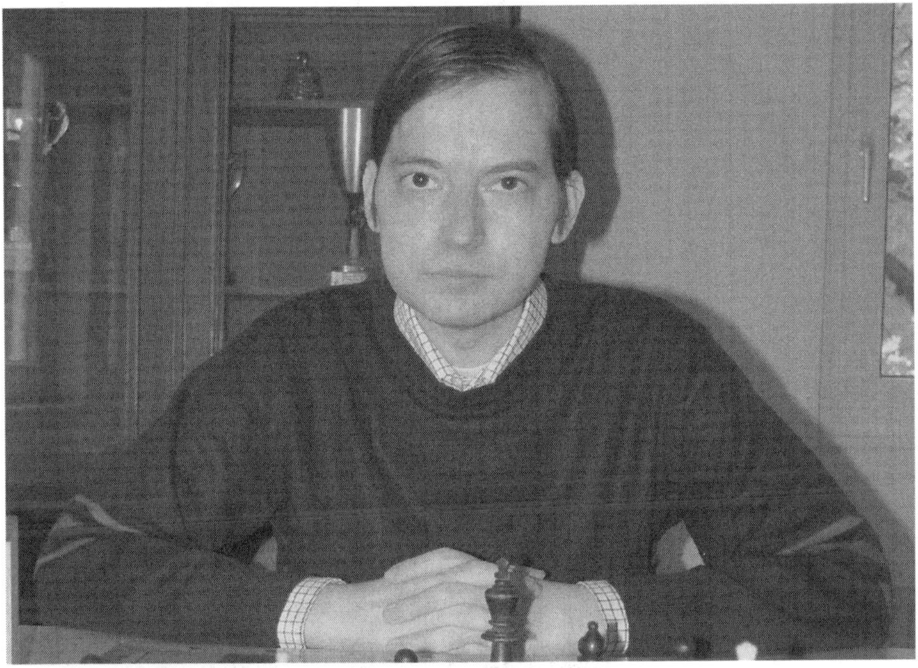

Karsten Müller

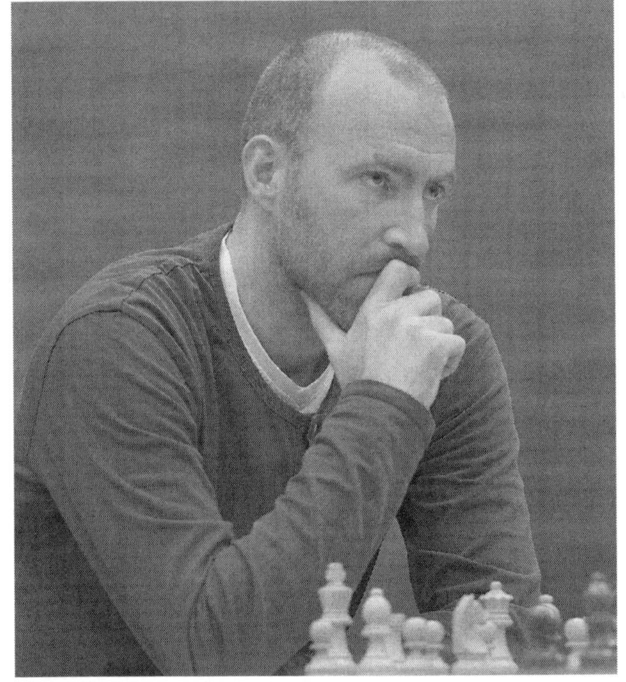

Merijn van Delft

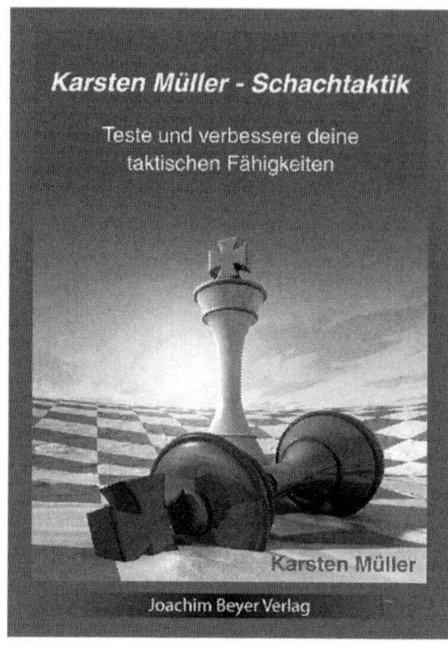

Karsten Müller

Karsten Müller – Schachtaktik

268 Seiten, gebunden, Leseband

Unter den Übungs- und Testbüchern nimmt GM Karsten Müllers Schachtaktik einen hervorragenden Platz ein, wie man aus dem Erfolg der englischen Erstauflage ableiten darf. Das nun erstmals in deutscher Übersetzung erhältliche Werk versammelt insgesamt 565 Denksportaufgaben aus dem Bereich der Taktik, wobei sämtliche Phasen der Schachpartie berücksichtigt werden. Der erste Teil des Buchs stellt alle erdenklichen Elemente und Motive der Schachtaktik in kurzer Form vor und verknüpft diese jeweils mit einer Reihe von lehrreichen Übungen, die sich vornehmlich an fortgeschrittene Anfänger richten. Der zweite Teil bietet Testaufgaben variierender Schwierigkeit, die den ambitionierten Vereinsspieler bis hin zum Meister ansprechen. Die Beispiele sind überwiegend der zeitgenössischen Turnierpraxis entnommen und befinden sich häufig auf großmeisterlichem Niveau. Kurze Hinweise (Lösungshilfen) zu den Tests werden in einem separaten Kapitel angeboten. Zwischen den beiden Hauptteilen des Buchs präsentiert der Autor außerdem eine kleine Auswahl der schönsten Kombinationen der Schachgeschichte sowie einige taktische „Perlen" aus jüngeren Turnieren.
Da die Taktik ein essentielles Element des Spiels darstellt, ohne die ein Erfolg nicht möglich ist, erscheint deren Einübung und Verinnerlichung von überragender Bedeutung für jeden aufstrebenden Spieler. Diesem wird durch das vorliegende Buch eine wertvolle Hilfe an die Hand gegeben, um sich auf jegliche Herausforderung taktischer Natur vorzubereiten.

Großmeister Dr. Karsten Müller wurde 1970 in Hamburg geboren. Er studierte Mathematik und promovierte 2002. Seit 1988 spielt Karsten Müller für den Hamburger SK in der Bundesliga und errang den Großmeister-Titel 1998. Der weltweit anerkannte Endspiel-Experte wurde 2007 als „Trainer des Jahres" vom Deutschen Schachbund ausgezeichnet.

Unter den zahlreichen Publikationen zählen „Bobby Fischer" (New In Chess) und die 14-teilige DVD-Reihe „Schachendspiele" (ChessBase), sowie die Co-Produktion mit Frank Lamprecht „Grundlagen der Schachendspiele" (Gambit) als Belege seiner erfolgreichen Schaffenskraft.

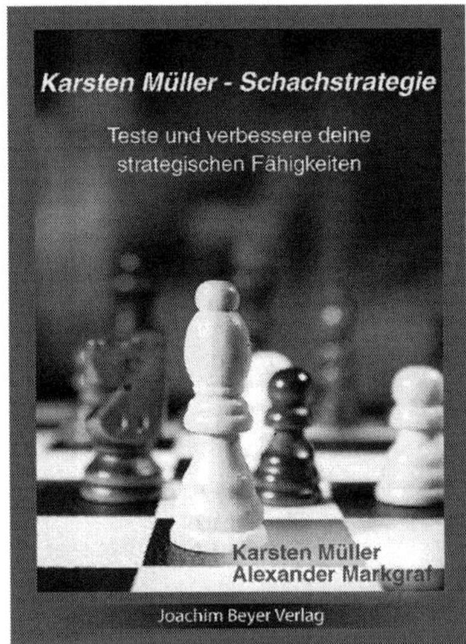

Karsten Müller
Karsten Müller – Schachstrategie
284 Seiten, kartoniert

Im Schach strategisch spielen bedeutet, langfristige Ziele zu planen und diese möglichst auch innerhalb einer begrenzten Partiephase zu erreichen. Das strategische Spiel unterscheidet sich damit im Wesen vom Kombinationsspiel, das die Umsetzung kurzfristiger Zielsetzungen mit taktischen Mitteln betreibt. Es liegt in der Natur der Sache, dass eine Strategie in kleinen Schritten, die meist taktischer Natur sind, zum Erfolg geführt wird. Strategisches und taktisches Vorgehen sind daher eng miteinander verwoben und nicht scharf vonein-ander zu trennen. Bekanntlich gilt: Alle guten Züge haben einen strategischen Zweck, und überwiegend weisen sie zugleich taktische Elemente auf.

Dies ist der vierte und krönende Schlussband von Karsten Müllers Reihe zu Lehr- und Übungsbüchern, die sich dem Mittel- und Endspiel widmen. Thematisch nahe verwandt mit dem vorhergehenden Band „Positionsspiel", will dieses Werk weitere Schwerpunkte im Bereich der strategischen Spielführung setzen und wiederum den Leser anleiten, sich anhand zahlreicher Übungs- und Testaufgaben zu verbessern und zu vervollkommnen. Zu den Kernthemen der Autoren gehören Prophylaxe, der richtige Abtausch, Domination, Verwertung eines Vorteils, u.a.. Fraglos richtet sich dieser Trainingskurs an fortgeschrittene Spieler, die bereits auf grundlegende strategische Kenntnisse zurückgreifen können, die aber auch bereit sind, durch eine gewissenhafte Selbstschulung an ihren Fähigkeiten zu arbeiten und diese optimal zu entwickeln. Der so trainierte Spieler wird sicherlich im Prozess der strategischen Entscheidungsfindung am Brett merkliche Fortschritte erkennen lassen und durch die Wahl der jeweils richtigen Strategie seine Erfolgsquote allmählich steigern können.

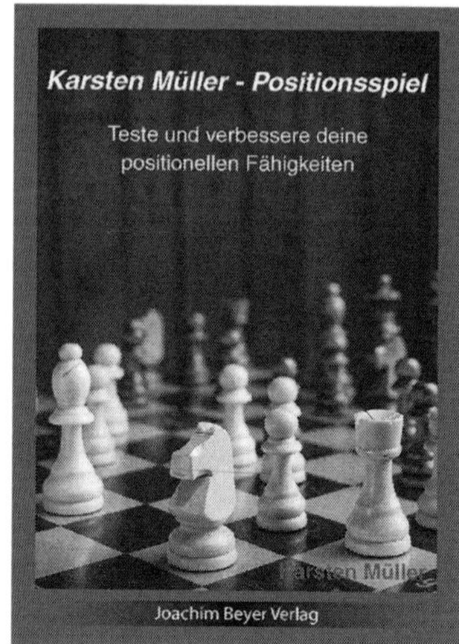

Karsten Müller

Karsten Müller – Positionsspiel

354 Seiten, gebunden, Leseband

Das Positionsspiel unterscheidet sich grundlegend vom Kombinationsspiel, das durch taktische Manöver einen schnellen Materialgewinn oder das Matt anvisiert. Das Positionsspiel zielt hingegen darauf ab, die Stellung allmählich zu verbessern, bis diese für einen entscheidenden Schlag reif ist. Bei dieser Schritt-für-Schritt-Strategie ist in der Regel keine präzise Berechnung oder abschließende Bewertung der Abspiele möglich. Zudem besteht oft eine Wahl zwischen verschiedenen gesunden Fortsetzungen, die dem Spieler eine schwierige Entscheidung abverlangt. Meist kann diese Entscheidung nur aufgrund eines tiefen Verständnisses des Stellungsspiels getroffen werden, zuweilen lediglich intuitiv aus einem Positionsgefühl, das erst durch eine mehrjährige Spielpraxis ausgebildet und erworben werden muss.

Das vorliegende Werk will die Fähigkeiten des Spielers im Stellungsspiel verbessern, den Positionsblick schärfen und helfen, ein Gefühl für die richtigen strategischen Entscheidungen zu entwickeln. Zu diesem Zweck präsentiert der Autor eine Vielzahl von sorgfältig ausgewählten, instruktiven Übungs- und Testaufgaben. Der Leser ist aufgefordert, sich mit diesen intensiv zu befassen und die Lösungen zu erarbeiten, die nachstehend im Buch angegeben werden (häufig weiter ausgeführt bis zum Partieende). Zahlreiche dem Positionsspiel zugehörigen Motive werden thematisiert: Schlechte Läufer, Domination, Unterminierung, Prophylaxe, Blockade, positionelle Qualitätsopfer, Farbkomplex-Schwächen, u.a.m. Sicherlich richtet sich dieses Trainingsprogramm an den fortgeschrittenen Spieler, der bereits auf ein solides Grundwissen zurückgreifen kann. Wer dieses Training seriös absolviert hat, wird im Kampf am Brett merklich besser gewappnet sein bei der Konfrontation mit positionellen Problemstellungen, deren Bewältigung für eine erfolgreiche Spielführung unabdingbar ist.